Revista de Direito Tributário

70

MALHEIROS EDITORES

Revista de Direito Tributário

Publicada sob os auspícios do

Instituto Geraldo Ataliba-IDEPE – Instituto Internacional de Direito Público e Empresarial

e do

IBET – Instituto Brasileiro de Estudos Tributários

ISSN 0102-7956

REVISTA DE DIREITO TRIBUTÁRIO
publicação trimestral de
MALHEIROS EDITORES LTDA.
Rua Paes de Araújo, 29, 17º andar
conj. 171 – CEP 04531-940
São Paulo, SP – Brasil – Tel. (011) 822-9205
Fax: (011) 829-2495

Assinaturas e comercialização:
CATAVENTO DISTRIBUIDORA DE LIVROS S.A.
Rua Conselheiro Ramalho, 928
CEP 01325-000
São Paulo, SP - Brasil - Tel. 289-0811
Fax: 251-3756

Diretor Responsável: Álvaro Malheiros
Diretora: Suzana Fleury Malheiros

Supervisão Gráfica: Vânia Lúcia Amato
Composição: PC Editorial Ltda.

SUMÁRIO

CADERNOS DE DIREITO TRIBUTÁRIO

ELUSIONE E LEGITTIMO RISPARMIO D'IMPOSTA NELLA NUOVA NORMATIVA
Raffaello Lupi ... 9
O ESTATUTO DO CONTRIBUINTE
José Juan Ferreiro Lapatza (Tradução de Adilson Rodrigues Pires) ... 16
JUSTIÇA DISTRIBUTIVA: SOCIAL, POLÍTICA E FISCAL
Ricardo Lobo Torres ... 27
PROPOSTA DE MODELO INTERPRETATIVO PARA O DIREITO TRIBUTÁRIO
Paulo de Barros Carvalho ... 40
CONTRIBUIÇÃO DENOMINADA "SEGURO DE ACIDENTES DO TRABALHO (SAT)" – SUA NATUREZA TRIBUTÁRIA – ALÍQUOTAS MAJORADAS POR MEIO DE DECRETO – INVIABILIDADE – QUESTÕES CONEXAS
Roque Antonio Carrazza ... 51
REMISSÃO E ANISTIA FISCAIS
Tercio Sampaio Ferraz Junior ... 80
INVALIDADE DE NORMAS QUE PREVÊEM A EXIGÊNCIA DE ISS ANTES DE OCORRIDA A PRESTAÇÃO DOS SERVIÇOS
Aires F. Barreto ... 84
A FISCALIZAÇÃO ABSTRATA DA CONSTITUCIONALIDADE: A AÇÃO DIRETA DE INCONSTITUCIONALIDADE E A AÇÃO DECLARATÓRIA DE CONSTITUCIONALIDADE – A CONSTRUÇÃO DO SENTIDO NO UNIVERSO TRIBUTÁRIO
Orlando Leite Júnior ... 87
LEGALIDADE TRIBUTÁRIA – O PRINCÍPIO DA PROPORCIONALIDADE E A TIPICIDADE ABERTA
José Marcos Domingues de Oliveira ... 106
A QUESTÃO DA REPRESENTAÇÃO NA AÇÃO PENAL POR DELITO TRIBUTÁRIO
Damásio E. de Jesus ... 117

CONFERÊNCIAS E DEBATES

O PROCESSO JUDICIAL, A ESTIMATIVA DE SEU RESULTADO E A PROVISÃO CONTÁBIL PARA CONTINGÊNCIAS
Reinaldo Pizolio ... 120
ICMS: NATUREZA E REGIME DA NÃO-CUMULATIVIDADE
Carlos Eduardo de Vasconcelos ... 130
NÃO-EXIGIBILIDADE DO IOF NA RENOVAÇÃO DE EMPRÉSTIMO EXTERNO SEM TRANSFERÊNCIA DE DIVISAS – UM CASO DE FICÇÃO LEGAL
Glaucia Lauletta Frascino e Ana Cláudia Akie Utumi ... 139
O ESTADO ESTRANGEIRO E A COBRANÇA JUDICIAL DOS TRIBUTOS MUNICIPAIS
Andrea Veloso Correia ... 144
RECOMENDAÇÕES DA XVIII JORNADA LATINOAMERICANA DE DERECHO TRIBUTARIO ... 148
RECOMENDAÇÕES DA II JORNADA TRIBUTARIA DEL MERCOSUR – SÃO PAULO – 1997 ... 153

NOTICIÁRIO

JUSTIÇA TRIBUTÁRIA: DIREITOS DO FISCO E GARANTIAS DOS CONTRIBUINTES NOS ATOS DA ADMINISTRAÇÃO E NO PROCESSO TRIBUTÁRIO
I Congresso Internacional de Direito Tributário 158

NOTAS E COMENTÁRIOS

REGIME JURÍDICO TRIBUTÁRIO DE SOCIEDADES CORRETORAS E CLUBES DE SEGURO VINCULADOS A INSTITUIÇÕES FINANCEIRAS
Roque Antônio Carrazza e Eduardo D. Bottallo 165

A NOÇÃO DE LEI ESPECÍFICA NO ART. 150, § 6º DA CF E A RECEPÇÃO DOS DECRETOS-LEIS NS. 2.163/84 E 1.184/71
Tercio Sampaio Ferraz Junior 181

PAGAMENTO PARA OBTENÇÃO DE AUTORIZAÇÃO PARA FUNCIONAMENTO DE INSTITUIÇÃO FINANCEIRA ESTRANGEIRA – DESEMBOLSO PELA FILIAL LOCAL – DEDUTIBILIDADE PARA FINS DE IMPOSTO SOBRE A RENDA
J. A. Lima Gonçalves 189

EMISSÃO DE TÍTULOS PELO TESOURO DO ESTADO-MEMBRO
J. Cretella Júnior 205

NÃO-INCIDÊNCIA DO ICMS SOBRE ENCARGOS FINANCEIROS DECORRENTES DE OPERAÇÕES DE FINANCIAMENTO PARA AQUISIÇÃO DE MERCADORIAS
Pedro Luciano Marrey Jr. e José Eduardo Tellini Toledo 224

RESTITUIÇÃO DE IMPORTÂNCIA RECOLHIDA A TÍTULO DE ICMS SEM TRANSFERÊNCIA DO ENCARGO PARA TERCEIROS – ADMISSIBILIDADE, À LUZ DA JURISPRUDÊNCIA DO STF – POSSIBILIDADE DE COMPOSIÇÃO PELA QUAL A RESTITUIÇÃO SE FAÇA MEDIANTE REDUÇÃO DE DÍVIDA EM MAIOR VALOR, DA CONSULENTE PARA COM O ESTADO, NA EXATA EXTENSÃO DE SEU CRÉDITO – LEGALIDADE DA COMPOSIÇÃO PELO PRISMA DO INTERESSE PÚBLICO E DO PRINCÍPIO DA MORALIDADE
Ives Gandra da Silva Martins 229

CONTRIBUIÇÃO PARAFISCAL DE SEGURIDADE SOCIAL – ADICIONAL DO SEGURO DE ACIDENTE DO TRABALHO (SAT) – NATUREZA TRIBUTÁRIA – OBSERVÂNCIA DO "NEXO ETIOLÓGICO ENTRE O DANO EM POTENCIAL E A ATIVIDADE LABORAL", PARA O CORRETO E PERFEITO ENQUADRAMENTO DA "EMPRESA" (SIC) NO CORRESPONDENTE GRAU DE RISCO (LEVE, MÉDIO OU GRAVE) – RELAÇÃO DE PERTINÊNCIA – AUTONOMIA E INDEPENDÊNCIA JURÍDICA DOS ESTABELECIMENTOS – PROPORCIONALIDADE DA EXIGÊNCIA TRIBUTÁRIA COM O POTENCIAL DE RISCO
Edison Araújo Peixoto 240

Revista de Direito Tributário

CADERNOS DE DIREITO TRIBUTÁRIO

Fundador: Rubens Gomes de Souza (†)

CADERNOS DE DIREITO TRIBUTÁRIO

Com o presente volume, de n. 70, a *Revista de Direito Tributário* segue sua trajetória, realizando o projeto para o qual foi concebida, na mente empreendedora de Geraldo Ataliba. Mantendo a diretriz inicial, pautada pela presença de figuras expressivas de nossa doutrina, juntamente com produções de juristas estrangeiros de indiscutível autoridade dogmática, segue ela, paulatinamente, registrando orientações científicas do mais alto nível, ao lado de efetivas manifestações do Poder Judiciário, em temas de grande atualidade.

Na verdade, o desaparecimento prematuro daquele publicista ilustre, com a enorme versatilidade de seu espírito, trouxe ingentes dificuldades à continuidade do plano, que somente puderam ser superadas pela boa vontade e pelos esforços de seus amigos e companheiros de trabalho.

Sejam quais forem, todavia, os rumos jurídico-filosóficos que a *Revista* venha a trilhar daqui para adiante, algo ficará, certamente, bem determinado: a presença inafastável do espírito de seu idealizador, com os propósitos que caracterizaram a fundação da *Revista*, entre eles o de nutri-la com artigos e pareceres de autores de tomo, para servir de padrão de referência à construção teórica e prática dos estudiosos do Direito Tributário.

Paulo de Barros Carvalho

CADERNOS DE DIREITO TRIBUTÁRIO

ELUSIONE E LEGITTIMO RISPARMIO D'IMPOSTA NELLA NUOVA NORMATIVA

RAFFAELLO LUPI[1]

Proffessore Ordinario (Titular) de Direito Tributário da *Università de Firenze*, lecionando na *II Università di Roma "Tor Vergata"* – Diretor da Escola de Tributação Ezio Vanoni, do *Ministero delle Finanze* – Advogado. Organizador da *Rivista di Diritto Tributario* e da *Rassegna Tributaria*

1. Legittimità incondizionata del lecito risparmio d'imposta ed elusione come "risparmio patologico". 2. Il primo criterio: la collocazione nel sistema della normativa utilizzata dal contribuente. 3. Il "test" del raggiungimento di un beneficio disapprovato dal sistema. 4. Il collegamento negoziale e l'elusione.

1. Legittimità incondizionata del lecito risparmio d'imposta ed elusione come "risparmio patologico"

L'articolo 37 bis del Dpr 600, come modificato dal decreto legislativo delegato 8 ottobre 1997 n. 358, modifica profondamente la norma antielusiva, in precedenza contenuta nell'art. 10 della legge 408 del 1990.

Fra le varie modifiche, quella di maggior rilievo riguarda la delimitazione dell' elusione rispetto al legittimo risparmio d'imposta;[2] la nuova norma, nel richiedere che

1. Autor de vários artigos e dos seguintes livros: *Metodi indutivi e presunzioni nell'acertamento tributario*, Milano: Giuffrè, 1988; *Profili tributari della fusione de società*. Padova: CEDAM, 1989; *Le imposte sui redditi, sul valore aggiunto e sui transferimenti – concetti istituzionali e linee di approfondimento,* Milano: Giuffrè, 1991; *Lezione di diritto tributario – parte generale*, Milano: Giuffrè, 1992. Com Augusto Fantozzi escreveu *Le società per azioni nella disciplina tributaria*, e com G. E. Colombo e outros, *Trattado della società per azionni*, Torino: UTET, v. 9, t. 2, 1993.

2. La distinzione tra elusione e legittimo risparmio d'imposta poteva essere sostenuta, nell'art. 10 della legge 408, solo facendo leva sul concetto di "fraudolenza". La debolezza e l'ambiguità di questo riferimento aveva però condotto a soluzioni insoddisfacenti. Una di esse, interpretando l'avverbio "fraudolentemente" nel senso penalistico del termine, subordinava infatti l'applicazione della norma alla presenza di artifizi e raggiri in senso penalistico. L'elusione non ha però nulla a che vedere con comportamenti frodatori nel senso penalistico del termine, ed avviene senza nascondere, simulare o dissimulare. L'artificio, se si vuole usare questo termine, avviene esclusivamente sul piano giuridico, e tutti i fatti sono documentati nel modo previsto dalla legge

vengano aggirati obblighi o divieti e che vengano ottenuti vantaggi "indebiti", si dirige infatti a risparmi d'imposta "patologici", lasciando altrimenti impregiudicata la scelta – da parte dei contribuenti – del comportamento fiscalmente meno oneroso. Si profila quindi la distinzione tra un risparmio d'imposta "patologico", e quindi elusivo, ed un risparmio d'imposta fisiologico, il quale può essere effettuato a testa alta, senza doversi giustificare con vere o presunte "valide ragioni economiche". Nel risparmio d'imposta fisiologico il contribuente si limita ad "usare" la legislazione vigente, mentre in quello patologico il contribuente ne "abusa", ritorcendone a proprio favore incompletezze o difetti in modo da ottenere risultati che (pur formalmente legittimi) ripugnano al sistema nel suo complesso, come spesso risulta da univoche indicazioni normative di cui faremo più avanti alcuni esempi.

Facendo leva sul concetto di "aggiramento", il comma 1 dell'art. 37 bis intende appunto precisare che la norma colpisce solo le scappatoie, gli *escamotages* e gli stratagemmi. E solo in presenza di queste patologie sono necessarie le "valide ragioni economiche", grazie alle quali anche scappatoie e stratagemmi possono diventare inattaccabili dal fisco (le "valide ragioni economiche", insomma possono legittimare la patologia, come vedremo più avanti).

Non appaiono quindi giustificate le preoccupazioni di molti operatori, i quali temono che tutti i vantaggi fiscali connessi alle operazioni indicate nel comma 3 dell' art. 37 bis possano essere *sic et simpliciter* disconosciuti dal fisco, e che al contribuente incomba automaticamente l'onere di dare una prova contraria, identificata con le "valide ragioni economiche". Nel mondo delle imprese si diffonde insomma il timore che qualsiasi risparmio d'imposta connesso a trasformazioni, fusioni, conferimenti, ed altre operazioni indicate nel comma 3 debba essere corredato di "valide ragioni economiche"; in assenza di queste ultime scatterebbe il rischio di vedersi disconoscere dal fisco tutti i vantaggi fiscali veri o presunti.

Questi timori si spiegano probabilmente non solo con una lettura affrettata della norma, ma anche con la scomparsa delle illusioni di potersi riparare dietro l'interpretazione penalistica dell'avverbio "fraudolentemente", descritta alla nota 2. Caduto il feticcio della fraudolenza, la nuova norma sta costringendo gli operatori a focalizzare la differenza tra elusione e lecito risparmio d'imposta.

Finora, anche dopo l'entrata in vigore della norma antielusiva del 1990, gli operatori hanno continuato giustamente a dedicarsi ad attività di pianificazione fiscale, consistenti nello scegliere, tra vari comportamenti consentiti dall'ordinamento, quelli meno onerosi fiscalmente. Nulla di male a continuare anche oggi in queste strategie di pianificazione, facendo però attenzione a non sconfinare in risparmi d'imposta patologici, colpiti dalla norma antielusiva. A questo scopo è fondamentale disporre di alcuni criteri per distinguere lecito risparmio d'imposta ed elusione, tra cui potremmo indicare i seguenti:

1) da un primo punto di vista occorre chiedersi se la normativa applicata dal contribuente si colloca, nel sistema, su un piano di pari dignità rispetto ad altre normative che conducono a risultati equivalenti.

2) da un secondo punto di vista occorre chiedersi se i vantaggi fiscali raggiunti, benché formalmente legittimi, siano disapprovati dal sistema fiscale nel suo complesso, cioé valutati negativamente, alla luce di norme dettate per fattispecie contigue (ad esempio in tema di commercio delle perdite o del credito d'imposta sui dividendi).

(nelle scritture contabili, nei conti bancari etc., ed in questo senso l'elusione è "trasparente" anche se non si può pretendere che di essa venga specificamente informato l'ufficio imposte!).

Se quindi fossero necessari artifici e raggiri in senso penalistico, l'articolo 10 non potrebbe colpire neppure la più ardita e sfacciata delle scappatoie giuridiche in cui si sostanzia l'elusione e così la norma verrebbe sostanzialmente svuotata di ogni contenuto.

2. *Il primo criterio: la collocazione nel sistema della normativa utilizzata dal contribuente*

Combinando i suddetti punti di osservazione non è difficile distinguere il lecito risparmio d'imposta dall'elusione. Un primo indizio (supra, punto numero 1) riguarda lo status, la collocazione nell'ordinamento della normativa utilizzata: il fisiologico risparmio d'imposta si collega in genere all'utilizzazione di una normativa pariordinata rispetto ad altri strumenti giuridici utilizzabili. È facile fare esempi di queste disposizioni collocate su un piano di strutturale pari dignità: si pensi ad esempio alla effettuazione di una cessione di azienda piuttosto che una cessione di quote, dove le norme sulle plusvalenze d'impresa e quelle sulle plusvalenze delle persone fisiche rappresentano due alternative che il sistema mette a disposizione del contribuente su un piano di pari dignità, tra le quali il contribuente stesso può scegliere anche in base al minor costo fiscale.

Si pensi anche al finanziamento dell'impresa con capitale proprio piuttosto che con capitale di prestito, entrambe tutelate da norme e principi specifici; al collocamento di una holding in Italia o all'estero, in uno scenario in cui è ormai fisiologico scegliere lo stato in cui collocare le proprie attività produttive o i propri investimenti. Anche la scelta del tipo di società, con la trasformazione di una società di persone in società di capitali o viceversa, o la collocazione delle partecipazioni all'interno del gruppo societario in modo da ottimizzare il carico fiscale appartengono alle facoltà che l'ordinamento strutturalmente riconosce ai contribuenti.

Costituiscono libere scelte, poste dal sistema sullo stesso piano, anche quella tra incassare i dividendi o cedere le partecipazioni pagando il "capital gain" anche partendo da un elevato valore di perizia al gennaio 1991: non c'è infatti nel sistema un principio secondo cui gli utili debbono essere acquisiti esclusivamente attraverso dividendi, soggetti a tassazione progressiva, piuttosto che attraverso plusvalenze sui relativi titoli azionari. Lo stesso vale per la collocazione delle società del gruppo ottimizzando la compensazione degli utili di alcune società con le perdite di altre, in quanto non è affatto un principio del sistema, ma piuttosto una contingente stortura (universalmente deprecata), che le società reddítizie di un gruppo debbano pagare imposte senza compensare i propri redditi con le perdite delle società del gruppo che hanno i conti in rosso; questo non legittima certo fatture fittizie intragruppo, con finalità di compensare i risultati d'esercizio, o manipolazioni dei corrispettivi intragruppo aventi gli stessi obiettivi, ma inserisce a pieno titolo nel legittimo risparmio d'imposta l'attribuzione alle società in utile delle partecipazioni in società in perdita, ovvero le fusioni tra le une e le altre. Parimenti appare del tutto fisiologica la distribuzione di dividendi in un periodo d'imposta in cui la società partecipante è in perdita (in modo da "smobilizzare" il credito d'imposta).

Tutti i regimi giuridici su cui si fondano i comportamenti sopra indicati sopra fanno parte di pieno diritto del nostro sistema fiscale. Alcuni di essi sono più onerosi, altri lo sono meno, ma il nostro sistema non prevede affatto, come se fosse una Legge del Signore, l'obbligo di seguire sempre la strada fiscalmente più costosa: si possono seguire anche altre strade, purché non si tratti di stratagemmi, scorciatoie costruite dal contribuente a proprio uso e consumo sfruttando le smagliature presenti nell'ordinamento.

Un caso emblematico di regimi fiscali aventi pari dignità è stato introdotto dallo stesso decreto legislativo che ha riformato la norma antielusione: si tratta dell'imposizione sostitutiva del 27% sulle plusvalenze da cessione di azienda. Il decreto legislativo introduce infatti un nuovo regime che si affianca, con pari dignità, a quelli previsti dal testo unico in materia di cessione di azienda o di cessione delle partecipazioni da parte del socio; la scelta di scelta di avvalersi della nuova imposta sostitutiva del 27% sulle ristrutturazioni societarie appartiene quindi al lecito risparmio d'imposta, anche quando è effettuata per trasformare redditi ordinari in plusvalenze; la procedura si basa come noto sulla cessione dell' azienda ad altra società controllata per acquisire maggiori valori fiscalmente riconosciuti, a fronte dei quali si potranno effettuare in futuro maggiori ammortamenti deducibili.

L'errore di molti commentatori è quello di scambiare regimi fiscali più favorevoli, presenti di pieno diritto ed incondizionatamente nell'ordinamento fiscale, con graziose concessioni, che il Principe avrebbe elargito sottintendendo che fossero utilizzabili solo in presenza di "valide ragioni economiche" e per "effettive finalità di ristrutturazione produttiva". Ma ciò non è esatto: quando l'ordinamento consente la cessione delle partecipazioni da parte della persona fisica, o l'imposta sostitutiva sulle cessioni d'azienda, non sottintende affatto che l'adozione di questi regimi a preferenza di quello ordinario debba avvenire in presenza di valide ragioni economiche.[3] La scelta tra queste opportunità, sostanzialmente pariordinate tra di loro nel sistema fiscale, è invece lasciata alla discrezionalità dell'imprenditore, ed è normale che egli utilizzi gli strumenti fiscalmente meno onerosi. Fino a questo punto non ci sono scappatoie, stratagemmi etc., e la pianificazione fiscale può avvenire a testa alta, senza bisogno di nascondersi dietro vere o presunte motivazioni economiche, che alla fin fine si rivelano spesso essere meri esercizi di ipocrisia giuridica.

In linea di principio del resto, il nostro ordinamento non conosce "regimi fiscali condizionati", la cui applicazione è subordinata all'esistenza di valide ragioni economiche. Una simile condizione andrebbe sancita espressamente, e avrebbe potutto esserlo a proposito del decreto legislativo n. 544 del 1992 sulle operazioni societarie "c.d. transnazionali". A proposito di queste operazioni, la direttiva comunitaria sottostante stabiliva infatti che gli stati potessero subordinare l'applicabilità del relativo regime a valide ragioni economiche, o comunque escluderlo quando sia dovuto solo a motivi di risparmio fiscale: sull'argomento rinvio però al commento alla sentenza 17 luglio 1997 della corte di giustizia CEE, pubblicata in questo stesso fascicolo.

Sono quindi fisiologici i risparmi dovuti a regimi collocati nell'ordinamento su un piano di pari dignità rispetto ad altri regimi più onerosi; l'elusione, che è in fin dei conti un *risparmio patologico*, deriva invece spesso da disposizioni riguardanti casi particolari, spesso lacunose o malriuscite. Gli esempi potrebbero abbondare in tema di cessione di diritti di opzione (fino a poco tempo fa in regime forfettario, ed esempio di imperfezione normativa del tutto casuale), distribuzione del sovrapprezzo o di versamenti a fondo perduto.

L'applicazione di una disciplina fiscalmente meno onerosa, che abbia pari dignità rispetto ad altri regimi presenti nell' ordinamento, non sconfina quindi nell'elusione fiscale e si mantiene nei limiti del fisiologico risparmio d'imposta, salve le considerazioni svolte nel paragrafo che segue.

3. *Il criterio del raggiungimento di un beneficio disapprovato dal sistema*

Il principio enunciato al termine del paragrafo precedente ha però le sue eccezioni, perché qualche volta l'elusione può

3. Se così fosse, nel nostro sistema ci sarebbe una sorta di tacita clausola secondo cui è obbligatorio scegliere le soluzioni fiscalmente più onerose salvo che si abbiano valide ragioni economiche per fare diversamente. Viene fatto di pensare al paradosso di un vecchio film, in cui un ineffabile "Comma 22" stabiliva che "i pazzi sono esonerati dalle missioni pericolose, ma chi chiede di essere esonerato dalle missioni pericolose non è pazzo".

verificarsi anche quando il contribuente adotta regole tributarie istituzionali e fisiologiche al sistema. Il caso può verificarsi quando il contribuente combina due o più regimi fiscali istituzionali in modo da ottenere un risultato distorsivo: così come l'unione di due minerali innocui può produrre una miscela esplosiva, anche la combinazione di più regimi fiscali fisiologici può qualche volta portare a un risparmio d'imposta patologico. Questa possibilità di collegare operazioni fisiologiche per ottenere un risultato patologico è stata anche tenuta presente nella nuova norma, che si riferisce ad atti "collegati tra loro", ponendo così l'accento, più che sulla singola operazione elusiva, sul "disegno elusivo" nel suo complesso.

Facciamo qualche esempio. Abbiamo visto che la trasformazione di società è fisiologica, e che l'imposta sostitutiva sui "capital gains" è anch'essa fisiologica. La trasformazione di una società per azioni con 6 soci in società a responsabilità limitata, seguita dalla cessione della maggioranza delle quote applicando l'imposta sostitutiva col sistema forfettario può però sconfinare nella patologia; tutta l'operazione si risolverebbe infatti in un preordinato "aggiramento" delle soglie previste per l'accesso al regime forfettario di cessione delle partecipazioni.

Assolutamente istituzionali e fisiologici sono i meccanismi che presiedono da una parte al riporto delle perdite e dall'altra alle cessioni o conferimenti d'aziende. Eppure la cessione di una azienda redditizia ad una c.d. "bara fiscale" (società acquistata per l'occasione e provvista solo di perdite da riportare a nuovo) appare un risparmio d'imposta "patologico".

Benché il credito d'imposta sia una caratteristica istituzionale del nostro sistema fiscale, come pure le vendite di titoli azionari o di diritti reali su di essi, il noto sistema del "dividend washing" comportava risparmi d'imposta di cui pochi hanno affermato il carattere fisiologico.

Facciamo un altro esempio: la collocazione delle partecipazioni in holding Italiane o estere è una libera scelta fisiologicamente consentita dal sistema, ed anche lo scambio di azioni ai sensi del decreto legislativo 544/1992 è tale, come pure il regime previsto per la distribuzione di dividendi intracomunitari. Sorge però il dubbio che sia patologica la collocazione, attraverso il decreto legislativo 544/1992, di una partecipazione in una società Olandese o lussemburghese, preordinata a una sua cessione beneficiando del particolare regime previsto in quei paesi e poi rimpatriando i relativi dividendi grazie al regime intracomunitario.

Altri esempi potrebbero riguardare le convenzioni internazionali contro le doppie imposizioni, il cui uso appartiene senz'altro alla sfera del lecito risparmio d'imposta, trattandosi di evitare che uno stesso reddito sconti tributi di due stati diversi. Talvolta però le convenzioni e le norme interne (tutti regimi fisiologici) vengono intrecciate dai contribuenti non già in modo da evitare che un reddito paghi due imposte, ma in modo da sfuggire ad entrambe le tassazioni. Convenzioni nate per evitare un maleficio molto spesso si trasformano in strumenti per ottenere un indebito beneficio: grazie ad un accorto uso di questi strumenti fisiologici, un reddito che doveva pagare le imposte da una parte sola non viene tassato da nessuna parte. Non è però il caso di avventurarsi in tecnicismi, ignorati dalla nostra amministrazione finanziaria, che si limita a torchiare ogni tanto qualche malcapitato straniero per motivi del tutto inaspettati e soprendenti, senza accorgersi che alcune case editrici internazionali commercializzano persino floppy disk in cui le varie convenzioni vengono incrociate tra di loro in modo da minimizzare l'incidenza fiscale, spesso riducendola a zero.

Infine un esempio tratto dall'imposta sul valore aggiunto, in cui grazie al sistema delle opzioni alcuni contribuenti riuscivano una prima volta a detrarre l'IVA col sistema ordinario in capo a una società, e poi conferivano i beni a una diversa società in regime speciale che – al momento della vendita – beneficiava della detrazione forfettaria. Anche qui il regime IVA dei conferimenti o delle cessioni d'azienda è assolutamente strutturale, come del resto strutturali erano i principi delle detrazioni analitiche e forfettarie. La loro combinazione dava però luogo a una delle più clamorose elusioni degli primi anni' 90.

In tutti i casi suddetti, di fronte all'utilizzazione di strumenti giuridici istituzionali e fisiologici, quale motivo tecnico ci spinge istintivamente a dire che si tratta di elusioni fiscali? L'indizio rivelatore dell' elusione è il conseguimento di un risultato che il sistema stesso disapprova. Questa disapprovazione è spesso facilmente percepibile da divieti dettati per fattispecie contigue a quelle poste in essere dal contribuente, per esempio in tema di riporto delle perdite o di credito d'imposta. Altre volte i riferimenti letterali sono più sfumati, ma non per questo i principi sono meno chiari, come quello secondo la detrazione IVA forfettaria sostituisce quella ordinaria e non deve cumularvisi,[4] oppure secondo cui le convenzioni internazionali servono ad evitare la doppia imposizione e non a costruirsi un'esenzione oppure secondo cui il sistema forfettario dettato per le cessioni di azioni ha determinate soglie massime che non possono essere aggirate con un semplice stratagemma (la trasformazione in società per cui sono previste soglie superiori). Un divieto implicito è anche quello di aggirare il divieto di detrazione IVA in presenza di operazioni esenti: il riferimento è evidentemente alle note ipotesi in cui l'acquisto veniva fatto effettuare da una società controllata che andava a credito di IVA e subito dopo veniva incorporata dalla controllante, dove esistevano limiti alla detraibilità dell'imposta.[5]

4. *Il collegamento negoziale e l'elusione*

La nuova norma antielusiva conferma che l'elusione non deriva di solito da un atto puntuale, bensì da una concatenazione di atti tra loro collegati. La norma antielusiva previgente poteva dare l'erronea impressione che l'elusione fosse il risultato di singole operazioni, come trasformazioni, fusioni, conferimenti etc., e che non si dovesse guardare il disegno complessivo perpetrato dal contribuente.[6] È molto difficile, se si considera isolatamente una fusione, una trasformazione, una cessione di crediti, una valutazione di partecipazioni o un'altra delle operazioni indicate dall'art. 10 della legge 408, decidere se si è verificato un vantaggio fiscale, se il contribuente abbia o meno utilizzato una costruzione giuridica artificiosa rispetto a quella "normale", se il comportamento seguito fosse giustificato o meno da ragioni imprenditoriali.

Gli avvenimenti anteriori e successivi all'operazione accusata di elusività sono

4. Il riferimento è all'ipotesi, descritta sopra, di cumulo tra detrazione ordinaria e forfettaria, frequente in materia di regimi speciali IVA fino alle modifiche normative introdotte nel 1994 (Lupi "Forfettizzazioni dell'IVA sugli acquisti ed elusione fiscale", in *Il fisco*, n. 46, 1993).

5. Erano i comportamenti che il Secit cercò goffamente di contrastare elaborando la teoria delle "società senza impresa", che avrebbero dovuto essere considerate una sorta di soggetti IVA dimezzati, tenuti a pagare l'imposta ma non a detrarla (Risoluzione 28 luglio 1992 n. 53.0643). Commentando questa posizione nel mio "Società senza impresa, detrazione IVA e "fiscalità dell'imprevedibile", in *Riv. Dir. Trib.*, 1992, n. 11, avevo già ipotizzato che più propriamente queste manovre avrebbero potuto essere contrastate attraverso la norma antielusiva di cui all'art. 10 legge 408/1990, della quale il SECIt inspiegabilmente si dimenticò nel 1992 e che poi fu riesumata a questi fini dall'amministrazione nel 1997, dopo che la maldestra teoria del "soggetto IVA dimezzato" era stata affossata dall'Unione Europea.

6. È un errore in cui cadde il SECIT nella delibera 105/1994, in questa Rassegna 1994, 401, dimostrando che, quando la sensibilità per la materia fiscale manca, non la si acquista certo con il decreto di nomina a ispettori tributari.

essenziali per stabilire se l'elusione c'è stata davvero: se non si considerano le vicende precedenti e successive è impossibile stabilire se ci sono stati salti d'imposta o doppie imposizioni, se l'obiettivo era carpire un beneficio o evitare un maleficio.[7]

Il primo comma dell'art. 37 bis fa quindi riferimento a vantaggi fiscali ottenuti tramite fatti, atti e procedimenti anche tra loro collegati; in ciò uniformandosi quanto si è da sempre rilevato in dottrina a proposito di contratti a gradini e *step transactions*, che già facevano intravedere l'elusione come un disegno complessivo, legato a una pluralità di atti giuridici. Tutto sommato si tratta di una precisazione innocua, che ribadisce ciò di cui un interprete provvisto di una minima sensibilità avrebbe dovuto concludere da solo. Eppure anche questa precisazione ha innescato una serie di preoccupazioni negli operatori, come se qualunque vantaggio fiscale collegato ad operazioni collegate tra loro fosse *sic et simpliciter* tacciabile di elusività in base alla nuova norma. Basta invece un pò di buonsenso per rendersi conto che resta impregiudicato il legittimo risparmio d'imposta conseguito con una pluralità di atti tra loro collegati: il risparmio d'imposta, se è legittimo, resta tale anche se conseguito attraverso una pluralità di atti collegati. Il senso della norma è invece, evidentemente, che la patologia resta tale anche se "diluita" su una pluralità di operazioni tra loro collegate. Questo non vuol dire, però, che il fisco possa rileggere la storia e collegare "a posteriori" in un disegno elusive vicende che – per il modo in cui si sono verificate – appaiono autonome l'una dall'altra. L'elemento della "preordinazione", essenziale per la giurisprudenza anglosassone nello stabilire la presenza dell'elusione, va verificato a priori, perché l'intero disegno elusivo deve apparire preordinato. Non basta quindi che al momento della prima operazione fossero possibili le seconde, ma occorre che, nel concatenarsi degli eventi, apparissero sostanzialmente già decise. Torniamo all'esempio della trasformazione in società a responsabilità limitata e della successiva vendita delle quote in regime forfettario: la presenza di un ragionevole lasso di tempo tra i due eventi può escludere che tra i due eventi fisiologici (trasformazione e cessione) ci fosse quella combinazione che ne rendeva patologici gli effetti e dava luogo all'aggiramento di un divieto implicito. Insomma, anche dopo l'entrata in vigore dell'art. 37 bis, la tempistica delle operazioni resta molto importante per stabilire se ci sia o meno un'elusione.

7. Spesso le vicende precedenti e successive dimostrano, oltre la presenza di "valide ragioni economiche", che manca qualsiasi vantaggio fiscale.

CADERNOS DE DIREITO TRIBUTÁRIO

O ESTATUTO DO CONTRIBUINTE*

JOSÉ JUAN FERREIRO LAPATZA
Catedrático de Direito Financeiro e Tributário da Universidade de Barcelona

Tradução de ADILSON RODRIGUES PIRES
Advogado no Rio de Janeiro – Professor de Direito Tributário da Universidade Cândido Mendes

Na exposição que tenho a honra de realizar, não pretendo, absolutamente, chegar à conclusão alguma sobre o possível conteúdo de um Estatuto do Contribuinte, reclamado com insistência na Espanha por amplo setor de profissionais ligados à área tributária, organizações empresariais, imprensa, publicações especializadas etc. tendo sido incorporado, inclusive, como eco do intenso clamor social, ao programa de partidos políticos de significativo peso em meu país.

Pelo contrário, o que pretendo é denunciar, uma vez mais, a situação que origina e justifica a pretensão, aqueles que, a meu ver, nos conduziu a esta situação e o caminho que, ainda na minha opinião, deva ser seguido objetivando a saída adequada. Rejeito, preliminarmente, a expressão Estatuto do Contribuinte pela sua ambigüidade, sem contar que a sua utilização poderá acarretar graves equívocos, jurídicos e políticos, gerando, certamente, problemas tão ou mais graves que aqueles que com o Estatuto se pretende solucionar.

Em nosso direito, a palavra Estatuto vem sendo usada com sentidos diversos podendo ser equiparado a uma lei, um regulamento ou qualquer norma escrita que regula determinada matéria (por exemplo, o Estatuto de Arrecadação) ou designar certa técnica de localização de fontes do direito (como nas chamadas "teorias estatutárias" e em seus conceitos básicos para elaboração de um estatuto pessoal, real e formal). Em sentido similar ao primeiro destes significados, com a palavra Estatuto indica-se o conjunto de direitos e deveres necessários para que o cidadão possa se estabelecer e exercer determinada atividade (assim, o Estatuto do Comerciante e o dos Trabalhadores).

A palavra Estatuto compreende, ainda, o conjunto de regras internas, singulares e particulares que rege a vida de uma associação ou corporação (por exemplo, os estatutos de uma sociedade mercantil ou de um colégio profissional), como, também, as normas que regulam a situação de determinadas pessoas vinculadas ao Estado por

* Palestra proferida em 5.10.95, por ocasião das XVII Jornadas Latinoamericanas de Derecho Tributario, realizadas em Cartagena, Colômbia.

uma especial ou singular relação (assim o Estatuto dos Funcionários a que alude o artigo 103 da Constituição Espanhola que, com o mesmo sentido, emprega a palavra nos artigos 98, 122, 124 e 165). Por fim, a palavra Estatuto pode designar, também, um conjunto de normas singulares, especiais ou particulares que reconhecem ao povo de um determinado território ou cidade um âmbito de autonomia de liberdade, de possibilidade de fazer ou de direitos que não podem ser violados por nenhum outro poder (com este sentido, a palavra foi utilizada recentemente na Espanha ao ser promulgado o Estatuto Municipal, que reconhecia o âmbito de validade de atuação do Município "frente ao" ou "perante o" Estado, e agora é utilizada nos Estatutos de Autonomia).

Não me parece muito temerário afirmar que, quando hoje na Espanha se utiliza a palavra Estatuto como uma "defesa" do contribuinte, em essência lhe são atribuídos dois sentidos, concretos e determinados, que não se contradizem, mas, pelo contrário, complementam-se e têm uma base ou origem complexa e diversificada, porém, em grande parte, comum.

Por um lado, entendo a reivindicação de um Estatuto do Contribuinte como a pretensão do cidadão comum que almeja um conjunto de normas inteligíveis e abrangentes que fixem, de forma clara, correta e compreensível, os direitos e deveres que os proteja enquanto contribuintes. De outro, postula-se o equilíbrio entre os direitos e deveres do Estado, que exige os tributos e o do contribuinte que, como cidadão, há de suportá-los.

Um equilíbrio que se tem como rompido pelo uso e pelo abuso de um poder excessivamente livre de amarras legais e, por isso mesmo, potencialmente arbitrário. Arbitrário e desproporcional, não só no que toca aos poderes concedidos por lei à Administração, como também no que se refere às conseqüências que advêm para os cidadãos que não cumprem as exigências implícitas em tais poderes. O Estatuto representa, assim, um círculo de garantias que visam a proteger o cidadão-contribuinte contra os abusos do poder estatal, ou seja, como um conjunto de normas que fixam o *status* do cidadão enquanto contribuinte.

Na minha opinião, o emprego da palavra Estatuto, em qualquer dos dois sentidos acima vistos, não possibilitará atingir os objetivos visados, uma vez que o ordenamento jurídico, como um todo, requer certeza e clareza, sendo que o ordenamento tributário, ou melhor, as leis tributárias, constituem parte integrante desse ordenamento. A pretendida construção de compartimentos exageradamente diferenciados ou especializados dentro do ordenamento não fará senão aumentar o grau de incoerência e de contradições entre essas distintas partes, tornando incoerente e contraditório todo o conjunto.

Não se deve esquecer que a persistência da idéia de formação de tais grupos de normas, em certo sentido separadas, foi a causa fundamental do fracasso das teorias estatutárias, posteriormente abandonadas, que os juristas deste século consideraram contraditórias com a idéia de um ordenamento jurídico incindível em sua unidade (idéia que, paradoxalmente, as doutrinas estatutárias ajudaram decisivamente a consolidar).

Recordemos as idéias e os conceitos fundamentais elaborados pela ciência jurídica ocidental, base dos nossos sistemas jurídicos, que preconizam o princípio da unidade como um dos pilares do ordenamento jurídico, suscetível de ser debilitado pelo emprego de termos juridicamente inadequados. Entendo que a criação de um *status* para o contribuinte, distinto do de cidadão, choca-se com as bases jurídicas organizativas do nosso Estado democrático, já que este não estimula, antes rejeita, a existência e o reconhecimento de grupos, classes ou categorias singulares, especiais e diferenciadas de cidadãos dotados de um Estatuto, ainda que particular. Pelo contrário, o ordenamento jurídico busca reconhecer e potencializar o princípio da igualdade de todos perante a lei.

O Estado democrático sequer permite o desdobramento da personalidade jurídica de cidadãos que se encontram, como o próprio Estado, submetidos à lei. Por outro lado, esses cidadãos estão vinculados e submetidos ao Estado, como contribuintes que são por uma especial relação de sujeição que os coloca adiante da própria lei, da Constituição e do resto do ordenamento jurídico. Unidos e submetidos ao Estado por uma relação de corte feudal que defina por Estatuto próprio os direitos, deveres e garantias do contribuinte frente ao poder estatal, estariam os contribuintes colocados à margem da Constituição e do resto do ordenamento. Só uma atuação "separada" exigiria uma norma garantidora igualmente separada.

Não é demais recordar que, como ressonância dos direitos alemão e norte-americano, a relação feudal de vassalagem assume parte substancial do direito germânico e da própria formação histórica do direito alemão e, ainda em maior medida, como com magistral simplicidade explicou Pound, do direito anglo-americano.

Trata-se de algo juridicamente impensável, seja em nosso ou em qualquer outro ordenamento jurídico, uma relação que coloque determinada categoria de indivíduos acima ou fora dele. Tampouco se pode imaginar o cidadão contribuinte, frente ao Estado, como pessoa alheia à sujeição geral característica de todo cidadão. A pretendida condição não se equipara à "sujeição especial" (conceito perfeitamente claro em nosso direito administrativo) em que se encontram certos cidadãos em virtude da especial relação que os liga à Administração, como os funcionários públicos, os concessionários etc. Atribuir aos sujeitos passivos de obrigações e deveres tributários uma tal situação de "sujeição especial" representaria, pura e simplesmente, justificativa para a instituição de poderes mais intensos da Administração sobre toda a população, pela qual perderia sentido a própria distinção entre supremacia (ou sujeição) geral e a supremacia (ou sujeição) especial.

Os sujeitos passivos de obrigações e deveres tributários, como cidadãos, têm o dever de "contribuir para o atendimento dos gastos públicos", realizados, afinal, no interesse de todos e não da Administração. Ao exigir tributos, a esta não cabe, com base em medidas especiais, proteger-se, como organização, nem preservar seu ordenamento interno. Tampouco lhe cabe invocar, como medida de autoproteção, poderes especiais e excepcionais para exigir dos cidadãos o cumprimento do dever geral de contribuir para a manutenção dos encargos públicos.

A utilização da palavra Estatuto para definir a situação jurídica do contribuinte conflita com o reconhecimento do contribuinte-cidadão submetido e protegido pelo ordenamento jurídico, em sua totalidade. Introduz, face à unidade do ordenamento, a idéia de fracionamento que, longe de aclarar sua situação, só conduz ao aumento da confusão em torno do seu significado.

A utilização da palavra Estatuto para definir a situação do contribuinte deve ser frontalmente rejeitada por conter em seu bojo uma relação com o Estado, de caráter especial, que a distingue da relação que une o cidadão ao Estado democrático, do qual é parte, e que encontra no conjunto de todos os cidadãos, entendidos como povo, a fonte última de todo o seu poder em conformidade com a idéia de pacto, de contrato, de igualdade, que está no cerne da nossa melhor tradição romano-continental.

A utilização do termo Estatuto só pode ser grata aos ouvidos de um certo poder político ou, mais exatamente, de uma burocracia sempre ávida de aumentar seu poder frente ao cidadão, reduzindo-o, com o seu consentimento, à categoria de súdito.

Todavia, longe de se fazer incompreensível, a insistência com que se pede por um Estatuto leva-nos a procurar entender, com profundidade e clareza, as causas e razões que explicam e justificam na Espanha tal clamor.

Razões que têm por base uma situação cujos traços fundamentais apóiam-se em um ordenamento jurídico tributário altamente confuso e isento, em sua formação, dos mais elementares conhecimentos da técnica jurídica, feito, basicamente, de encomenda para o contribuinte. Nesse ordenamento, reserva-se à Administração tributária unicamente o papel de repressor, titular de todas as faculdades interpretativas, o que resulta em normas confusas, tanto no texto quanto na finalidade. A Administração reveste-se do papel do repressor que goza das mais amplas faculdades, de exercício não poucas vezes discricionário, para exigir dos contribuintes, e ainda dos que não o são, todas as "informações" e toda a "colaboração" que considere necessárias. Um repressor com amplos poderes e liberdade para castigar a negativa de atendimento das solicitações, rigorosamente dentro do esquema típico do delito de desobediência. Uma Administração com poderes e liberdade para, segundo o seu capricho, diferir a edição de atos administrativos, burlando, sem qualquer esforço, todos os prazos prescritivos. Uma Administração que goza de amplos, e em certa medida discricionários, poderes sancionatórios. Uma Administração "tutelada" por Tribunais administrativos que podem dilatar por largo espaço de tempo o acesso aos Tribunais de Justiça. Por seu turno, Tribunais de Justiça com graves limitações na formação especializada necessária para atender e aplicar um ordenamento tributário, que, de tão confuso, mais parece instrumento de provocação de conflitos sociais que de sua resolução.

Certamente, os traços que acabo de desenhar lembram um esquema de relação entre contribuintes e Estado que mais se assemelha ao esquema da relação de poder cunhado pela dogmática alemã da primeira metade deste século que ao esquema da relação que, no meu modo de ver, deve unir o cidadão-contribuinte ao Estado democrático de Direito. Isto porque, como disse Nawiasky, concede-se ao Estado credor uma margem de liberdade demasiadamente ampla na aplicação da lei, como, também, porque a lei, como acabo de dizer, é extremamente confusa e outorga à Administração, na minha opinião, faculdades absolutamente desproporcionais ao seu fim.

Uma esfera de liberdade demasiadamente ampla outorgada à Administração para a interpretação e aplicação de normas excessivamente confusas transforma uma relação jurídica em uma relação de fato, ou seja, à margem de toda garantia jurídica, ou, pelo menos, em uma relação diferente da que normalmente se deve entender como relação jurídica: uma relação disciplinada por normas abstratas e gerais, suficientemente claras e precisas, que estabeleçam um equilíbrio constitucionalmente adequado entre os interesses contrapostos pelas partes integrantes da relação.

Uma vez descrita a relação que une os contribuintes à Administração tributária espanhola na atualidade, é chegado o momento em que nos perguntamos pelas causas ou circunstâncias que conduziram a esta situação, não nos sendo dado excusar-nos de apontar as suas causas fundamentais alegando a diversidade e complexidade do problema.

Temos que ver, preliminarmente, as circunstâncias políticas em que se envolveu a Espanha até a extinção da ditadura. O Estado democrático requeria ênfase especial naqueles aspectos da realidade social menos atendidos pelo regime anterior. Nesse sentido, o reconhecimento e a proteção dos direitos fundamentais e a luta contra a fraude fiscal no âmbito de um sistema fiscal de cunho redistributivo, ou de nivelamento social, exigiam pronta intervenção estatal. A reforma fiscal, todavia, revelou, desde logo, a face de uma política socialmente progressista, na qual destacou-se a luta contra a fraude, utilizada com fins propagandísticos e não poucas vezes demagógicos. A esmagadora vitória, por maioria absoluta, do executivo elevado ao poder a partir de 1982, acentuou esse propósito, robustecendo os poderes da Administração Tributária, que, a pretexto de lutar contra a fraude, atingiu extremos incompatíveis com o espírito da Constituição a qual dizia servir.

A este processo político juntou-se um outro processo, o burocrático, iniciado nos primórdios dos anos setenta. Refiro-me ao espírito fiscalista (*inspetorización*) progressivo, não só da Administração Tributária, apoiada em um poder legislativo que se dobrava aos projetos do executivo desde 1982, como também da legislação.

A equipe de Fiscais, que então assumira a gestão dos tributos, passou a exercer papel fundamental no planejamento da política fiscal e na edição da legislação tributária. Com relação a este último ponto, conseguiu impor sua particular e natural ótica fiscalista numa crescente atribuição de poderes à Administração Tributária, em detrimento do equilíbrio que deve presidir as relações entre a Administração e os contribuintes.

Os dois processos – político e burocrático –, que descrevemos, não compuseram diante disso, como era de se esperar, uma doutrina jurídico-tributária sólida, clara, firme e unida, com base no princípio de que, em um Estado democrático de Direito, o cidadão se vincula ao Estado, tanto quanto ambos, Estado e contribuinte, estão submetidos à lei.

A igualdade, convém frisar face à grande confusão em que se debate boa parte da doutrina espanhola atual, refere-se ao plano, inferior à lei, em que Estado e contribuinte se relacionam. Uma lei que, com absoluta precisão disse Alessi, se situa acima e além da relação. Não quer isto significar, obviamente, e causa rubor a necessidade de recordá-lo, que credor e devedor, Estado e contribuinte, ocupem a mesma e igual posição no plano da relação jurídica. Como em toda relação de caráter obrigacional, a posição de poder que o ordenamento outorga ao credor não corresponde à de dever, que, em essência, a lei outorga ao devedor. Nem sequer se diga que a posição do credor-administração ocupa a mesma posição do credor de outras relações de caráter obrigacional. Só é válido afirmar que credor e devedor devem estar submetidos, no mesmo plano e, com o mesmo rigor, à lei.

O critério jurídico de inserção do tributo como objeto de uma obrigação *ex lege*, como resposta aos teóricos da relação de poder que imperava, inicia-se e se consolida, como se sabe, na Alemanha, precisamente na primeira metade deste século e pela mão de pioneiros como Hensel e Nawiasky, desenvolve-se e se consolida na Itália, com Vanoni, Pugliesi e Giannini, seguindo-se pela Espanha, com Sáinz de Bujanda e uma parte de sua escola, a qual me honro de pertencer. Contemporaneamente, na América Latina, destacam-se Jarach, Fonrouge e Valdés, os dois últimos inspiradores do Modelo de Código Tributário em que a tradicional distinção entre Direito tributário material e Direito tributário formal ou procedimental refletem-se, com toda clareza, da mesma forma que, também com clareza refletiram-se nas Ordenações Tributárias Alemãs e na Lei Geral Tributária Espanhola.

Ninguém pode desconhecer os dois êxitos fundamentais da teoria obrigacional do tributo. De um lado uma linguagem jurídica, clara, precisa e simples, compatível com a mais profunda e melhor tradição jurídica continental, que permite a progressão de uma ciência jurídica tributária entendida, nas palavras de Bobbio, como um conhecimento intersubjetivo "perfeitamente comunicável intersubjetivamente sem graves riscos de mal-entendidos", e a elaboração de um direito positivo facilmente acessível ao conjunto de cidadãos a quem se dirige. Uma linguagem perfeitamente assimilável por contribuintes, profissionais, funcionários e tribunais, podendo-se, hoje, dizer que essa forma de expressão integra a comunidade jurídica, reduzindo, como nunca antes, a indeterminação inerente à natureza da própria linguagem, a que Hart chama de "a textura aberta do Direito".

De outro lado, coisa que ninguém pode negar, a teoria obrigacional do tributo responde como nenhuma outra à idéia da igualdade como base do Estado democrático, o que coloca o poder, no campo da tributação, no seio do povo do qual emerge. O Poder Tributário situa-se no mesmo plano de igualdade que o contribuinte, enquanto que anteriormente, como já se disse, ambos se encontravam abaixo da lei e a ela submetidos. Nesse sentido, vale recordar, com Valdés, que a idéia de igualdade, para ser efetiva, há de ser entendida, não apenas em seu sentido mais amplo de igualdade entre as partes que exigem e suportam os tributos. Igualdade que situa as partes em um mesmo plano em relação à lei e que constitui pressuposto básico da aplicação efetiva dos princípios da legalidade e da proteção jurisdicional.

Nos últimos trinta anos, afetaram seriamente estas duas importantes conquistas da teoria obrigacional do tributo a aparição e o desenvolvimento, primeiro na Itália e depois na Espanha, das doutrinas da função tributária que, de uma parte, foram responsáveis pela criação de uma linguagem esotérica, ininteligível para a imensa maioria dos cidadãos, só acessível, enfim, para os sacerdotes desta "nova" religião. Por outro lado recolocam o Estado, nas suas relações concretas com os contribuintes, em plano superior ao do contribuinte, como já o havia colocado a teoria da relação de poder, da qual a teoria da função tributária não é senão, como reconhecem inclusive seus mais sérios defensores, uma extensão, a meu ver, extemporânea e prejudicial (diz Rodriguez Bereijo, que "o certo é que muitas de suas instituições" (da teoria da relação de poder) "e fundamentos resultaram decisivos na evolução posterior da dogmática jurídico-tributária e, inclusive, *mutatis mutandis*, encontram-se no centro do debate da ciência do Direito Tributário atual: relação jurídico-tributária complexa *versus* procedimento de imposição". Acrescentam Pérez de Ayala e González Garcia, que "esta característica" (a desigualdade administração-administrado) foi glorificada por parte da doutrina germânica clássica, com a chamada teoria da relação tributária como relação de poder. Logo foi obscurecida pela reação doutrinária posterior "(da relação obrigatória)..." "e com a tese que vimos examinando" (da função tributária) "volta de novo ao primeiro plano...").

Com efeito, frente a uma linguagem, a da teoria obrigacional, que responde com exatidão ao "conhecimento intuitivo ou vulgar que se tem do Direito" (o que longe de ser um defeito, como parece apontar o autor da frase (Pérez Royo), não pode ser considerada senão como uma altíssima virtude que permite uma fluida interpenetração da linguagem jurídica e da linguagem usual, e, portanto, uma melhor e maior inteligência das normas tributárias por aqueles a quem vão dirigidas) e segundo a qual a lei estabelece um tributo imaginando atribuir a obrigação de pagar a quem realizou o fato, os cultores da função tributária afirmam que "a norma de Direito Tributário destina-se a regular a potestade de imposição, a qual pode exercitar-se com relação aos fatos mais variados da vida, que, como conseqüência, adquirem relevância específica como fatos geradores de situações jurídico-tributárias, ou seja, em vista da consecução de um ingresso tributário pelo ente impositor" (Micheli). Poder-se-ia dizer, também, que "a norma tributária não regula diretamente relações ou situações intersubjetivas dos particulares entre si ou entre os particulares e o Estado, mas, sim, regula a prestação coativa patrimonial devida pelo particular ao ente público e que este tem direito a exigir em virtude de seu poder de supremacia" (potestade de imposição) (Rodriguez Bereijo).

Frente a teoria obrigacional que, coerentemente com o que se disse, vê o fato imponível como um fato cuja realização produz, como efeito jurídico fundamental, o nascimento da obrigação de pagamento do tributo (sem esquecer, obviamente, o significado da eleição pelo legislador dos distintos fatos imponíveis segundo a distribuição constitucional adequada da competência tributária), os criadores das "novas" "teses dinâmicas" da função tributária dizem que "em uma construção inspirada em uma moderna acepção do princípio de capacidade contributiva, o pressuposto do tributo constitui o centro da instrumentação tributária, ou seja, o critério com base no qual se aplicam os instrumentos técnico-jurídicos para obtenção do ingresso previsto" (Fantozzi).

Os efeitos jurídicos concretos da realização do fato imponível que, a meu ver, constituem o núcleo, como ensinou Jarach, do pressuposto de fato, passam assim a um segundo plano: "Não é, pois, disse Fantozzi, no plano dos efeitos, consistentes em produzir determinada situação subjetiva passiva, mas sim no plano do único efeito, ainda que com distintos instrumentos, que deve repercutir (o fato imponível), qual seja, o de legitimar a aquisição, já obtida ou a obter-se, de uma importância em dinheiro a título de tributo".

Tal afirmativa, apesar de sábia, repercutiria com intensa perplexidade sobre todos aqueles a quem se dirige a norma tributária, dada a convicção de que o único efeito significativo que deriva da realização de um fato sujeito ao imposto é a obrigação de pagar, como tributo, uma soma em dinheiro. Como sabe, também, o cidadão sujeito ao imposto que com tal pagamento extingue-se a obrigação. É difícil entender que, utilizando o jargão das teses dinâmicas, "o pagamento é um ato do sujeito passivo que se insere na prática procedimental, constituído de determinados antecedentes e determinados efeitos, sendo uns e outros distintos, segundo o concreto procedimento em que se inscreve o ato de pagamento" (Pérez Royo).

Ora, qualquer cidadão sabe, e entende perfeitamente, que uma coisa é a observância de normas pela Administração no sentido de aplicar os tributos, outra é o procedimento administrativo que visa a controlar o cumprimento da obrigações tributárias, que, como conseqüência dos fatos realizados, hão de suportar os diferentes cidadãos.

Tais cidadãos, pelo contrário, dificilmente entenderão "que a prestação de dar em que consiste o pagamento do tributo não é, sempre e necessariamente, conteúdo ou objeto de uma obrigação tributária, a dívida tributária em si, mas casos há em que aquela prestação de dar consiste no conteúdo de um dever jurídico de pagar sem caráter obrigacional" (Pérez de Ayala e González Garcia). Com efeito, assim se manifestam os defensores da doutrina da função (Maffezzoni), ou seja, dos fatos imponíveis realizados não decorre a obrigação de pagar tributo, senão unicamente uma etérea potestade ou poder de imposição que atua através de um procedimento "concebido como uma série de atos e situações que não se correspondem (a diferença entre a relação crédito-dívida) que se vinculam por um fim típico, à obtenção de um tributo" (Martín Queralt).

Procedimento, assim concebido, que deve ocupar, na opinião dos teóricos da função tributária, o centro da atenção primordial dos estudos jurídico-tributários, em detrimento do que, no meu entender, deve ocupar tal lugar, ou seja, a obrigação tributária e, em função dela, o resto das relações e vínculos jurídicos que derivam das normas tributárias.

A teoria obrigacional não descuidou nunca, pelo contrário, do estudo dos vínculos e relações distintos da obrigação tributária que dão lugar aos tributos, porém entende que é sua análise concreta e separada, seja no âmbito do direito tributário material, seja no campo do procedimento de imposição, que distingue uma análise jurídica rigorosa de um *tótum revolútum* em que os aspectos materiais e formais do tributo, os distintos vínculos e relações a que o tributo dá lugar, longe de "integrar-se" (Pérez Royo), como sustentam os mentores da teoria da função, confundem-se em uma análise, a da função tributária incapaz de ir além do próprio conceito de função (que ninguém ignora e a que ninguém nega utilidade) na busca de soluções concretas para os problemas concretos de organização social que a teoria obrigacional analisara e buscara e, não poucas vezes, encontrou solução. Também não ignorou a base da configuração jurídica do tributo como obrigação, isto é, como relação jurídica na qual se trata de estabelecer um equilíbrio entre os interesses contrapostos do fisco e do contribuinte e, não se deixando resvalar na ingenuidade da crença posta em primeiro plano por mentores da teoria da função tributária, de que esta difere da obrigação de direito privado, uma vez que aquela não encerra a contraposição de interesses típica desta. A obrigação tributária visa o interesse geral, inclusive dos sujeitos obrigados ao pagamento, sendo os tributos cobrados com o fim de permitir a sobrevivência do Estado (Pérez Royo). Essa crença parte, no meu entender, da confusão entre o interesse geral a que serve o ordenamento jurídico, e todas as situações e relações jurídicas que ele regula e protege, e o interesse pessoal das pessoas físicas e jurídicas que o ordenamento reconhece. Esses interesses pessoais muitas vezes se contrapõem, sendo que o ordenamento, também no interesse de todos, tenta conjugar e tornar compatíveis.

Releva expor tal crença, ingênua mas bem intencionada, para expressar a idéia, colocada com maestria por Ihering, de que "o homem luta pelo direito defendendo seu direito pessoal no pequeno espaço em que atua". Tanto o Estado quanto o contribuinte defendem o sistema jurídico em seu conjunto quando defendem interesses antagônicos no âmbito da obrigação tributária, centro de estudo do Direito Tributário, que os teóricos da teoria da função chamam, com certo desdém, de Direito Tributário "tradicional". Sem percalços, talvez, o adjetivo, na verdade, revela as virtudes da teoria obrigacional, sem dúvida, consolidada não só na literatura especializada como também no seio de toda a sociedade. Basta a obra de Hensel para demonstrar que literatura jurídica e sociedade nunca perderam de vista nem se descuidaram da atenção que o procedimento administrativo de exigência dos tributos merece, em que pesem os pronunciamentos dos opositores da teoria obrigacional.

Certo, porém, é que a teoria obrigacional jamais confundiu o adjetivo com o substantivo, nem o formal com o material. Nunca se desviou da verdadeira vocação jurídica do tributo considerado como uma obrigação *ex lege*, regulada, em toda a sua extensão em seus mínimos detalhes, pela lei. A distinção entre Direito Tributário material e Direito Tributário formal revela, assim, sua utilidade ao assinalar um terreno, o do Direito Tributário material, já definitivamente colocado fora do alcance do arbítrio do poder, ainda que, no campo do Direito Tributário formal, possa esse arbítrio, embora não deva, de forma reduzida contudo, manifestar-se.

Curiosamente, a pretensão de situar o procedimento administrativo de imposição no centro dos estudos tributários coincide na Espanha com um período em que, com base na técnica de autoliquidação, as obrigações tributárias nascem e se extinguem, em grande maioria, completamente à margem de qualquer atividade administrativa. Isto revela, como nenhum outro dado poderia revelar, o caráter da doutrina da função tributária, criada como um Direito de professores, trabalhada em laboratório, à margem, quando não de costas voltadas para a realidade social que ao direito cabe, afinal, organizar.

É compreensível, embora não se justifique, tamanha confusão introduzida na terminologia jurídico-tributária pela teoria da função, que, desgraçadamente, passaram das Universidades para o direito positivo, para a legislação e para os tribunais, constituindo-se em uma das causas do confucionismo terminológico característico do atual desordenamento tributário espanhol. Contudo, esse não é o maior malefício trazido pelas teorias da função tributária. A crítica fundamental consiste, a meu ver, no fato de terem essas teorias recolocado o credor no altar do poder político.

Certamente, os mais ardorosos defensores da teoria da função não desconhecem os dois planos em que esta se desenvolve, quais sejam, o plano normativo ou abstrato e o plano concreto da atividade administrativa.

Porém, ao romper, ou pelo menos debilitar sensivelmente, a estrutura bilateral, quero dizer, as relações de poder no plano concreto, segundo as quais a Administração é colocada em face da correspondente posição de dever, obrigação ou sujeição concretas do administrado, as teorias da função liberam tais poderes concretos exercidos pela administração das restrições jurídicas e do necessário equilíbrio entre os seus interesses e a proteção dos interesses dos administrados com os quais se relacionam, além de elevar o poder da administração ao plano inconcreto, genérico ou abstrato do poder político.

Ao dizer, por exemplo, que "a função que cumpre o conceito dogmático de procedimento de imposição é a de unir, harmonizar e unificar o poder de império do ente público e os deveres jurídicos dos sujeitos passivos" (Rodriguez Bereijo) e que tal conceito "encontra seu emprego mais adequado enquanto dogma ou categoria jurídica no campo do direito público, onde as situações jurídicas predominantes são a potestade e a sujeição, as quais se encontram fora da relação jurídica e estão reguladas por normas instrumentais" e que, enfim, obrigação tributária e poder de imposição são duas situações jurídicas que "não estão unidas por uma relação jurídica, pois constituem de situações autônomas de conteúdo não correspondente", extrema os poderes concretos da administração das relações jurídicas concretas, elevando-os ao plano superior do poder político, o que induz à confusão, sobre a qual, como ninguém alertou Kelsen, no exercício do poder político o Estado encontra sua máxima expressão na lei, que deve ser obedecida pelos órgãos do Estado dotados de poderes "jurídicos" concretos, desenvolvidos no mesmo plano jurídico que aquele em que se desenvolvem, no âmbito do direito privado, os poderes concretos de um credor.

Essa idéia de igualdade, consubstanciada, hoje, em esquemas jurídicos fundamentais sobre os quais descansa o Estado democrático de Direito, vê-se obscurecida em certas doutrinas, como a da função tributária, que centram sua atenção nesse conceito, desvinculando-o das relações concretas através das quais a função se realiza. A função permanece, assim, limitada e isolada, como um poder superior que se nega a relacionar-se e a relacionar o Estado, em plano de igualdade, com os administrados. A idéia de função, como um poder superior, fica, assim, incólume, preso à idéia de um poder superior que se relaciona com os administrados de forma especial e separada das relações jurídicas normais entre sujeitos submetidos com todo rigor e precisão à Constituição e ao resto do ordenamento jurídico.

As teorias da função tributária garantiam, assim, uma ideologia estatal e estatizante, sustentada nos incontidos desejos de um poder, "além da Constituição e das leis", de um executivo respaldado, por sua maioria absoluta, nos órgãos do legislativo e inspirado na perspectiva forçosamente setorial, a serviço, naturalmente, das idéias de controle e repressão, próprias da fiscalização dos tributos.

A ação do legislativo e do governo inspirou-se numa burocracia que buscou incansavelmente, de um lado, atribuir aos cidadãos, na maior medida possível, as tarefas de gestão e, de outro, a mínima capacidade de resistência dos administrados ante a sua atuação. Essa burocracia, apoiada por um doutrina confusa e, em parte significativa, deslumbrada pelo poder, desenhou, como já dissemos, um quadro de relações entre o Estado espanhol e seus cidadãos mais assemelhado ao esquema da relação de poder que à relação igualitária de submissão à lei e ao direito que deve caracterizar as relações entre o Estado e seus contribuintes em todo Estado democrático de Direito.

O círculo do poder fechou-se, enfim, em meu país quando, antes da relação suscitada pela lei de reforma da L.G.T., de 1985, diga-se, uma lei de caráter nitidamente autoritário, o Tribunal Constitucional, ao invés de frear os excessos do poder, ainda mais os acalentou, ditando, no meu modo de ver, a tão célebre quanto desafortunada Sentença 76/90 (FJ 4), segundo a qual o dever constitucional de contribuir para o sustento dos gastos públicos na proporção da capacidade econômica de cada contribuinte "implica, além da genérica submissão à Constituição e ao resto do ordenamento jurídico, em que o artigo 9.1, da Norma Fundamental impõe, numa situação de sujeição e colaboração com a administração tributária com vistas ao atendimento das necessidades públicas, cujo indiscutível e essencial interesse público justifica a imposição de limitações legais ao exercício dos direitos individuais".

Esta afirmativa, cujos antecedentes jurisprudenciais são encontrados, como a teoria da função, na Itália, com Aguallo, vem consolidar uma situação que, como já disse, torna perfeitamente compreensíveis e justificáveis os insistentes reclamos por um Estatuto do Contribuinte que ponha fim aos excessos do poder.

Tive, também, anteriormente ocasião de dizer que tal clamor não me parece conveniente nem pelos termos em que vai exposto nem por seus fundamentos ideológicos. Um Estatuto outorgado pelo poder não faz senão consagrar a primazia do poder que o concede, situação que não condiz com a idéia de uma administração que deve submeter sua atuação concreta ao mesmo plano em que se situam os administrados com relação à lei e ao direito. "Submissão plena à lei e ao Direito", como assevera, de modo expresso, a Constituição espanhola.

A meu ver, não é um Estatuto do Contribuinte que fará reverter essa situação, mas, sim, uma ação política de sentido contrário à desenvolvida nos últimos anos. Uma ação política que, através de legislação adequada, ponha ordem e clareza no estado de confusão e desordem que apresenta nosso ordenamento tributário atual.

Isto demanda uma ação doutrinária que elimine o quanto antes do cenário tributário a máscara da teoria da função, da qual se aproveitou a relação de poder, primeiro incorporando a palavra, em seguida a própria ação. Essa ação encontrará base e força numa dogmática tradicional fundada, por sua vez, na idéia de igualdade que inspira o Estado democrático e que permita repetir mil e uma vezes Jarach, para quem as teses que apontam para uma relação de poder não respondem nem "aos princípios jurídicos que governam a tributação no Estado de Direito, nem à dogmática do Direito Tributário".

Uma doutrina que não negue à Administração as armas necessárias para lutar contra a fraude, porém que recorde com igual insistência aos servidores dessa administração que eles estão postos, em conformidade com a lei, no mesmo plano que os contribuintes. Recorde-se, mais, quantas vezes seja necessário, com Hensel, que, "na prática é da maior importância que o funcionário se sinta, nos contatos que mantenha com o contribuinte como um subordinado do poder tributário ou vinculado a uma relação obrigacional".

Uma dogmática tradicional, consolidada, centrada no tributo ou, em outras palavras, numa obrigação *ex lege*. Uma dogmática que não se descuide dos vínculos e relações criados pelas normas tributárias e que regulam as relações entre o Estado e os cidadãos e que tais vínculos e relações, distintos da obrigação tributária em si, são criados com vistas à obtenção da plena efetividade do cumprimento de tal obrigação. Uma dogmática que aceite a distinção universalmente feita entre conduta normada e procedimento, entre direito formal e material, sem prejuízo da unidade essencial do ordenamento. Uma dogmática que não desconheça, como com toda simplicidade assinalou Ross: "O estabelecimento de uma política jurídica deve destinar-se a investigar a melhor forma de se atender aos objetivos sociais por meio da interação entre o direito substantivo e o direito processual. O pensamento político corrente concorda com essa idéia".

Uma dogmática que atente para a elaboração dos elementos teóricos que permitam ao legislador uma precisa delimitação do fato imponível e que prescinda, tanto quanto possível, do recurso a presunções e ficções contrárias, por definição, aos princípios da capacidade econômica, da igualdade das partes no processo e da garantia da tutela judicial. Além disso, que procure reduzir ao campo objetivo e preciso a utilização dos conceitos de fraude à lei e de simulação. Que sirva para determinar os sujeitos passivos sem perder nunca de vista que é o contribuinte, realizador do fato imponível, quem deve suportar o pagamento do tributo e que todos os demais sujeitos da relação não podem estar colocados pela lei senão a serviço dessa finalidade. Que permita a máxima objetivação possível das bases imponíveis, ditando normas claras e precisas sobre valoração, utilizando, inclusive, parâmetros médios ou presumidos, que não se confundam com presunções singularizadas e discriminatórias. Que objetive e precise os deveres de informação e colaboração. Que objetive e precise igualmente deveres de informação e colaboração significativos, efetivamente exigíveis aos administrados. Que na luta contra a fraude se privilegie a política preventiva frente à repressiva. Que as ações de controle e repressão estabeleçam prazos razoáveis e proporcionais e sanções igualmente proporcionais à gravidade da contravenção. Que possibilite, enfim, o rápido acesso à tutela judicial efetiva que impeça os efeitos irreparáveis da prévia atuação administrativa, proporcionada por Tribunais de Justiça dotados de conhecimentos especializados e precisos que permitam a solução adequada das controvérsias entre Estado e contribuinte. Que se abra, dentro de certos limites, a possibilidade de solução de controvérsias fora do âmbito do contencioso permitindo-se a utilização da transação ou arbitragem para a solução de tais conflitos.

Nesta tarefa, a doutrina espanhola pode contar, sem dúvida, com a inestimável ajuda da doutrina latino-americana, a qual não se deixou levar, com tanta intensidade como na Espanha, pelo ruído oco e pelas luzes de um artifício tipicamente mediterrâneo, que, a meu juízo, moldaram as doutrinas da função tributária.

A necessária glorificação do fato imponível para a qual tanto contribuíram Jarach e Ataliba, Fonrouge e Valdés, presentes no Modelo de Código Tributário Latino-americano, e De la Garza e Villegas, nada mais é que o reflexo de uma dogmática calcada na tradição, seu melhor aval e sua maior força. Uma dogmática que há de servir de novo no futuro, como já demonstrou servir no passado, de freio ao poder, aprofundando a idéia de igualdade e democracia, do que resulta inútil, por desnecessário, um Estatuto do Contribuinte.

CADERNOS DE DIREITO TRIBUTÁRIO

JUSTIÇA DISTRIBUTIVA: SOCIAL, POLÍTICA E FISCAL

RICARDO LOBO TORRES
Professor de Direito Financeiro na Faculdade de Direito da UERJ
e nos Cursos de Mestrado e Doutorado da Universidade Gama Filho
– Procurador aposentado do Estado do Rio de Janeiro

1. A problemática da justiça distributiva. 2. Justiça social: 2.1 Histórico – 2.2 Conceito – 2.3 Crítica. 3. A impossibilidade de uma Teoria da Justiça: 3.1 Nozick – 3.2 Luhman – 3.3 Habermas. 4. Justiça política: 4.1 Conceito – 4.2 Rawls – 4.3 Höffe. 5. Justiça fiscal: 5.1 Conceito – 5.2 Rawls – 5.3 Buchanan – 5.4 Tipke. 6. Conclusão.

1. A problemática da justiça distributiva

Um dos mais difíceis problemas filosófico-juridicos, sobretudo nesta década final do século XX, é o da possibilidade e limites da justiça distributiva e da sua teoria.

O conceito de justiça distributiva remonta a Aristóteles, que a radicava na própria idéia de igualdade e de proporção geométrica e assim a definia: "é a que intervém na distribuição das honras, ou das riquezas, ou de outras vantagens que se repartem entre os membros da comunidade política" [1].

As desigualdades na sociedade hodierna, máxime nas de economia subdesenvolvida, são de tal forma chocantes que o anseio de redistribuição de bens se coloca como objetivo básico de partidos políticos e tema central das discussões na área da filosofia, do direito, da economia, da sociologia e dos demais ramos do saber. Como, entretanto, fazer a redistribuição de rendas de modo justo em sociedades complexas? Examine-se o caso do Brasil: são quase 160 milhões de pessoas, das quais aproximadamente 30 milhões se encontram abaixo do nível razoável de pobreza, ou seja, na miséria absoluta; a população restante, trabalhadora, participa com grande desigualdade na riqueza da nação, sendo dado divulgado pelo Banco Mundial que o Brasil é o país que no Ocidente apresenta a maior e mais iníqua concentração de renda. Como resolver o problema, fazendo com que aumente o número das pessoas que participam decente e razoavelmente do esforço nacional e da criação da riqueza? Qual o papel do Estado na transferência de riqueza entre as classes sociais? Em que consis-

1. *Éthique a Nicomaque*. Trad. J. Tricot. Paris: J. Vrin, 1972, p. 225 (v. 5, 1.130 b, 30): "... est celle qui intervient dans ia distribution des honneurs, ou des richesses, ou des autres avantagnes qui se répartissent entre les membres de la communauté politique".

te e como opera, afinal, a justiça distributiva?

Várias são as respostas.

Durante algumas décadas se desenvolveu a *teoria da justiça social*, que pretendia chegar à redistribuição de rendas por intermédio de processos econômicos espontâneos ou da ação de instituições sociais.

Os impasses surgidos nas discussões em torno da justiça social abriram espaço para que aparecessem os céticos e os relativistas, a defender a impossibilidade de uma teoria da justiça (Nozick, Luhman e Habermas).

Mas a reação à teoria da justiça social se fez de modo mais profundo e coerente pelos teóricos que desenvolveram a doutrina da *justiça política*, a partir da idéia de que a redistribuição espontânea de rendas é utópica e de que há necessidade da intermediação das instituições políticas e da Constituição (Rawls e Höffe).

A *justiça fiscal*, especial dimensão da justiça política, é a nosso ver a que oferece o melhor instrumental para a redistribuição de rendas, com a adjudicação de parcelas da riqueza nacional a indivíduos concretos. Tem encontrado em Rawls, Tipke e Buchanam os seus maiores expoentes.

Passamos a examinar, nos itens seguintes, as diversas propostas para a justiça distributiva.

2. *Justiça social*

2.1 *Histórico*

A idéia de justiça social se desenvolve a partir do século XIX, fundada em parte sobre os conceitos de justiça legal de Aristóteles e de justiça geral de Santo Tomás de Aquino. Diante dos conflitos sociais e das divisões entre capital e trabalho passa o pensamento ocidental a se interessar pela reflexão sobre a justiça social. Os socialistas utópicos deram atenção ao tema. Mas é na doutrina da Igreja que se manifesta com maior clareza a idéia, principalmente nas Encíclicas *Quadragésimo Ano* e *Divini Redemptoris*.[2]

A bibliografia sobre a justiça social é imensa, embora nela não se incluam obras seminais ou de maior profundidade, até porque a própria reflexão sobre a idéia de justiça, antes da década de 70, era assistemática e sem originalidade.

2.2 *Conceito*

Extremamente fugidio e pouco nítido o conceito de justiça social. Aliás, o próprio termo "social" é indefinível e tornou ambíguas as expressões que adjetivou: "Estado Social", "Direito Social", "Economia Social de Mercado", "Social Democracia" etc.

O conteúdo oferecido pela idéia de justiça social cifra-se sobretudo na necessidade da redistribuição de rendas, com a conseqüente proteção aos fracos, aos pobres e aos trabalhadores, sob a diretiva de princípios como o da solidariedade.[3] Às vezes se reduz à própria justiça nas relações de trabalho, como acontece na doutrina social da Igreja.[4]

As discussões em torno da justiça social freqüentemente se projetam para a temática da *igualdade*,[5] a motivar a disputa

2. Para a história da idéia de justiça social são importantes: Del Vecchio, Giorgio. *A Justiça*. São Paulo: Saraiva, 1960, p. 35; Macedo, Ubiratan Borges de. *A Evolução da Idéia de Justiça Social no Pensamento Ocidental*. Rio de Janeiro: mim. 1992, pp. 17 e ss.

3. Isensee, Josef. "Der Sozialstaat in der Wirtschaftskrise". Festschrift für J. Broernann, 1982, p. 367: "O social aparece hoje como o moderno sub-rogado do amor ao próximo e como virtude cristã socializada" (*als das moderne Surrogat der Nächstenliebe und zwar als sozialisierte christliche Tunend*); Zacher, Hans F. "Grundtypen des Soziairechts". *Festschrift für w. Zeidier*, 1987, p. 572.

4. Cf. Ubiratan Borges de Macedo, ob. cit., p. 39.

5. Cf. Leisner, Walter. *Der Gleichheitsstaat*. Macht durch Nivellierung. Berlin: Duncker & Humblot, 1980, p. 116: "Justiça social: nada mais que igualdade" (*Soziale Gerechtigkeit: nichts als Gleichheit*).

entre os adeptos da igualdade de chance ou oportunidade e da igualdade de resultados.[6]

Outras vezes se confunde com a problemática da *liberdade*, em sua versão de liberdade "para" ou liberdade "real", por oposição à liberdade "de", ou como "condição da liberdade", a incluir o mínimo existencial, tornando ainda mais nebuloso o assunto.[7]

Três idéias básicas perpassam toda a teoria da justiça social, no que concerne à sua operacionalização. Seja a primeira a de que a redistribuição de rendas seria obtida pelo processo social espontâneo, baseado no *desenvolvimento econômico* e na *economia social de mercado*. A segunda consiste na *transferência de recursos da classe rica para a pobre*, de modo que a totalidade dos indivíduos que compõem a camada mais baixa da sociedade venha a enriquecer. A última é a de que certas *instituições sociais* (Igreja, sindicatos, empresas, entidades não-governamentais) participam do processo de redistribuição de rendas.

2.3 *Crítica*

A idéia de justiça social chegou ao impasse no final da década de 60 e nos anos 70.

Tornou-se evidente a impossibilidade de uma redistribuição espontânea da renda em sociedades complexas como resultado mágico do desenvolvimento econômico. Até mesmo porque o crescimento econômico era induzido pelo "Estado Social", que de conceito heurístico se transformara em figura ontologicamente constitucional.[8] Demais disso, a crença no desenvolvimento sustentado esgotou-se diante dos problemas causados com a destruição do meio ambiente[9] e com a necessidade de se promover o "desenvolvimento humano".[10] Por outro lado, a utopia da inesgotabilidade dos recursos públicos perdeu a sua base; a crise financeira e o déficit orçamentário continuado retiraram dos Estados a possibilidade de financiar o desenvolvimento. Acrescente-se, ainda, que a perversidade da ideologia desenvolvimentista enfraqueceu a crença na justiça social: nos países atrasados como o Brasil postergou-se a redistribuição de rendas em nome da necessidade do desenvolvimento econômico, pois se apregoava ser preciso que primeiro o país crescesse para que após se fizesse a redistribuição, no que ficou conhecido como a "teoria do bolo" (deixar o bolo crescer para dividi-lo ao depois; o bolo não cresceu e dele só comeram os mais próximos ou mais sabidos).

Foi entretanto a concepção de uma justiça que poderia levar ao incremento da riqueza social como um todo, mas não à adjudicação individual de parcelas dessa riqueza a indivíduos concretos, por ausência de participação dos órgãos governamentais redistribuidores, que fez com que se deteriorasse a teoria da justiça social.[11]

6. Cf. Dworkin, Ronald. *Law's Empire*. Cambridge: Harvard University Press, 1986, p. 297; Van Parijs, Philippe. *Quest-ce qu'une Societé Juste?* Paris: Ed. du Seuil, 1991, p. 181.

7. Cf. Aron, Raymond. *Essai sur les Libertés*. Paris: Calmann-Lévy, 1985, p. 85; Feinberg, Joel. *Filosofia Social*. Rio de Janeiro: Zahar, 1976, p. 28. Perelman, Ch. *La Giustizia*. Torino: G. Giappichelli, 1959, p. 47, que chama a atenção para a dificuldade de se distinguir, a partir da concepção de justiça social fundada no princípio "dar a cada um de acordo com a sua necessidade", entre as necessidades essenciais (mínimo vital) e as outras.

8. Cf. Hesse, Konrad. *Grundzüge des Verfassungsrechts der Bundesrepublik Deutschland*. Heidelberg: C. F. Müller, 1980, p. 84.

9. Cf. Koslowski. *Die Postmoderne Kultur*. München: C. H. Beck, 1988, p. 69.

10. A idéla de "desenvolvimento humano" começa a substituir a do "direito ao desenvolvimento" que era defendida no plano internacional e que se reduzia praticamente ao desenvolvimento econômico – cf. *Human Development Report 1994*. New York: United Nations Development Programme, 1994, p. 19.

11. Cf. Rawls, John. *A Theory of Justice*. Oxford: Oxford University Press, 1980, p. 27: "O utilitarismo não considera seriamente a distinção entre pessoas"; Hayek, Friedrich A. *Law, Legislation and*

É claro que alguns teóricos continuam a defender a concepção de justiça social, não só os liberais como nomeadamente os que aderiram ao "republicanismo" ou até às posições antiliberais. Mas essas teorias se concentram nos mecanismos institucionais e comunitários que podem favorecer a redistribuição de rendas.[12]

3. *A impossibilidade de uma Teoria da Justiça*

As perplexidades trazidas pela desestruturação do Estado de Bem-Estar Social e os impasses da teoria da justiça social levaram alguns teóricos a defender posições pessimistas, refratárias à meditação sobre a justiça.

3.1 *Nozick*

Nos Estados Unidos destacou-se a obra do filósofo do direito Nozick, que entende impossível a implementação da justiça social. De acordo com a sua visão ultraminimalista do Estado e a sua teoria de que os direitos se apóiam na prova da aquisição da propriedade (*entitlement*) e nas suas respectivas sucessões, defende Nozick que a justiça social implica desrespeito ao *entitlement*, pois teria o objetivo de redistribuir a propriedade segundo regras nãojuridicizadas.[13]

3.2 *Luhman*

O sociólogo alemão Niklas Luhman também se manifestou contrariamente à possibilidade de uma teoria da justiça. Reduzindo o direito a um mecanismo de simplificação da complexidade do sistema social e de obtenção de consenso, que se legitima pelo próprio processo de sua criação e aplicação, nele não se pode encontrar espaço para uma teoria da justiça distributiva, até mesmo por falta de conotação com a ética.[14] A própria norma da igualdade se afasta das idéias morais e dos princípios superiores, transformando-se em mera distinção entre o igual e o desigual, necessária à operacionalidade do sistema.[15]

3.3 *Habermas*

Em suas obras anteriores, das décadas de 60,[16] 70[17] e 80,[18] havia Habermas denunciado o esfacelamento do Estado de Bem-Estar Social, causado pelo crescimento da despesa pública, pela excessiva intervenção do Governo no espaço público, pela "refeudalização" da sociedade e pela política paternalista na área da assistência social e da educação. O sociólogo alemão falava de um "mundo da vida" (*Lebenswelt*), no qual se desenvolvem as relações intersubjetivas e se institucionaliza o direito. Em contraste com o *Lebenswelt* e com o direito como instituição (*Recht ais Institution*) aparece o

Liberty. The Mirage of Social Justice. Chicago: The University of Chicago Press, 1978, v. 2, p. 64 observa que a demanda pela "justiça social" é endereçada à sociedade, que, separada do aparato do governo, é incapaz de agir com propósito específico, o que torna a demanda pela justiça social um programa que os próprios membros da sociedade organizam e ao qual falta o critério de distribuição justa.

12. Barry, Brian. *Theories of Justice*. Berkeley: University of California Press, 1989, p. 145 : "Por justiça social pretendo referir ao critério para avaliar as instituições sociais, inclusive aquelas que definem as situações nas quais ocorrem os problemas de divisão eqüitativa (*fair division*)"; Ackerman, Bruce. *Social Justice in the Liberal State*. New Haven: Yale University Press, 1980, p. 3.

13. *Anarchy, State and Utopia*. New York: Basic Books, 1974, p. 168: "From the point of view of an entitlement theory redistribution is a serious matter indeed, involving, as it does, the violation of people's rights".

14. *Das Recht der Gesellschaft*. Frankfurt: Suhrkamp, 1993, p. 218; *Paradigm Lost: über die etische Reflexion der Moral*. Frankfurt: Suhrkamp, 1991, p. 25.

15. "Der Gleichheitssatz als Form und als Norm". *Archiv für Rechts- und Sozialphilosophie* 77 (4): 445, 1991.

16. *Mudança Estrutural da Esfera Pública*. Rio de Janeiro: Tempo Brasileiro, 1984, p. 269.

17. *Crise de Legitimação no Capitalismo Tardio*. Rio de Janeiro: Tempo Brasileiro, 1980, p. 81.

18. *Theorie des kommunikativen Handels*. Frankfurt: Suhrkamp, 1988, v. 2, pp. 536 e 541.

sistema ou o direito como meio (*Medium Recht*), consubstanciado na ação da Administração e nas atividades da economia e das finanças (do dinheiro). O direito como meio acaba por colonizar o *Lebenswelt*, burocratizando-o e monetizando-o, seja por meio do exagerado e paternalista intervencionismo estatal na economia, gerando os problemas de legitimação do capitalismo tardio, seja pela ação administrativa sobre o domínio das relações sociais, efetivada pelas prestações de medicina social, de educação pública e de subvenções entregues segundo critérios patriarcais divorciados das liberdades básicas.

Agora, no início dos anos 90, quando se dedica de modo sistemático e profundo aos temas da filosofia do direito, Habermas recusa explicitamente a possibilidade de uma teoria da justiça.[19] Trabalhando a partir do paradigma da linguagem e fazendo repousar a validade do direito na ética do discurso que se desenvolve na comunicação intersubjetiva, tendo por espaço o mundo da vida (*Lebenswelt*), teria o sociólogo germânico que chegar à conclusão da impossibilidade de uma teoria geral da justiça. Nem os valores, nem os princípios, nem, conseguintemente, a idéia de justiça podem legitimar o direito, que se reduz à validade das próprias regras éticas presentes na comunicação entre os sujeitos e no consenso assim obtido.

Apenas uma "teoria do direito", que se move dentro dos limites do ordenamento jurídico concreto, é possível. Também a justeza (*Richtinkeit*), conceito mais próximo de segurança jurídica (*Rechtssicherkeit*), torna-se factível, dependente que é da estrutura do processo de argumentação.[20] Habermas consegue salvar os direitos fundamentais e, inclusive, as prestações estatais positivas para a garantia dos direitos mínimos, que se compatibilizam com um novo tipo de Estado – o Estado de Segurança (*Sicherheitsstaat*) – no qual a prevenção e a proteção se tornam coletivas, fundadas na solidariedade, renovando-se a divisão de poderes, as fontes de recursos financeiros (= dinheiro – *Geld*) e a base de saber por parte dos administradores.[21]

19. *Faktizität und Geltunq*. Beiträge zur Diskurstheorie des Rechts und des demokratischen Rechtsstaats. Frankfurt: Suhrkamp, 1992, p. 242.

20. Ibid., p. 277.

21. Ibid., p. 525.

4. Justiça política

Outra vertente importante do pensamento jurídico atual derivou da teoria da justiça social para a da justiça política. O automatismo na redistribuição de rendas, a ausência do Estado como intermediário e a impossibilidade de se atribuir apenas a instituições sociais a responsabilidade pela transferência das riquezas fez com que se procurasse outro modelo de justiça – a política – com a preponderância do papel do Estado. No modelo da justiça social a intervenção do Estado se fazia diretamente pelas suas empresas e indiretamente pelo excesso de regulamentação da economia, inclusive no campo dos preços e salários, e pela utilização de recursos financeiros de forma quase invisível (isenção, renúncias de receita e subsídios) para a promoção do desenvolvimento, do qual magicamente surgiria a redistribuição de riquezas. Agora, no modelo da justiça política, o Estado diminui a regulação da economia mas passa a promover a redistribuição de rendas pelas próprias instituições políticas (Administração, Fisco, Banco Central) e pela concretização dos princípios constitucionais ligados à idéia de justiça.

4.1 Conceito

O conceito de justiça política remonta indiscutivelmente a Aristóteles, que a define como aquela que deve reinar entre as pessoas associadas com vista a uma existência plena, fundada na liberdade e igualdade de direitos, seja a igualdade proporcional, seja a aritmética.[22] A justiça política, continua o filósofo grego, pode ser natural ou legal: a natural é aquela que tem sempre a mesma força e não depende desta ou daquela opinião; a legal é a que em sua origem pode ter justificativas diferentes, mas que uma vez estabelecida se torna obrigatória.[23] Essa "justiça política" de que cuida Aristóteles foi tomada como "justiça social" a partir do século XIX,[24] gerando boa parte das perplexidades sobre o tema.

4.2 Rawls

Importantíssima para a elaboração do modelo de justiça política é a obra do filósofo do direito americano John Rawls, a quem coube revolucionar a reflexão sobre o tema da justiça, abandonado a segundo plano até a década de 70. Defende ele a idéia de justiça procedural (= procedimental), com base no contrato social.

Rawls diz que os homens, na posição originária correspondente ao estado de natureza, estavam envolvidos por um véu de ignorância (*veil of ignorance*), que não lhes permitia visualizar a situação em que ficariam na sociedade futura, após o contrato social. Esse pacto, puramente hipotético, se apóia em certa concepção de justiça, que Rawls chama de *justice as fairness* (a palavra *fairness* é extremamente ambígua e pode ser entendida como "regra do jogo" ou "imparcialidade"; Vamireh Chacon[25] preferiu traduzi-la por "eqüidade"), que consiste precipuamente na escolha, durante o estado de natureza e sob o véu de ignorância, dos princípios de justiça que devem vigorar posteriormente.[26] Tais princípios são os seguintes : "1º: cada pessoa tem igual direito à maior liberdade básica compatível com idêntica liberdade para os outros; 2º: as desigualdades sociais econômicas devem ser combinadas de tal forma que ambas (a) despertem a convicção razoável de que trarão vantagens a todos e (b) que sejam ligadas a posições e a órgãos abertos a todos".[27] O primeiro princípio, portanto, abrange as *liberdades* políticas, de palavra, de consciência, de reunião e o direito de propriedade; o segundo princípio se aplica à *distribuição de renda e de bens* (*income and wealth*). Os dois princípios são aspectos especiais de uma concepção mais ampla de justiça, assim expressa: "todos os valores sociais – liberdade e oportunidade, renda, bens e as bases do respeito próprio – devem ser distribuídos igualmente, a não ser que a distribuição desigual de um desses valores, ou de todos, venha a trazer vantagens para cada um. Injustiça, então, é apenas a desigualdade que não traz benefício para todos".[28] Da concepção de *justice as fairness* deriva também o princípio do *maximin* (*maximum minimorum*), que leva as pessoas, em razão do véu de ignorância, a aceitar desigualdades que maximizem as expectativas dos grupos menos afortunados da socidade,[29] ou seja, que lhes garanta, na pior das hipóteses, um mínimo social.

É interessante observar que, não obstante o fato de John Rawls haver ressaltado a importância dos órgãos públicos abertos a todos, que aparecem no 2º princípio da justiça, ainda assim ficou muito preso à idéia de uma justiça procedural a ser obtida com a intermediação de "instituições

22. *Éthique a Nicomaque*, trad. cit., p. 248 (V, 10, 1134 a, 25): "Cette forme du juste (politique) est celle qui doit régner entre des gens associés en vue d'une existence qui se suffise à elle-même, associés supposés libres et égaux en droits, d'une égalité soit proportionnelle, solt arithméthique".

23. Ibid., 1.134 b, 20.

24. Entre os próprios tradutores de Aristóteles há dúvida sobre o termo. J. Tricot, na tradução acima citada, refere-se, em nota de rodapé, à *justice politique* (*ou sociale, ou civique*), p. 248.

25. *Uma Teoria da Justiça*. Brasília: EUB, 1980.

26. *A Theory of Justice*, cit., p. 41.

27. Ibid., p. 60.

28. Ibid., p. 62.

29. Ibid., p. 151.

sociais", que chamava de justiça social (*social justice*). Disse isso em várias passagens do livro *Theory of Justice*, já para enfatizar a relevância da *basic structure of society*,[30] já para aproximar a teoria da justiça de uma *theory of society*[31] e de uma certa *theory of social institutions*.[32]

Só depois das críticas recebidas é que Rawls expôs com maior clareza a ligação entre a justiça procedural (*justice as fairness*) e as instituições políticas. No livro intitulado *Political Liberalism*, o filósofo do direito americano afirma que o liberalismo político reclama uma "concepção política de justiça", em que a *justice as fairness* repouse sobre o acordo político e a razão política pública, entendidos como o consenso no fórum público sobre as questões constitucionais essenciais.[33] A idéia de uma *political conception of justice* exibe três características principais: a) envolve uma concepção moral que tem por sujeitos as "instituições políticas, sociais e econômicas", ou seja, a *basic structure of society*, coincidente com a *modern constitutional democracy*;[34] b) apóia-se em uma visão aberta (*freestanding view*), que convive com as doutrinas razoáveis sobre a regulação do social e não se deixa diluir em qualquer delas;[35] c) o seu conteúdo expressa as idéias fundamentais implícitas na cultura política pública de uma sociedade democrática (*in the public political culture of a democratic society*), que compreende as instituições políticas de um regime constitucional, as tradições públicas de sua interpretação, inclusive pelo Judiciário, bem como os textos históricos e os documentos do conhecimento comum, e que não se confunde com a cultura social ou a cultura básica da sociedade civil (*background culture of civil society*), a compreender as doutrinas religiosas, filosóficas e morais.[36] Rawls liga a concepção política da justiça ao conceito, por ele aprofundado nesse livro, de um *overlaping consensus*, "que consiste nas doutrinas religiosas, filosóficas e morais, oponíveis racionalmente, e que persistem por gerações e ganham um grande corpo de adesões num regime de razoável justiça constitucional, um regime no qual o critério de justiça é aquela própria concepção política".[37]

4.3 Höffe

Extraordinária também é a obra de Otfried Höffe, em parte já traduzida no Brasil.[38] Moralista, muito mais do que jurista, e sofrendo a influência das idéias de Aristóteles, Höffe formulou com clareza o conceito de justiça política, que para ele é o contrário da "justiça pessoal" (*personaler Gerechtinkeit*), derivando do Direito e do ordenamento estatal (*Staatsordnung*). A justiça é política porque depende das instituições e sobretudo da Constituição. A justiça na modernidade parte do pressuposto da justiça das formas do Estado e da organização estatal da sociedade.[39] É a idéia de justiça distributiva que fundamenta a modernidade e leva a combater a tese da "despotencialização" (*Depotenzierung*) do Estado.[40]

A retomada da meditação sobre a justiça política conduz à reaproximação com a ética. Diz Höffe no livro fundamental intitulado *Justiça Política*: "com a idéia da justiça política, as leis e as instituições políticas são submetidas, assim, a uma crítica ética. E já que, na modernidade, o universo

30. Ibid., p. 58.
31. Ibid., p. 62.
32. Ibid, p. 158.
33. *Political Liberalism*. New York: Columbia University Press, 1993, p. 10.
34. Ibid., p. 11.
35. Ibid., p. 12.
36. Ibid., p. 14.
37. Ibid., p. 15.
38. *Justiça Política. Fundamentação de uma Filosofia Crítica do Direito e do Estado*. Petrópolis: Vozes, 1991.
39. *Gerechtigkeit als Tausch?* Zum politischen Projekt der Moderne. Baden-Baden: Nomos, 1991, p. 12.
40. Ibid., p. 22.

político assume a forma de uma ordem de direito e de Estado, a justiça política designa também a idéia ética de direito e de Estado".[41] E logo adiante chama a atenção para a necessidade de se considerarem todos os três conceitos – direito, justiça e estado – na seguinte hipótese tripartida: "se a convivência humana deve assumir uma forma legítima, então deve ter, primeiro, o caráter do direito e deve, em segundo lugar, o direito alcançar a qualidade da justiça e, terceiro, deve o direito justo assumir a proteção de uma ordem jurídica pública, por conseguinte, a forma de um Estado (justo)".[42]

5. *Justiça fiscal*

5.1 *Conceito*

A reflexão sobre a justiça fiscal era muito pobre até o advento da obra de Rawls, como, de resto, acontecia também no domínio da teoria geral da justiça. Os positivismos dos séculos XIX e XX se desinteressaram pelo tema.[43] A partir da novidade representada pelo contratualismo aumenta a bibliografia sobre a justiça fiscal, principalmente na Alemanha e nos Estados Unidos, sendo importante que se ressaltem as obras de Tipke e Buchanan, que vêm se acrescer aos trabalhos do próprio Rawls, que deu relevo à questão.

A justiça fiscal é uma das possibilidades mais concretas da justiça política. Sendo a justiça que se atualiza por intermédio do Fisco, tem a sua problemática indissoluvelmente ligada à das instituições políticas e à da Constituição.

Uma averbação inicial deve ser feita. As discussões sobre a justiça fiscal começam após o exame da questão do mínimo existencial, que se inclui na problemática da liberdade. O cidadão tem o direito às prestações positivas do Estado para que possa satisfazer as suas necessidades mínimas, abaixo das quais deixa de ter uma vida humana digna. Esse direito às condições iniciais da liberdade, portanto, participa do tema dos direitos fundamentais ou dos direitos humanos, mas está em íntimo contato com o da justiça fiscal, embora com ele não se confunda, tendo em vista a complicação desses valores.[44]

A teoria da justiça fiscal envolve os seguintes aspectos e orientações:

5.1.1 *Teoria da Justiça Tributária*, com a meditação sobre o justo tributário, a exigiu o estudo sobre os princípios constitucionais a ele vinculados, tais como:

a) *capacidade contributiva* (art. 145, § 1º, da CF 88), que sinaliza no sentido de que os impostos devem ser cobrados com base na capacidade econômica de cada qual. Desaparecera da CF 67, assim na redação originária que na emenda de 1969, por influência dos positivistas. É o princípio fundamental da justiça tributária distributiva e se consolida no pensamento ocidental através da obra de Adam Smith,[45] eis que até o advento do Estado Fiscal os tributos eram cobrados com fundamento na necessidade do Príncipe e na Razão de Estado. O princípio da capacidade contributiva, apoiado na idéia de *benefício*, indicava que os impostos deveriam corresponder, no plano ideal, ao benefício que cada qual receberia do Estado com a sua contribuição, o que dava relevo ao subprincípio da *proporcionalidade*; com a inflexão do positi-

41. *Politische Gerechtigkeit*. Grundlegung einer kritischen Philosophie von Recht und Staat. Frankfurt: Suhrkamp, 1987, p. 11.

42. Ibid., p. 25.

43. Cf. Vogel, Kleus. "Rechtfertigung der Steuern: eine vergessene Vorfrage". *Der Staat* 25 (4): 481, 1986: "É tempo de renovar a pergunta sobre a justificativa jurídica do tributo. A Ciência do Direito, a Ciência das Finanças e a Filosofia Política do nosso século consideraram-na desinteressante".

44. Cf. Torres, Ricardo Lobo. "O Mínimo Existencial e os Direitos Fundamentais". *Revista de Direito Administrativo* 177: 32, 1989.

45. *Inquérito sobre a Natureza e a Causa da Riqueza das Nações*. Lisboa: C. Gulbenkian, 1983, v. 2, p. 485.

vismo utilitarista, na linha de Stuart Mill,[46] a capacidade contributiva passou a se basear na idéia de *igual sacrifício*, medida pela utilidade marginal do capital (quanto maior a riqueza individual menor a sua utilidade para o detentor do capital), conduzindo à afirmação do subprincípio da *progressividade*, que chegou ao paroxismo nas décadas de 60 e 70; a partir de então a capacidade contributiva volta à idéia de *benefício*[47] e a progressividade entre em refluxo na maior parte dos países ocidentais, inclusive no Brasil. A capacidade contributiva continua a ser o princípio mais importante de justiça tributária, podado, entretanto, nos seus excessos, o que leva ao equilíbrio no plano político entre o tributo e as prestações entregues pelo Estado, ou seja, o aspecto tributário passa a ser visualizado em conjunto com a questão da despesa pública e do tamanho do Estado.

b) o *custo/benefício* ou princípio da equivalência, que impera no campo dos tributos contraprestacionais (taxa, contribuições de melhoria) e que, a rigor, é princípio de justiça comutativa e não de justiça distributiva. Mas a sua análise permite o melhor equacionamento da problemática geral da justiça tributária. Orienta no sentido de que os serviços públicos mensuráveis e divisíveis devem ser pagos por quem deles usufruir e na medida da despesa causada ao Estado.

c) *solidariedade*, que informa a cobrança dos ingressos destinados à seguridade social. A incidência se dá inclusive sobre as pessoas que não obtêm a vantagem direta do Estado, como acontece com as empresas, mas que solidariamente participam do mesmo processo social e econômico. Aqui seria melhor falar em justiça parafiscal, não fora o tratamento dado à seguridade pela CF 88.

d) *distribuição de renda*, que indica dever o ordenamento jurídico-tributário evitar a concentração de riqueza em mãos de grupos ou organizações. Não se confunde com o princípio da redistribuição de rendas, entendido como transferência de riqueza entre pessoas com a intermediação do Fisco, que só pode operar na via do orçamento público, tendo em vista que a incidência progressiva dos impostos e a cobrança de acordo com a capacidade contributiva podem fazer o rico menos rico, mas não conduzirão necessariamente ao enriquecimento do pobre.[48]

5.1.2 *Teoria da Justiça Orçamentária*, com as regras e princípios para a efetivação do justo nas despesas e na receita pública. Absorve, mas o transcende, o conceito de justiça tributária, entendida como a idéia vinculada à vertente da receita e que se consubstancia em princípios como o da capacidade contributiva. Também incorpora, sem com elas se confundir, as considerações de justiça das políticas sociais e econômicas e dos gastos do Estado. A justiça orçamentária deve expressar os dois lados da mesma idéia, em síntese própria: *a justiça das receitas e dos gastos públicos*.

São princípios básicos de justiça orçamentária:

a) o da *redistribuição de rendas*, aspecto particular da justiça distributiva. Talvez fosse melhor classificá-lo como diretiva constitucional ou *policy*, em vista de sua íntima correlação com as políticas públicas.

46. *Princípios de Economia Política*. São Paulo: Abril Cultural, 1983, p. 290: "A igualdade de tributação, portanto, como máxima de política, significa igualdade de sacrifício".

47. Importante é obra de James Buchanan, que, a partir da visão contratualista, entende que o tributo deve corresponder a uma oferta/demanda de bens e serviços públicos em igualdade com a de bens e serviços privados – cf. *The Limits of Liberty*. Chicago: The University of Chicago Press, 1975, p. 98: "*The outcome that defines the amount of publicly provided goods and services and the means of sharing their cost are themselves contracts, and, as such, these, too, require enforcement*".

48. Cf. Bird, Richard M. *Tax Policy and Economic Development*. Baltimore: The John Hopkins University Press, 1992, p. 6.

O princípio da redistribuição de rendas não atua sobre a vertente da receita pública, como vimos. Nem opera exclusivamente sobre o lado da despesa pública, mediante a distribuição de bens e serviços públicos a quem deles careça, a entrega de prestações financeiras (subvenções sociais, imposto de renda negativo etc.) e o financiamento de programas de saúde e de assistência, até porque não raro a política de incentivos na via dos gastos é perversa, beneficiando os ricos e gerando a corrupção de deputados, senadores e altos funcionários do Executivo, como comprovou a CPI da máfia do orçamento. O princípio da redistribuição de rendas apenas se viabiliza no processo do orçamento, *pelo tratamento conjunto da receita e da despesa*. Observou K. Tipke que o Estado não possui dinheiro originariamente (*Der Staat selbst hat kein Geld*) e que a sua missão se reduz a tirar recursos da camada mais rica da população para repassá-la à mais pobre.[49] A redistribuição de rendas se subsume no conceito de "justiça por transferência" (*Transfergerechtigkeit*), utilizado por Birk, em que ao Estado cabe o papel de árbitro entre o sistema das contribuições e impostos (*Nehmensystem*) e o dos gastos e prestações (*Gebensystem*).[50] O princípio da redistribuição de rendas, conseguintemente, só se atualiza no processo anual do orçamento, mercê da previsão das receitas e da sua transferência, pessoal ou inominada, em favor das camadas menos privilegiadas da população. É a missão mais difícil do Estado hodierno, posto que se separam juridicamente, pelo aspecto material, as receitas tributárias e a despesa pública, objeto de leis permanentes e muitas vezes conflitantes.

b) o da *gratuidade*, que ocupa posição oposta à do princípio do custo/benefício, que sinaliza no sentido de que cada qual deve arcar com os custos administrativos dos benefícios auferidos pessoal ou coletivamente. Pelo princípio da gratuidade as pessoas nada devem pagar pela obtenção de bens públicos. A gratuidade tem abrangência limitada na democracia financeira contemporânea. Informa, em primeiro lugar, a entrega das prestações positivas para a defesa do *mínimo existencial*,[51] como ocorre com o ensino primário obrigatório e gratuito (art. 208, I, da CF). Outras vezes a gratuidade protege apenas os *pobres*: o acesso à justiça é objeto de tributação, salvo se for comprovado o estado de pobreza das partes (art. 50, LXIV, CF); o fornecimento de certidão de óbito e de nascimento também é gratuito para os reconhecidamente pobres (art. 5º, LXVI, CF); o ensino secundário e o superior poderiam ser renumerados por taxas, salvo quando se tratasse de pessoas pobres, como se deve concluir da leitura dos arts. 208, II, da CF, que, entretanto, vem gerando a interpretação demagógica no sentido da gratuidade para todos, o que beneficia muito mais os ricos que os pobres, tendo em vista a melhor escolarização daqueles, a lhes possibilitar o ingresso nas universidades públicas. Mas a entrega gratuita de prestações sociais e econômicas é facultativa, ficando sujeita ao *princípio da reserva orçamentária*. Se as condições financeiras do Estado forem favoráveis, bens como casas populares e subvenções sociais podem ser entregues gratuitamente.

5.1 3 *Teoria Geral da Justiça Fiscal*, que se preocupa com os fundamentos gerais da justiça distributiva e da comutativa no campo das ações do Fisco e das suas ligações com a justiça social e a justiça política.

49. "Über richtiges Steuerrechts". *Steuer und Wirtschaft* 65 (3): 281, 1988: "O Estado é o intermediário entre o cidadão contribuinte (*gebenden Bürger*) e o cidadão beneficiário (*nehmenden Bürger*). Se o cidadão pudesse exigir diretamente do seu concidadão as prestações sociais e as subvenções, talvez se lhe tornasse evidente que não se deve exigir mais de estranhos (*contribuintes*) do que de seus parentes próximos, antes pelo contrário".

50. "Steuergerechtigkeit und Transfergerechtigkeit" *Zeitschrift für Rechtspolitik* 12 (9): 222, 1979.

51. Cf. Ricardo Lobo Torres, "O Mínimo Existencial e os Direitos Fundamentais", cit., p. 40.

De uns vinte anos para cá reacendeu-se o interesse pela idéia de justiça fiscal. A crise do petróleo deflagrada em 1973 fez com que se passasse a meditar sobre a escassez dos recursos públicos e sobre o modo mais justo de lidar com eles. Naquele mesmo ano de 1973, por muito mais que mera coincidência, foi publicado o livro fundamental de John Rawls sobre a Teoria da Justiça, tantas vezes citado. Deu-se a "virada kantiana",[52] isto é, a retomada de alguns pontos da reflexão do filósofo de Konigsberg, como o relacionamento entre direito e moral e a concepção de contrato social.

A idéia de justiça fiscal ou financeira, com especial assento na de justiça orçamentária, assume extraordinária importância na reflexão hodierna porque o orçamento tem *natureza processual*. É meramente instrumental e não possui um fim em si mesmo. Existindo *in processu*, refazendo-se anualmente e sintetizando a vida financeira do Estado, o orçamento passa a merecer a atenção tanto das teorias contratualistas como das baseadas nos valores ou na argumentação. É, simultaneamente, processo que consubstancia as "regras do jogo" (*justice as fairness* de J. Rawls), processo de concretização de valores, processo democrático (legislativo, administrativo e judicial) e processo de compreensão do direito (Habermas).

Em decorrência de sua natureza processual, a justiça orçamentária não tem um fim em si mesma, senão que serve de veículo para alcançar a *justiça política*, *social e econômica*. A justiça orçamentária é caminho para se obter a justiça política, entendida no sentido que lhe atribui Höffe, de ética do direito e do Estado. Serve também de instrumento para a *justiça social*, que se manifesta especialmente nas relações entre o capital e o trabalho. Favorece, outrossim, a afirmação da *justiça econômica*, compreendida como a que informa as relações jurídicas na economia de mercado.

Algumas contribuições teóricas importantes foram feitas por autores que apenas esporadicamente cuidaram da justiça fiscal, como, por exemplo: Hayek,[53] que se debruçou sobre a questão da seguridade social e da garantia de renda mínima e que formulou severa crítica ao princípio da progressividade; Höffe,[54] que enfatizou a necessidade de a justiça política levar em consideração os impostos e as tarefas do Estado; Dworkin,[55] que disse com mestria que a redistribuição de rendas e o bem-estar não podem ficar atrelados ao desenvolvimento econômico, pois a riqueza social é ela mesma um componente do valor. Outros autores cuidaram de modo sistemático da justiça fiscal, principalmente Rawls, Buchanan e Tipke, cujas obras passamos a analisar.

5.2 Rawls

John Rawls, responsável pela renovação dos estudos sobre a teoria da justiça, tem importante contribuição ao tema da justiça fiscal. Até porque, como vimos, trouxe a discussão do campo da justiça social para o da justiça política.

Estabelecidos os pontos cardeais de sua teoria, Rawls passa a estudar as instituições políticas e jurídicas responsáveis pela

52. Höffe, Otfried. *Kategorische Rechtsprinzipien*. Ein Kontrapunkt der Moderne. Frankfurt: Suhrkamp, 1990, p. 351.

53. Cf. Os Fundamentos da Liberdade, cit., p. 376; *The Road to Serfdom*. London: Routiedge & Kegan Paul, 1976, p. 89.

54. *Gerechtigkeit als Tausch*, cit., p. 18.

55. *A Matter of Principle*. Cambridge: Harvard University Press, 1985, p. 242: "Social wealths in itself a component of value". E, logo adiante (p. 266), ancorado em argumento de princípio e não de *policy*, acrescenta que "as decisões que parecem maximizar a riqueza são exigidas, não como decisões instrumentais visando a produzir um certo estado de negócios, de riqueza social, utilidade, ou qualquer outro objetivo de polícia (*goal of policy*), mas como decisões de princípio conducentes a uma concepção plausível de justiça" (*fairness*).

justiça distributiva. Observa que a liberdade de consciência e a igual oportunidade necessitam de um sistema educacional subsidiado pelo governo, que também deve garantir um mínimo social às famílias, efetuando pagamentos especiais aos doentes e aos desempregados e suplementando os rendimentos baixos (imposto de renda negativo).[56] Para tais objetivos as instituições governamentais podem ser divididas em quatro ramos. O primeiro, que é o da alocação (*allocation branch*), visa a manter competitivo o sistema de preços, inclusive pela criação de impostos e subsídios e pelas mudanças na definição dos direitos de propriedade. O segundo, o da estabilização (*stabilization branch*), é o responsável pelo emprego para quem queira trabalhar e pelas demandas sobre as finanças. Esses dois ramos mantêm a eficiência da economia de mercado. O terceiro ramo, o das transferências governamentais (*transfer branch*), cuida de garantir o mínimo social, transferindo para certas camadas da população os recursos básicos que serão complementados pelos salários e pelo mercado, ao revés de providenciar a própria lei o padrão mínimo de salário. O quarto ramo é o da distribuição (*distribution branch*), ao qual incumbe criar os impostos subordinados ao princípio da justiça distributiva (imposto *causa mortis*, imposto sobre a renda consumida – *expenditure tax*). Rawls acrescenta um quinto ramo, que já não expressa um princípio de justiça, mas de benefício (utilidade), que é o da troca (*exchange branch*), com a incumbência de zelar no sentido de que as despesas públicas contem sempre com a cobertura das receitas correspondentes, pelo menos aproximadamente; compete-lhe ainda elaborar o orçamento de trocas (*exchange budget*), isto é, a previsão do montante das despesas aceitas pela comunidade, com a exclusão dos benefícios indesejados, posto que em teoria os seus membros podem reunir-se para adquirir bens públicos até o ponto em que o seu valor marginal seja igual ao dos bens privados.

5.3 *Buchanan*

Entre os autores influenciados por John Rawls talvez seja James Buchanan, chefe da escola da *Public Choice* e Prêmio Nobel da Economia, o mais importante. Buchanan aprofundou a reflexão a respeito do contrato social sob a perspectiva das finanças públicas, sobretudo com vista à reconstituição fiscal. Mas não se preocupou em estabelecer princípios de justiça.[57] A sua idéia de *fiscal justice as fairness* compatibiliza-se com a de "valores democráticos".[58]

A justiça é um atributo da estrutura fiscal e deve ser implementada exclusivamente no plano constitucional, em que as instituições que refletem os valores democráticos significativos estão incorporadas às regras para a ação política.[59] Mas os economistas não devem se preocupar com o que é a justiça, senão que devem predizer os resultados do processo político democrático.[60] Não há um principio único para a imposição tributária: os impostos são parte necessária de uma genuína "troca fiscal" (*fiscal exchange*) e tornam o setor público equivalente ao setor privado de preços.[61]

5.4 *Tipke*

O Prof. Klaus Tipke, catedrático na Universidade de Colônia, tem vasta e profunda obra sobre a justiça fiscal. Escreveu em 1981 um livro fundamental intitulado *Justiça Fiscal na Teoria e Prática*, no qual discute os princípios jurídicos básicos relacionados com o justo tributário.[62] Publicou

56. *Theory of Justice*, cit., pp. 275 e ss.

57. *The Limits of Liberty*. Chicago: The University of Chicago Press, 1975, p. 176.

58. *Freedom in Constitutional Contract*. College station: Texas A & M University Press, 1977, 252.

59. Ibid., p. 250.

60. Ibid., p. 243.

61. Ibid., p. 246.

62. *Steuergerechtigkeit in Theorie und Praxis*. Vom politischen Schlagwort zum Rechtsbegriff und

diversos artigos sobre os temas da justiça fiscal e da igualdade. Recentemente lançou o importantíssimo livro *O Ordenamento Tributário*,[63] em 3 volumes de cerca de 500 páginas cada, em que analisa as questões gerais da justiça tributária e enfrenta os problemas específicos do justo fiscal relativamente a cada imposto que compõe o sistema tributário alemão.

Parte Klaus Tipke da observação de que o "social" que adjetiva a justiça é uma palavra mágica (*magische Wort*), "que parece apenas garantir direitos, sem criar deveres".[64] E acrescenta, em outra passagem de sua obra, que o direito tributário é o direito da justiça por excelência (*ist das Steuerrecht Gerechtinkeitrecht par excellence*).[65] Tipke denota a influência recebida da visão procedural de Rawls e de sua concepção de justiça como *fairness*.[66] Formula as duas regras de ouro da justiça financeira: a cada um de acordo com a sua necessidade (*jedem nach seinen Bedürfnissen*), que orienta a justiça das subvenções (*Subventionsgerechtigkeit*); a cada um de acordo com a sua capacidade (*jedem nach seinen Fähigkeiten*), que informa a justiça tributária (*Steuergerechtigkeit*).[67] Pontos importantes em sua obra:

a) a distinção entre as normas de finalidade tributária (*Fiskalzwecknormen*) e as de finalidade social (*Sozialzwecknormen*), para reservar às primeiras a obediência ao princípio da capacidade contributiva, enquanto as outras se subordinam a interesses conjunturais ou econômicos do Estado.[68]

b) a defesa da derrubada geral dos incentivos fiscais, a partir da consideração de que em princípio constituem privilégios injustificáveis;[69]

c) a importância do Judiciário no controle dos abusos do legislador, especialmente no que concerne ao tratamento desigual;[70]

d) a retomada da ética fiscal,[71] com base na qual se poderá construir a teoria da justiça.

6. *Conclusão*

Vê-se, pois, que a justiça fiscal se transforma no caminho mais promissor para a efetivação da justiça distributiva, pela sua potencialidade para proceder, sob vários aspectos, à síntese entre a justiça social e a política.

A justiça fiscal é obtida por intermédio dos órgãos do Estado, especialmente o Legislativo, ao qual incumbe concretizar os princípios constitucionais tributários e orçamentários.

Mas a só representação não explica o fenômeno fiscal, eis que, pela simbiose entre Estado e Sociedade e diante das novas possibilidades de atuação no espaço público, a tributação e o orçamento passam a sofrer a influência e o controle informal dos órgãos societais.

Tributos e orçamento, por conseguinte, instrumentos por excelência da justiça distributiva, devem refletir as escolhas da cidadania e as demandas sociais.

zur praktischen Anwendung. Köln: O. Schmidt, 1981.

63. *Die Steuerrechtsordnung*. Köln: O. Schmidt, 1993.

64. "Über richtiges Recht". *Steuer und Wirtschafl* 65: 281, 1988.

65. "Die Entwicklung von Forschung und Lehre in Steuerrecht". *Steuer und Wirtschafl* 68 (3): 221, 1991.

66. "Über richtiges Recht", cit., p. 262.

67. *Steurgerechtigkeit in Theorie und Praxis*, cit., p. 20.

68. Ibid., p. 57.

69. "Über Steuervergünstigungen. Abbautheoretische Überlegungen". *Finanz-Rundschau* 1989, pp. 186 e ss.

70. "Über Steuergesetzgebung und Verfassungsgerichtsbarkeit". *Steuer und Wirtschaft* 67 (4): 321, 1990.

71. *Die Steuerrechtsordnung*, cit., p. IX: "Quem se ocupa da Ética Fiscal (*Steuerethik*) deve também cuidar da ética dos direitos fundamentais, especialmente da regra da igualdade e do princípio do Estado Social".

CADERNOS DE DIREITO TRIBUTÁRIO

PROPOSTA DE MODELO INTERPRETATIVO PARA O DIREITO TRIBUTÁRIO

PAULO DE BARROS CARVALHO
Professor Titular da Pontifícia Universidade Católica São Paulo
e da Universidade de São Paulo

1. *Introdução*

Dentre os muitos traços que lhe são peculiares, vimos salientando que o direito oferece o dado da linguagem como seu integrante constitutivo. A linguagem não só fala do objeto (Ciência do Direito), como participa de sua constituição (direito positivo), o que permite a ilação forte segundo a qual não podemos cogitar de manifestação do direito sem uma linguagem, idiomática ou não, que lhe sirva de veículo de expressão. Mantenho presente a concepção pela qual *intepretar* é atribuir valores aos símbolos, isto é, adjudicar-lhes significações e, por meio dessas, referências a objetos.

Venho assinalando, também, que a linguagem, típica realização do espírito humano, é sempre um objeto da cultura e, como tal, carregando consigo valores. Como decorrência imediata, o direito positivo se apresenta aos nossos olhos como objeto cultural por excelência, plasmado numa linguagem que porta, necessariamente, conteúdos axiológicos. Agora, esse oferecer-se em linguagem significa dizer que aparece na amplitude de um texto, fincado este num determinado *corpus* que nos permite construir o *discurso*, utilizada aqui a palavra na acepção de plano de conteúdo, a ser percorrido no processo gerativo de sentido. Surgirá o *texto* quando promovermos a união do plano de conteúdo ao plano de expressão, vale dizer, quando se *manifestar* um sentido firmado no suporte empírico objetivado, que é o plano expressional.

A proposta que se contém neste subcapítulo levanta-se igualmente sobre alguns pressupostos, como não poderia ser diferente, e procura instrumentos adequados para a exploração, em níveis mais profundos, dos textos do direito positivado, decompondo-os em três subsistemas, todos eles qualificados como *jurídicos*. As mencionadas incisões, como é óbvio, são de caráter meramente epistemológico, não podendo ser vistas as fronteiras dos subsistemas no trato superficial com a literalidade dos textos.

Um dos alicerces que suportam esta construção reside no discernir entre *enunciados* e *normas jurídicas*, com os diferentes campos de irradiação semântica a que já aludimos. Se bem que ambas as entidades se revistam de caráter conativo ou directivo, pois, mais que as outras, a função da linguagem apropriada à regulação das condutas intersubjetivas é verdadeiramente a prescritiva, os primeiros (os enunciados) se apresentam como frases, digamos assim, soltas, como estruturas atômicas, plenas de sentido, uma vez que a expressão sem sentido não pode aspirar à dignidade de enunciado. Entretanto, sem encerrar uma unidade *completa* de significação deôntica, na medida em que permanecem na expectativa de juntar-se a outras unidades da mesma índole. Com efeito, terão que conjugar-se a outros enunciados, consoante específica estrutura lógico-molecular, para formar *normas jurídicas*, estas sim, expressões completas de significação deôntico-jurídica. Por certo que também as normas ou regras do direito posto, enquanto manifestações mínimas e, portanto, irredutíveis do conjunto, permanecerão à espera de outras unidades da mesma espécie, para a composição do sistema jurídico-normativo. Entretanto, serão elas as unidades desse domínio, do mesmo modo que os enunciados também o são no conjunto próprio, que é o sistema de enunciados jurídico-prescritivos. São exemplos de enunciados expressos: *homens e mulheres são iguais em direitos e obrigações, nos termos desta Constituição* (art. 5º, inciso I, da CF); *Brasília é a Capital Federal* (art. 18, § 1º, da CF). Outros, porém, não têm forma expressa, aparecendo na implicitude do texto, fundados que são em enunciados explícitos. São os *implícitos*, obtidos por derivação lógica dos enunciados expressos, como, por exemplo, o da *isonomia jurídica entre as pessoas políticas de direito constitucional interno* (produzido a partir do enunciado expresso da Federação, combinado com o da autonomia dos Municípios); o princípio da *supremacia do interesse público ao do particular* (reconhecido pela leitura atenta dos enunciados explícitos, relativos à disciplina jurídica da atividade administrativa do Estado).

A unicidade do texto jurídico-positivo e os três subsistemas: a) conjunto de enunciados, tomados no plano da expressão; b) conjunto de conteúdos de significação dos enunciados prescritivos; e c) o domínio articulado de significações normativas

O procedimento de quem se põe diante do direito com pretensões cognoscentes há de ser orientado pela busca incessante da compreensão desses textos prescritivos. Ora, como todo texto tem um plano de expressão, de natureza material, e um plano de conteúdo, por onde ingressa a subjetividade do agente para compor as significações da mensagem, é pelo primeiro, vale dizer, a partir do contacto com a *literalidade textual*, com o *plano dos significantes* ou com o chamado *plano da expressão*, como algo *objetivado*, isto é, posto intersubjetivamente, ali onde estão as estruturas morfológicas e gramaticais, que o intérprete inicia o processo de interpretação, propriamente dito, passando a construir os conteúdos significativos dos vários enunciados ou frases prescritivas para, enfim, ordená-los na forma estrutural de normas jurídicas, articulando essas entidades para constituir um domínio. Se retivermos a observação de que o direito se manifesta sempre nesses três planos: o das formulações literais, o de suas significações enquanto enunciados prescritivos e o das normas jurídicas, como unidades de sentido obtidas mediante o grupamento de significações que obedecem a determinado esquema formal (implicação); e se pensarmos que todo nosso empenho se dirige para estruturar essas normas contidas num estrato de linguagem; não será difícil verificar a gama imensa de obstáculos que se levantam no percurso gerativo de sentido ou, em termos mais simples, *na trajetória da interpretação*.

A missão do exegeta dos textos jurídico-positivos, ainda que possa parecer facilitada pela eventual coincidência da mensagem prescritiva com a seqüência das fórmulas gráficas utilizadas pelo legislador (no direito escrito), oferece ingentes dificuldades, se a proposta for a de um exame mais sério e atilado. E, sendo o direito um objeto da cultura, invariavelmente penetrado por valores, teremos, de um lado, as estimativas, sempre cambiantes em função da ideologia de quem interpreta; de outro, os intrincados problemas que cercam a metalinguagem, também inçada de dúvidas sintáticas e de problemas de ordem semântica e pragmática.

Tudo isso, porém, não nos impede de declarar que conhecer o direito é, em última análise, compreendê-lo, interpretá-lo, *construindo* o conteúdo, sentido e alcance da comunicação legislada. Tal empresa, que nada tem de singela, como vimos, requer o envolvimento do exegeta com as proporções inteiras do todo sistemático, incursionando pelos escalões mais altos e de lá regressando com os vetores axiológicos ditados por juízos que chamamos de *princípios*.

A lei, vista sob certo ângulo, representa o texto na sua dimensão de veículo de prescrições jurídicas. Constituição, emenda constitucional, lei complementar, lei ordinária, medida provisória, resoluções, decretos, sentenças, acórdãos, contratos e atos administrativos, enquanto suportes materiais de linguagem prescritiva, *no seu feitio documental*, pertencem à plataforma da expressão dos textos prescritivos e, como tais, são veículos introdutórios de enunciados e de normas jurídicas, constituindo a base empírica do conhecimento do direito posto.

Por outro giro, a norma jurídica é juízo implicacional produzido pelo intérprete em função da experiência no trato com esses suportes comunicacionais. Daí, não há que se confundir norma, como complexo de significações enunciativas, unificadas em forma lógica determinada (juízo implicacional) e a expressão literal desses enunciados, ou mesmo os conteúdos de sentido que tais enunciados apresentem, quando isoladamente considerados. O plano dos significantes (plano de expressão) é o veículo que manifesta, graficamente (no direito escrito), a mensagem expedida pelo autor. Na sua implexa totalidade, constitui o *sistema morfológico e gramatical do direito posto*, conjunto de frases prescritivas introduzidas por fatos jurídicos que a ordenação positiva para tanto credencia.

Com propósitos analíticos, entretanto, podemos isolar frase por frase, enunciado por enunciado, compondo um domínio de significações, antes de agrupar os conteúdos segundo fórmulas moleculares caracterizadas pelo conectivo implicacional. Nesse momento intermediário, estaremos diante daquilo que poderíamos chamar de *sistema de significações proposicionais*. Agora, num patamar mais elevado de elaboração, juntaremos significações, algumas no tópico de antecedente, outras no lugar sintático de conseqüente, tudo para constituir as entidades mínimas e irredutíveis (com o perdão do pleonasmo) de manifestação do deôntico, *com sentido completo*, uma vez que as frases prescritivas, isoladamente tomadas, são também portadoras de sentido, como já frisei linhas acima. Formaremos, desse modo, as unidades normativas, regras ou normas jurídicas que, articuladas em relações de coordenação e de subordinação, acabarão compondo a forma superior do *sistema normativo*.

Colho o ensejo para reiterar que os três sistemas a que me refiro são constitutivos do *texto*, entendida a palavra como *produto da enunciação* e, portanto, na sua mais ampla dimensão semântica. Nunca é demais insistir que as subdivisões em sistemas respondem a cortes metódicos que os objetivos da investigação analítica impõem ao espírito do pesquisador.

Tenhamos presente que a norma jurídica é uma estrutura categorial, construída, epistemologicamente, pelo intérprete, a partir das significações que a leitura dos documentos do direito positivo desperta em seu espírito. É por isso que, quase sempre, não *coincidem* com os sentidos imediatos dos enunciados em que o legislador distribui a matéria no corpo físico da lei. Provém daí que, na maioria das vezes, a leitura de um único artigo será insuficiente para a compreensão da regra jurídica. E quando isso acontece o exegeta se vê na contingência de consultar outros preceitos do mesmo diploma e, até, a sair dele, fazendo incursões pelo sistema. A proposição que dá forma à norma jurídica, ensina Lourival Vilanova. "é uma estrutura lógica. Estrutura sintático gramatical é a sentença ou oração, modo expressional frástico (de frase) da síntese conceptual que é a norma. A norma não é a oralidade ou a escritura da linguagem, nem é o ato de querer ou pensar ocorrente no sujeito emitente da norma, ou no sujeito receptor da norma, nem é, tampouco a situação objetiva que ela denota. A norma jurídica é uma estrutura lógico-sintática de significação".[1]

2. *O sistema da literalidade textual, suporte físico das significações jurídicas*

O texto jurídico prescritivo, na sua proporção mais angusta de significado, pode indicar (quando escrito) o conjunto das letras, palavras, frases, períodos e parágrafos, graficamente manifestados nos documentos produzidos pelos órgãos de criação do direito. Texto, aqui, é sinônimo de *corpus*, espaço que limita o âmbito dos suportes materiais utilizados na mensagem comunicacional. É a parcela do código comum empregado no fato da comunicação; é o plano de expressão ou plano dos significantes, base empírica e objetivada em documentos concretos, postos intersubjetivamente entre os integrantes da comunidade do discurso. Emitido em determinado idioma, há de seguir as regras de formação e de transformação, preceitos morfológicos e sintáticos ditados pela gramática da língua, que estarão presentes em todos os instantes do seu desenvolvimento.

O aparecimento do texto, com essa estreiteza semântica, é o primeiro contacto do intérprete com a mensagem legislada e percebê-lo, como tal, marca o início da aventura exegética. O plano de conteúdo, por mais importante que seja, tem como *prius* a boa organização sintática do texto, de tal sorte que, *sem atinência às diretrizes fundamentais de organização de frases*, sejam elas oracionais ou não, enunciativas (ou declarativas), interrogativas, expressivas ou imperativas, *não haverá enunciados e, portanto, inexistirá sentido.*

A concepção do texto como plano de expressão, como suporte físico de significações, cresce em importância na medida em que se apresenta como *o único e exclusivo dado objetivo* para os integrantes da comunidade comunicacional. Tudo mais será entregue ao teor das subjetividades. Apenas o texto, na instância de sua materialidade existencial, se oferece aos sujeitos como *algo que adquiriu foros de objetivação.*

Prosseguindo, pode-se, perfeitamente, colocar a literalidade textual como centro dos nossos interesses cognoscitivos, deixando suspensa a atenção para o plano de conteúdo, e assim focalizar a presença morfológica das unidades empregadas pelo emissor, as partículas de conexão e a maneira como se tecem as combinações sintáticas que aproximam os vocábulos, formando as frases, os períodos e os parágrafos. Os textos jurídico-positivos, nessa dimensão de análise, vão constituir conjuntos finitos de enunciados prescritivos, racionalmente organizados na forma de sistema.

Torna-se indispensável sublinhar que não operamos exclusivamente com a base material do texto, mesmo porque, ao travarmos contacto com ele, já se desencadeiam os processos de elaboração de sentido, invadindo o plano do conteúdo. Mas, o objetivo é conter esses impulsos de nossa subjetividade, mantendo-nos, o mais possível, no nível físico da literalidade textual, para concretizar o fim epistemológico que nos propusemos. Só assim nos será dado apreen-

1. "Norma jurídica – proposição jurídica", *RDP* 61, p. 16.

dê-lo como sistema, ou melhor, como subsistema da totalidade discursiva.

Muito rico é o campo especulativo que se abre à investigação desse subsistema. Mesmo que admitido no vulto de sua parcialidade, numerosíssimas são as questões gramaticais que o interessado pode levantar sobre o material da comunicação jurídico-positiva, seja nos domínios da Morfologia ou da Sintaxe, já que cingimos esta análise à linguagem escrita. Quanto ao quadro morfológico, por exemplo, o exegeta poderá pesquisar a estrutura e a formação dos signos jurídicos, suas flexões e classificações, examinando as peculiaridades que a mensagem prescritiva vai determinando na seleção dos vocábulos empregados nas variadas comunicações. No que tange ao âmbito sintático, também é muito vasto o horizonte do investigador, examinando a composição frásica em termos de concordância, de regência e de colocação. Por esse caminho, ingressará na análise sintática da sentença, procurando isolar seus termos essenciais, os demais integrantes, bem como os termos acessórios. Da sentença, passará ao exame do período como conjunto de uma única oração ou de duas ou mais, compondo uma formação significativa que se completa pela agregação concatenada dos sentidos isolados de cada uma das sentenças, unidas estas, geralmente, por conjunções.

É oportuno recordar que a palavra "enunciado" quer aludir tanto à forma expressional, matéria empírica gravada nos documentos dos fatos comunicacionais, como ao sentido a ele atribuído. Assim, os enunciados pertencem à plataforma da literalidade textual, suporte físico de significações, ao mesmo tempo em que participam do plano de conteúdo, com o sentido que necessariamente suscitam. Distingue-se, por isso, o *enunciado* da *proposição* por ele expressa. Muitas vezes, de um único enunciado podemos chegar a duas ou mais proposições (sentidos), circunstância que indica ambigüidade. Entretanto, a recíproca também é verdadeira, porquanto de dois ou mais enunciados podemos, em alguns casos, construir apenas uma proposição (ou sentido).

É precisamente no nível das formulações literais que o legislador, empregado aqui na sua mais ampla configuração semântica, introduz modificações, alterando o sistema total. Essa prática não impede, contudo, que a integridade sistêmica venha a transformar-se por força de mudanças ocorridas nos dois outros subsistemas, pois é sabido que a pragmática das comunicações jurídicas vai provocando, a cada passo, modificações até substanciais nas mensagens deônticas, o que implica, igualmente, transformação no todo do ordenamento.

Devemos reconhecer que as modificações introduzidas pelo plano da literalidade textual representam, usualmente, o caminho mais prático e direto, sendo, por isso mesmo, deliberado, consciente, querido pelas fontes produtoras do direito posto, em termos de alteração do ordenamento, uma vez que as oscilações ocorrentes na instância pragmática são incontroláveis. Ninguém pode prever, com visos de racionalidade, o rumo que os utentes da linguagem do direito, num dado momento histórico, vai imprimir às significações de certas palavras. Quem, por exemplo, poderia antecipar que o vocábulo "casamento", sempre ajustado a situações tradicionalmente configuradas, pudesse assumir, como nos dias atuais, a amplitude de significação que vem adquirindo? A radical mutação significativa da palavra "tributo" é outro modelo eloqüente, apesar de que o processo transformativo se tenha operado num trato de tempo muito mais largo do que no primeiro caso. Com o sensível aumento na velocidade das informações, os processos de alteração significativa dos termos jurídicos vêm se desenvolvendo em intervalos cada vez mais curtos, o que valoriza a pesquisa da dimensão pragmática, na busca do reconhecimento das mudanças por que passam os sistemas jurídico-positivos. Mesmo assim, porém, não chega ao ponto de roubar a primazia da plataforma física das formulações literais, como o *locus* mais adequado para que o legislador faça inserir, no sistema, as modificações que lhe parecerem mais convenientes. Afinal de contas, matérias sociais novas reivindicam, a todo instante, sua absorção pelas hipóteses normativas, passando a ser reguladas pelo direito. Isso se faz, regularmente, mobilizando-se as fontes produtoras de normas jurídicas, que se assentam por meio de enunciados expressos, em documentos formalmente concebidos para exprimi-las em linguagem técnica.

3. *O conjunto dos conteúdos de significação dos enunciados prescritivos*

Eis o momento do ingresso no plano do conteúdo. Tendo o intérprete isolado a base física do texto que pretende compreender, estabelecendo, por esse modo, o primeiro contacto com o sistema objetivado das literalidades, avança agora disposto a atribuir valores unitários aos vários signos que encontrou justapostos, selecionando significações e compondo segmentos portadores de sentido. Claro está que os enunciados haverão de ser compreendidos isoladamente, no primeiro ímpeto, para depois serem confrontados com outros enunciados, de superior e do mesmo *status*, buscando o exegeta sua integração na totalidade do conjunto.

Advirto, agora, que estou usando *enunciado* na sua proporção de sentido, enquanto *proposição*, deixada de lado, provisoriamente, sua instância físico-material. Mas, sem esquecer que *enunciado* é o produto da atividade psicofísica de enunciação. Na linguagem escrita, apresenta-se como um conjunto de grafemas que, obedecendo a regras gramaticais de determinado idioma, consubstancia a mensagem expedida pelo sujeito emissor para ser recebida pelo destinatário, no contexto da comunicação, de tal forma que, seja qual for a função cumprida pela linguagem nesse processo, os enunciados aparecerão sempre como formações bem construídas e dotadas de referência objetiva. Todavia, a porção que nos interessa do enunciado, neste momento, é a proposicional, vale dizer, a substância significativa que se pode adjudicar à base material que lhe dá sustentação física. Proposição, não no sentido da Lógica Clássica, como expressão verbal de um juízo, mas enquanto conteúdo de significação constituído a partir da fórmula gráfica do enunciado.

O jurista que ingressa no plano de conteúdo dos documentos jurídico-prescritivos já mergulhou, por assim dizer, no mundo do direito. Lida, agora, com o significado dos signos jurídicos, associando-os e comparando-os, para estruturar, não simplesmente significações de enunciados, mas significações de cunho jurídico, que transmitam algo peculiar ao universo das regulações das condutas intersubjetivas. Toda a problemática que cerca a comunicação das mensagens jurídicas, no seu particularíssimo modo de existir, está presente nesse domínio em que os campos de irradiação semântica dos signos se aglutinam, se cortam, se interpenetram, com efeitos de potencialização, já que o objetivo final é levar disciplina às situações em que os comportamentos sociais se cruzam, marcando contingências de interpessoalidade.

Penso que, no âmbito desse subdomínio, não se deva falar, ainda, em normas jurídicas, dado o arcabouço lógico peculiar a tais entidades. Falemos, então, em significações que se erguem a partir de frases prescritivas, de enunciados ditados por órgãos competentes e que integram o corpo legislado. Portanto, serão requisitos para o ingresso nesse subsistema: i) que sejam expressões lingüísticas portadoras de sentido; ii) produzidas por órgãos credenciados pelo ordenamento para a sua expedição; e iii) consoante o procedimento específico que a ordem jurídica estipular.

Sob certo aspecto, torna-se até confortável transitar por esse subsistema, dado que suas unidades – os enunciados prescritivos – encontram-se soltos, derramados por todo o conjunto, nas mais variadas estruturas frásicas. A forma, ainda que importante, não será decisiva, porque o predomínio é da função e essa estará sempre voltada para a regulação das condutas intersubjetivas. Sua prescritividade reside no modo como tal linguagem é empregada, a despeito da composição sintático-gramatical que presidir seu revestimento. Os enunciados do direito positivo não são expressões de atos de objetivação cognoscente. Não pretendem reproduzir o real-social, descrevendo-lhe os aspectos. Longe disso, o vetor semântico que os liga ao "mundo da vida" contém, invariavelmente, um *dever-ser*, assim no estado neutro, sem modalização, ou operando por intermédio dos functores *obrigatório, proibido* ou *permitido*, com o que se exaure o campo material das possíveis condutas interpessoais.

O *dever-ser*, freqüentemente, comparece disfarçado na forma apofântica, como se o legislador estivesse singelamente descrevendo situações da vida social ou eventos da natureza, a ela relacionados: *A existência da pessoa natural termina com a morte...* (art. 10, do CC). *A capacidade tributária passiva independe: I. da capacidade civil das pessoas naturais...* (art. 126, do CTN).

Em outros momentos, porém, os modalizadores deônticos vêm à tona, expressando-se, ostensivamente, na linguagem do direito posto, com o que denunciam, de forma evidente, sua função prescritiva: "O tutor, antes de assumir a tutela, *é obrigado* a especializar, em hipoteca legal, que será inscrita, os imóveis necessários, para acautelar, sob a sua administração, os bens do menor" (art. 418, do CC). "O contribuinte do ITR entregará *obrigatoriamente*, em cada ano, o Documento de Informação e Apuração do ITR – DIAT, correspondente a cada imóvel, observadas datas e condições fixadas pela Secretaria da Receita Federal" (art. 8º, da Lei n. 9.393, de 19.12.96).

Enquanto se movimenta entre os enunciados, para compreendê-los na sua individualidade, o intérprete dos textos jurídicos deve saber que manipula frases prescritivas, orientadas para o setor dos comportamentos estabelecidos entre sujeitos de direito. É preciso, contudo, considerá-las na forma em que se apresentam, para que seja possível, posteriormente, congregá-las e convertê-las em unidades normativas, em que o sentido *completo* da mensagem deôntica venha a aparecer com toda a força de sua juridicidade. E esse "considerá-las na forma em que se apresentam" implica, muitas vezes, a utilização da Lógica Apofântica, com o modelo clássico "S é P". Nesse intervalo, a tomada de consciência sobre a prescritividade é importante, mas o exegeta não deve se preocupar, ainda, com os cânones da Lógica Deôntico-jurídica, porque o momento da pesquisa requer, tão-somente, a compreensão isolada de enunciados e estes, quase sempre, se oferecem em arranjos de forma alética.

Sobre o sentido dos enunciados, é preciso dizer que ele é construído, produzido, elaborado, a contar das marcas gráficas percebidas pelo agente do conhecimento. Desde que se mostre como manchas de tinta sobre o papel, no caso do direito escrito, insisto, assumindo a natureza de um ente físico, materialmente tangível, não se poderia imaginar, em sã consciência, que essa base empírica contivesse, dentro dela, como uma jóia, o conteúdo significativo, algo abstrato, de estrutura eminentemente ideal. Muito menos, que o teor de significação estivesse envolvendo o material empírico, ou sobre ele flutuando como nuvens que recobrem os elevados rochedos. Não, o sentido é constituído ao longo de um processo, iniciado, na hipótese, pela percepção visual das letras, dos vocábulos e das partículas que unem os vocábulos, organizando formações mais amplas. *É o ser humano que, em contacto com as manifestações ex-*

pressas do direito positivo, vai produzindo as respectivas significações. Daí a asserção peremptória segundo a qual é a interpretação que faz surgir o sentido, inserido na profundidade do contexto, mas sempre impulsionada pelas fórmulas literais do direito documentalmente objetivado. Sim, porque já foi dito e redito que não há texto sem contexto ou, de outro modo, não há plano de expressão sem plano de conteúdo e vice-versa.

Grande parte do trabalho do jurista se estabelece nas proporções desse subsistema que estamos tratando. Quantos preceitos de superior importância para o funcionamento da ordem jurídica se manifestam na forma de enunciados, atômicos e moleculares! Eis alguns exemplos em que o *dever-ser* não integra, declaradamente, a formação literal da Lei, mantendo-se oculto: *A língua portuguesa é o idioma oficial da República Federativa do Brasil* (art. 13, da CF). *São inelegíveis os inalistáveis e os analfabetos* (art. 14, § 4º, da CF). Nest'outros, porém, revela-se a síntese deôntica, de forma explícita, num de seus modais: "O alistamento eleitoral e o voto *são obrigatórios* para os maiores de dezoito anos" (art. 14, § 1º, I, da CF). "É *vedada* a utilização pelos partidos políticos de organização paramilitar" (art. 17, § 4º, da CF). É *assegurado o direito* de resposta, proporcional ao agravo, além da indenização por dano material, moral ou à imagem" (art. 5º, V, da CF).

No subdomínio das significações dos enunciados, cumprem papel relevante as sentenças prescritivas implícitas, compostas, por derivação lógica, de formulações expressas do direito positivo. Além daqueles já mencionados ("isonomia das pessoas políticas de direito constitucional interno" e "supremacia do interesse público em face dos interesses dos particulares"), vários outros podem ser aduzidos, bastando lembrar que alguns dos magnos princípios manipulados pelos juristas pertencem a essa subclasse, como os primados da *justiça*, da *segurança jurídica*, da *certeza do direito* etc.

É claro que a geração de sentido de uma oração prescritiva qualquer já pressupõe a atinência a outros enunciados. Tais remissões, todavia, levam em conta sentenças igualmente soltas, consideradas na sua individualidade semântica e sem qualquer forma específica de agrupamento lógico. Somente num outro subsistema, que chamarei de *sistema normativo stricto sensu*, é que haverá feixes de enunciados reunidos consoante o esquema formal da implicação deôntica.

4. O conjunto articulado das significações normativas – o sistema de normas jurídicas "stricto sensu"

Travado o primeiro contacto com o texto jurídico-positivo, que se dá pelo encontro com o plano da expressão, plano dos significantes ou, se parecer mais adequado, o da literalidade textual, ingressa o intérprete no universo dos conteúdos significativos, enfrentando o tantas vezes processo gerativo de sentido. Suas primeiras realizações surgirão, como vimos, no campo das significações de enunciados isoladamente considerados. Mas, é evidente que isso não basta, devendo o exegeta promover a *contextualização* dos conteúdos obtidos no curso do processo gerativo, com a finalidade de produzir unidades *completas* de sentido para as mensagens deônticas.

Vamos aos exemplos, que sempre foram ponto de apoio fundamental para o conhecimento. Imaginemos enunciado constante de lei tributária que diga, sumariamente: *A alíquota do imposto é de 3%.* Para quem souber as regras de uso dos vocábulos "alíquota" e "imposto", não será difícil construir a significação dessa frase prescritiva. Salta aos olhos, contudo, a insuficiência do comando, em termos de orientação jurídica da conduta. A primeira pergunta certamente será: mas, 3% do quê? E o interessado sairá à procura de outros enunciados do direito posto para entender a comunicação deôntica em sua plenitude significativa. Digamos que não lhe custe deparar com oração prescritiva gravada assim: *A base de cálculo é o valor da operação*. Pronto, o montante a ser recolhido a título de imposto já pode ser imediatamente apurado. Remanescem, ainda, na mente do intérprete, outras dúvidas que hão de ser esclarecidas. A quem deve pagar a quantia do tributo? Quem será o sujeito ativo dessa exação? E, novamente, continuará ele na busca de outras unidades de significação que possam completar o sentido da mensagem. Não encontrando disposição expressa no texto examinado, o interessado consultará a Lei Constitucional brasileira, investigando a quem fora outorgada a competência para legislar sobre a matéria, índice seguro, na maior parte dos casos, para identificar-se o titular do direito subjetivo público à exigência do gravame. Para que se componha a obrigação tributária, fica faltando, ainda, a indicação do sujeito passivo, quer dizer, aquele a quem foi cometido o dever jurídico de prestar o valor pecuniário. A essa altura, já é conhecido o montante da prestação e os dois sujeitos do vínculo obrigacional. Agora, por que razão se instaurou o laço, estabelecendo uma conduta obrigatória para um dos sujeitos e, correlativamente, o direito de exigi-la, para o outro? Dito de maneira diferente: qual o fundamento jurídico que suporta e justifica a instalação do liame obrigacional? Bem, aqui ingressa o enunciado de fato, pressuposto da incidência tributária e cuidadosamente selecionado pelo legislador para desencadear os efeitos disciplinadores de comportamentos intersubjetivos. Na estrutura normativa, aparece no tópico da hipótese (suposto, antecedente ou prótase do juízo condicional) ligando-se ao enunciado relacional (relação jurídica) por força da imputação deôntica, numa síntese de *dever-ser* posta pela vontade imperativa dos detentores do poder político.

Faz-se necessário advertir que o *quantum* de significação obtido com o isolamento do arcabouço da norma jurídica não é suficiente para expressar a orientação da conduta, como algo definitivo. Sua completude, perante o sistema, continua parcial, representando, apenas, o vencimento de um ciclo do processo exegético, que passa, a partir de então, a experimentar novo intervalo de indagações atinentes ao que poderíamos chamar de *esforço de contextualização*.

Se todo o trabalho desenvolvido no processo de geração de sentido tem a sua importância, proposição que paira acima de qualquer dúvida, surge essa última etapa como seu aperfeiçoamento, como a coroação do desempenho construtivo levado a cabo pelo agente do conhecimento. Tendo a tarefa interpretativa caminhado pelos meandros do ordenamento, primeiramente à cata de sentidos isolados de fórmulas enunciativas, para depois agrupá-las consoante esquema lógico específico e satisfatoriamente definido, o objetivo presente é confrontar as unidades obtidas com o inteiro teor de certas orações portadoras de forte cunho axiológico, que o sistema coloca no patamar de seus mais elevados escalões, precisamente para penetrar, de modo decisivo, cada uma das estruturas mínimas e irredutíveis (vale novamente o pleonasmo) de significação deôntica, outorgando unidade ideológica à conjunção de regras que, por imposição dos próprios fins regulatórios que o direito se propõe implantar, organizam os setores mais variados da convivência social.

Ao mencionar ser esse o apogeu da missão hermenêutica, penso não haver incorrido em qualquer excesso, pois é nesse clímax, momento de maior gradação do processo gerativo, que aparece a norma jurídica em sua pujança significativa, como microssistema, penetrada, harmonicamente, pela conjunção dos mais prestigiados valores que o ordenamento consagra. Enquanto tal, representa o cruzamento, a força resultante de um sistema em que o plano dos significantes se integra ao plano de conteúdo, numa síntese que dá a autêntica profundidade do texto examinado. A regra jurídica assim apresentada terá o condão de exprimir, na sua singeleza estrutural, a orientação jurídica da conduta, precisamente do modo como determinada pela totalidade sistêmica. Não é mais um ente isolado, que pode ser visto, na sua soledade, como alguma coisa que porta os traços de pertinência a certo conjunto normativo. Mais do que isso, é o próprio domínio, reduzido a sua expressão mais simples, tanto em termos sintáticos, como nas proporções semânticas e pragmáticas.

5. O processo de construção normativa e as determinações específicas impostas pelo sistema

Num quadro de pluralismo de sistemas positivos, vamos encontrar diretrizes específicas variadas para o desenvolvimento do trabalho hermenêutico de produção de normas. Com efeito, as ordenações jurídico-normativas costumam estabelecer caminhos próprios para a realização do percurso construtivo, neles fixando os valores que lhes pareçam convenientes para integrar as múltiplas unidades produzidas. Nesse sentido, a Constituição brasileira é até abundante, fazendo constar uma série de estimativas sem as quais as regras elaboradas pelo intérprete não encontrarão o devido respaldo de fundamento constitucional.

Justamente para atender a estipulações dessa índole é que o esforço de pesquisa de enunciados fica tolhido, uma vez que o exegeta não poderá recolhê-los à sua vontade, em qualquer região do direito posto, devendo circunscrever a escolha dentro de certos segmentos da ordem legislada, que o texto constitucional expressamente indica. O princípio da legalidade, entre nós, compele o agente a procurar frases prescritivas, única e exclusivamente, entre as introduzidas no ordenamento positivo por via de lei ou de diploma que tenha o mesmo *status*. Se do conseqüente da regra advier obrigação de dar, fazer ou não-fazer alguma coisa, sua construção reivindicará a seleção de enunciados colhidos apenas e tão-somente no plano legal, sendo vedado o aproveitamento de sentenças oriundas de decretos, portarias e outros atos de hierarquia inferior. A restrição, no entanto, não alcança patamares superiores, de tal sorte que podem ser empregados na montagem da norma quaisquer enunciados de maior gradação na escala hierárquica.

Modelo interessante para exibir esse aspecto do processo construtivo, principalmente pelo grande rigor que encerra, encontramos no direito tributário. A regra-matriz de incidência, como estrutura lógico-sintática, há de ser saturada com as significações do direito positivo. Entretanto, pela diretriz da estrita legalidade, não podem ser utilizados outros enunciados, senão aqueles introduzidos por lei. Seja a menção genérica do acontecimento factual, com seus critérios compositivos (material, espacial e temporal), seja a regulação da conduta, firmada no conseqüente, também com seus critérios próprios, vale dizer, indicação dos sujeitos ativo e passivo (critério pessoal), bem como da base de cálculo e da alíquota (critério quantitativo), tudo há de vir expresso em enunciados legais, não se admitindo, sob qualquer pretexto, que sequer um desses elementos possa ser retirado de orações prescritivas de hierarquias inferiores.

E, assim por diante, toparemos com determinações especiais para a formação de regras pelo Poder Judiciário, bem como sobre normas administrativas, contratuais etc., constantes do direito positivo e salientadas descritivamente pela Dogmática.

6. O trânsito entre os subdomínios S1, S2 e S3 para a integração do sistema

Em breve resumo, o trajeto de elaboração de sentido, tendo em vista a montagem de uma unidade devidamente integrada no ordenamento posto, parte do encontro com o plano de expressão, onde estão os suportes físicos dos enunciados prescritivos. Trata-se do sistema *S1*, de maneira objetiva, sendo exatamente o mesmo para todos os sujeitos, com independência do lugar e do tempo em que for submetido a exame. Sua composição morfológico-sintática lhe dá as proporções de um verdadeiro sistema e sua importância se justifica por dois motivos relevantes: i) marca o início do percurso de interpretação; e ii) é o espaço, por excelência, das modificações introduzidas no sistema total.

De seguida, inicia o intérprete a trajetória pelo conteúdo, imitindo-se na dimensão semântica dos comandos legislados, procurando lidar, por enquanto, com enunciados, isoladamente compreendidos, atividade que se passa no âmbito do sistema *S2*. Aqui também o labor não se perfaz de um eito, mas requer o exaurimento de vários intervalos, sendo o primeiro desafio encontrar as significações de base, novo ponto de partida para os esforços de contextualização das palavras e das próprias frases. Ao terminar a movimentação por esse subsistema, o interessado terá diante de si um conjunto respeitável de enunciados, cujas significações já foram produzidas e permanecem à espera das novas junções que ocorrerão em outro subdomínio, qual seja o de *S3*, subsistema das formações normativas, em que todo o trabalho estará voltado à composição de unidades lógicas determinadas pela presença inafastável das estruturas condicionais. Aparecerão nesse subconjunto as significações de enunciados que realizam o antecedente da regra jurídica, bem como aqueles que prescrevem condutas intersubjetivas, contidas no conseqüente. Mas, também nele, a tarefa se desenvolve em intervalos seqüenciais, porque o contacto inicial com o sentido da entidade normativa é insuficiente para a outorga derradeira de sua significação. Tornam-se imprescindíveis, nesse nível da elaboração exegética, uma série de incursões aos outros dois subsistemas, na atividade ingente de procurar significações de outras sentenças prescritivas que, por imposição da hierarquia constitucional, não podem estar ausentes do conteúdo semântico da norma produzida. É precisamente na amplitude dessas idas e vindas aos sistemas *S1* e *S2*, que o sujeito gerador do sentido vai incorporando as diretrizes constitucionais. E, além disso, há que se pensar na integração das normas, nos eixos de subordinação e de coordenação, pois aquelas unidades não podem permanecer soltas, como se não pertencessem à totalidade sistêmica.

Muito bem. Cumpridas todas essas diligências, poderá o intérprete dizer que construiu o sentido da norma jurídica, empreendimento intelectual e emocional que não lhe custou pouca energia. Sendo ele órgão do sistema, terá agora de formalizá-la em linguagem competente, surgindo mais elementos objetivados no plano *S1*. Caso não seja, terá igualmente de exará-la em linguagem própria, o que importa reconhecer que, do subsistema *S3*, voltará ao subconjunto *S1*, nele consignando a marca física de sua construção exegética.

Tais cruzamentos entre os três planos de elaboração, deles não saindo em qualquer dos momentos do percurso gerativo de sentido, exibem, entre outras coisas, a unidade do sistema jurídico, visto como um todo, tecido pelo intérprete numa concepção que salvaguarda, acima de tudo, o dado de sua integridade existencial, uniforme e consistente, adaptando-se o predicado de "consistência" que convém à função pragmática com que o direito positivo utiliza sua linguagem prescritiva.

CADERNOS DE DIREITO TRIBUTÁRIO

CONTRIBUIÇÃO DENOMINADA "SEGURO DE ACIDENTES DO TRABALHO (SAT)" – SUA NATUREZA TRIBUTÁRIA – ALÍQUOTAS MAJORADAS POR MEIO DE DECRETO – INVIABILIDADE – QUESTÕES CONEXAS

ROQUE ANTONIO CARRAZZA

Professor Titular da Cadeira de Direito Tributário da Faculdade de Direito da Pontifícia Universidade Católica de São Paulo – Consultor Tributário

1. Circunscrição do problema. 2. Advertência preliminar. 3. A supremacia da Constituição Federal. 4. A tributação, na Constituição. 5. Noção de competência tributária: 5.1 Os titulares das competências tributárias – 5.2 A competência tributária e a norma padrão de incidência dos tributos. 6. As contribuições do art. 149, da Constituição: 6.1 Generalidades – 6.2 As "contribuições" e o campo tributário da União. 7. As "contribuições sociais" para a Seguridade Social. Principais traços característicos. 8. "Contribuição para o SAT": a irrelevância jurídica de seu "nomen iuris" e a relevância da destinação do produto de sua arrecadação: 8.1 A irrelevância jurídica do "nomen iuris". Natureza tributária – 8.2 Relevância da destinação do produto de sua arrecadação – 8.3 "Contribuição para o SAT": imposto. 9. Violação do "princípio da tipicidade fechada" da tributação. 10. Violação do "princípio da legalidade tributária": 10.1 O "princípio da legalidade" e a "quantificação" da contribuição para o "SAT" – 10.1.1 Generalidades – 10.1.2 Da alíquota – 10.1.3 Das "alíquotas incompletas" da "contribuição para o SAT". 11. Da faculdade regulamentar: 11.1 Lei: fundamento da faculdade regulamentar – 11.2 Os regulamentos, em matéria tributária. 12. Síntese conclusiva. 13. Analogia oportuna: "atividade preponderante" no "ITBI". 14. Últimas considerações.

1. Circunscrição do problema

Neste artigo estudaremos alguns aspectos da *contribuição* denominada *seguro de acidentes do trabalho (SAT)*.

O assunto encontra-se superiormente regulado nos arts. 7º, XXVIII, 195, I e 201, I, todos da Constituição Federal:

"Art. 7º. São direitos dos trabalhadores urbanos e rurais, além de outros que visem à melhoria de sua condição social: (...)

"XXVIII – seguro contra acidentes do trabalho, a cargo do empregador, sem excluir a indenização a que este está obrigado, quando incorrer em dolo ou culpa;".

"Art. 195. A Seguridade Social será financiada por toda a sociedade, de forma direta e indireta, mediante recursos provenientes dos orçamentos da União, dos Estados, do Distrito Federal e dos Municípios, e das seguintes contribuições sociais:

"I – dos empregadores, incidentes sobre a folha de salários, o faturamento e o lucro;"

"Art. 201. Os planos de previdência social, mediante contribuição, atenderão, nos termos da lei, à:

"I – cobertura dos eventos de doença, invalidez, morte, incluídos os resultantes de acidentes do trabalho, velhice e reclusão;".

Pretendendo dar operatividade a estes comandos constitucionais, a Lei n. 8.212, de 24 de julho de 1991, dispõe em seu art. 22, II e § 3º:

"Art. 22. A contribuição a cargo da empresa destinada à Seguridade Social, além do disposto no art. 23 é de: (...)

"II – para o financiamento da complementação das prestações por acidente do trabalho, dos seguintes percentuais, incidentes sobre o total das remunerações pagas ou creditadas, no decorrer do mês, aos segurados empregados e trabalhadores avulsos:

"a) um por cento para as empresas em cuja atividade preponderante o risco de acidentes do trabalho seja considerado leve;

"b) dois por cento para as empresas em cuja atividade preponderante o risco de acidentes do trabalho seja considerado médio;

"c) três por cento para as empresas em cuja atividade preponderante esse risco seja considerado grave.

"(...)

"§ 3º. O Ministério do Trabalho e da Previdência Social poderá alterar, com base nas estatísticas de acidente do trabalho, apuradas em inspeção, o enquadramento de empresas para efeito da contribuição a que se refere o inciso II deste artigo, a fim de estimular investimentos em prevenção de acidentes."

A classificação das atividades desenvolvidas pelas empresas foi feita *somente* por meio de decretos.

Destarte, o Decreto n. 612, de 21 de julho de 1992, estipulava, em seus arts. 26 e 27:

"Art. 26. A contribuição da empresa, destinada ao financiamento da complementação das prestações por acidente do trabalho, corresponde à aplicação dos seguintes percentuais incidentes sobre o total da remuneração paga ou creditada a qualquer título, no decorrer do mês, aos segurados empregados, trabalhadores avulsos e médicos-residentes:

"I – 1% (um por cento) para a empresa em cuja atividade preponderante o risco de acidente do trabalho seja considerado leve;

"II – 2% (dois por cento) para a empresa em cuja atividade preponderante o risco de acidente do trabalho seja considerado médio;

"III – 3% (três por cento) para a empresa em cuja atividade preponderante o risco de acidente do trabalho seja considerado grave.

"§ 1º. Considera-se preponderante a atividade econômica que ocupa, em cada estabelecimento da empresa, o maior número de segurados empregados, trabalhadores avulsos e médicos-residentes.

"§ 2º. Considera-se estabelecimento da empresa a dependência, matriz ou filial, que possui número de CGC próprio, bem como a obra de construção civil executada sob sua responsabilidade.

"§ 3º. As atividades econômicas preponderantes dos estabelecimentos da empresa e os respectivos riscos de acidentes do trabalho compõem a Relação de Atividades Preponderantes e correspondentes Graus de Risco – Seguro de Acidentes do Trabalho – SAT, anexa a este Regulamento.

"§ 4º. O enquadramento dos estabelecimentos nos correspondentes graus de risco é de responsabilidade da empresa, observadas as atividades econômicas preponderantes de cada um deles, e será feito mensalmente, cabendo ao INSS rever o enquadramento em qualquer tempo.

"§ 5º. Verificado erro no auto-enquadramento, o INSS adotará as medidas necessárias à sua correção, orientando o responsável pela empresa em caso de recolhimento indevido e procedendo à notificação dos valores devidos.

"§ 6º. Para efeito de determinação da atividade econômica preponderante do estabelecimento, prevista no § 1º serão computados os empregados, trabalhadores avulsos e médicos-residentes que exerçam suas atividades profissionais efetivamente no estabelecimento.

"§ 7º. Não sendo exercida atividade econômica no estabelecimento, o enquadramento será feito com base na atividade econômica preponderante da empresa, adotando-se, neste caso, o mesmo critério fixado no § 1º."

"Art. 27. O MPS deverá revisar, trienalmente, com base em estatísticas de acidentes do trabalho e em relatórios de inspeção, o enquadramento das empresas de que trata o art. 25, visando estimular investimentos em prevenção de acidentes do trabalho.

"Parágrafo único. O MPS e o MTA adotarão, imediatamente, por intermédio de Comissão constituída no âmbito da Secretaria Nacional de Previdência Social – SNPS da Secretaria Nacional do Trabalho – SNT, as providências necessárias à implementação de sistema de controle e acompanhamento de acidentes do trabalho, a partir da comunicação prevista no art. 142 do Regulamento dos Benefícios da Previdência Social – RBPS."

O Decreto n. 612/92 foi revogado pelo Decreto n. 2.173, de 5 de março de 1997, que dispõe, em seus arts. 26 e 27:

"Art. 26. A contribuição da empresa, destinada ao financiamento dos benefícios concedidos em razão de maior incidência de incapacidade laborativa decorrente dos riscos ambientais do trabalho corresponde à aplicação dos seguintes percentuais, incidentes sobre o total da remuneração paga ou creditada a qualquer título, no decorrer do mês, aos segurados empregados, trabalhadores avulsos e médicos residentes:

"I – um por cento para a empresa em cuja atividade preponderante o risco de acidente do trabalho seja considerado leve;

"II– dois por cento para a empresa em cuja atividade preponderante o risco de acidente do trabalho seja considerado médio;

"III– três por cento para a empresa em cuja atividade preponderante o risco de acidente do trabalho seja considerado grave."

"§ 1º. Considera-se preponderante a atividade que ocupa, na empresa, o maior número de segurados empregados, trabalhadores avulsos e médicos-residentes.

"§ 2º. A atividade econômica preponderante da empresa e os respectivos riscos de acidentes do trabalho compõem a Relação de Atividades Preponderantes e correspondentes Graus de Risco, anexa a este Regulamento.

"§ 3º. O enquadramento no correspondente grau de risco é de responsabilidade da empresa, observada sua atividade econômica preponderante e será feito mensalmente, cabendo ao Instituto Nacional do Seguro Social – INSS rever o auto-enquadramento em qualquer tempo.

"§ 4º. Verificado erro no auto-enquadramento, o Instituto Nacional do Seguro Social – INSS adotará as medidas necessárias à sua correção, orientando o responsável pela empresa em caso de recolhimento indevido e procedendo à notificação dos valores devidos.

"§ 5º. Para efeito de determinação da atividade econômica preponderante da empresa, prevista no § 1º, serão computados os empregados, trabalhadores avulsos e médicos-residentes que exerçam suas atividades profissionais efetivamente na mesma.

"§ 6º. O disposto no *caput* não se aplica à pessoa física de que trata a alínea *a* do inciso V do art. 10.

"§ 7º. Quando se tratar de produtor rural pessoa jurídica que se dedique à produção rural e contribua nos moldes do inciso IV do art. 25, a contribuição referida no *caput* corresponde a 0,1% incidente sobre a receita bruta proveniente da comercialização de sua produção."

"Art. 27. O Ministério da Previdência e Assistência Social – MPAS poderá autorizar a empresa a reduzir em até cinqüenta por cento as alíquotas da contribuição a que se refere o artigo anterior, a fim de estimular investimentos destinados a diminuir os riscos ambientais do trabalho".

Como facilmente podemos perceber, os arts. 26 e 27, assim do Decreto n. 612/92 (revogado), que do Decreto n. 2.173/97 (ora em vigor), foram afinados no mesmo diapasão.

Muito bem, deseja-se, em síntese, saber, se a definição das atividades consideradas de risco máximo, médio ou leve, realmente poderia ter sido feita por meio de decreto *ou* se, pelo contrário, a matéria, por referir-se à *alíquota* de obrigação tributária, está *sob reserva de lei*.

2. *Advertência preliminar*

Antes de iniciarmos o exame do nosso assunto central, antecipamos que a "contribuição" aqui aludida tem caráter nitidamente tributário, devendo, portanto, em tudo e por tudo, obedecer ao regime jurídico próprio das exações. Ela, na verdade, está prevista no art. 149, da Carta Suprema.

O presente trabalho será, pois, organizado dedutivamente, de modo a permitir cheguemos, a final, a conclusões que encontrem total apoio em nosso ordenamento constitucional.

3. *A supremacia da Constituição Federal*

O ordenamento jurídico é formado por um conjunto de normas, estruturadas de forma hierarquizada. A Constituição ocupa, neste conjunto, o patamar mais elevado, dando *fundamento de validade* às demais normas, pois ela "representa o escalão de Direito positivo mais elevado".[1]

No mesmo sentido, a palavra abalizada de Celso Ribeiro Bastos: "...as normas componentes de um ordenamento jurídico encontram-se dispostas segundo uma hierarquia e formando uma espécie de pirâmide, sendo que a Constituição ocupa o ponto mais alto, o ápice da pirâmide legal, fazendo com que todas as demais normas que lhe vêm abaixo a ela se encontrem subordinadas".[2]

A Constituição, num Estado-de-Direito é a *lei máxima*, que submete todos os cidadãos e os próprios Poderes Legislativo, Executivo e Judiciário. Uma norma jurídica só será considerada válida se estiver em harmonia com as normas constitucionais.

Nas Constituições rígidas, como a brasileira, as normas constitucionais legitimam toda a ordem jurídica. As leis, os atos administrativos, as sentenças valem, em última análise, enquanto desdobram mandamentos constitucionais.

Na magnífica lição de José Afonso da Silva, "nossa Constituição é rígida. Em conseqüência, é a lei fundamental e suprema do Estado brasileiro. Toda autoridade só nela encontra fundamento e só ele confere poderes e competências governamentais. Nem o governo federal, nem os governos dos Estados, nem os dos Municípios ou do Distrito Federal são soberanos, porque todos são limitados, expressa ou implicita-

1. Hans Kelsen, *Teoria Pura do Direito,* trad. de João Baptista Machado, São Paulo, Martins Fontes, 2ª ed., 1987, p. 240.

2. *Curso de Direito Constitucional*, Saraiva, São Paulo, 14ª ed., 1992, p. 44.

mente, pelas normas positivas daquela lei fundamental. Exercem suas atribuições nos termos nela estabelecidos. Por outro lado, todas as normas que integram a ordenação jurídica nacional só serão válidas se se conformarem com as normas da Constituição Federal".[3]

As normas constitucionais, além de ocuparem o ponto mais elevado da chamada *pirâmide jurídica*, caracterizam-se pela imperatividade de seus comandos, que obriga não só as pessoas (físicas ou jurídicas, nacionais ou internacionais), como o próprio Estado.

O que estamos procurando ressaltar é que a Constituição não é um mero repositório de recomendações, a serem ou não atendidas, mas um conjunto de normas supremas que devem ser incondicionalmente observadas, inclusive pelo legislador infraconstitucional.

É por este motivo que dizemos que a Constituição é a lei fundamental do Estado, sendo, por tal motivo, superior a todas as suas demais manifestações normativas.

Para Gomes Canotilho a superioridade hierárquica da Constituição revela-se em três perspectivas; a saber: "(1) as normas do direito constitucional constituem uma *lex superior* que recolhe o fundamento de validade em si própria (*autoprimazia normativa*); (2) as normas de direito constitucional são 'normas de normas' (*norma normarum*), afirmando-se como fontes de produção jurídica de outras normas (normas legais, normas regulamentares, normas estatutárias etc.); (3) *a superioridade normativa das normas constitucionais implica o princípio da conformidade de todos os actos dos poderes politicos com a Constituição*".[4]

Em resumo, as normas jurídicas mais importantes encontram-se na Constituição. É ela que indica quem detém os poderes estatais, quais são estes poderes, como devem ser exercidos e quais os direitos e garantias que as pessoas têm em relação a eles.

4. A tributação, na Constituição

A Carta Constitucional brasileira contém grande número de disposições que tratam de matérias tributárias. Realmente, ela não só apontou os fatos que podem ser alcançados pela tributação, como estabeleceu os limites e as condições de seu exercício, deixando pouca liberdade para o legislador ordinário das pessoas políticas.

Neste particular, o legislador constituinte pátrio, adotou a técnica de prescrever, de modo exaustivo, as áreas dentro das quais as pessoas políticas podem exercer a tributação. Forjou, portanto, um sistema rígido de distribuição de competências.

Deste modo, os entes políticos só podem atuar dentro dos estritos termos da competência tributária que lhes foi outorgada pela Constituição Federal, uma vez que dela recebem *não* o *poder tributário,* mas, *sim*, uma parcela deste poder, bastante limitada pelas normas que disciplinam seu exercício.

A propósito, já tivemos a oportunidade de deixar registrado: "... o legislador de cada pessoa política (União, Estados, Municípios ou Distrito Federal), ao tributar, isto é, ao criar *in abstracto* tributos, vê-se a braços com o seguinte dilema: ou praticamente reproduz o que consta da Constituição – e, ao fazê-lo, apenas recria, num grau de concreção maior, o que nela já se encontra previsto – ou, na ânsia de ser original, acaba ultrapassando as barreiras que ela lhe levantou e resvala para o campo da inconstitucionalidade".[5]

3. *Curso de Direito Constitucional Positivo*, São Paulo, Malheiros Editores, 8ª ed., 1992, p. 47.

4. *Direito Constitucional,* Coimbra, Livraria Almedina, 5ª ed., 1991, p. 141 (grifamos).

5. *Curso de Direito Constitucional Tributário,* Malheiros Editores, 10ª ed., 1997, São Paulo, p. 239.

As competências tributárias das pessoas políticas foram perfeitamente desenhadas por grande número de normas constitucionais. Tais normas guiam o legislador ordinário (federal, estadual, municipal ou distrital), enquanto cria, *in abstracto,* as várias exações.

Nesse mesmo sentido, Elizabeth Nazar Carrazza dilucida: "Deve (o legislador), portanto, verificar, na própria Carta Magna: a) qual o fato ou o conjunto de fatos sobre os quais pode incidir o tributo (balizas do aspecto material); b) até que ponto é livre na escolha do sujeito passivo da exação (contornos do aspecto pessoal); c) qual o âmbito de validade espacial e quais as circunstâncias de lugar de ocorrência do fato imponível (limitações ao aspecto espacial); e, d) quais os momentos que pode escolher para reputar concretizada a hipótese de incidência do tributo (parâmetros do aspecto temporal)".[6]

Permitimo-nos agora acrescentar, que a *base de cálculo* e a *alíquota* de cada tributo (*aspecto quantitativo* da norma jurídica tributária) também encontram seus paradigmas na Constituição. Deveras, a base de cálculo haverá de ser, sempre, uma medida da materialidade da *hipótese de incidência tributária* e, a alíquota (critério legal que, conjugado à base de cálculo, permite discernir o *quantum debeatur*), embora possa variar, não pode imprimir ao tributo feições confiscatórias (cf. art. 150, IV, da CF), vulnerando, desse modo, o direito de propriedade, constitucionalmente protegido (arts. 5º, XXII e 170, II, da CF).

Estamos, pois, percebendo que, ao mesmo tempo em que distribuiu competências tributárias, a Constituição indicou os padrões que o legislador de cada pessoa política deverá obedecer, enquanto institui tributos.[7]

Apenas para darmos fecho a este raciocínio, remarcamos que a Constituição, ao discriminar as competências tributárias, estabeleceu – ainda que, por vezes, de modo implícito e dando uma certa margem de liberdade para o legislador – a *regra-matriz* (a *norma padrão de incidência,* o *arquétipo genérico)* de cada exação. Noutro falar, apontou a *hipótese de incidência possível,* o *sujeito ativo possível,* o *sujeito passivo possível,* a *base de cálculo possível* e a *alíquota possível* das várias espécies e subespécies de tributos. Logo, o legislador, ao exercitar a competência tributária de sua pessoa política, deverá ser fiel à *regra-matriz* do tributo, pré-traçada na Constituição. O legislador (federal, estadual, municipal ou distrital), enquanto cria o tributo, não pode fugir do *arquétipo constitucional* do mesmo.

Era precisamente isso que Albert Hensel queria expressar, quando enfatizava que toda norma tributária deve respeitar as limitações jurídicas impostas pela Constituição, Lei Suprema.[8]

Em remate, o legislador tributário das várias pessoas políticas, encontra, no Texto Supremo, perfeitamente iluminado e demarcado o caminho a ser por ele percorrido.

5. *Noção de competência tributária*

Para melhor demonstrarmos as idéias acima lançadas, lembramos, meteoricamente, que *competência tributária* é a aptidão jurídica para criar, *in abstracto,* tributos. No Brasil, por injunção do princípio da legalidade, isto só pode ser feito por meio de lei (art. 150, I, da CF), que deve descrever todos os *elementos essenciais* da norma jurídica tributária; a saber: a *hipótese de incidência* do tributo, seu *sujeito ativo,* seu *sujeito passivo,* sua *base de cálculo* e sua *alíquota.*

6. *O Imposto sobre Serviços na Constituição,* dissertação de mestrado apresentada no Programa de Pós-Graduação em Direito da PUC/SP, inédita, 1976, p. 56 – esclarecemos no primeiro parêntese.

7. Como vimos, a Constituição reduz todo e qualquer tributo a um arquétipo normativo ou *regra-matriz,* que o legislador é obrigado a levar em conta, quando cria *in abstracto,* a exação.

8. *Diritto Tributario,* trad. de Dino Jarach, Dott. A. Giuffrè Editore, Milano, 1956, p. 50.

Portanto, competência tributária é a possibilidade jurídica de criar, *in abstracto,* tributos, descrevendo, legislativamente, suas hipóteses de incidência, seus sujeitos ativos, seus sujeitos passivos, suas bases de cálculo e suas alíquotas.

Estamos aludindo, neste passo, à criação de tributos, tarefa exclusivamente legislativa e, não, a sua mera arrecadação, mister que se relaciona com o exercício da função administrativa. O exercício da competência tributária é uma das manifestações do exercício da função legislativa, que deflui da Constituição. Enfim, *criar tributos é legislar; arrecadá-los, administrar.*

Noutro dizer, a competência tributária é a habilitação ou, se preferirmos, a faculdade potencial que a Constituição confere a determinadas pessoas, para que tributem. Obviamente, quem pode tributar (criar unilateralmente o tributo, a partir de faculdades constitucionais) pode, igualmente, aumentar a carga tributária (agravando a alíquota ou a base de cálculo do tributo, ou ambas), diminuí-la (adotando o procedimento inverso) ou, até, suprimi-la, por intermédio da não-tributação pura e simples ou do emprego do mecanismo jurídico das *isenções.* Portanto, quem pode tributar, pode também aumentar o tributo, minorá-lo, isentá-lo, no todo ou em parte, ou não tributar, observadas, sempre, obviamente, as diretrizes constitucionais. Tudo vai depender de uma *decisão política*, a ser tomada pela própria entidade tributante.

5.1 Os titulares das competências tributárias

Têm competência tributária, no Brasil, as pessoas políticas, ou seja, a União, os Estados, os Municípios e o Distrito Federal. Isto porque só elas possuem Legislativo próprio. E, como procuramos demonstrar, é o Poder Legislativo – e apenas ele – que, em nosso ordenamento jurídico, está credenciado a criar tributos.

Queremos anotar, a respeito, que a União, os Estados, os Municípios e o Distrito Federal receberam, do Diploma Máximo, competências para instituir, em caráter privativo, todas as modalidades de tributos (impostos, taxas e contribuições).

A Constituição delimitou o *campo tributável* e deu, em caráter privativo, uma parte dele à União; outra, a cada um dos Estados; ainda outra, a cada um dos Municípios; e, a última, ao Distrito Federal. Noutros termos, a União, cada um dos Estados, cada um dos Municípios e o Distrito Federal receberam da Constituição um campo tributário próprio.

5.2 A competência tributária e a norma padrão de incidência dos tributos

As competências tributárias das pessoas políticas foram desenhadas, com retoques à perfeição, por grande messe de normas constitucionais. Tais normas operam como balizas intransponíveis, guiando o legislador ordinário (federal, estadual, municipal ou distrital), na criação, *in abstracto,* das várias exações.

O Código Magno, ao conferir, às pessoas políticas, competências tributárias, teve o cuidado de gizar-lhes todos os contornos. Em razão disto, o legislador ordinário federal, ao descrever os vários aspectos da norma jurídica instituidora (ou majoradora) de cada tributo, deve observar os parâmetros constitucionais que disciplinam o exercício de sua competência tributária.

Postas estas idéias, vamos, agora, passar a cuidar das *contribuições* do art. 149, da Constituição Federal, máxime das *sociais para a Seguridade Social.*

6. As contribuições do art. 149, da Constituição

6.1 Generalidades

Com o advento da Constituição Federal de 1988 desapareceram as dúvidas que existiam acerca da natureza tributária das *contribuições*.

E nem poderia ser de outro modo, diante do que estipula o art. 149, da Constituição Federal: "Art. 149. Compete exclusivamente à União instituir contribuições sociais, de intervenção no domínio econômico e de interesse das categorias profissionais ou econômicas, como instrumento de sua atuação nas respectivas áreas, observado o disposto nos arts. 146, III, e 150, I e III, e sem prejuízo do previsto no art. 195, § 6º relativamente às contribuições a que alude o dispositivo".

Com a só leitura deste artigo, já percebemos que as *contribuições* em tela têm natureza nitidamente tributária, mesmo porque, com a expressa alusão aos "arts. 146, III, e 150, I e III", ambos da Constituição Federal, fica óbvio que deverão obedecer ao *regime jurídico tributário*. Tal, diga-se de passagem, a jurisprudência do Pretório Excelso.[9]

Portanto, as *contribuições* são, sem sombra de dúvida, tributos, uma vez que devem necessariamente obedecer ao *regime jurídico tributário,* isto é, aos princípios que informam a tributação no Brasil.

Sabemos que o que define uma entidade do mundo do Direito não é a denominação que ela recebe, mas o *regime jurídico* a que ela está submetida. Na medida em que tais contribuições, por determinação constitucional, devem obedecer ao *regime jurídico tributário,* segue-se que são incontendivelmente tributos.

E *tributos* qualificados pela finalidade que devem alcançar. Podem revestir a natureza jurídica de *imposto* ou de *taxa,* conforme as *hipóteses de incidência* e *bases de cálculo* que tiverem.

Com efeito, ao contrário do que fez com os demais tributos, a Constituição, ao cuidar destas *contribuições,* não declinou, a não ser incidentalmente (*v.g.*, art. 195, I), quais devem ser suas *hipóteses de incidência* e *bases de cálculo*.

Enfrentemos melhor esta questão.

A Magna Carta, ao discriminar as competências legislativas tributárias entre as várias pessoas políticas, traçou a *regra-matriz* dos vários tributos que elas, querendo, podem criar.

Pois bem, em seu art. 149, a Constituição não apontou a *regra-matriz* destas *contribuições*; antes, contentou-se em indicar as *finalidades* que devem atingir; a saber: *a)* a intervenção no domínio econômico; *b)* o interesse de categorias profissionais ou econômicas, como instrumento de atuação federal nas respectivas áreas; e, *c)* o custeio da seguridade social.

Notamos, pois, que as "contribuições" ora em exame não foram qualificadas, em nível constitucional, por suas *regras-matrizes,* mas, sim, por suas finalidades. Parece-nos sustentável que haverá este tipo de tributo sempre que implementada uma de suas finalidades constitucionais.

9. Nesta linha, merece ser trazido à colação o entendimento manifestado pelo Ministro Moreira Alves, em seu voto no julgamento acerca da *contribuição social sobre o lucro,* do qual era Relator: "De feito, a par das três modalidades de tributos (os impostos, as taxas e as contribuições de melhoria), a que se refere o art. 145 para declarar que são competentes para instituí-los a União, os Estados, o Distrito Federal e os Municípios, os arts. 148 e 149 aludem a duas outras modalidades tributárias, para cuja instituição só a União é competente: o empréstimo compulsório e as contribuições sociais, inclusive as de intervenção no domínio econômico.

"No tocante às contribuições sociais – que dessas duas modalidades tributárias é a que interessa para este julgamento –, não só as referidas no art. 149 – que se subordina ao capítulo concernente ao sistema tributário nacional – têm natureza tributária, como resulta igualmente, da observância que devam ao disposto nos artigos 146, III, e 150, I e III, mas também as relativas à seguridade social previstas no artigo 195, em conformidade com o disposto no § 6º deste dispositivo, que, aliás, em seu § 4º, ao admitir a instituição de outras fontes destinadas a garantir a manutenção ou expansão da seguridade social, determina se obedeça ao disposto no art. 154, I, norma tributária, o que reforça o entendimento favorável à natureza tributária dessas contribuições sociais" (RE n. 146.733-9 – Pleno, j. 29.6.92).

A doutrina de Hugo de Brito Machado segue a mesma linha:

"Diante da vigente Constituição, portanto, pode-se conceituar a contribuição social como espécie de tributo com finalidade constitucionalmente definida, a saber, intervenção no domínio econômico, interesse de categorias profissionais ou econômicas e seguridade social.

"É induvidosa, hoje, a natureza tributária destas contribuições. Aliás, a identificação da natureza jurídica de qualquer imposição do Direito só tem sentido prático porque define o seu regime jurídico, vale dizer, define quais são as normas jurídicas aplicáveis.

"No caso de que se cuida, a Constituição afastou as divergências doutrinárias afirmando serem aplicáveis às contribuições em tela as normas gerais de Direito Tributário e os princípios da legalidade e da anterioridade tributárias, com ressalva, quanto a este, das contribuições de seguridade, às quais se aplica regra própria, conforme veremos adiante".[10]

Vemos, pois, que a União está credenciada a instituir impostos ou taxas para atender a uma destas finalidades, desde que não invada competências tributárias alheias, nem desconsidere *direitos fundamentais dos contribuintes*.[11]

Noutros termos, a União poderá criar, dentro de seu campo competencial, qualquer imposto ou taxa, explicitando que o tributo visará *ou* intervir no domínio econômico, *ou* atender ao interesse de uma dada categoria profissional ou econômica, como instrumento de atuação federal na respectiva área, *ou*, ainda, custear a Seguridade Social.

10. *Curso de Direito Tributário*, São Paulo, Malheiros Editores, 11ª ed., 1997, p. 313.

11. Estas são exigências impostergáveis do *estatuto do contribuinte* e dos princípios da rigidez e da reserva das competências tributárias, que irradiam efeitos sobre todo nosso ordenamento jurídico, inclusive sobre este art. 149, do Código Máximo.

6.2 As "contribuições" e o campo tributário da União

Conforme vimos, as "contribuições" previstas no art. 149, da Constituição Federal, têm insofismavelmente natureza jurídica tributária.

É evidente que, ao instituí-las, a União não poderá invadir o campo tributário que a Lei Maior reservou às outras pessoas políticas. Antes, deverá observar estritamente o *princípio da reserva das competências tributárias*, elegendo, como *hipótese de incidência* dos gravames, apenas fatos que a Constituição permitiu sejam alvo de tributação federal.

Deste modo, a União, poderá criar, *verbi gratia*, um adicional do imposto sobre a renda (imposto de sua competência explícita), determinando, na lei instituidora, que ele se destina ao custeio da Seguridade Social.[12] Já não lhe será permitido instituir uma "contribuição social para a Seguridade Social", sobre vendas de mercadorias, justamente porque a tributação das operações mercantis foi reservada, pela Lei Maior, à tributação dos Estados (o que eles fazem, por meio de *ICMS*).[13]

12. Observamos que se a União vier a criar, tendo em vista o custeio da Seguridade Social, um adicional de qualquer dos impostos enumerados nos incisos I, II, IV e V, do art. 153, da Lei Maior, será facultado ao Poder Executivo federal, atendidas as condições e os limites estabelecidos em lei, alterar-lhes as alíquotas (art. 153, § 1º, da CF).

Por outro lado, se a União instituir um adicional do *IPI*, também para o custeio da Seguridade Social, ele deverá obedecer às regras da *seletividade em função da essencialidade do produto* e da *não-cumulatividade* (art. 153, § 3º, I e II, da CF).

Que fique porém evidenciado que, no exercício de sua competência tributária, a União poderá criar *contribuições sociais para a Seguridade Social* sobre rendimentos obtidos, sobre operações financeiras realizadas, sobre exportações efetuadas etc., já que a tributação destes fatos foi-lhe reservada pela Constituição Federal.

13. Igualmente a União não pode criar uma *contribuição social para a Seguridade Social* sobre prestações de serviços de qualquer natureza, já que a tributação destes fatos foi constitucionalmente reser-

Nesse sentido, aliás, a lição, sempre precisa, de Geraldo Ataliba:

"Se, pois, a União, criando contribuições, adota hipótese de incidência que pertence aos Estados ou Municípios, comete seu legislador inconstitucionalidade, por invasão de competência (Amílcar Falcão, Aliomar Baleeiro). Não se pode sustentar que as contribuições fogem a tal regime. Não cabe dizer, no nosso sistema, que o legislador, ao criar contribuições, goza da mais ampla liberdade e que, em conseqüência, pode adotar toda e qualquer hipótese de incidência, inclusive as reservadas constitucionalmente aos Estados e aos Municípios. Tal interpretação implicaria afirmar: a) que as competências tributárias não são exclusivas; b) que a repartição de competências não é rígida e que c) contribuição não é tributo.

"Não tem sentido admitir que a Constituição deu uma competência aos Estados e Municípios (nos arts. 155 e 156) e a retirou em outra disposição (art. 149). Seria desfigurar a Constituição entender que ela consente que a invocação da palavra 'contribuição' afaste todos os obstáculos à legislação da União, inclusive os circunscritores de seu campo material de competência.

"Logo, o legislador nacional, ao instituí-las, usa da competência de que dispõe, com as limitações que a caracterizam. Entender o contrário, seria admitir que o sistema de partilha de competências não é rígido. Que é modificável por legislação infraconstitucional. Seria admitir que as competências tributárias não são privativas, mas todas abertas à União. Seria atribuir estultice ao constituinte. Seria esvaziar o sistema constitucional tributário; torná-lo totalmente sem sentido, como um amontoado de proposições que nada obrigam, a ninguém dão vantagem, a ninguém direitos, de ninguém exigem nada."[14]

Em suma, estamos plenamente convencidos de que as "contribuições" do art. 149, da Constituição Federal, são tributos qualificados pela finalidade constitucional que devem atingir. De acordo com suas *hipóteses de incidência* (fatos geradores *in abstracto*) poderão revestir a natureza jurídica de imposto ou de taxa.[15] Quando a

vada aos Municípios, que, diga-se de passagem, a estão realizando, por meio de *ISS*.

Os exemplos poderiam ser multiplicados, que são legião.

14. *Hipótese de Incidência Tributária,* São Paulo, Malheiros Editores, 5ª ed., p. 177.

15. A nosso sentir, no Brasil, o tributo é o gênero, do qual o imposto, a taxa e a contribuição de melhoria são as espécies. Para nós, os *empréstimos compulsórios* (art. 148, da CF) são *tributos restituíveis,* as *contribuições parafiscais,* tributos arrecadados por pessoa diversa daquela que os instituiu, os *impostos extraordinários* (art. 154, II, da CF), simples impostos que a União, na iminência ou no caso de guerra externa, poderá criar, sem observar o *princípio da reserva das competências impositivas* e, finalmente, as *contribuições* (art. 149, da CF), *tributos qualificados por sua finalidade.*

Não ignoramos, porém, que muitos doutrinadores sustentam que as *contribuições* são uma nova categoria de tributos (ao lado dos impostos, das taxas, da contribuição de melhoria, dos empréstimos compulsórios etc.).

Isso não nos causa embaraços. É que as classificações – inclusive as classificações jurídicas – tem um quê de arbitrário. Dependem do critério eleito pelo *agente classificador,* ao dividir um conjunto de seres (objetos, coisas) em categorias.

Particularmente, analisando as normas constitucionais pertinentes (já que tínhamos em mira levar a efeito uma classificação jurídica dos tributos), chegamos à conclusão que há apenas três espécies tributárias: os *impostos,* as *taxas* e a *contribuição de melhoria.* E que as *contribuições* enquadram-se em duas destas três categorias, dependendo da hipótese de incidência (confirmada pela base de cálculo) que tiverem: ou na categoria *imposto* ou na categoria *taxa.*

Nada impede, porém, que outros estudiosos, elegendo critérios classificatórios diversos, subdividam os tributos em quatro, cinco, sete, ou, mesmo, dez outras modalidades.

O que importa considerar é que, tanto na classificação dos tributos por nós proposta (impostos, taxas e contribuição de melhoria), quanto na levada a efeito por outros pesquisadores (impostos, taxas, contribuição de melhoria, empréstimos compulsórios, contribuições etc.), as *contribuições* do art. 149, da CF, são tributos, devendo, pois, respeitar os princípios e normas constitucionais que regulam a ação tributária do Estado.

União as cria, deve respeitar as competências tributárias das demais pessoas políticas e, acima de tudo, os direitos e garantias constitucionais dos contribuintes.

Sendo as "contribuições" verdadeiros tributos, só valerão se e enquanto, em sua instituição, lançamento e modo de cobrança, respeitarem o *regime jurídico tributário*, superiormente traçado na Constituição Federal.

Se tiverem hipótese de incidência de algum imposto da chamada "competência residual" da União (art. 154, I, da CF),[16] deverão ser instituídas por lei complementar, não poderão ter hipótese de incidência ou base de cálculo iguais a de qualquer dos impostos elencados nos arts. 153, 155 e 156, da CF e precisarão observar o *princípio da não-cumulatividade*.

Se tiverem hipótese de incidência de algum imposto da chamada "competência explícita" da União (art. 153, da CF) – o que também é perfeitamente possível – deverão ser criadas por meio de lei ordinária.

7. As "contribuições sociais" para a Seguridade Social. Principais traços característicos

Como já tivemos a oportunidade de expor, a União pode instituir *contribuições sociais para a Seguridade Social*. Vamos agora considerá-las, com maior atenção.

Remarcarmos que tais *contribuições* podem revestir a natureza de *imposto* ou de *taxa* e, por meio delas, paulatinamente vai sendo transferida, à Comunidade, o custeio do sistema da seguridade social, que, a partir da Constituição de 1988, protege, pelo menos no plano formal, a todos os brasileiros.

16. CF. "Art. 154. A União poderá instituir: I – mediante lei complementar, impostos não previstos no artigo anterior, desde que sejam não-cumulativos e não tenham fato gerador ou base de cálculo próprios dos discriminados nesta Constituição".

Em abono ao que escrevemos, a *contribuição previdenciária* (um tipo de contribuição social para a Seguridade Social) é, para o empregador (enquanto representante da empresa), um *imposto,* cuja hipótese de incidência assim pode ser sintetizada: remunerar pessoa ligada à Previdência Social (na verdade, qualquer pessoa, já que a proteção da seguridade social é, tornamos a dizer, universal). Já, para o empregado (ou para o empregador, enquanto paga sua própria *contribuição previdenciária*), é uma *taxa de serviço,* exigível porque lhe são postos à disposição (vale dizer, lhe são direta e imediatamente referidos) os serviços previdenciários para os casos de doença, velhice, invalidez e morte, seguro-desemprego, seguro contra acidentes do trabalho e proteção da maternidade.[17]

Tais contribuições revestem normalmente a natureza de imposto, devendo, destarte, ser instituídas por meio de lei ordinária, sempre obedecido o aludido *regime jurídico tributário.*

É interessante notar que, tanto as *contribuições sociais* (art. 191, I, da CF), quanto o imposto sobre a renda (art. 153, III, da CF) incidem sobre o mesmo fato: o *lucro* da pessoa jurídica. O que diferencia estas *contribuições* do aludido imposto é justamente a finalidade que devem perseguir.

Muito bem, na medida em que o traço diferenciador destas *contribuições* repousa exatamente na circunstância de estarem, por injunção constitucional, predeterminadas ao cumprimento de uma finalidade, qual seja, ao custeio da Seguridade Social, segue-se necessariamente que, em relação a elas, não se aplica a vedação do art. 167, IV, da Constituição Federal.[18]

17. Cf. Wagner Balera, *A Seguridade Social na Constituição de 1988*, São Paulo, Ed. RT, 1989, pp. 47 a 72.

18. CF – "Art. 164. São vedados: IV– a vinculação de receita de impostos a órgão, fundo ou despesa, ressalvadas a repartição do produto da arrecadação dos impostos a que se referem os arts. 158 e 159, a destinação de recursos para manutenção e de-

Noutro dizer, a *regra-matriz constitucional* destas *contribuições* agrega, de modo indissociável, a idéia de *destinação*. Queremos com tal assertiva sublinhar que, por imperativo da Lei Maior, os ingressos advindos da arrecadação destes tributos devem necessariamente ser destinados à viabilização ou ao custeio da Seguridade Social.

Pouco importa se tal atividade é desempenhada pela própria União ou por terceiro, como o *INSS*. Sempre a destinação estará agregada *inhaeret et ad ossa* à estrutura da *contribuição* que irá custeá-la.

Por outro lado, o art. 167, IV, da Constituição refere-se especificamente a *impostos* e, não, a *contribuições*. E, mesmo que – como nós fazemos – se considere que tais *contribuições*, em última análise, são impostos (ou taxas) qualificados pela finalidade, o que as aparta desta espécie tributária é justamente a finalidade.

Em síntese, a vinculação do produto da arrecadação torna inconstitucional a norma jurídica que institui impostos em geral, mas é *essencial*, em tais *contribuições*. Isto vale mesmo quando elas vierem a revestir a natureza jurídica de imposto, porque, então, serão *impostos diferenciados*, exatamente em decorrência de estarem presas ao atendimento de uma finalidade constitucionalmente preestabelecida: o custeio da Seguridade Social.

Evidentemente, as *contribuições sociais para a Seguridade Social* só poderão ser exigidas de quem estiver, de algum modo, a ela coligado. Noutras palavras, o legislador federal, só poderá eleger o sujeito passivo de tais *contribuições* dentre os que estiverem diretamente envolvidos com a Seguridade Social.

Portanto, só os empregadores e os empregados – nunca terceiros estranhos a este contexto – é que poderão ser obrigados a suportar tais *contribuições*.

O *quantum* da "contribuição social", para o empregador, deverá, na hipótese, corresponder, a um percentual da *folha de salários*, do *faturamento* e do *lucro* (cf. art. 195, I, da CF). A lei federal, portanto, ao disciplinar o *aspecto quantitativo* (base de cálculo e alíquota) desta "contribuição social", deverá levar em conta "a folha de salários, o faturamento e o lucro".

Por igual modo, esta *contribuição social para a Seguridade Social* não poderá ser escorchante, a ponto de inviabilizar a atividade econômica do empregador. Antes, o legislador federal, ao instituí-la, deverá usar de prudente discricionariedade. Situações de dúvida serão, em última análise, afastadas pelo Poder Judiciário.

Assim agremiados, podemos passar à análise da *contribuição* referida na Consulta.

8. *"Contribuição para o SAT": a irrelevância jurídica de seu "nomen iuris" e a relevância da destinação do produto de sua arrecadação*

A *contribuição* para o *SAT* (seguro de acidentes do trabalho), prevista no art. 201, I, da Constituição Federal é um tipo de *contribuição social para a Seguridade Social*.

Deve, portanto, também ela, obedecer, em tudo e por tudo, ao *regime jurídico tributário*.

Muito bem, tal contribuição, conforme vimos, foi instituída – *de modo incompleto, embora* – pelo art. 22 e §§, da Lei n. 8.212/91, assumindo a natureza jurídica de *imposto*. Vejamos.

8.1 Irrelevância jurídica do "nomen iuris". Natureza tributária

É ponto bem verificado que a natureza de qualquer instituto do mundo do Di-

senvolvimento do ensino, como determinado pelo art. 212, e a prestação de garantias às operações de crédito por antecipação de receita, previstas no art. 165, § 8º, bem assim o disposto no § 4º, deste artigo".

reito é revelada pelo *regime jurídico* a que está submetido e, não, por seu *nomen juris*.

Nesse sentido, aliás, a lição clássica de Pontes de Miranda: "Na exposição científica do Direito não podemos deixar que a terminologia perturbe o sistema jurídico ou a visão dele".[19]

Com efeito, as palavras e expressões são meros *rótulos* (Agustin Gordillo) que empregamos para denominar as coisas e realidades que nos cercam.

Como queria Hospers,[20] qualquer palavra ou expressão é conveniente, na medida em que nos colocamos de acordo sobre ela e a utilizamos de maneira adequada e congruente. As palavras ou expressões manifestam, somente, o estabelecido, por convenção, pela linguagem comum ou científica.

Assim, se um instituto jurídico obedecer ao regime tributário, estaremos diante de um tributo, independentemente da denominação (rótulo) que tiver recebido.

O próprio *CTN*, em seu art. 4º, I, dispõe didaticamente que a designação adotada pelo legislador não altera a natureza do tributo, nem genérica, nem específica.

Disto decorre que a figura jurídica proposta, independentemente do nome que o legislador vier a dar-lhe, terá sua natureza revelada pelo exame do *regime jurídico* a que estiver submetida. Como já adiantamos esta natureza é tributária.

De fato, se levarmos em conta que as obrigações jurídicas dividem-se em *ex voluntate* e em *ex lege* – conforme surjam da livre manifestação da vontade das partes (materializada num *contrato*) *ou* de imposição legal – afastamos, de imediato, a idéia de estarmos diante de uma figura que se possa encaixar na primeira categoria.

Não se cogita, aqui, de nenhum contrato (ato de vontade), do qual derive o dever de a empresa complementar as prestações por acidente do trabalho.

Em momento algum as empresas são chamadas a manifestar suas vontades, acerca das importâncias que lhes são, a este título, exigidas. Noutro falar, elas não nascem de acordos celebrados entre a União e estas pessoas, mas da *vontade da lei*.

Efetivamente, as empresas que pagam essas somas de dinheiro, não concorrem, com a vontade, para serem obrigadas a recolhê-las. São a isto compelidas pela lei.

Em suma, por força de lei, exige-se, das empresas, uma passagem de dinheiro privado aos cofres públicos.

Estamos, pois, diante de uma obrigação legal, que, tornamos a repetir, reveste a natureza de tributo.[21]

De fato, se compararmos os traços característicos destas prestações, com o conceito de tributo, contido no art. 3º, do Código Tributário Nacional, facilmente notamos a existência de uma identidade entre ambos.

Dispõe o art. 3º, do Código Tributário Nacional:

"Art. 3º. Tributo é toda prestação pecuniária compulsória, em moeda ou cujo valor nela se possa exprimir, que não constitua sanção de ato ilícito, instituída em lei e cobrada mediante atividade administrativa plenamente vinculada".

19. *Tratado de Direito Privado,* v. 22, Rio, Borsói, 1958, p. 13.

20. *Introdución al Análisis Filosófico*, tomo I, Buenos Aires, Abeledo Perrot, 1966, p. 35.

21. Oportunas, acerca deste assunto, as seguintes lições de Sacha Calmon Navarro Coelho: "Embora os contratos extraiam sua força das leis que lhes traçam o perfil ou, pelo menos, lhes atribuem os requisitos mínimos (contratos inominados) quando se diz que o tributo decorre da lei e as obrigações convencionais de contrato, está se querendo dizer o tributo é decorrente do fato unilateralmente previsto e a obrigação convencional de fato lícito bi ou multilateralmente acordado. Um é *ex lege* (nesse sentido) e o outro *ex voluntate*" ("O Fato Gerador", in *Obrigação Tributária*, São Paulo, Ed. RT, 1988, pp. 47-8).

Tomando como ponto de partida esta definição, confirmamos a assertiva de que as prestações em tela são tributos.

Realmente, elas serão:

I – *prestações pecuniárias:* as empresas vêem-se obrigadas, pela lei, a transferir dinheiro para o custeio da Seguridade Social (atividade pública);

II – *compulsórias:* os vínculos obrigacionais não nascem das vontades destas pessoas, mas de imperativo legal (*ex vi legis*);

III – *em moeda:* as prestações pecuniárias em tela têm por objeto a transferência de *dinheiro*;

IV – *que não se constituem em sanção por ato ilícito:* as atividades econômicas que as empresas desempenham estão longe, a toda evidência, de tipificar ilicitudes; são, pelo contrário, mais do que lícitas, condutas essenciais à implementação da *ordem econômica,* tal como determinado no art. 170, da CF;[22]

V – *instituídas em lei:* efetivamente, a exação em pauta, *conquanto ainda de modo incompleto*, foi criada, *in abstracto,* por meio de lei; e,

VI – *cobradas de modo totalmente vinculado: apesar de alguns reparos, que serão por nós feitos, em seguida*, o cálculo dos montantes da predita exação e a forma de seu pagamento não foram discricionariamente deixados ao sabor das circunstâncias de momento, mas, pelo contrário, estão presos ao exercício de atividade administrativa plenamente vinculada (lançamento e cobrança fiscais).

Não podemos fugir, pois, à irretorquível conclusão de que a contribuição em exame corresponde, rigorosamente, à figura de tributo.

22. CF – "Art. 170. A ordem econômica, fundada na valorização do trabalho humano e na livre iniciativa, tem por fim assegurar a todos existência digna, conforme os ditames da justiça social, observados os seguintes princípios: (...)".

8.2 Relevância da destinação do produto de sua arrecadação

Por outro lado, é relevantíssima, no caso, a circunstância de tal "contribuição" destinar-se ao fim especificado (cobertura dos eventos de doença, invalidez e morte, resultantes de acidentes do trabalho).

Não pretendemos aqui questionar o art. 4º, II, do *Código Tributário Nacional,* quando prescreve que a destinação legal do produto da arrecadação de um tributo não lhe altera a natureza jurídica.

Todavia, tal proposição é estranha ao caso em Consulta, uma vez que, como cuidamos de demonstrar, a vinculação da receita obtida é, por incontornável determinação constitucional, da *essência* das *contribuições sociais para a Seguridade Social.*

A propósito, merece ser trazida à colação a seguinte assertiva de Luciano da Silva Amaro:

"... há situações em que a destinação do tributo é posta pela Constituição como aspecto integrante do regime jurídico da figura tributária, na medida em que se apresenta como condição, requisito, pressuposto ou aspecto do exercício legítimo (isto é, constitucional) da competência tributária.

"Nessas circunstâncias, não se pode, ao examinar a figura tributária, ignorar a questão da destinação, nem descartá-la como critério que permita distinguir de outras a figura analisada".[23]

Ora, a questão central que a Consulta alberga enquadra-se perfeitamente na hipótese acima alvitrada pelo ilustre professor.

Deveras, na medida em que o tributo em tela está conectado ao custeio da Seguridade Social, tal destinação passa a integrar seu regime jurídico.

Não se pode, *in casu*, restringir a compreensão deste regime, do momento em

23. "Conceito e classificação de tributos", in *Revista de Direito Tributário*, v. 55, pp. 284-5.

que a exação nasce (com a ocorrência do *fato imponível* ao momento da *solutio* (com o pagamento de uma soma de dinheiro) da obrigação correspondente. Isto fatalmente conduziria ao atropelamento de uma *regra-matriz constitucional,* que, de modo particular, prestigia o aspecto financeiro da destinação do produto da arrecadação.

Embora não neguemos que, em regra, esta *destinação* é irrelevante para caracterizar o tributo, não podemos ignorar que a exação de que aqui se cogita pressupõe, por comando expresso da Carta Magna, a vinculação da receita obtida a órgão, fundo ou despesa, ainda que ela venha a assumir a roupagem de imposto.

Em conseqüência, tal vinculação, longe de ser vedada, é imprescindível, até porque é ela que vai confirmar a natureza de *contribuição social para o custeio da Seguridade Social,* possibilitando o controle de sua constitucionalidade.

Aqui chegados, sentimo-nos confortáveis para proclamar que a contribuição em tela, tem a natureza de imposto (tributo não-vinculado a uma atuação estatal).

8.3 *"Contribuição para o SAT": imposto*

Com base nas considerações anteriores, percebemos, sem maiores dificuldades, que a "contribuição" em foco assumiu nitidamente o caráter de *imposto.*[24]

A análise dos fatos jurígenos que a fazem nascer revela que esta exação tem por hipótese de incidência um comportamento do contribuinte, independente de qualquer atuação estatal: o fato de um empregador remunerar empregado.

Queremos mediatamente salientar que a autorização estatal para desempenhar as funções de empregador (quando isto é necessário) não constitui o *fato jurígeno* desta exação. Apenas fixa quem poderá ser o sujeito passivo tributário. Ela não é – nem poderá vir a ser – a hipótese de incidência do tributo em tela, que, portanto, não nasce de uma atuação estatal, mas de um comportamento do próprio contribuinte: remunerar empregado.

É o quanto basta para que afirmemos que tal "contribuição" assume as feições de autêntico imposto. Imposto – insistimos – porque tem por hipótese de incidência um fato independente de atuação estatal relativa ao contribuinte e, por base de cálculo, uma dimensão deste fato (o total das remunerações pagas ou creditadas, no decorrer do mês, aos segurados empregados e trabalhadores avulsos).

A *base de cálculo* desta *contribuição* é "o total das remunerações pagas ou creditadas, no decorrer do mês, aos segurados empregados e trabalhadores avulsos" (art. 22, II, da Lei n. 8.212/91).

24. Imposto é a modalidade de tributo que tem por *hipótese de incidência* um fato qualquer, não consistente numa atuação estatal. Não é por outra razão que Geraldo Ataliba chamava o imposto de *tributo não-vinculado.* Não vinculado a quê? Não vinculado a uma atuação estatal.

Deveras, o imposto encontra seu *fundamento de validade*, única e exclusivamente, na competência tributária da pessoa política que o exige, não havendo necessidade, para que ele venha instituído e cobrado, que o Poder Público desenvolva, em relação ao contribuinte, qualquer atividade específica. É nesse sentido que muitos juristas chamam o imposto de *tributo sem causa.* Sem causa, não porque ele não tenha hipótese de incidência, mas porque não há necessidade de a entidade tributante oferecer qualquer contraprestação direta a quem o paga.

O imposto – se quisermos fugir da definição pela negativa – sempre tem por hipótese de incidência ou um comportamento do contribuinte (*v.g.*, o comportamento de alguém vender uma mercadoria) ou uma situação jurídica na qual ele se encontra (*v.g.*, a situação jurídica de proprietário de imóvel localizado na zona urbana de um dado Município).

Enfim, o imposto nunca nasce de uma atuação estatal referida ao contribuinte (obra pública, serviço público, ato de polícia etc.), mas, sempre, de um fato qualquer, que não envolva uma contraprestação estatal. A idéia foi muito bem explicitada no art. 16, do CTN: "Imposto é o tributo cuja obrigação tem por fato gerador uma situação independente de qualquer atividade estatal específica, relativa ao contribuinte".

Como vemos, o binômio *hipótese de incidência/base de cálculo* da "contribuição" de que aqui se cogita, confirma-nos sua natureza de imposto (*tributo não-vinculado*), sob a modalidade de um tipo de "contribuição para o custeio da Seguridade Social".

As *alíquotas* deste tributo são de 1% (um por cento), 2% (dois por cento) ou 3% (três por cento), *para as empresas em cuja **atividade preponderante** o risco de acidentes do trabalho seja considerado,* respectivamente, *leve* (art. 22, II, *a,* da Lei n. 8.212/91), *médio* (art. 22, II, *b*, da Lei n. 8.212/91) ou *grave* (art. 22, II, *c*, da Lei n. 8.212/91.

E é exatamente neste ponto que a Lei n. 8.212/91 incorreu em imperdoável cinca.

Melhor dizendo, as alíneas *a, b* e *c*, do inc. II, do seu art. 22 podem ser consideradas aquilo que Vico chamou de *monstra lego,* já que não descreveram corretamente as *alíquotas* da *contribuição SAT.*

Ao invés de aperfeiçoarem as alíquotas do tributo em discussão, operaram a *degradação dos tipos tributários*, ferindo os princípios da *tipicidade fechada da tributação* e da *legalidade tributária.*

Este o assunto dos próximos itens.

9. Violação do "princípio da tipicidade fechada" da tributação

Recapitulando, a Lei n. 8.212/91, que criou – ou pretendeu criar – *in abstracto,* a *contribuição* em apreço, não poderia ter-se limitado a apontar *genericamente* suas *alíquotas,* deixando ao talante do Executivo estabelecer, pelo critério subjetivo da *atividade preponderante,* quais as aplicáveis às várias empresas.

Reafirmamos que a lei que cria qualquer tributo deve descrever, pormenorizadamente, *todos* os elementos essenciais da norma jurídica tributária (*hipótese de incidência, sujeito ativo, sujeito passivo, base de cálculo* e *alíquotas*). Esta é uma exigência incontornável do *princípio da tipicidade tributária fechada*, tão bem estudado por Alberto Xavier.

Para o mestre português, "a tipicidade do fato tributário pressupõe... uma descrição rigorosa dos seus elementos constitutivos, cuja integral verificação é indispensável para a produção de efeitos".[25]

Assim, a norma jurídica tributária deve conter uma exaustiva descrição dos *pressupostos tributários,* apta a permitir sejam perfeitamente reconhecidos, quando ocorrerem, no mundo fenomênico.

Quando a norma jurídica tributária é incompleta, vale dizer, não descreve, de modo exaustivo, o *tipo tributário*, a exação não poderá ser exigida. É o que podemos chamar de *insuficiência* da norma jurídica tributária, que impede o surgimento do tributo.

Notamos, portanto, que o *princípio da tipicidade* contribui, de modo decisivo, para a segurança jurídica do contribuinte. Segurança jurídica que se pulveriza, quando a própria Fazenda Pública elege os critérios, que reputa razoáveis, para a *quantificação* do tributo.

Melhor dizendo, a *segurança jurídica*, com o seu corolário de *proteção da confiança*, leva, em matéria tributária, ao *princípio da tipicidade fechada,* com a correspondente proibição do emprego da discricionariedade fazendária.[26]

Não é à toa que a tipicidade, no Direito Tributário, é, por assim dizer, *mais rigorosa* do que no próprio Direito Penal. *Neste*, a lei confere, ao aplicador, no momento da imposição da pena, uma considerável

25. *Os Princípios da Legalidade e da Tipicidade da Tributação*, São Paulo, Ed. RT, 1978, p. 87.

26. Cf. Nuno Sá Gomes, "O princípio da segurança jurídica na criação e aplicação do tributo", in *Estudos sobre a Segurança Jurídica na Tributação e as Garantias dos Contribuintes*, Cadernos de Ciência e Técnica Fiscal, Lisboa, 1993, pp. 14 a 16.

dose de subjetivismo. Já, *naquele*, a lei deve indicar, peremptoriamente, a seu aplicador, não só o fundamento da decisão, como o critério de decidir e as medidas que está autorizado a adotar, para que o lançamento e a arrecadação do tributo se processem com exatidão.

Reina, pois, absoluta, no Brasil, a *vinculabilidade da tributação ao nível infraconstitucional*.

Acerca deste assunto, tivemos a oportunidade de escrever: "A Administração Pública deve, obrigatoriamente, assim que verificado o fato imponível, aplicar as leis pertinentes ao caso concreto. Neste particular, ela não possui nenhuma margem de discricionariedade, até porque, num Estado-de-Direito como o nosso, a retirada de dinheiro dos cidadãos, a título de tributo, precisa ser rigorosamente disciplinada por lei, de modo a afastar, de todo, a possibilidade de livre apreciação, por parte do Fisco".[27]

A eventual falta de bom senso do legislador tributário ou alguma omissão por este praticada, não podem ser *superadas* pelo agente fiscal. Este, deve limitar-se, parafraseando o eminente Seabra Fagundes, a *aplicar a lei de ofício*. Não lhe é dado *corrigir* a lei, colmeando suas eventuais lacunas.

A propósito, o bom senso não serve para quantificar nenhuma obrigação tributária. Ademais, o senso jurídico, no mais das vezes, discrepa do bom senso (Alfredo Augusto Becker). O senso jurídico – ainda mais em matéria tributária – deflui das normas jurídicas em vigor e estas, não raro, contrariam a realidade das coisas.

Neste sentido, a norma tributária contida no art. 22, da Lei n. 8.212/91, carece de ser aperfeiçoada, o que só será feito com a agregação, *em nova lei* (nunca em decreto), dos elementos que nela faltam, concernentes às alíquotas.

27. *O Regulamento no Direito Tributário Brasileiro*, 1ª ed., São Paulo, Ed. RT, 1981, p. 117, nota de rodapé n. 101.

Mas, atrelado ao *princípio da tipicidade tributária*, encontra-se o não menos relevante *princípio da legalidade tributária*, que, no caso *sub consulta*, também sofreu maus atos. Vejamos.

10. Violação do "princípio da legalidade tributária"

O princípio da legalidade vem enunciado no art. 5º, II, da Constituição Federal:

"Art. 5º. (*omissis*):

"(...)

"II – ninguém será obrigado a fazer ou deixar de fazer alguma coisa senão em virtude de lei."

Bastaria este dispositivo constitucional para que se pudesse proclamar que, no Brasil, ninguém pode ser obrigado a pagar um tributo que não tenha sido criado por meio de lei.

Mas o legislador constituinte, empenhado em acautelar direitos dos contribuintes, deixou estampada, de modo mais específico, esta idéia, no art. 150, I, da Carta Suprema:

"Art. 150. Sem prejuízo de outras garantias asseguradas ao contribuinte, é vedado à União, aos Estados, ao Distrito Federal e aos Municípios:

"I – exigir ou aumentar tributo sem lei que o estabeleça."

O tributo, pois, deve nascer da lei, entendida em seus aspectos formal e material.

A propósito, tivemos o ensejo de consignar:

"Tal lei deve conter todos os elementos e supostos da norma jurídica tributária (hipótese de incidência do tributo, seus sujeitos ativo e passivo e suas bases de cálculo e alíquotas), não se discutindo, de forma alguma, a delegação, ao Poder Executivo, da faculdade de defini-los, ainda que em parte. (...)

"Laboram em equívoco, portanto, os que sustentam que o Chefe do Executivo, no que tange à tributação, pode terminar a obra do legislador, regulamentando tudo o que ele apenas descreveu com traços largos. Na verdade, a faculdade regulamentar serve para *ressaltar alguns conceitos menos claros contidos na lei*, mas não para agregar-lhes novos componentes ou, o que é pior, para defini-los do nada. Entendimento contrário viola o princípio da legalidade em sua própria essência."[28]

Em suma, as exigências do princípio da legalidade só são cumpridas quando a lei delimita, concreta e exaustivamente, o *fato tributável*.

Resta evidente, portanto, que o Executivo não poderá apontar – nem mesmo por delegação legislativa – nenhum aspecto essencial da norma jurídica que vier a criar a *contribuição* em tela, sob pena de flagrante inconstitucionalidade.

Paulo de Barros Carvalho não discrepa desta linha de pensamento: "Assinale-se que à lei instituidora do gravame é vedado deferir atribuições legais a normas de inferior hierarquia, devendo, ela mesma, desenhar a plenitude da regra matriz da exação, *motivo por que é inconstitucional certa prática, cediça no ordenamento brasileiro, e consistente na delegação de poderes para que órgãos administrativos completem o perfil dos tributos*. É o que acontece com diplomas normativos que autorizam certos órgãos da Administração Pública federal a expedirem normas que dão acabamento à figura tributária concebida pelo legislador ordinário. Mesmo nos casos em que a Constituição dá ao Executivo federal a prerrogativa de manipular o sistema de alíquotas, como no Imposto Sobre Produtos Industrializados (IPI), tudo se faz dentro de limites que a lei especifica".[29]

Noutros termos, a tributação exige, como já não podemos duvidar, um *maximum* de legalidade. Não se admite, de forma alguma, a delegação, ao Poder Executivo, da faculdade de definir, ainda que em parte, qualquer dos elementos integrantes da norma jurídica tributária.[30]

Irrefutável, portanto, o entendimento acerca da invalidade de delegação de poderes à Administração para que venha a dispor sobre qualquer dos elementos da regra-matriz tributária, tarefa esta circunscrita à lei instituidora do gravame.

Podemos, pois, dizer que, em matéria tributária, vigora mais do que o simples princípio da legalidade, o princípio da estrita legalidade (ou da reserva absoluta da lei formal), entendido no sentido de que a lei, necessariamente minuciosa, deve indicar, a seu aplicador, não só o andamento da decisão, como o critério de decidir e as medidas que está autorizado a adotar, para que a arrecadação do tributo se processe com exatidão.[31]

Em decorrência do princípio da estrita legalidade, a conduta do Fisco é obtida, como enfatiza Alberto Xavier, "...por mera dedução da própria lei, limitando-se o órgão de aplicação a subsumir o fato à norma, independentemente de qualquer valoração pessoal".[32]

Consoante se viu, *todos os elementos essenciais* do tributo devem ser erigidos abstratamente pela lei. Relembramos que são *elementos essenciais* do tributo os que, de algum modo, influem no *an* e no *quantum* da obrigação tributária (*hipótese de incidência, sujeito ativo, sujeito passivo, base de cálculo* e *alíquota*). Também as medidas que possam, de algum modo, influir na *quantificação* do tributo, como, por exemplo, as que se referem às alíquotas

28. *Curso...*, p. 170 – os grifos estão no original.

29. *Curso de Direito Tributário*, São Paulo, Saraiva, 1996, 7ª ed., p. 48 – grifamos.

30. Cf. Dino Jarach, *Curso Superior de Derecho Tributario*, Buenos Aires, Liceo Professional Cima, 1969, pp. 109-110.

31. Vide, a respeito, nosso *Curso*, especialmente nas pp. 152 e ss.

32. *Conceito e Natureza do Acto Tributário*, Coimbra, Livraria Almedina, 1972, p. 291.

aplicáveis, devem partir da lei (editada, é claro, pela pessoa política competente).

Para que se tenham por cumpridas as exigências do princípio da legalidade, não é suficiente uma superficial intervenção do Poder Legislativo na criação do tributo. Melhor dizendo, não basta que a lei aponte diretrizes, mais ou menos genéricas, para que o tributo esteja validamente instituído.

O princípio em estudo possui um alcance mais preciso e rigoroso, porquanto exige, implicitamente, que a lei defina, com grande riqueza de detalhes, os *tipos tributários.*

Neste campo, como é pacífico, a Fazenda Pública não possui nenhuma margem de liberdade.

Assim, merecem total endosso estas palavras do consagrado Hans Nawiasky: "a Administração Fazendária não pode fazer nada sem que a lei a tenha autorizado".[33]

Com tais subsídios doutrinários, fica fácil percebermos que as alíquotas de 2% e 3%, da *contribuição para o SAT*, não passam pelo teste da legalidade.

Logo, para que tal *contribuição* fosse totalmente válida e exigível, é preciso que também suas alíquotas majoradas venham descritas em lei, conforme determina o magno *princípio da legalidade.* Mais especificamente, é mister que lei venha a ser editada minudenciando as alíquotas cabíveis (*x*% do valor das remunerações pagas ou creditadas, no decorrer do mês, aos segurados empregados e trabalhadores avulsos, dependendo este percentual do grau de risco da atividade preponderante da empresa-contribuinte).

De fato, as inconstitucionalidades a serem aqui consideradas dizem respeito, não à *base de cálculo* da *contribuição SAT*, que está completa (*total das remunerações pagas ou creditadas, no decorrer do mês, aos segurados empregados e trabalhadores avulsos*), mas, sim, às suas *alíquotas* de 2% e 3%, que estão *incompletas,* já que carecem de explicitação legislativa, para serem validamente aplicadas.

É o que passamos a demonstrar.

10.1 O "princípio da legalidade" e a "quantificação" da contribuição para o "SAT"

10.1.1 Generalidades

Para criar um tributo, a pessoa política vale-se, sempre, do seguinte mecanismo jurídico: descreve, por meio de lei, um fato (a *hipótese de incidência* ou *fato gerador in abstracto*), a cuja realização vincula o nascimento da obrigação de pagar uma determinada importância em dinheiro (*obrigação tributária*).

Isto só, porém, não basta. Deve, ainda, descrever os *critérios* que permitirão fixar, com exatidão, a quantidade de dinheiro a pagar, após a realização do *fato imponível* (*fato gerador in concreto*).

Fixar a quantidade de dinheiro a pagar é o mesmo que *quantificar* a obrigação tributária, ou, se quisermos, é o mesmo que *quantificar* a dívida que o sujeito passivo do tributo terá que pagar ao Fisco.[34]

A quantificação do tributo é feita pela base de cálculo[35] e pela alíquota que sobre ela é aplicada.

33. *Cuestiones Fundamentales de Derecho Tributario,* trad. e notas de Juan Ramallo Massanet, Madrid, Instituto de Estudios Fiscales, Obras Básicas de Hacienda Pública, 1982, p. 26 (traduzimos para o português).

34. Cf. Jose Juan Ferreiro Lapatza, *Curso de Derecho Financiero Español,* Madrid, Marcial Pons, 12ª ed., 1990, p. 545.

35. A base de cálculo dá critérios para a mensuração correta do aspecto material da *hipótese de incidência* tributária. Serve não só para medir o *fato imponível* (Aires Barreto) como para determinar – tanto quanto a *hipótese de incidência* – a modalidade do tributo que será exigido do contribuinte (imposto, taxa, imposto sobre a renda, imposto sobre operações mercantis etc.).

Assim, base de cálculo é dimensão da materialidade do tributo. É ela que dá critérios para mensu-

10.1.2 Da alíquota

A alíquota é o critério legal, normalmente expresso em porcentagem, que, conjugado à base de cálculo, permite que se chegue ao *quantum debeatur*, ou seja, à quantia devida pelo contribuinte, ao Fisco ou a quem lhe faça as vezes, a título de tributo.

Também a alíquota, em todos os seus aspectos, deve ser apontada na lei da pessoa política competente.

É o que, aliás, sustenta Aires Barreto, com a elegância de estilo que o caracteriza:

"Fator que, aplicado sobre a base calculada, conduz à determinação da dívida tributária, a alíquota submete-se ao princípio da estrita legalidade. Em outras palavras, a alíquota deverá estar indicada na lei criadora do tributo (...).

"Deve ser possível, ao obrigado, encontrar, de modo expresso em lei, a alíquota. É em lei que se deverá encontrar a expressa solução de que alíquota aplicar sobre a base de cálculo (para, concretamente, permitir a sua multiplicação sobre a base calculada)."[36]

A alíquota, em suma, é um dos elementos essenciais do tributo, sem a qual não será possível determinar o *quantum debeatur*, razão porque deve sempre estar prevista em *lei formal*.

A respeito, Geraldo Ataliba, como de hábito, pontifica:

"Não basta para a fixação do *quantum debeatur*, a indicação legal da base imponível. Só a base imponível não é suficiente para a determinação *in concreto* do vulto do débito tributário.

"A lei deve estabelecer outro critério quantitativo que – combinado com a base imponível – permita a fixação do débito tributário, decorrente de cada fato imponível. Assim, cada obrigação tributária se caracteriza por ter certo valor, que só pode ser determinado mediante a combinação de dois critérios numéricos: a base imponível e a alíquota.

rar o *fato imponível tributário*. Geraldo Ataliba a define como sendo a "perspectiva dimensível do aspecto material da hipótese de incidência que a lei qualifica, com a finalidade de fixar critério para a determinação, em cada obrigação tributária concreta, do *quantum debeatur*" (*Hipótese de Incidência Tributária*, São Paulo, Malheiros Editores, 5ª ed., 3ª tir., 1992, p. 97). Evidentemente, deve ser apontada na lei, já que também ela está submetida ao regime da reserva legal.

A base de cálculo, como já adiantamos, tem duas funções: *a) quantificar* a prestação do sujeito passivo, devida desde o momento em que nasce o tributo, com a ocorrência, no *mundo fenomênico* (mundo em que vivemos), do *fato imponível*; e, *b) afirmar* (ou *confirmar*) a natureza jurídica do tributo.

De fato, a base de cálculo, é fundamental à identificação jurídica dos tributos. Precisa ter congruência com a *hipótese de incidência tributária.*

Deve, pois, a base de cálculo, guardar uma *correlação lógica* (conexão, relação de inerência) com a hipótese de incidência do tributo. É que, como é sabido e consabido, o que distingue um tributo de outro é seu binômio *hipótese de incidência/base de cálculo.*

Estamos com tais colocações querendo significar que o legislador, ao definir a base de cálculo dos tributos, não pode manejar grandezas alheias ao aspecto material da *hipótese de incidência* dos mesmos. Antes, deve existir uma conexão, uma relação de causa e efeito, entre a *hipótese de incidência tributária* e a *base de cálculo in abstracto,* que permitirá apurar quanto exatamente o contribuinte deverá recolher (*quantum debeatur*), aos cofres públicos, a título de tributo, após a ocorrência do *fato imponível* (cf. Matias Cortés Domingues, *Ordenamiento Tributário Español*, Madrid, Tecnos, 1968, pp. 444 e ss.).

Inexistindo tal *correlação lógica* descaracteriza-se o próprio gênero jurídico do tributo.

Vai daí que a manipulação da base de cálculo do tributo acaba fatalmente alterando sua *regra-matriz constitucional,* deixando o contribuinte sob o império da insegurança. Com efeito, mudando-se a *base de cálculo possível* do tributo, fatalmente acaba-se por instituir exação diversa daquela que a pessoa política é competente para criar, nos termos da Carta Suprema. Em síntese, descaracterizada a base de cálculo, descaracterizado também estará o tributo.

Não é por outra razão que o divórcio entre a hipótese de incidência e a base de cálculo do tributo causa irremissível inconstitucionalidade.

36. *Base de Cálculo, Alíquota e Princípios Constitucionais*, S. Paulo, Ed. RT, 1987, pp. 50 e 51.

"O objeto de cada obrigação tributária (individual e concreta) é o pagamento de uma soma determinada. A fixação dessa soma depende integralmente da lei. Nem a administração, nem o contribuinte concorrem com qualquer margem de *liberdade no processo de sua formação.* (...)

"A alíquota – disse-o implicitamente A. Becker – é uma quota ou parte ideal do fato posto como aspecto material da h.i. São suas palavras: '... *o tributo – sempre* e *logicamente – consiste numa parcela daquele fato que foi transfigurado em cifra (base de cálculo) por escolha e determinação da* **regra** *que estrutura a regra jurídica de tributação.*"[37]

Pensamos que é o caso de salientarmos que se engana quem supõe que, em determinadas circunstâncias, as alíquotas dos tributos podem ser apontadas por decreto, portaria etc.

Com efeito, só nas hipóteses contempladas no § 1º, do art. 153, da Constituição Federal,[38] é que nossa ordem jurídica admite que a lei delegue ao Poder Executivo a faculdade de fazer variar, *observadas determinadas condições e dentro dos limites que ela estabelecer*, as alíquotas (não as bases de cálculo) de determinados impostos (imposto sobre a importação de produtos estrangeiros, imposto sobre a exportação de produtos nacionais ou nacionalizados, imposto sobre produtos industrializados *e* imposto sobre operações de crédito, câmbio e seguro, ou relativas a títulos ou valores mobiliários).

Mas, mesmo aí, o Executivo não cria as alíquotas destes impostos, mas, apenas, as altera, dentro dos parâmetros previamente traçados pelo Legislativo.

Ressalta, pois, ao paralelo mais simples, que, mesmo no que se refere aos mencionados impostos, as alíquotas devem ser decididas *não* pelo Executivo, *mas* pelos representantes do povo, eleitos justamente para votar as leis, inclusive as tributárias.

Como quer que seja, a única justificativa para este § 1º é a vedação absoluta da mitigação da estrita legalidade das alíquotas nos demais casos, aí incluído, por sem dúvida, o contemplado neste parecer.

Estas considerações nos permitem reafirmar que se, por qualquer razão, a lei omite a alíquota de um dado tributo, ele ainda não existe *in abstracto* e, portanto, não pode nascer *in concreto*.

Evidentemente, as omissões legislativas, máxime em matéria tributária, não podem ser supridas, nem pelo Poder Judiciário, nem, muito menos, pelo Poder Executivo, ao qual compete, apenas, cumprir rigorosamente a lei. Elas só podem ser supridas pelo próprio Poder Legislativo. Enquanto o Legislativo não completar sua tarefa, apontando todos os elementos essenciais da norma jurídica tributária, tanto melhor para o contribuinte, que não poderá ser validamente compelido a pagar o tributo, simplesmente porque a exação ainda não existe no plano abstrato (*primário*), não podendo, pois, nascer, no plano concreto (*secundário*).

Evidentemente, de nada vale o Legislativo "delegar" suas funções tributárias ao Executivo. É que – como ninguém nega – no Brasil, salvo disposição constitucional em contrário, são vedadas as delegações de atribuições de um Poder para outro.

Em matéria tributária, inexistindo qualquer ressalva constitucional, só o Poder Legislativo pode criar ou majorar tributos. Nunca o Executivo, ainda que por delegação legislativa. Assim, qualquer delegação, neste sentido, padece de irremissível inconstitucionalidade.

37. *Hipótese de Incidência Tributária*, São Paulo, Malheiros Editores, 5ª ed., 1993, pp. 102 e 103 – grifou-se o terceiro parágrafo – os demais grifos estão no original.

38. CF – "Art. 153. (*omissis*). § 1º. É facultado ao Poder Executivo, atendidas as condições e os limites estabelecidos em lei, alterar as alíquotas dos impostos enumerados nos incisos I, II, IV e V".

Logo, também as alíquotas da *contribuição para o SAT* deveriam ter sido minuciosamente apontadas em lei.

10.1.3 Das "alíquotas incompletas" da "contribuição para o SAT"

Em função do exposto, temos que só a lei da pessoa política competente – que no nosso caso é a União – podia ter fixado as *alíquotas* da *contribuição para o SAT*.

Nada obstante, conforme vimos, a exigência da *contribuição SAT*, com as alíquotas de 2% e 3%, não obedece, até hoje, ao princípio da *estrita legalidade tributária*, motivo pelo qual, em relação a estes percentuais, a exação entremostra-se improsperável.

Reafirmamos que a criação e o aumento de tributos estão dentro das matérias reservadas à lei.

Ora, na medida em que a manipulação das alíquotas leva – ou pode levar – ao aumento dos tributos, temos que a lei, longe de apenas veicular, a respeito, *diretrizes gerais*, deve conter os *elementos básicos e estruturais* deste elemento essencial da norma jurídica tributária.

De fato, a fixação do *quantum debeatur* não pode depender da *vontade do Executivo*, mas, tão-somente, da *vontade da lei*.

E, no caso concreto, é justamente a vontade do Executivo, manifestada no Decreto n. 2.173/97, que leva à exacerbação das alíquotas da *contribuição para o SAT*.

Burla manifesta ao princípio da estrita legalidade.

Notamos, portanto, que a cobrança do SAT, nos graus médio e máximo, não tem nenhum embasamento jurídico.

E nem se diga que tal majoração corresponde a um modelo universal, nos *contratos de seguro:* quanto maior o risco, maior o *prêmio*.

A idéia está certa: quanto maior o risco de acidente de trabalho, maior deve ser o *quantum debeatur*. Noutros termos, quanto maior o risco, maior deve ser a alíquota.

Não negamos, pois, que, *de lege ferenda,* as alíquotas da *contribuição SAT* devem ajustar-se a esta premissa.

Ocorre, porém, que, na concretização desta idéia, há que ser cumprido o *princípio da estrita legalidade*, o que inocorreu no caso em consulta, já que o enquadramento dos contribuintes, nas alíquotas de 2% e 3% foi feita por meio de decreto. Isto levou ao aumento, sem lei, da carga tributária das empresas.

Também não podemos dizer que a analogia leva naturalmente a esta majoração da carga tributária, para as empresas que, pelo tipo de atividade que desempenham, efetivamente oferecem maiores riscos de acidentes do trabalho aos seus empregados.

É certo que existem controvérsias doutrinárias acerca do emprego da *analogia*, em matéria tributária. No entanto, todos os autores concordam que, mediante analogia, não é possível aumentar tributos.

Isto, de algum modo, está previsto no § 1º, do art. 108, do Código Tributário Nacional:

"Art. 108. (*omissis*)

"§ 1º. O emprego da analogia não poderá resultar na exigência de tributo não previsto em lei".

Realmente, quando o *CTN* estabelece que a analogia não pode levar à exigência de tributo não previsto em lei, implicitamente está estatuindo que não pode levar ao aumento de um tributo, se a majoração não estiver prevista em lei.

Por todos estes motivos, fica solarmente claro que as alíquotas de 2% e 3%, para a *contribuição* em análise, enquanto não for editada lei, estabelecendo objetivamente os critérios de sua aplicação, são indevidas.

Tais critérios, por óbvio, não poderiam ter sido indicados num decreto regulamentar, conforme veremos, em seguida.

11. *Da faculdade regulamentar*

O chefe do Executivo, ao expedir decretos regulamentares, também precisa respeitar o princípio da estrita legalidade tributária.

11.1 Lei: fundamento da faculdade regulamentar

A lei é o fundamento da faculdade regulamentar, que, como é pacífico, é levada a efeito por meio de decreto (por isso mesmo, *decreto regulamentar*).

De fato, os decretos regulamentares, no Brasil, sujeitam-se ao princípio da legalidade, só podendo validamente surgir, para executar alguma lei. Entre nós inexistem os regulamentos autônomos (*independentes de lei*).

Os únicos regulamentos aceitos por nosso direito positivo são os *executivos* (ou *de execução*), em face do que determina o art. 84, IV, da Constituição Federal ("compete privativamente ao Presidente da República sancionar, promulgar e fazer publicar as leis, bem como *expedir decretos e regulamentos para sua fiel execação*"). Por extensão, a faculdade alcança os demais chefes do Poder Executivo (Governadores e Prefeitos), nas esferas de suas atribuições. Dito de outro modo, o Presidente, o Governador e o Prefeito devem regulamentar as leis que lhes dizem respeito. Farão isso, por meio de decreto, que vai estabelecer os pormenores normativos de ordem técnica, que viabilizam o cumprimento das leis a que se referem.

Os *regulamentos executivos* são igualmente chamados de *subordinados*, para pôr em destaque o princípio formal da hierarquia normativa existente entre o regulamento e a lei. Com verdade, esta (a lei) precede ao regulamento, de tal sorte que seus aplicadores devem desconsiderá-lo, se estiver em desacordo com os ditames legais. A lei – desde que não fira a Constituição – é o ato inicial, incondicionado e incontestável; o regulamento, o ato subseqüente, condicionado e contestável (Vedel).

O regulamento executivo, esclarece luminosamente Celso Antônio Bandeira de Mello, especifica "os comandos já abrigados virtualmente na lei, isto é, compreendidos na abrangência de seus preceptivos".[39]

Acerca deste assunto, tivemos a oportunidade de escrever: "O regulamento, dentro da 'pirâmide jurídica', está abaixo da lei. Logo, não a pode nem ab-rogar, nem modificar. Deve, sim, submeter-se às disposições legais, inspirando-se em suas diretivas, sem as contrariar. Se infringir ou extrapolar a lei, será *nulo*".[40]

É sempre bom termos presente que o regulamento, em nosso sistema jurídico, deve estar sempre subordinado à lei que o exige, para ganhar plena eficácia. Logo, não pode ser nem *contra-legem*, nem *praeter-legem*, nem *ultra-legem*, nem, é óbvio, *extra-legem, mas, apenas e tão-somente, intra-legem* e *secundum-legem* (Michel Stassinoupolos).

É o que também ensinam Eduardo García de Enterría e Tomás-Ramón Fernández: "Sua submissão (isto é, a submissão do regulamento) à lei é absoluta, em vários sentidos: não produz mais do que a lei deixa, não pode tentar deixar sem efeito os preceitos legais ou contradizê-los, não pode suprir a lei ali onde esta é necessária para produzir um determinado efeito ou regular um certo conteúdo".[41]

O Executivo, no exercício de sua faculdade regulamentar, não pode, em nenhum caso, invadir a esfera de atribuições do Legislativo.

Para arredar em definitivo qualquer dúvida sobre esta vedação absoluta, a Cons-

39. *Ato Administrativo e Direitos dos Administrados,* 1ª ed., São Paulo, Ed. RT, 1981, p. 90.

40. *Curso*, p. 208.

41. *Curso de Direito Administrativo,* Ed. RT, São Paulo, 1991, p. 198, trad. de Arnaldo Setti (esclarecemos no parêntese).

tituição, em seu art. 37, submete a Administração Pública ao *princípio da legalidade* e, em seu art. 84, IV, exige que os decretos regulamentares sejam expedidos apenas para prover a *fiel execução* da lei.

11.2 Os regulamentos, em matéria tributária

Também em matéria tributária, como não poderia deixar de ser, o único regulamento aceito por nossa Constituição é o *executivo,* o qual, subordinando-se inteiramente à lei, limita-se a prover sua fiel execução, ou seja, apenas lhe dá condições de plena eficácia, sem, porém, impor deveres novos (não contemplados na lei) aos contribuintes, *nem exacerbar-lhes a carga tributária.*

Por força do princípio da legalidade (que o sobrepaira e o informa) não pode criar ou aumentar tributos, impor deveres instrumentais tributários (obrigações acessórias), nem prever quaisquer ônus ou encargos que possam repercutir na liberdade ou no patrimônio dos administrados. Falta-lhe titulação jurídica para tanto.

Em suma, o regulamento não pode, por virtude própria, dar nascimento a nenhuma relação jurídico-tributária nova, sob pena de irremissível ilegalidade e inconstitucionalidade.

O regulamento tem a função de simplesmente *aclarar* a lei que o exige. Deve determinar-lhe o verdadeiro sentido, sem, entretanto, introduzir-lhe disposições novas. Por aí se vê que o regulamento não pode criar *dever novo* ou *proibição nova,* mas, apenas, tornar plenamente aplicável a lei tributária que os veicula.

O regulamento deve explicitar a lei tributária a que se prende, sem nada lhe subtrair, aumentar ou modificar. Se veicular disposições novas, ou seja, na lei tributária não contidas, será injurídico e, portanto, perfeitamente descumprível.

Um regulamento não pode produzir obrigações tributárias novas, mas, apenas, prover a fiel execução das leis que as produziram.

Se a lei tributária for omissa, suas lacunas não poderão ser supridas pelo regulamento.

Portanto, inclusive em matéria tributária, a Fazenda Pública só pode agir com base numa previsão legal (nunca regulamentar), que lhe imponha o dever de atuar.

É que a função estatal de criar ou majorar tributos só pode ser exercitada pelo Poder Legislativo. Esgota-se, pois, no plano legislativo. No plano administrativo é vedada qualquer interferência valorativa, até porque a lei fiscal deve necessariamente vincular, ao máximo, a atuação da Fazenda Pública.

Na apreciação de cada caso concreto, o Fisco deve levar em conta o que previamente se encontra na lei. Assim procedendo, subsume o fato à norma, sem qualquer tipo de valoração. Fica vedado, pois, o emprego da *discricionariedade,* pela Administração Fazendária.

12. Síntese conclusiva

Fazendo um esforço analítico, temos que a classificação das *atividades preponderantes* das empresas, conforme o risco de acidentes do trabalho que oferecem, porque feita por meio de decreto, agride aos princípios da legalidade e da tipicidade da tributação.

A quantificação da *contribuição para o SAT* não pode depender da vontade ou dos critérios do Executivo.

Nenhuma autoridade pode – ainda que invocando o superior interesse fazendário[42]

42. A propósito, o *interesse fazendário* não se confunde, nem muito menos sobrepaira o *interesse público.* Antes, subordina-se ao *interesse público* e, por isso mesmo, só poderá prevalecer quando em perfeita sintonia com ele.

O mero interesse arrecadatório – interesse secundário que é – não pode fazer tábua rasa à legali-

– alterar o conteúdo e o alcance da legalidade e da tipicidade da tributação, sob pena de irremissível injuridicidade, sanável, em última análise, pelo Poder Judiciário.

Logo, as empresas têm o direito subjetivo de pagar no grau mínimo, isto é, debaixo da alíquota de 1% (um por cento), a *contribuição* em tela. De fato, não podemos aceitar, perante nosso ordenamento constitucional, que possam ser compelidas a recolher, aos cofres públicos, quantia superior à que, nos termos da lei, é devida.

Impende remarcar que a Lei n. 8.212/91, ao cuidar das alíquotas da *contribuição para o SAT,* não veicula critérios objetivos, para a apuração das *atividades preponderantes,* que levarão a aplicação dos percentuais de 2% e de 3%. Não poderia tê-lo feito o Executivo, a quem cabe, apenas, aplicar, criteriosamente, a lei, praticando, assim, *atos vinculados.* Ninguém, nesta altura de nossa evolução jurídica, admite que o Executivo possa legislar em matéria tributária.

É por isso que Maria da Glória Ferreira Pinto foi extremamente feliz ao averbar: "A Administração movimenta-se nas malhas da legalidade, uma legalidade que num Estado de direito material se pretende não seja meramente formal, e sim portadora em cada momento da própria 'idéia de direito'".[43]

Lembramos, ao propósito, que a Lei das Leis, máxime no § 2º, de seu art. 5º, implicitamente confere, ao contribuinte, o direito de não pagar tributo lançado em desacordo com os ditames constitucionais. Este direito pode ser chamado de *direito de resistência à tributação indevida.*

Ademais, o atual Diploma Constitucional não se limitou a reconhecer a possibilidade de os contribuintes se insurgirem contra a tributação indevida. Também conferiu-lhes os meios processuais adequados a este fim: o direito de livre acesso ao Judiciário, o direito de serem indenizados contra atos ou omissões ilegais dos agentes fiscais, o direito de repetição do indébito tributário, o mandado de segurança etc.

Em suma, a Fazenda Pública, ao lançar a *contribuição para o SAT*, não pode fazer incidir as alíquotas de 2% (calculando em *médio* o risco de acidente do trabalho) e de 3% (calculando em *máximo* este mesmo risco), com base exclusivamente no Decreto n. 2.173/97.

Mas, mesmo que venha a ser editada lei prevendo os referidos *graus de risco,* ela só se aplicará aos fatos futuros. Nunca aos já consumados, sobre os quais paira sobranceiro o princípio que manda proteger o *ato jurídico perfeito* e o *direito adquirido* (art. 5º, XXXVI, da CF).

É certo que o Decreto n. 2.173/97, em seu art. 26, § 3º, permite o auto-enquadramento da empresa, nos três graus de risco (*médio*, *leve* ou *grave*). Tal medida, no entanto, pode ser revista, a qualquer tempo, pelo *INSS,* que, detectado o equívoco (com base – é bom que se enfatize – nos critérios fixados no próprio Decreto), procederá às devidas correções e autuações.

Depois, o problema, em rigor, sequer não é este. Ainda que o risco de acidente do trabalho seja, estatisticamente falando, grave, não se pode majorar a alíquota de nenhum tributo – nem mesmo da *contribuição para o SAT* – com base em normas infralegais.

13. Analogia oportuna: "atividade preponderante" no "ITBI"

Poder-se-ia talvez dizer que é impossível à *lei* estabelecer critérios para a fixa-

dade, à isonomia, à tipicidade, enfim, aos direitos constitucionais dos contribuintes, como, por exemplo, o de verem os tributos lançados nos estritos termos da lei tributária e em perfeita sintonia com a Constituição.

Segue-se, pois, que nenhuma justificativa extrajurídica (*v.g.*, o mero aumento das receitas) poderá validamente subverter os princípios fundamentais do sistema constitucional brasileiro, que deitam raízes no próprio *princípio da segurança jurídica.*

43. *Considerações sobre a reclamação prévia ao recurso contencioso*, Cadernos de Ciência e Técnica Fiscal, Lisboa, 1983, p. 12.

ção do grau de risco de acidente do trabalho, aplicável às atividades preponderantes das empresas-contribuintes. Deste modo, alguém poderia ser inclinado a concluir, invocando a vetusta parêmia *ad impossibilia nemo tenetur*, que é válido ao decreto cuidar deste assunto.

A argumentação, impressionante embora, não resiste, *venia concessa*, a uma análise mais serena.

Na verdade, a lei não só *pode* como *deve* dar *critérios objetivos* para que o Fisco, praticando *atos administrativos vinculados*, possa discernir se a atividade preponderante da empresa a predispõe a um risco de acidente de trabalho *leve*, *médio* ou *grave*.

Estas considerações crescem de ponto se levarmos em conta que, dependendo do enquadramento da empresa-contribuinte, o *quantum* de imposto a pagar pode dobrar (de 1% para 2%, se o risco for considerado médio) ou, até, triplicar (de 1% para 3%, se o risco for considerado grave).

Ora, na medida em que só a lei pode aumentar tributos, segue-se, necessariamente, que tal *enquadramento* – que trará, como conseqüência, a majoração da carga tributária – só pode advir deste ato normativo. Nunca jamais de decreto, portaria, ordem de serviço etc., que a isto obsta nossa ordem jurídica.

Sobremais, existe, em nosso ordenamento jurídico, *caso análogo,* onde a questão da *atividade preponderante* também era fundamental, e que, no entanto, foi bem resolvido, sem nenhum atentado ao princípio da legalidade tributária.

Estamos nos referindo ao *ITBI*[44] (imposto sobre a transmissão de bens imóveis e de direitos a ele relativos), onde a atividade preponderante é fundamental para que se reconheça a existência, ou não, de um benefício fiscal (no caso, uma situação de *imunidade tributária*).

Melhor explicitando, o art. 156, § 2º, I, da Constituição Federal, prescreve que o *ITBI*: "não incide sobre a transmissão de bens ou direitos incorporados ao patrimônio de pessoa jurídica em realização de capital, nem sobre a transmissão de bens ou direitos decorrentes de fusão, incorporação, cisão ou extinção de pessoa jurídica, salvo , *se, nesses casos,* ***a atividade pre-***

44. O *ITBI* vem genericamente previsto no art. 156, II, da Constituição Federal, que estatui: "Art. 156. Compete aos Municípios instituir impostos sobre: (...) II – transmissão *inter vivos*, a qualquer título, por ato oneroso, de bens imóveis, por natureza ou acessão física, e de direitos reais sobre imóveis, exceto os de garantia, bem como cessão de direitos a sua aquisição".

Apenas a título de curiosidade, o *ITBI* descende do antigo *imposto sobre a transmissão de bens imóveis e de direitos a eles relativos*, que, à época da Carta anterior, era da competência dos Estados. Hoje – isto é, a partir do advento da Constituição Federal de 1988 – os Estados têm competência para criar o imposto sobre transmissão *causa mortis* e doação, de quaisquer bens ou direitos (art. 155, I, da CF) *e*, os Municípios, o imposto sobre transmissão *inter vivos,* por ato oneroso, de bens imóveis (art. 156, II, da CF). Esta alusão ao *ato oneroso* justifica-se exatamente pela circunstância de ter sido reservada, aos Estados, a competência para, por via de imposto, tributar as doações (transmissões *inter vivos,* por ato gratuito), inclusive de bens imóveis. Para que não houvesse um *bis in idem* tributário, ou seja, para que as transmissões, por atos *inter vivos,* de bens imóveis não fossem, em alguns casos, concomitantemente tributadas pelos Estados e pelos Municípios, a Constituição houve por bem fazer esta distinção: as transmissões *inter vivos,* a título oneroso, são tributáveis pelos Municípios; as transmissões *inter vivos,* a título gratuito, pelos Estados.

Tentando sistematizar o assunto, temos que o *ITBI* pode incidir sobre: *a)* a transmissão *inter vivos,* a qualquer título, por ato oneroso, de bens imóveis, por natureza ou acessão física; *b)* a transmissão de direitos reais sobre imóveis (exceto os de garantia); e, *c)* a cessão de direitos a sua aquisição.

Ou, por outro giro verbal, se pessoa (física ou jurídica) transmitir *inter vivos* bens imóveis e direitos reais sobre eles ou ceder direitos a sua aquisição, poderá, em tese, vir a ser tributada por meio de *ITBI.* Em rigor, o que se transmite é o *direito de propriedade* imobiliária (e, não, propriamente, o bem imóvel): este é que se translada do patrimônio de uma pessoa (o transmitente) para o patrimônio de outra (o adquirente). E tal transmissão só ocorrerá com o registro (transcrição) do título aquisitivo da propriedade.

***ponderante** do adquirente for a compra e venda desses bens ou direitos, locação de bens imóveis ou arrendamento mercantil*" (grifamos e acentuamos).

Como vemos, a Constituição declara *imunes* à tributação por meio de *ITBI*, as transmissões de bens ou direitos: I) incorporados ao patrimônio de pessoa jurídica em realização de capital; e, II) decorrentes de fusão, incorporação, cisão ou extinção de pessoa jurídica. Estas imunidades, todavia, caem por terra se a atividade preponderante do adquirente for a compra e venda desses bens ou direitos, a locação de bens imóveis ou o arrendamento mercantil (*leasing imobiliário*).

Ao invés de deixar a questão da *atividade preponderante* navegar ao sabor da vontade do Executivo, o Legislativo, como não poderia deixar de ser, tomou para si a tarefa de equacionar e solucionar o problema.

Destarte, o assunto foi esmiuçado no Código Tributário Nacional, que faz as vezes da *lei complementar* a que se refere o art. 146, II, da Constituição Federal.[45]

Com efeito, o art. 37, do CTN estabelece:

"Art. 37. O disposto no artigo anterior (imunidades ao ITBI) não se aplica quando a pessoa jurídica adquirente tenha como atividade preponderante a venda ou locação de propriedade imobiliária ou a cessão de direitos relativos à sua aquisição.

*"§ 1º. **Considera-se caracterizada a atividade preponderante** referida neste artigo quando mais de 50% (cinqüenta por cento) da receita operacional da pessoa jurídica adquirente, nos 2 (dois) anos anteriores e nos 2 (dois) anos subseqüentes à aquisição, decorrer de transações mencionadas neste artigo.*

"§ 2º. Se a pessoa jurídica adquirente iniciar suas atividades após a aquisição, ou menos de 2 (dois) anos antes dela, apurar-se-á a preponderância referida no parágrafo anterior levando em conta os 3 (três) primeiros anos seguintes à data da aquisição.

"§ 3º. Verificada a preponderância referida neste artigo, tornar-se-á devido o imposto, nos termos da lei vigente à data da aquisição, sobre o valor do bem ou direito nessa data.

"§ 4º. O disposto neste artigo não se aplica à transmissão de bens ou direitos, quando realizada em conjunto com a da totalidade do patrimônio da pessoa jurídica alienante" (esclarecemos no primeiro parêntese, acentuamos os §§ 2º e 3º e grifamos).

Portanto, a legislação estabeleceu, para os fins da imunidade ao *ITBI*, prevista no art. 156, I, § 2º, da CF, que a atividade é considerada *preponderante* sempre que a receita operacional da pessoa jurídica adquirente, nos dois anos anteriores e posteriores à aquisição, decorrer de tais transações (art. 37, § 1º, do *CTN*). Quando a pessoa jurídica adquirente iniciar suas atividades após a aquisição, ou a menos de dois anos antes dela se efetivar, a preponderância será aferida, tomando-se por base os três primeiros anos seguintes à data de aquisição (art. 37, § 2º, do *CTN*).

Seguindo na mesma traça, a Lei n. 10.721, de 27 de janeiro de 1989, do Município de São Paulo, estipula:

"Art. 37. O disposto no artigo anterior (imunidades ao ITBI) não se aplica quando a pessoa jurídica adquirente tenha como atividade preponderante a venda ou locação de propriedade imobiliária ou a cessão de direitos relativos à sua aquisição.

*"1º. **Considera-se caracterizada a atividade preponderante** referida neste artigo quando mais de 50% (cinqüenta por cento) da receita operacional da pessoa jurídica adquirente, nos 2 (dois) anos anteriores e nos 2 (dois) anos subseqüentes à aquisição, decorrer de transações mencionadas neste artigo.*

45. CF – "Art. 146. Cabe à lei complementar: (...) II – regular as limitações constitucionais ao poder de tributar".

"§ 2º. Se a pessoa jurídica adquirente iniciar suas atividades após a aquisição, ou menos de 2 (dois) anos antes dela, apurar-se-á a preponderância referida no parágrafo anterior levando em conta os 3 (três) primeiros anos seguintes à data da aquisição.

"§ 3º. Verificada a preponderância referida neste artigo, tornar-se-á devido o imposto, nos termos da lei vigente à data da aquisição, sobre o valor do bem ou direito nessa data.

"§ 4º. A disposição deste artigo não é aplicável à transmissão de bens ou direitos, quando realizada em conjunto com a da totalidade do patrimônio da pessoa jurídica alienante" (esclarecemos no primeiro parêntese, acentuamos os §§ 2º e 3º e grifamos)."

Como podemos perceber, a redação do art. 4º, da lei paulistana, praticamente coincide com a do art. 37, do Código Tributário Nacional. Não fossem as mínimas diferenças redacionais nos §§ 4ºs de ambas as leis ("o disposto neste artigo não se aplica" *e* "a disposição deste artigo não é aplicável") os dois artigos coincidiriam *ipsis literis*. E, pelo que nos é dado saber, a legislação de todos os demais Municípios brasileiros, reproduz o aludido art. 37, do *CTN*.

Logo, no caso do *ITBI*, nenhum ponto foi relegado a normas infralegais, no que concerne à definição da *atividade preponderante*, para fins de imunidade. Pelo contrário, o Código Tributário Nacional e a legislação ordinária incumbiram-se, acertadamente, de exaurir o assunto, deixando ao decreto apenas a eventual tarefa de explicitar os comandos legais, o que é o correto e adequado.

Nada justifica que, em relação à contribuição *SAT*, não se enverede pela mesma trilha, que, além de ser perfeitamente viável, rende homenagens ao magno princípio da legalidade.

As limitações constitucionais ao poder de tributar (dentre as quais se inscreve, sem dúvida, a exigência de lei, para aumentar tributos) não podem ser costeadas pelo Executivo, mero aplicador da lei. Muito menos quando – como no caso em pauta – há condições efetivas para fixar-se legalmente a atividade preponderante da empresa, para fins de aferição do grau de risco de acidente do trabalho.

Em suma, nada impede que nova lei estabeleça critérios absolutamente definidos e objetivos acerca do *grau de risco* de acidentes do trabalho das empresas, nada deixando à álea ou, mesmo, aos critérios subjetivos da Fazenda Pública.

14. Últimas considerações

Pensamos haver demonstrado que a *contribuição para o SAT* só está totalmente criada, no que concerne ao grau mínimo de risco de acidente do trabalho. Não nos graus médio e máximo.

O enquadramento nos graus médio e máximo – mesmo pela óptica mais fiscalista – absolutamente não pode advir da vontade do Executivo. Este, como ninguém ignora, não pode agir *sponte propria*, muito menos em matéria tão melindrosa, protegida ao máximo pelos já estudados princípios da estrita legalidade e da tipicidade da tributação.

Tal discriminação, porque fulcrada em critérios apontados em decreto (não em lei), é indevida. É cerceamento de direito, constitucionalmente assegurado aos contribuintes, de só serem tributados nos termos da lei.

Cabe ao Judiciário, em última análise, impedir a aplicação de normas regulamentares, que, por irem *além da lei*, são contrárias à Constituição.

Indo ao ponto que mais de perto nos interessa, cabe ao Judiciário declarar a ineficácia das alíneas *b* e *c*, do inciso II, do art. 22, da Lei n. 8.212/91, que prescrevem a sobreoneração das empresas, no que concerne à *contribuição para o SAT*.[46]

46. Tal sobreoneração foi imposta pelo Decreto n. 2.173/97, que, evidentemente, não pode suprir lacunas de lei tributária.

Reconhecendo a eficácia do art. 22, II, da Lei n. 8.212/91, na parte que prevê tratamento tributário mais benigno às empresas (alínea *a*), salvará a exigência tributária e, ao mesmo tempo, removerá as antinomias existentes entre ela e a Constituição.

Noutro giro verbal, o Judiciário aplicando a lei tributária, nos pontos em que ela não atrita com o Texto Magno, a estará cumprindo, mas de modo a garantir eficácia aos princípios constitucionais que protegem os contribuintes contra excessos do Fisco.

Procedendo deste modo, estará atendendo à clássica exortação de Lúcio Bittencourt, para quem: "... os tribunais, antes de fulminar a lei com a declaração de inconstitucionalidade, devem procurar interpretá-la de tal modo que se torne possível harmonizá-la com a Constituição. E somente no caso de se tornar isso de todo impraticável é que se poderá reconhecer a ineficácia do diploma impugnado".[47]

Assim, apenas as alíneas *b* e *c*, do inc. II, do art. 22, da Lei n. 8.212/91 – por serem incompletas e terem aberto espaço a indevida regulamentação – devem ser afastadas. A alínea *a*, sendo válida, deve ser aplicada e estendida a todas as empresas, independentemente da atividade preponderante que desempenham.

A solução por nós preconizada é, além de tudo, *data maxima venia realista*, já que vem em abono dos segurados. Deveras, com a aplicação da alíquota de 1%, fica garantido o custeio dos eventos resultantes de acidentes do trabalho. E – o que é igualmente importante – não se descumprem os magnos princípios da *estrita legalidade* e da *tipicidade* da tributação.

47. *O Controle Jurisdicional da Constitucionalidade das Leis*, 2ª ed., Rio, Forense, 1968, p. 93.

CADERNOS DE DIREITO TRIBUTÁRIO

REMISSÃO E ANISTIA FISCAIS

Tercio Sampaio Ferraz Junior
Titular da Faculdade de Direito da Universidade de São Paulo

Como ponto de partida destas observações, tomaria a palavra abalizada do mestre Aliomar Baleeiro, que afirma: "A anistia não se confunde com a remissão. Esta pode dispensar o tributo, ao passo que a anistia fiscal é limitada à exclusão das infrações cometidas anteriormente à vigência da lei, que a decreta" (*Direito Tributário Brasileiro*, 7ª ed., Rio de Janeiro, 1975, p. 533). E explica, sobre a anistia fiscal, que o CTN tomou de empréstimo o milenar instituto político de clemência, esquecimento e concórdia, com este, porém, não se confundindo, apesar da mesma natureza – perdão, esquecimento –, de um lado, por restringi-lo, posto que a anistia fiscal exclui os atos qualificados como crime ou contravenção ou atos que, sem este qualificativo, envolvem dolo, fraude, simulação ou conluio, de outro, por ampliá-lo, posto que se estende, para além do legislador federal, aos legisladores estaduais e municipais. Quanto à remissão esclarece que o CTN se refere ao mesmo instituto de Direito Privado de que trata o Código Civil, arts. 1.053 a 1.055, que tem, como a anistia política, o mesmo cerne significativo na idéia de *perdão* (remitir ou perdoar a dívida) (cf. ob. cit. p. 512).

A distinção entre os dois institutos, no âmbito tributário, é importante porque produzem efeitos diferentes – a remissão é modalidade de extinção do crédito (CTN, art. 156), a anistia exclui o crédito (CTN, art. 175). Mas reduzir a distinção entre ambos a *perdão de infração e penalidades correspondentes* (a anistia) e a *perdão do crédito* (a remissão) é, *data vênia,* uma fórmula muito pobre, já pela origem diferente que manifestam. O transporte para o Direito Tributário não apaga as origens e ignorá-las pode conduzir a perigosas simplificações. Afinal o direito é um fenômeno da vida humana e não um texto sem contexto. E como diz o mesmo Baleeiro, a remissão, dentre as modalidades de extinção, é um dos casos em que o CTN se serve "de institutos e conceitos de Direito Privado, no mesmo sentido em que este os criou e estruturou (CTN, arts. 109 e 110)" (ob. cit., p. 477), lembrando, por sua vez, que a anistia fiscal, "como a anistia política", pode ser absoluta ou condicional, geral ou restrita (p. 533).

O fato de a anistia fiscal, *como a anistia política*, poder ser absoluta é já um primeiro dado a ser considerado. Ao contrário da remissão, que o CTN vincula à racionalidade de uma relação meio/fim – casos de admissibilidade, conforme o art. 172 do CTN –, a anistia, que pode ser absoluta, poderá ser então concedida incondicionalmente ("irrestritamente pela lei sem quaisquer condições" – Baleeiro, ob. cit., p. 533), alheia ao cálculo limitador da racionalidade. Isto a aproxima de suas origens mais remotas, quando era concedida em alusão a eventos que não guardavam nenhuma relação com os efeitos do ato soberano (cf. Radbruch, "Gerechtigkeit und Gnade", in *Rechtsphilosophie*, Stuttgart, 1963, pp. 342 e ss.). Por isso, no direito moderno, ela não é vista, basicamente, como um favorecimento individual, posto que seu destinatário imediato é a pessoa humana e a sociedade (cf. Pinto Ferreira, verbete *anistia* na *Enciclopédia Saraiva*, São Paulo, 1978, v. 6, p. 434). Neste sentido não pede nenhuma justificação condicional ao ato da autoridade que a concede, ainda que, secundariamente, possa atingir certas finalidades (como por exemplo, a paz social ou um benefício econômico). Ou seja, ela não é concedida *porque* nem *para que* um conjunto de beneficiários com ela se beneficie, mas no interesse soberano da própria sociedade.

Além disso, sendo *oblívio,* esquecimento, juridicamente ela "provoca a criação de uma ficção legal", ela não "apaga" propriamente a infração, mas "o direito de punir", razão pela qual aparece *depois* de ter surgido o fato violador, não se confundindo com uma *novação legislativa* (Pinto Ferreira, id. ib.).

Entende-se, assim, porque a anistia fiscal é capitulada como *exclusão do crédito* (gerado pela infração) e não como extinção (caso da remissão), pois se trata de créditos que aparecem depois do fato violador, abrangendo *a fortiori* apenas *infrações* cometidas anteriormente à vigência da lei que a concede. E, como na anistia política, da qual segue o cancelamento das penalidades ou a revisão das penas correspondentemente à infração anistiada, também a anistia fiscal será seguida de cancelamento de multas, eventualmente sob condição de pagamento do tributo, cujo crédito então não se extingue. Ou seja, o crédito gerado pela infração se exclui *porque* a infração se anistia, isto é, desaparece o *direito de punir* (cf. Ruy Barbosa Nogueira, *Curso de Direito Tributário*, São Paulo, 1976, p. 254). Desaparecido este, desaparecem as penalidades, embora, obviamente, a recíproca não seja verdadeira, isto é, as penalidades podem ser *extintas* (por exemplo, pelo pagamento) sem que desapareça infração e, em conseqüência, sem que o crédito tenha sido excluído.

O CTN, art. 180, fala, assim, em anistia de *infrações* e não de anistia de *penalidade*. Afinal, como esclarece Baleeiro, no *Direito Tributário*, "o Fisco, se há infração legal por parte do sujeito passivo, pode cumular o crédito fiscal e a penalidade, exigindo esta e aquele" (ob. cit., p. 479). Esta autonomia da exigência da penalidade que, como crédito, nasce da infração, explica que a anistia desta exclua a exigência daquela que, em conseqüência, se cancela. Mas a mesma autonomia tem de admitir a hipótese de mera *redução* de multas e penalidades, isto é, do crédito correspondente, sem que haja, obviamente, perdão da infração ou de que o crédito gerado pela infração possa ser *extinto* (e não excluído) por qualquer das modalidades de extinção de crédito. Afinal, não se pode anistiar um "pedaço" de uma infração, embora se possa perdoar parte de um crédito.

A remissão é, justamente, uma dessas modalidades, cuja estrutura, como diz Baleeiro, vem do Direito Privado. A remissão de dívida é negócio jurídico unilateral, que pode ser abstrato ou causal. Se causal, faz depender de solução de outra obrigação a sua eficácia. A eventual bilateralidade da remissão depende do que o credor quer. Ou seja, a bilateralidade não lhe é essencial (cf. Pontes de Miranda, *Tratado de Direito Privado*, Rio de Janeiro, 1959, t. XXV, pp. 57 e ss.). Entende-se, desse modo, que a remissão tributária seja ato fundamentado e que a lei concedente preencha os requisitos estabelecidos pela lei complementar. Ela não pode ser concedida incondicionalmente (e nesse sentido é distinta da anistia; ela deve obedecer a pressupostos – cf. Tipke/ Lang, *Steuerrecht*, Koeln, 1991, p. 726).

A remissão privada pode ser parcial. Neste caso, apenas parte do crédito se extingue. A remissão tributária também pode ser parcial. Na remissão privada, se parcial, então somente parte do crédito se extingue. Ora, como mostra Pontes de Miranda: "Às vezes [a remissão] só se refere aos juros, ou à multa convencional; e nada impede que seja do capital, sem os juros, ou outros interesses" (p. 62).

Na verdade, a remissão privada pode ser da dívida ou da pena. Ou seja, se a anistia *só* se refere à infração, isto não exclui a possibilidade de a remissão referir-se *também* e mesmo *apenas* ao crédito resultante da pena pecuniária imposta, e *até somente* a uma parte deste crédito.

Ora, a possibilidade da remissão da pena tem uma conseqüência que não pode ser menosprezada. Afinal, no campo tributário, há de se reconhecer que haverá casos em que a lei anistia a infração, donde se segue a extinção da pena, mas outros há em que ela cancela a penalidade sem ter anistiado a infração. Neste último caso, qual o instituto que estará sendo aplicado: o político (penal) ou o privado? Ora, tenha-se em conta que, quando se trata de perdão de *pena* criminal, não se fala em anistia mas em indulto. "Ao contrário da anistia, o indulto não extingue o crime, impede tão-só a execução da pena a que tenham sido condenados os que dele se beneficiam" (Aníbal Bruno, *Direito Penal*, Rio/São Paulo, 1966, t. 3º, p. 204). Mas de indulto não fala a lei tributária. E quando fala em concessão de anistia, *limitadamente* (CTN, art. 182 II), não prevê nenhuma hipótese de limitação referente a uma (parcial!) *redução de penalidades pecuniárias*. Mesmo porque, nesse caso, não haveria anistia mas indulto.

Não obstante, a doutrina tributária fala em anistia de penalidades, argumentando que, em tal caso, sendo a sanção a negação da negação do direito provocada pela infração, ela é a afirmação daquele direito (a dupla negação é uma afirmação). Donde se segue que a supressão da pena equivaleria à supressão do direito que ela confirma, isto é, a anistia da pena equivaleria à anistia da infração correspondente. Daí, apesar de o CTN falar apenas em anistia de infração, poder-se admitir também a anistia (imprópria?) de penalidade (cf. Zelmo Denari, *Comentários ao Código Tributário Nacional*, São Paulo, 1978, v. 4, pp. 181 e ss.). Este argumento, que admite a anistia da infração por força da anistia da pena, valeria quando ocorresse o cancelamento total da pena, mas é impróprio quando o caso é de mera redução, pois seria então de se perguntar se estaria ocorrendo a anistia (em parte?!) da infração, em relação à qual, como se sabe, a pena pecuniária não tem função compensatória de crédito (Baleeiro, p. 479). Pode-se anistiar uma infração e não outra, a infração referente a um tributo e não a outro, as infrações punidas com multa até certo montante, mas não um "pedaço" de infração nem penas até certo montante de tal modo que a infração ou o direito de punir ficassem "meio" anistiados. A possibilidade legal de perdão de parte de penalidades, com a utilização da fórmula "cancelamento ou redução de multas e penalidades", merece, pois, uma outra explicação.

Segue, pois, que é irrecusável a hipótese de mero perdão de penalidade, isto é, de perdão do crédito correspondente, independente do *oblívio* da infração. Ou seja, quando o legislador tributário disciplina o perdão de penalidades ou vê na sua anistia uma correlação com a anistia da infração (por inteiro) ou, querendo referir-se apenas à penalidade (ao crédito correspondente) mantendo-se a infração e não recorrendo impropriamente ao instituto da anistia, só pode estar a falar em remissão. Assim, a remissão tributária sendo modalidade de extinção do crédito tributário tal como ele é constituído pelo lançamento e, no caso de penalidades, o crédito se constituindo por lançamento de ofício, quando a lei prevê o *cancelamento* ou *redução* de penalidades nada impede que estejamos diante de remissão e não de anistia. Veja-se, por exemplo, o disposto no art. 4º do Decreto-lei 1.893/81 que assim disciplinava: "Art. 4º. Ficam cancelados, arquivando-se os respectivos processos administrativos, os débitos de valor originário ou inferior a Cr$ 12.000,00 (doze mil cruzeiros): I – de *qualquer natureza* para com a Fazenda Nacional, inscritos como Dívida Ativa da União, pelas Procuradorias da Fazenda Nacional, até 18 de novembro de 1980; (...)" – grifei. Ao cancelar débitos de qualquer natureza, inclusive penal, estaria ocorrendo remissão ou anistia? Nesse caso, o que ocorre é mera extinção do crédito e não exclusão do crédito, cabendo ao intérprete ter verificado se estão presentes os pressupostos da anistia ou da remissão, constatando, no caso, a presença da condição do inciso III do art. 172 do CTN.

Qual seria, então, o critério prático que permitiria, diante da fórmula legal "cancelamento ou redução de penalidades", saber se trata de perdão/anistia ou de perdão/remissão? A meu ver o critério está nas condições a que se vincula a concessão legal. Se esta se reporta clara e expressamente às condições (a uma delas) do art. 172, incisos I a V, do CTN, estaremos diante de remissão. Se ela se reporta às condições das alíneas *a* até *d* do inciso II do art. 181 do CTN ou se não prevê condições (inciso I), o caso é de anistia.

A título de exemplo, vejamos como esse critério se aplicaria a dois decretos leis, que falam de obliquamento do problema. Trata-se do Decreto-lei 1.184/71 e do Decreto-lei 2.163/84.

Na verdade, nem o art. 9º do Decreto-lei 1.184/71 nem o art. 3º do Decreto-lei 2.163/84 falam em *anistia* de infrações, apenas em cancelamento ou *redução* de multas ou penalidades *decorrentes de processos fiscais*. O requisito para a sua concessão está nos incisos do art. 3º do Decreto-lei 1.184/71. O inciso I faz menção à excepcional situação do devedor, não devendo, em decorrência, a cobrança do débito fiscal acarretar prejuízos para a manutenção ou desenvolvimento das suas atividades empresariais. Este inciso tem relação com os incisos I (situação econômica do sujeito passivo) e IV (considerações de eqüidade, em relação com as características pessoais ou materiais do caso) do art. 172 do CTN. O inciso II do art. 3º do Decreto-lei exige que seja de interesse econômico ou social a continuidade da atividade explorada, no que se pode ver um atendimento a considerações de eqüidade referentes às características materiais do caso, conforme o art. 172, inciso IV do CTN. E o inciso IV do art. 3º do Decreto-lei prevê a configuração da possibilidade de o recolhimento dos créditos fiscais superveniente vir a efetuar-se com regularidade, o que diz com os incisos I e IV do art. 172 do CTN. Nenhuma dessas condições tem alguma coisa a ver com as previstas para a concessão limitada da anistia conforme o art. 181 do CTN, isto é, nem com infrações relativas a determinado tributo (181, II, *a*), nem com infrações punidas com penalidades pecuniárias até determinado montante (alínea *b*), nem com condições peculiares a determinada região do território da entidade tributante (alínea *c*), nem com exigência de pagamento de tributo em prazo fixado pela lei concedente da anistia ou cuja fixação seja atribuída à autoridade administrativa (alínea *d*). Nem muito menos se pode falar em anistia geral, incondicionada, conforme o art. 181, I. Segue, inelutavelmente, que estamos diante de *remissão* e não de anistia.

CADERNOS DE DIREITO TRIBUTÁRIO

INVALIDADE DE NORMAS QUE PREVÊEM A EXIGÊNCIA DE ISS ANTES DE OCORRIDA A PRESTAÇÃO DOS SERVIÇOS

AIRES F. BARRETO

Advogado em São Paulo – Professor de Direito Tributário e Diretor da Faculdade de Direito da Unisa – Presidente do IGADEPE-Instituto Internacional Geraldo Ataliba de Direito Público e Empresarial – Membro do Conselho de Estudos Jurídicos da Federação do Comércio do Estado de São Paulo

O Código Tributário Nacional (que já completou 30 longos anos) do qual o saudoso e brilhante Gilberto de Ulhôa Canto foi um dos autores, define os critérios que os entes tributantes devem utilizar para definir o momento em que se considera ocorrido ou não o "fato gerador" dos tributos. É o que prescreve o art. 116 do CTN, *in verbis*:

"Art. 116. Salvo disposição de lei em contrário, considera-se ocorrido o fato gerador e existentes os seus efeitos:

"I – tratando-se de situação de fato, desde o momento em que se verifiquem as circunstâncias materiais necessárias a que produza os efeitos que normalmente lhe são próprios;

"II – tratando-se de situação jurídica, desde o momento em que esteja definitivamente constituída, nos termos de direito aplicável."

Segundo esse preceito, a lei pode dispor diversamente. Mas, ao permitir que o faça, não está o art. 116 do CTN autorizando que a lei contemple um momento de ocorrência anterior ao da própria verificação da materialidade do fato gerador. O que o art. 116 autoriza é, simplesmente, que a lei ordinária possa fixá-lo em qualquer outro átimo posterior àquele que seus incisos preconizam.

A doutrina perfilha esse entendimento, como se vê da lição de Geraldo Ataliba, sempre percuciente e claro: "Não há fato imponível se e enquanto não se realizem completamente os quatro aspectos da hipótese de incidência (pessoal, material, espacial e temporal)" ("IPI – Hipótese de Incidência", in *Estudos e Pareceres de Direito Tributário*, v. 1, Ed. RT, p. 6).

Ricardo Mariz de Oliveira, por sua vez, destaca: "... antes de ocorrido o fato gerador, isto é, a situação descrita em lei como necessária e suficiente ao surgimento da obrigação tributária, não existe relação jurídica. (...) a liberdade do legislador ordinário fixar o momento da ocorrência do fato gerador fica limitada por outro elemento ou aspecto da hipótese de incidência, que é o elemento material. Ou seja, antes de existente a materialidade do fato imponível, não há tributo devido e, pois, não há que se falar em elemento temporal. Em outras palavras, o elemento temporal não pode ser fixado em momento anterior à existência do elemento material da hipótese de incidência, mas pode sê-lo para momento posterior" ("O Momento de Ocorrência do Fato Gerador e as Cobranças Antecipadas de Tributos", *Bol. IOB* n. 3/90).

Em suma, o art. 116, do CTN, não é norma autorizativa da exigência de tributo antes da ocorrência do fato tributário.

Apesar de a doutrina reputar intolerável a exigência de qualquer tributo, antes da concretização do fato gerador, muitos Municípios pretendem que contribuintes da área de diversões públicas, chancelem os ingressos que serão postos à venda, efetuando, nessa oportunidade, o pagamento do imposto. É dizer, previamente à ocorrência de fato que só será tributável, se e quando acontecer.

A mera exigência de chancela de ingressos, em si mesma considerada, não envolve nenhuma ilegalidade. É até razoável exigir identificação dos ingressos evitando, com isso, sua duplicação, adulteração ou quaisquer outras formas conducentes à fraude ou à evasão. O problema reside no fato de que, para obter a chancela dos ingressos, tem o contribuinte que recolher, antecipadamente, o imposto respectivo. Com tal comportamento, esses Municípios estão a exigir ISS antes da ocorrência da prestação de serviços, ou seja, antes mesmo do surgimento da relação jurídica, que se instaura com a ocorrência do fato tributário.

Preceitos da espécie, que pretendem devido o ISS, antes de verificada a prestação de serviços, são manifestamente ilegais, porquanto "validam" a exigência desse imposto, antes que se materialize o fato que lhe dá causa: a prestação de serviços. Tal exigência põe-se em total descompasso com os artigos 113, 114 e 116, do CTN.

No caso de diversão pública, o fato "prestação de serviço" tem seu início com o efetivo exercício, pelos usuários, do direito de participar, ou de assistir aos espetáculos, mediante certo pagamento. O início da prestação de serviços só se dá no momento em que, adentrando o recinto, o assistente (ou participante) adquire esse direito. O fato gerador, consubstanciado no direito de assistir, ou no de participar de todo o espetáculo, só se desencadeia com o início do próprio espetáculo (ainda assim só se tem o início da prestação, que se esgota com o término da participação ou da assistência).

Antes disso, qualquer que seja o momento antecedente, não se tem nenhum fato gerador porque prestação de serviços não há. Portanto, nenhum fato subsumível a tributo (no caso, ao ISS). Tanto isto é certo que, se não houver espetáculo, quaisquer que forem as razões da sua não realização, têm os assistentes direito à devolução dos valores pagos, porquanto nenhum serviço foi prestado. Esse direito subsiste mesmo se, inobstante iniciado, o espetáculo for interrompido (por falta de luz, avaria em equipamentos, problemas com o artista que se apresenta e outros que tais).

Como vimos de ver, a obrigação tributária principal, cujo objeto é o pagamento de tributo, só surge com a ocorrência do fato gerador (cf. § 1º do art. 113, do CTN). Conseqüentemente, é descabida qualquer exigência de tributo *antes* de sua concreta verificação.

Não há amparo legal, destarte, para a imposição de recolhimento do tributo, como requisito para a viabilização da "chancela de ingressos" (isso nada mais é do que forma eufemística de exigir pagamento de ISS, antes da ocorrência do "fato gerador" que lhe dá causa).

Fazê-lo, implica contrariar, flagrantemente, toda a teoria do fato gerador e, sobre o mais, descumprir os princípios e normas jurídicas que compõem o sistema tributário nacional.

Essas lições não são apenas da doutrina, mas, principalmente, do nosso Poder Judiciário, que já deixou patente serem ilegítimas as pretensões fazendárias, no sentido de exigir tributo antes de ter ocorrido, concretamente, seu fato gerador.

Desses ensinamentos são exemplos as decisões do Egrégio Primeiro Tribunal de Alçada do Estado de São Paulo, como eloqüentemente o demonstram os termos do v. acórdão prolatado na Ap. 380.230, do qual é o seguinte trecho:

"*Em conseqüência, a simples assinatura da avença que põe na disponibilidade do contratante aderente o futuro e potencial atendimento* (apenas na hipótese de quebra de eletrodomésticos), *não se confunde com a efetiva prestação do serviço respectivo. Até aí não houve qualquer fruição de utilidade pelo referido contratante*" (JTACSP 111/96).

No mesmo sentido, as Apelações ns. 352.986, da Quinta Câmara, Relator Juiz Marcondes Machado; 361.254, da Primeira Câmara, Relator Juiz Silveira Netto; 363.148, da Oitava Câmara, Relator Juiz Raphael Salvador.

Dessa firme posição não se afasta o Primeiro Tribunal de Alçada Civil de São Paulo, diante, especificamente, dos serviços de diversão pública:

"Gira a discussão do presente caso sobre a legalidade da cobrança do ISS das empresas cinematográficas na forma instituída pela Lei Municipal n. 6.989, de 1966, art. 75.

"(...)

"*O fato gerador do ISS*, no caso em tela, *está na real e efetiva prestação de serviço*. Por conseguinte, a incidência do imposto ocorre quando a empresa cinematográfica vende o ingresso e projeta o filme.

"*Somente neste momento e ocorrido o evento é que se materializa o serviço e, conseqüentemente, surge o fato imponível passível de incidência de tributo.*

"(...)

"Tal cobrança afigura-se ilegal, por infringir disposições do Código Tributário Nacional.

"*Não é razoável a cobrança de ISS futuro, por si só incerto e passível de não ocorrer*" (JTACSP – 105, pp. 95-96).

Essa exegese tem o abono do Superior Tribunal de Justiça que, versando o tema, rechaça pretendidas exigências, antes da efetiva realização do fato gerador, *in verbis*:

"1. O fato gerador do ISS reside na efetiva prestação de serviço, definido em lei complementar, constante da Lista de Serviços anexa ao Decreto-lei 406/68.

"2. Em se tratando de ISS incidente sobre diversões públicas, o fato imponível se configura no momento da venda do ingresso ao consumidor, pelo que ilegítima a antecipação do recolhimento, quando da chancela prévia dos bilhetes pelo município.

"(...)

"De outra parte, o art. 116 do CTN deve ser interpretado em consonância com o disposto no art. 114, de modo que o surgimento da obrigação tributária, mediante a verificação do fato gerador, somente ocorrerá com a definição legal da hipótese de incidência.

"No caso do ISS, o fato gerador reside na efetiva prestação de serviço, definido em Lei Complementar, constante da Lista de Serviços Anexa ao Decreto-lei 406/68.

"Assim, tratando-se de ISS incidente sobre diversões públicas, o fato imponível se configura no momento da venda do ingresso ao consumidor, pelo que ilegítima a antecipação do recolhimento, quando da chancela prévia dos bilhetes pelo município" (Recurso Especial n. 4.962-0-SP-Processo 90.0008928-0, Relator: Min. Humberto Gomes de Barros. Recorrente Município de São Paulo – Recorrida: Empresa Cinematográfica Hawai Ltda.).

Em suma, no nosso sistema tributário não se tolera a exigência de tributo, antes da ocorrência do fato gerador. Normas legais que prevejam a incidência de ISS, antes de concretizada a prestação de serviços, são inválidas, por descompassadas com o sistema.

CADERNOS DE DIREITO TRIBUTÁRIO

A FISCALIZAÇÃO ABSTRATA DA CONSTITUCIONALIDADE: A AÇÃO DIRETA DE INCONSTITUCIONALIDADE E A AÇÃO DECLARATÓRIA DE CONSTITUCIONALIDADE – A CONSTRUÇÃO DO SENTIDO NO UNIVERSO TRIBUTÁRIO*

ORLANDO LEITE JÚNIOR

Advogado de empresas – Professor na Pontifícia Universidade Católica de São Paulo – Mestre e doutorando em Direito Tributário, na PUC-SP, sob a orientação do Prof. Paulo de Barros Carvalho – Coordenador do Atelier de Estudos de Semiótica Jurídica (dirigido por Eric Landowski) e membro do IBET

Introdução. 1. A fiscalização abstrata da constitucionalidade: 1.1 A ação direta de inconstitucionalidade: 1.1.1 Visão diacrônica – 1.1.2 Natureza, finalidade e procedimento – 1.1.3 Legitimidade processual ativa e passiva. 2. A oposição constitucionalidade "versus" inconstitucionalidade. 3. A ação direta de constitucionalidade, sob o ponto de vista jurídico: 3.1 Finalidade 3.2 O controle da constitucionalidade e a Emenda n. 3. 4. A enunciação da ADIN e da ADC. 5. O poder de reforma constitucional: 5.1 Constituições flexíveis e constituições rígidas – 5.2 O controle de constitucionalidade como garantia de rigidez. 6. Noção de hierarquia das normas jurídicas. 7. Objeto da argüição abstrata da constitucionalidade. 8. Um exemplo de inconstitucionalidade: as medidas provisórias como instrumento introdutor de normas tributárias: 8.1 As medidas provisórias editadas. 9. Oposição jurídico-semiótica entre ADIN e ADC. 10. A reação à ação direta de constitucionalidade. À guisa de conclusão.

Introdução

A aproximação da semiótica com o Direito, ao contrário do que possa parecer, é não somente possível como própria. Entendendo-se o Direito como um conjunto de relações envolvendo *"fatos, atos e práticas"* que compõem um corpo normativo passível de ser interpretado, é fácil imaginar que esse todo pode ser analisado semioticamente, a fim de que sua significação seja construída.

* Trabalho apresentado no 2º Colóquio do Centro de pesquisas Sociossemióticas, são Paulo, 1996 e no XIII Congresso Internacional de Semiótica Jurídica, são Paulo, 1997.

É preciso, para tanto, partirmos da diferença, demarcada por Landowski (1992:62), pela projeção teórica da *sintaxe narrativa*, existente entre a "semiótica do direito" e a "semiótica jurídica". Enquanto aquela tem por objetivo tratar, em nível superficial, dos sistemas do direito positivo, já investidos de linguagem, esta trata, em nível profundo, das relações normativas puras. A propósito disso, diz o autor (ob. cit.):

"Não fosse a presunção das diferenças terminológicas demasiado 'sutis', poder-se-ia marcar explicitamente essa hierarquia de níveis aplicando de preferência a expressão 'semiótica do direito' (ou dos sistemas do direito positivo) aos estudos que têm em vista o primeiro nível, e reservando a de 'semiótica jurídica' (*lato sensu*) para as pesquisas pertencentes ao segundo nível – estando mais uma vez entendido que as primeiras, relativamente a seu objeto, *pressupõem* as segundas, as únicas capazes de proporcionar aos estudos concretos os modelos teóricos necessários à sua elaboração."

É precisamente da perspectiva da sintaxe narrativa, sem prescindir de ambos os níveis, que pretendemos abordar o tema da ação direta de inconstitucionalidade e da ação direta de constitucionalidade. Sendo assim, necessário se faz configurar os elementos semióticos desse tipo de discurso, para chegarmos aos valores modais de tal tipo de comunicação, o que faremos ao longo deste trabalho. Antes, porém, faz-se mister uma contextualização jurídica sobre o assunto de que trataremos.

Após o advento da Constituição de 1988, 23 Emendas Constitucionais foram aprovadas. Podemos dividi-las[1] em 3 ciclos bem diferençados:

a) *o primeiro ciclo*, com 4 emendas, que vai até o início das atividades revisionais com fulcro no art. 3º do ADCT;

b) *o segundo ciclo*, marcado pelas Emendas Constitucionais de revisão, em número de 6;

c) *o terceiro ciclo*, com 13 emendas (momento atual onde a última Emenda Constitucional aprovada foi a de número 17) caracterizado pelo retorno às emendas constitucionais demandantes de três quintos de votos de cada casa no Congresso, em dois turnos.

Desse primeiro ciclo, a emenda mais ambiciosa foi a de *número 3*, do ano de 1993, que não só alterou o conteúdo de alguns artigos como também acrescentou outros, introduzindo novos institutos.

O *corpus* desse trabalho será constituído pelas normas constantes dos artigos 102 e 103 da Constituição (significativamente modificados). Tais artigos versam sobre matéria própria do controle de constitucionalidade das leis. Visando a construir o *mítico do tema – a produção das diferenças (para construir a significação) e a conciliação dos termos opostos (para construir o sentido) – faremos uma oposição entre a ação direta de constitucionalidade e a ação direta de inconstitucionalidade.*

Em síntese: a matéria relativa ao controle da constitucionalidade das leis foi enriquecida com a introdução que se fez de uma ação declaratória de constitucionalidade de lei ou ato normativo federal.

Historicamente, o nosso direito só conhecia a ação declaratória de inconstitucionalidade, que, muitas vezes, se traduzia numa declaração de constitucionalidade, na medida em que, pelo *quorum* apropriado, o STF declarava improcedentes as representações ou ações de inconstitucionalidade.

Inovação significativa vem no bojo desse mesmo instituto. As decisões definitivas de mérito, proferidas nessas ações declaratórias de constitucionalidade, terão, além da tradicional eficácia contra todos, um *efeito vinculante* relativamente aos demais órgãos do Poder Judiciário e do Poder Executivo. O nosso sistema jurídico desconhecia

1. Classificação proposta por Celso Ribeiro Bastos e por nós atualizadas neste trabalho. In: *Emendas à Constituição de 1988*, Saraiva, 1996, São Paulo.

as decisões com força vinculante. Isto é, com força bastante para tornar obrigatório o seu respeito pelas demais instâncias e tribunais do Poder Judiciário e também ao Poder Executivo, sob pena de esse último estar desobedecendo à ordem judicial.

O assunto clama por reflexões profundas, o que nos leva a propor este estudo, de relevância jurídica e social, que será feito por meio de análise semiótica que, em última instância, será referente ao problema da fiscalização abstrata da constitucionalidade das leis.

1. *A fiscalização abstrata da constitucionalidade*

1.1 A ação direta de inconstitucionalidade

1.1.1 Visão diacrônica

Em primeiro lugar, é necessário fazermos uma incursão histórica sobre o problema, para situá-lo, depois, no âmbito da teoria semiótica. Sabe-se que, desde a sua instituição, a ação direta interventiva foi, gradativamente, assumindo a configuração de um mecanismo abstrato de fiscalização da constitucionalidade, embora voltado para a proteção dos princípios constitucionais sensíveis. No entanto, apenas com a Emenda Constitucional 16/65, o Brasil adotou verdadeiro instrumento provocador da fiscalização abstrata dos atos normativos. A ação direta interventiva constitui instrumento da fiscalização concreta da constitucionalidade. Com a representação interventiva provoca-se a fiscalização concreta, sucessiva e concentrada. Já através da ação direta genérica de inconstitucionalidade, manifesta-se a fiscalização abstrata, geralmente sucessiva e sempre concentrada.

A fiscalização abstrata tanto pode incidir sobre a ação normativa estatal como sobre a omissão inconstitucional do Poder Público.

Em período posterior, houve mudanças nesse quadro. A Constituição de 1988 deu novo tratamento à antiga representação de inconstitucionalidade, ao instituir um curador para o ato impugnado (o Advogado-Geral da União) e ao ampliar o número dos legitimados ativos para sua propositura. Admitiu, ainda, a Ação direta genérica de inconstitucionalidade no plano estadual. Neste instante, foi *abandonada* a locução *representação de inconstitucionalidade* e foi *adotada* a expressão *ação direta de inconstitucionalidade.*

Nesse novo tratamento, a instituição da ação direta de inconstitucionalidade por omissão e a faculdade concedida às Coletividades Políticas estaduais, para a criação de ação direta genérica no plano local, e a instituição da ação direta de constitucionalidade indicam claramente que a fiscalização da constitucionalidade no Brasil vai assumindo progressivamente as características de um modelo concentrado. A convivência dos dois modelos, o *concentrado* e o *difuso,* continua, mas, paulatinamente, a fiscalização abstrata e concentrada vai conquistando um peso cada vez mais significativo no ordenamento jurídico.

1.1.2 Natureza, finalidade e procedimento

De início um esclarecimento e uma distinção: no controle difuso de constitucionalidade a declaração estanca a relação jurídica de forma *ex tunc e inter partes*. Mas a norma continuará eficaz e aplicável para os demais atores sociais até o momento da suspensão da sua executoriedade pelo Senado (art. 52, X da Constituição).

Sacha Calmon Navarro Coelho[2] distingue os efeitos quanto aos processos concentrado e difuso, vejamos: "No controle de constitucionalidade concentrado da lei, a decisão da Suprema Corte vale *ex tunc* e *erga omnes*. Independe do Senado a expulsão da lei ou ato normativo da *ordo juris*.

2. *O Controle da constitucionalidade das leis e do poder de tributar na Constituição de 1988*, pp. 203-204.

Todos os casos em curso são afetados pela decisão. Não se trata de *stare decisis*. É mais do que isso. Significa que a Corte apaga do quadro legal a lei impugnada, que deixa de existir, ou melhor, que nunca existiu com validade material".

Posta a diferença, cumpre afirmar que o entendimento da questão da fiscalização abstrata da constitucionalidade exige que sejam definidas suas características. Quanto à natureza, é uma verdadeira ação em razão do mecanismo especial de provocação da jurisdição constitucional. É ação que inaugura um processo objetivo. Já quanto à finalidade, pode-se dizer que não é a defesa de um direito subjetivo, ou seja, de um interesse juridicamente protegido lesado ou na iminência de sê-lo. Ao contrário, a ação direta de inconstitucionalidade presta-se para a defesa da Constituição. É a coerência da ordem constitucional e não a defesa de situações subjetivas que consubstancia a finalidade da apontada ação. Por isso, consiste em instrumento da fiscalização abstrata de normas, inaugurando "processo objetivo" de defesa da Constituição. O procedimento da fiscalização, por sua vez, é o que se encontra previsto no Regimento Interno do STF (arts. 169 a 175).

1.1.3 Legitimidade processual ativa e passiva

Inexistem partes, lide e contraditório. Não há, aqui, um processo contraditório em que as partes litigam pela defesa de direitos subjetivos ou pela aplicação de direito subjetivamente relevante.

Os legitimados ativos estão discriminados no artigo 103 da Constituição.

2. *A oposição constitucionalidade "versus" inconstitucionalidade*

Para falar sobre a ação direta de inconstitucionalidade, é necessário primeiro estabelecer a oposição entre *constitucionalidade* e *inconstitucionalidade*. Do ponto de vista semiótico, dos valores modais, a *constitucionalidade* é um *fazer* que entra em conjunção com o *poder*. Já a *inconstitucionalidade* decorre de outro tipo de relação, mais complexa, que se desdobra em duas instâncias: primeiro, quanto ao comportamento dos atores sociais há um *poder-fazer*, conferido pela lei. No entanto, há, em outra instância, uma disjunção, relativa à relação dessa lei com outra, de mesma hierarquia, ou não, que anula o *poder-fazer*, por ela conferido.

Existe, ainda, outra complexidade que diz respeito ao ajustamento desse binômio no quadrado semiótico. Enquanto para outras representações semânticas há as relações de contrariedade e de contraditoriedade, para a constitucionalidade só existe a contrariedade. Vejamos a representação gráfica do quadrado:

A leitura do quadrado revela duas *contraditoriedades* e não uma *contradição* e uma *contraditoriedade,* como ocorre com outras oposições. Dá-se tal fenômeno porque só há a possibilidade de uma lei ser ou constitucional ou inconstitucional. O exemplo dado por Jackson (1995:150), com os valores branco e preto, mostra a existência da contraditoriedade, pela oposição branco/preto, e a existência da contradição pela oposição branco/não branco, preto/não preto, e aqui a possibilidade de ocorrência de uma cor qualquer em lugar dos valores branco ou preto. Em outras palavras, o que é "não branco" não será necessariamente preto, poderá ser vermelho, por exemplo, e o que é "não preto", poderá, igualmente, ser de uma cor qualquer, que não preto. Com as leis essa possibilidade da contradição não existe, porque, necessariamente, as leis constitucionais só podem ser "não inconstitucionais" e as inconstitucionais apenas "não constitucionais", sem outra alternativa, em todos os níveis. Logo, concluímos que, nesse ponto, reside uma complexidade do sistema do direito, em relação à teoria semiótica.

Outra questão a ser discutida em relação à semiótica do direito diz respeito aos valores modais da constitucionalidade e da inconstitucionalidade. Enquanto a constitucionalidade obedece à ordem hierárquica, nos planos horizontal e vertical do esquema narrativo, a inconstitucionalidade instala uma complexidade no sistema jurídico, porque o fazer realizado pela norma é realizado em dois tempos, pois é um fazer que será anulado, o que necessariamente, provoca um novo fazer, quer seja pela passagem do estado vigente a outro, novo, quer, simplesmente, pelo retorno ao estado anterior.

A análise dos papéis actoriais dos elementos que estão envolvidos nos casos da constitucionalidade e da inconstitucionalidade, também, pode ajudar na construção da significação desse par opositivo.

Quadro 01
CONSTITUCIONALIDADE

Destinador mandante	Qualquer um dos destinadores discriminados no art. 60 da Constituição[3]
Destinador judicador	Supremo
Sujeito do fazer jurídico	Poder constituinte derivado: Congresso Nacional
Atores sociais	Povo
Conseqüência do ato do destinador judicador 1. Impossibilidade de anulação do fazer realizado por meio da norma	

3. Se se aplica o quadro 01 para a *Constitucionalidade* de uma norma qualquer o destinador mandante poderá ser um dos destinadores relacionados no art. 60 da CR.

Se, por outro lado, a aplicação tiver como referência a EC 3/93, o destinador mandante será o relacionado no inciso I desse artigo, tendo em vista que a proposta de emenda partiu da lavra do deputado Roberto Campos (assessorado por Gilmar Ferreira Mendes e Ives Gandra Martins), devidamente corroborada por mais de um terço dos membros da Câmara dos Deputados.

Quadro 02

INCONSTITUCIONALIDADE

Destinador mandante	Constituinte
Destinador judicador	Supremo
Sujeito do fazer jurídico	Poder constituinte originário
Atores sociais	Povo
Conseqüência do ato do destinador judicador: 1. Possibilidade de anulação do fazer realizado por meio da norma 2. Possibilidade de geração de novo fazer pela anulação da norma	

Essa situação leva-nos a acreditar na existência de duas instâncias enunciativas no caso de uma norma ser declarada inconstitucional. Uma primeira, de conjunção dos valores modais, porque o estado de constitucionalidade presumido é a conjunção dos valores *poder-fazer* e *fazer-fazer*, e uma de disjunção, porque o estado de inconstitucionalidade é a disjunção desses valores.

No entanto, esse fenômeno não é tão simples quanto parece, porque nenhuma norma é deliberadamente inconstitucional. Isso quer dizer que a norma inconstitucional, num primeiro nível, é presumidamente constitucional e, aí, estar a em conjunção com o *poder-fazer* e o *fazer-fazer*. O segundo nível enunciativo origina-se a partir da interferência do poder judicador, o *saber-fazer*, que tem o poder de declarar nula a presunção de constitucionalidade, transformando a constitucionalidade em inconstitucionalidade. A repercussão direta desse novo estado no esquema narrativo é a instalação da disjunção da norma com os valores modais de *poder-fazer* e *fazer-fazer*. Esse fato, contudo, não faz cessar a ação do direito sobre os atores sociais; ao contrário, faz criar um novo estado de comportamento, ou provoca o retorno do estado anterior.

Os esquemas apresentados a seguir representam as situações enunciativas da constitucionalidade e da inconstitucionalidade:

Esquema 01

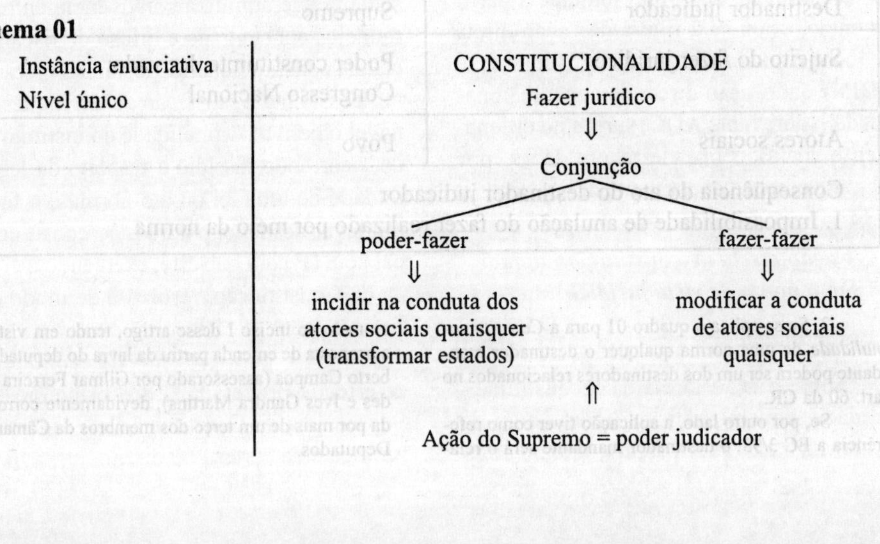

Esquema 02

Instância enunciativa	INCONSTITUCIONALIDADE
1º Nível	Fazer jurídico ⇓ Conjunção poder-fazer ⇓ incidir na conduta dos atores sociais quaisquer (transformar estados) — fazer-fazer ⇓ modificar a conduta de atores sociais quaisquer Ação do Supremo = poder judicador ⇓
2º Nível	Declaração de INCONSTITUCIONALIDADE ⇓ Disjunção poder-fazer ⇓ incidir na conduta dos atores sociais quaisquer (transformar estados) — fazer-fazer ⇓ modificar a conduta de atores sociais quaisquer

A ação do poder judicador, com referência à avaliação da inconstitucionalidade da lei, como já enunciamos, só foi prevista na Constituição de 1988. Somente a partir de então, criou-se a figura da "ação direta de inconstitucionalidade da lei" (doravante ADIN). Já a "ação direta de constitucionalidade" (doravante ADC) surgiu no ordenamento jurídico brasileiro em 1993, por meio de emenda constitucional.

3. *A ação direta de constitucionalidade, sob o ponto de vista jurídico*

3.1 Finalidade

Sobre a ação direta da inconstitucionalidade, podemos afirmar, com Hugo de Brito Machado, que "parece estranho cogitar-se de ação declaratória de constitucionalidade, tendo em conta que a constitucionalidade da lei é presumida...". Porém, num sistema que admite a convivência entre os modelos concentrado e difuso de fiscalização da constitucionalidade, um tal mecanismo possibilita a satisfação de um inquestionável objetivo. A finalidade do instituto é a de, ocorrendo dissídio a respeito da legitimidade de uma lei ou ato normativo federal, levar desde logo a questão constitucional ao STF para que este, exercendo a guarda da Constituição, resolva-a de modo definitivo (com eficácia *erga omnes* e efeito vinculante), para proveito da economia e celeridade processuais, dos princípios da Supremacia da Constituição, da segurança jurídica e da certeza do direito.

3.2 O controle da constitucionalidade e a Emenda n. 3

Ainda é preciso lembrar que o art. 102, I, "a", diz respeito à competência originária do Supremo Tribunal Federal para processar e julgar a ação direta de inconstitucionalidade de lei ou ato normativo federal ou estadual. Nesse sentido, é importante deixar claro que:

a) Os atos municipais ficaram excluídos do controle por via direta no plano federal (podem ser impugnáveis apenas em face da Constituição Estadual).

b) Os atos estaduais podem ser questionados tanto por ofensa à Constituição Federal quanto à Estadual.

c) Os atos federais, por sua vez, só podem ser impugnados por ação direta perante o Supremo Tribunal Federal.

d) O âmbito do controle da constitucionalidade é restrito a atos normativos do Poder Público.

Para melhor compreensão do tema, no entanto, impõe-se uma incursão sobre os limites do poder de reforma constitucional no direito brasileiro. Antes, entretanto, analisemos a configuração enunciativa da ADIN e da ADC.

4. A enunciação da ADIN e da ADC

Por terem sido os dois tipos de ação, de constitucionalidade e de inconstitucionalidade, configurados em enunciações diferentes é importante examiná-las para que sejam observadas as repercussões decorrentes desse fenômeno na construção da significação da lei. Além disso a concepção de ambas as ações tem motivações diferentes e produzem efeitos de sentidos também diferentes

O esquema da enunciação da ação direta de inconstitucionalidade é o seguinte:

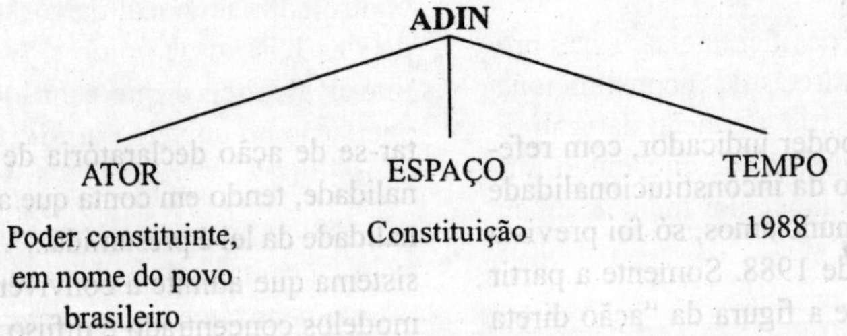

E o esquema da ação direta de constitucionalidade:

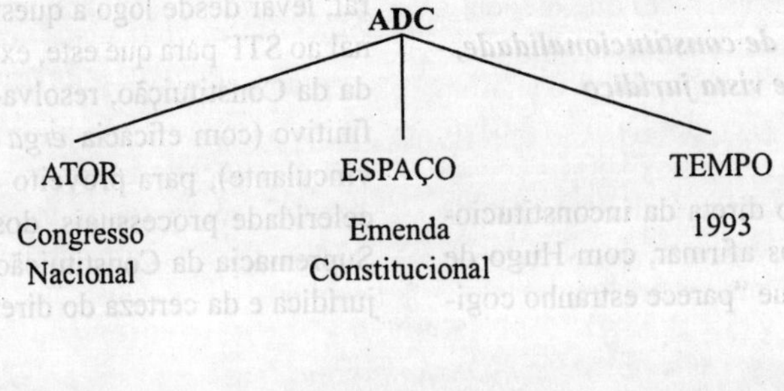

O discurso da ADIN é a culminância de um estado de direito iniciado com a Constituição de 1934, pela instituição da declaração da inconstitucionalidade da lei e do poder público, repetida, com alguma diferença, em todas as Constituições, até a de 1967 e suas emendas. Já a ADC tem seu discurso fundador depois da Constituição de 1988, numa de suas emendas.

Essa oposição implícita na debreagem enunciva de pessoa, em ambos os casos, tem certos feitos de sentido. No caso da ADIN, a pessoa que fala é o Poder Constituinte, pelo povo brasileiro, portanto, com toda a força desse ato. Quanto à criação da ADIN e da ADC pode surgir uma dúvida que diz respeito ao aparecimento daquela anteriormente a esta. Um motivo para isso pode ter sido o fato de esse discurso opor-se ao estado anterior de direito que "fechava os olhos" para atos inconstitucionais dos poderes legislativo, executivo e até mesmo do judiciário. Era, portanto, naquela enunciação, mais relevante estabelecer limites para algumas leis e atos normativos federais e estaduais.

Decorrente das denúncias e das propostas de ações diretas de inconstitucionalidade, foi necessária a criação da ação direta de constitucionalidade que, então, surge em oposição àquela, por meio de emenda constitucional.

5. *O poder de reforma constitucional*

5.1 *Constituições flexíveis e constituições rígidas*

A caracterização desses tipos é devida, como se sabe, a Bryce, que associa a flexibilidade às constituições consuetudinárias *(common law constitutions)* como um atributo necessário, embora não exclusivo, pois também cita como flexíveis as constituições escritas da Itália e da República do Transava ao lado das constituições costumeiras do Reino Unido e da Hungria.

5.2 *O controle de constitucionalidade como garantia da rigidez*

Dada a importância que reveste para nosso assunto, devemos referir-nos à existência ou não de garantias de rigidez, ou seja, de processos e órgãos destinados a evitar que a constituição se reforme de modo diverso do que ela prescreve. Com esse objetivo, controla-se a atividade legiferante, impedindo-se que se legisle em desacordo com a constituição, ou, na hipótese de serem feitas leis ou reformas inconstitucionais, que estas sejam anuláveis ou inaplicáveis. É fácil avaliar a importância de uma faculdade dessa natureza, sobretudo quando ela é confiada a órgão jurisdicional, pois, na sua ausência, as limitações estabelecidas pelo constituinte para o legislador ordinário não passariam de meras recomendações que poderiam ser transgredidas impunemente, fazendo que as constituições teoricamente rígidas se convertam, na prática, em constituições flexíveis.

Para evitar essa inversão indevida, o controle jurisdicional da constitucionalidade das leis surge como o mecanismo de maior alcance e que tem logrado maior aceitação no universo jurídico e no universo político.

No momento, interessa salientar o caráter de garantia da rigidez constitucional e o tratamento que a Constituição dá a cada um desses institutos jurídicos, *com a finalidade de buscar a veridicção da teoria do controle abstrato da constitucionalidade, estudando as diferenças existentes entre os controles relativos à inconstitucionalidade e à constitucionalidade das leis, tendo por base o princípio semiótico de que o que produz o sentido é a diferença.*

"Visando a conciliar as duas lógicas em presença" (Landowski, 1992:109) o discurso reconstruído vai-se encontrar incorporado à própria definição do sujeito, vejamos:

1. Discurso pressuposto
Lógica do Controle Normativo

2. Discurso posto
Lógica da Constitucionalidade

3. Superação dialética
Conviver com a instituição da fiscalização abstrata da constitucionalidade, feita por meio do instrumento introdutor de normas adequado.
Adequar o sistema normativo brasileiro aos mais modernos tipos de controle da constitucionalidade.
Valorizar a segurança jurídica e a certeza do direito.
Levar, de pronto, a questão constitucional à apreciação do STF para que este a resolva, de modo definitivo, com efeito vinculante (na ação de constitucionalidade) e com economia e celeridade processuais.

Nesse sentido, os princípios básicos que cercam o tema precisam ser ressaltados, o que se faz na forma seguinte:

6. *Noção de hierarquia das normas jurídicas*

O ordenamento jurídico é um sistema de relações normativas agregados numa disposição de coerência/coesão entre si e com o todo. A coerência está intimamente ligada à unidade do ordenamento jurídico. Segundo a teoria kelseniana, uma norma jurídica encontra seu fundamento de validade na norma que lhe é imediatamente superior, formando um encadeamento vertical cujo topo é a Constituição. Através desse encadeamento, todas as normas podem ser reconduzidas à norma suprema, fundamento último de validade de todo o ordenamento positivo. Nisso consiste a sua unidade.

Essa fundamentação jurídica ratifica que a inconstitucionalidade é a incompatibilidade, a contraditoriedade, de um ato normativo com a Constituição, conforme já concluímos por meio da análise semiótica das concepções de constitucionalidade/inconstitucionalidade.

Essa contraditoriedade (incompatibilidade) pode ser formal e material. É formal quando na feitura da lei não são observadas as exigências constitucionais quanto à autoridade competente e/ou o procedimento estabelecido. É material, quando o conteúdo do ato normativo fere preceito constitucional.

7. *Objeto da argüição abstrata da constitucionalidade*

No direito brasileiro são passíveis de fiscalização abstrata da constitucionalidade: *a)* as emendas à Constituição; *b)* as leis complementares; *c)* as leis ordinárias; *d)* as leis delegadas; *e)* as medidas provisórias; *f)* os decretos legislativos; *g)* as resoluções; *h)* os tratados internacionais; *i)* os regimentos internos dos tribunais.

Dos tipos legais relacionados, abordaremos apenas, neste trabalho, a possibilidade de fiscalização abstrata da constitucionalidade no instrumento normativo denominado medida provisória.

8. *Um exemplo de inconstitucionalidade: as medidas provisórias como instrumento introdutor de normas tributárias*

As Medidas Provisórias se inserem na relação dos instrumentos introdutórios de normas que integram o processo legislativo brasileiro, a rigor do disposto no art. 59, da Constituição.

Comecemos por analisar o dispositivo constitucional específico:

"Art. 62. Em caso de relevância e urgência, o Presidente da República poderá adotar *Medidas Provisórias, com força de Lei*, devendo submetê-las de imediato ao Congresso Nacional, que, estando em recesso, será convocado extraordinariamente para se reunir no prazo de cinco dias.

Parágrafo único. As Medidas Provisórias perderão eficácia, desde a edição, se não forem *convertidas* em Lei no prazo de trinta dias, a partir de sua publicação, devendo o Congresso Nacional disciplinar as *relações jurídicas delas decorrentes* (grifamos).

Natureza jurídica

As locuções *com força de Lei* e *convertidas em Lei,* expressas no comando constitucional, estimulam-nos a construir o seu sentido.

Não é trabalho fácil estabelecerem-se os contornos da natureza jurídica da Medida Provisória, pois ora ela aparece como *providência* indispensável para enfrentar situações emergentes e anômalas; ora como Lei especial dotada de vigência imediata, embora provisória; ora como ato administrativo, não possuindo natureza legislativa; ora como instrumento primário; ora como espécie normativa de natureza infraconstitucional, dotadas de força e eficácia legais; ora como ato materialmente legislativo, e *ora como* ato normativo com força de Lei.

Salta aos olhos, porém, que, no direito brasileiro, o instituto da medida provisória, independentemente da denominação sob a qual é conhecida, possui caráter normativo, e regime jurídico próprio e específico, constituído por dois feixes de características e elementos distintos.[4]

O primeiro é-lhe típico, pois encontrado, tão-somente, no universo das Medidas Provisórias, conforme se depreende da prescrição contida no art. 62 da Constituição Federal: *agente expedidor, pressupostos, procedimentos para sua aprovação, conversão em Lei* etc.

O segundo é também típico, mas modalizado por aspectos e características aplicáveis às Leis, tendo em vista que o constituinte, expressamente, reescreveu determinadas características que marcam as Leis, visando a fixar os contornos do instituto medida provisória.

Vê-se, assim, que a natureza jurídica da medida provisória é fixada pela conjunção dos dois feixes de características que lhe outorga a Carta Maior: o primeiro, típico; o segundo, modalizado por outros institutos existentes no universo do Direito. Isto autoriza a conclusão de que as Medidas Provisórias são instrumentos introdutórios de normas, dotados de natureza jurídica própria, despida de similitude com outro instrumento normativo previsto no Texto Constitucional.

Os pressupostos

O art. 62 da Constituição prescreve que as Medidas Provisórias, para validamente irromperem no ordenamento jurídico, necessitam da presença concomitante de dois pressupostos: a *relevância* e a *urgência*. A *relevância* deve, necessariamente, acompanhar a *urgência*. Ausente um desses pressupostos, restará juridicamente inválida a medida provisória correspondente.

Não há antinomia jurídica entre os termos relevância e urgência. A pergunta que ora se faz é: a medida provisória necessita, concomitantemente, da presença dos dois pressupostos referidos? Pela interpretação

4. Márcio Pestana deu importante contribuição ao estudo do tema e desenvolveu, com propriedade, tese sobre o regime jurídico da Medida Provisória (estudo no prelo, a ser publicado pela *Revista Ciência Jurídica*).

textual da Constituição, e até mesmo pela literalidade da norma constitucional, sim.

8.1 As medidas provisórias editadas

A partir da promulgação da Carta de 1988, até a edição da MP de número *1.000* esses instrumentos normativos versaram sobre os mais variados temas, inclusive sobre *matéria tributária*. Os gráficos mostram-nos as seguintes realidades:

a) o percentual de Medidas Provisórias editadas e que versaram, ou não, sobre matéria tributária. Como se vê, *21% das MPs* (equivalentes a 211 Medidas Provisórias) trataram de *matéria tributária.*

b) comparativamente, as MPs editadas pelos quatro Presidentes da República, ressaltando, em termos percentuais, a matéria tributária e a não tributária.

Da leitura desses gráficos, verifica-se a presença de matéria tributária veiculada por meio de MPs o que, em sede de matéria tributária, fere os princípios da legalidade,[5] da irretroatividade, da competência, da segurança jurídica e da tripartição das funções.

Tudo isso prova que a segurança jurídica do contribuinte está *seriamente comprometida e vem sendo alijada* do ordenamento jurídico pelo mau uso das MPs.

MEDIDAS PROVISÓRIAS EDITADAS

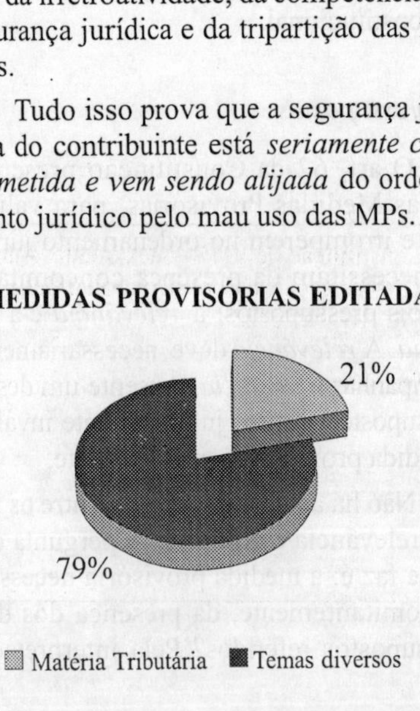

5. Pela completa ausência do prévio consentimento popular, pelo abandono da prévia representação, pela renúncia à idéia secular da autotributação.

MPs EDITADAS
QUADRO COMPARATIVO

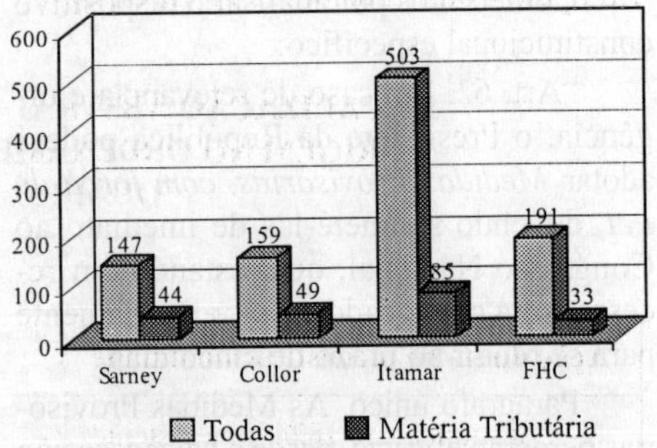

Ocorre que a edição e a reedição de MPs, além de configurar flagrante inconstitucionalidade, pode levar o cidadão a propor ação em que responsabiliza o Presidente da República, com base no art. 85, *verbis:*

Art. 85. São crimes de responsabilidade os atos do Presidente da República que atentem contra a Constituição Federal e, especialmente, contra: (...)

"II – *o livre exercício do Poder Legislativo*, do Poder Judiciário, do Ministério Público e dos Poderes constitucionais das unidades da Federação."

Com ofensas como essas cometidas contra a Constituição, por meio de edição, e reedição de MPs que versam sobre matéria tributária, violenta-se o *princípio da tripartição de funções* (Constituição, arts. 2º; e 60, § 4º, III).

9. Oposição jurídico-semiótica entre ADIN e ADC

Os tipos de inconstitucionalidade possíveis são:

a) Inconstitucionalidade por ação (caracteriza-se pela prática de um ato, pela edição de uma lei ou pela materialização de um comportamento em antagonismo ao preceituado na Constituição). Edição de Medida Provisória em matéria tributária, por exemplo.

b) Inconstitucionalidade por omissão (é negativa, isto é, resulta de um comportamento, que não obstante exigido ou requerido pela Constituição, faz-se ausente).

Esse conhecimento é pré-requisito necessário para procedermos à análise da fiscalização abstrata da constitucionalidade. Vejamos o quadro:

FISCALIZAÇÃO ABSTRATA DA CONSTITUCIONALIDADE: ORIGEM NO ORDENAMENTO JURÍDICO BRASILEIRO QUADRO DE OPOSIÇÃO

Ação direta de inconstitucionalidade	**Ação direta de constitucionalidade**
1 – Constituição de 1824 – inexistente	1 – Constituição de 1824 – inexistente
2 – Constituição de 1891 – inexistente	2 – Constituição de 1891 – inexistente. O art. 59, § 1º, "a" admitiu a fiscalização da constitucionalidade[6]
3 – Constituição de 1934 – O art. 179, de forma expressa, admite, por voto da maioria absoluta dos juízes integrantes dos tribunais a declaração da inconstitucionalidade de lei ou de ato do poder público	3 – Constituição de 1934 – inexistente. O art. 76, III, "b" e "c" reproduziu preceito da Carta de 1891
4 – Constituição de 1937 – O art. 96 e seu parágrafo único admite a declaração de inconstitucionalidade da lei ou de ato do Presidente da República, podendo, no entanto, o Presidente da República submeter, novamente, ao exame do Parlamento. Havendo a confirmação parlamentar de dois terços de votos de cada uma das câmaras ficará sem efeito a decisão do Tribunal	4 – Constituição de 1937 – inexistente
5 – Constituição de 1946 – O art. 200 admite a ação, da declaração de inconstitucionalidade de lei ou de ato do poder Público	5 – Constituição de 1946 – inexistente. Admitiu a fiscalização da constitucionalidade no art. 101, III, "a" e "b"
6 – Emenda Constitucional n. 16/65 instituiu a fiscalização abstrata e alterou o art. 101, I, "k" da Constituição de 1946 que passou a ter a seguinte redação: "a representação contra inconstitucionalidade de lei ou ato normativo de natureza normativa, federal ou estadual, encaminhada pelo Procurador-Geral da República"	6 – Inexistente

6. Conforme Lúcio Bittencourt, in: *O Controle jurisdicional da constitucionalidade das leis*. 2ª ed. atualizada por José Aguiar Dias. Rio de Janeiro, Forense, 1968, p. 28.

Ação direta de inconstitucionalidade	Ação direta de constitucionalidade
7 – Constituição de 1967 (com a redação da EC 1/69) – Manteve o sistema de fiscalização inaugurado em 1891 (com as alterações, inclusive as relacionadas na Carta de 1946 e na EC 16/65). Trouxe, no entanto, duas mudanças: 7.1 Excluiu o dispositivo da EC 16/65 que autorizava a representação de inconstitucionalidade genérica no âmbito estadual; 7.2 Na representação interventiva, proposta pelo Procurador-Geral da República, a competência para suspender o ato estadual foi transferida do Legislativo para o Presidente da República (art. 11, § 2º)	7 – Inexistente
8 – A EC 7/77 trouxe significativas mudanças: 8.1 O art. 119, I, XXX, "l" atribuiu competência ao STF, para interpretar, com efeito vinculante, de ato normativo federal ou estadual; 8.2 Previsão expressa de medida cautelar (liminar), solicitada pelo Procurador-Geral da República nas representações por ele encaminhadas (art. 119, I, "p")	8 – Inexistente
9 – Constituição de 1988 – novo tratamento à antiga representação de inconstitucionalidade: 9.1 A representação para fins de interpretação foi abolida. 9.2 Instituiu um curador para o ato impugnado (o Advogado-Geral da União); 3.2 admitiu a esse tipo de ação no plano estadual; 9.3 Abandonou a expressão representação de inconstitucionalidade e adotou a locução ação direta de inconstitucionalidade; 9.4 Instituiu a ação direta de inconstitucionalidade por omissão	9 – Inexistente
10 – Ação direta de inconstitucionalidade já criada e regulamentada	10 – Emenda Constitucional n. 3, de 17 de março de 1993 – cria, no ordenamento jurídico brasileiro, a ação direta de constitucionalidade

Disse Gilmar Ferreira Mendes[7] que a *ação direta de constitucionalidade* é uma *ação direta de inconstitucionalidade* com o sinal trocado. Seria isso verdade? Acreditamos que a nossa exposição, até aqui, tanto no que se refere a argumentos semióticos quanto jurídicos, já desautoriza a afirmação do autor. Mesmo assim, ainda é possível levantarmos novas questões que enfatizam a oposição entre os dois tipos de ação. Examinemos, então, o mítico que se afigura no tema.

7. *A ação declaratória*, p. 5.

O MÍTICO DO TEMA: A PRODUÇÃO DAS DIFERENÇAS (PARA CONSTRUIR A SIGNIFICAÇÃO) A CONCILIAÇÃO DOS TERMOS OPOSTOS (PARA CONSTRUIR O SENTIDO)[8]

Ação direta de inconstitucionalidade	Ação direta de constitucionalidade
1 – Criada na Constituição de 1988 – art. 102, I, "a"	1 – Criada por meio da EC 3/93 à Carta de 1988 – art. 102, I, "a"
2 – Pode ser proposta contra lei ou ato normativo federal ou estadual	2 – Pode ser proposta contra lei ou ato normativo federal
3 – Não produzirá eficácia contra todos e não encerra o efeito vinculante	3 – Produzirá eficácia contra todos e efeito vinculante, relativamente aos demais órgãos do Poder Judiciário e ao Poder Executivo
4 – Existência de um curador para o ato impugnado (O Advogado-Geral da União, § 1º do art. 103)	4 – Inexistência desse curador
5 – Possibilidade expressa de concessão de medida cautelar	5 – A Constituição foi omissa quanto ao tema. Mesmo assim, há quem defenda a tese de que é admissível a concessão de medida cautelar nessa seara, em decorrência da EC 7/77 e da própria atividade jurisdicional exercida pelo STF. Por outro lado, o silêncio constitucional de um lado e a dicção constitucional, de outro lado, quando, no § 2º do art. 102 se refere somente às decisões definitivas de mérito... parece estancar essa possibilidade
6 – Os legitimados ativos: O Presidente da República; a Mesa do Senado Federal; a Mesa da Câmara dos Deputados; a Mesa da Assembléia Legislativa; o Governador do Estado; o Procurador-Geral da República; o Conselho Federal da Ordem dos Advogados do Brasil; partido político com representação no Congresso Nacional; confederação sindical ou entidade de classe de âmbito nacional.	6 – Os legitimados ativos: O Presidente da República; a Mesa do Senado Federal; a Mesa da Câmara dos Deputados; o Procurador-Geral da República
7 – Integra o processo concentrado de constitucionalidade dos atos normativos, tendo a mesma natureza: a de se apresentarem como processos objetivos[9]	7 – Integra o processo concentrado de constitucionalidade dos atos normativos, tendo a mesma natureza: a de se apresentarem como processos objetivos

8. Eric Landowski esclarece que "mítico" deve ser tomado em sua acepção técnica precisa: trata-se, ao mesmo tempo, da produção das diferenças, sem as quais não haveria significação, e da conciliação dos termos opostos, sem a qual não haveria mais sentido. In: *A Sociedade Refletida*, p. 52.

9. Conforme demonstrou o Ministro Moreira Alves, in: Ação Direta de Constitucionalidade 1-1-DF. Questão de Ordem. Voto do Ministro, p. 21.

Ação direta de inconstitucionalidade	**Ação direta de constitucionalidade**
8 – Expansão do controle concentrado: ampliação dos legitimados ativos	8 – Expansão do controle concentrado: criação pela EC 3/93
9 – O controle difuso: continua a ser a regra (não pode ser utilizado em relação aos atos normativos que tenham sido declarados – pelo controle concentrado e abstrato – constitucionais ou inconstitucionais ou que tenham tido sua execução suspensa pelo Senado quando a declaração de inconstitucionalidade resulte do controle difuso exercido pelo STF	9 – Inexistente
10 – Trata-se de processo objetivo, unilateral, não-contrADINtório, sem partes (existe um requerente mas não, necessariamente, um requerido)	10 – Trata-se de processo objetivo, unilateral, não-contrADINtório, sem partes (existe um requerente mas não, necessariamente, um requerido)
11 – Objetivo: elidir a insegurança jurídica ou o estado de incerteza sobre a legitimidade da lei ou ato normativo federal ou estadual. Os requerentes não atuam na defesa de interessc próprio, atuam no interesse de preservação da segurança jurídica e da certeza do direito	11 – Objetivo: elidir a insegurança jurídica ou o estado de incerteza sobre a legitimidade da lei ou ato normativo federal. Os requerentes não atuam na defesa de interesse próprio, atuam no interesse de preservação da segurança jurídica e da certeza do direito
12 – Inadmite a desistência do pedido e não existe a figura do réu	12 – Inadmite a desistência do pedido e não existe a figura do réu
13 – Existência de procedimento	13 – Inexistência de procedimento. Pendente de disciplina
14 – Quanto à decisão e aos seus efeitos: pode declarar e reconhecer tanto a conformidade quanto a desconformidade do ato impugnado frente à Constituição	14 – Quanto à decisão e aos seus efeitos: a) a decisão que a julga procedente implicará a declaração de constitucionalidade do ato normativo; b) a decisão de rejeição (pelo voto da maioria dos membros do STF) implica a declaração de inconstitucionalidade
15 – Inconstitucionalidade por omissão. A inércia do legislador e o silêncio transgressor geram a omissão inconstitucional	15. – Inexistente

10. A reação à ação direta de constitucionalidade

Afirma Celso Bastos que a reação contrária à ação direta de constitucionalidade deveu-se, sobretudo, ao desconhecimento aprofundado da teoria sobre a jurisdição constitucional.

Além desse aspecto, merecem destaque as seguintes observações:

a) frustrou-se a tentativa de reintrodução de uma ação avocatória (via Emenda Constitucional) porque foi combatida veementemente por juristas e por segmentos expressivos da sociedade civil;

b) ato contínuo, o deputado Roberto Campos, amparado em proposta da lavra de Ives Gandra da Silva Martins e Gilmar Ferreira Mendes apresentou proposta de emenda constitucional instituindo a ação direta de constitucionalidade;

c) parte considerável dessa proposta foi incorporada ao texto definitivo da EC 3/93.

Apesar de essa origem incomodar a muitos, a verdade é que esse tipo de ação complementa o modelo brasileiro de controle da constitucionalidade.

À guisa de conclusão

A reflexão feita neste trabalho permitiu-nos verificar que a aplicação de princípios semióticos ao sistema do direito desnuda fatos impossíveis de serem detectados por meio de teorias convencionais. Mesmo ainda tênues, algumas conclusões podem ser esboçadas:

1. A análise semiótica de sistemas de direito revelam complexidades não aparentes superficialmente.

2. Complexidades verificadas foram:

a. o processo de inconstitucionalidade que, necessariamente, implica uma fase de constitucionalidade acontece em níveis enunciativos diferentes;

b. a noção de inconstitucionalidade, necessária e suficientemente, constrói-se em oposição à de constitucionalidade, mas não apresenta oposição contraditoriedade *x* contradição, formando-se apenas a partir daquela.

3. A ADIN foi um discurso criado na Constituição de 1988 porque opunha-se ao do estado constitucional anterior. Já a ADC não foi criada na Constituição de 1988 porque os fatos que compunham aquela enunciação não jurisdicizaram esse comportamento.

4. Quando uma lei é declarada inconstitucional instauram-se duas instâncias enunciativas. Uma primeira, de conjunção dos valores modais (porque o estado de constitucionalidade presumido é a conjunção dos valores poder-fazer e fazer-fazer). Uma segunda, de disjunção (porque o estado de inconstitucionalidade é a disjunção desses valores).

5. O sistema brasileiro de controle da constitucionalidade convive com os modelos concentrado e difuso de fiscalização da constitucionalidade.

6. Os atos municipais ficaram excluídos do controle por via direta no plano federal (podem ser impugnáveis apenas em face da Constituição Estadual).

7. Os atos estaduais podem ser questionados tanto por ofensa à Constituição Federal quanto à Estadual.

8. Os atos federais, por sua vez, só podem ser impugnados por ação direta perante o Supremo Tribunal Federal.

9. O âmbito do controle da constitucionalidade é restrito a atos normativos do Poder Público.

10. A veridicção do controle abstrato da constitucionalidade nos leva ao campo da existência de garantias de rigidez constitucional como elemento indispensável para se evitar que a constituição seja modificada de modo diverso daquele nela previsto.

11. A EC 3/93 teve o condão de adequar o sistema normativo brasileiro aos mais modernos tipos de controle da constitucionalidade.

12. Podem sofrer a fiscalização abstrata da constitucionalidade: as emendas à Constituição; as leis complementares; as leis ordinárias; as leis delegadas; as medidas provisórias; os decretos legislativos; as resoluções; os tratados internacionais; e os regimentos internos dos tribunais.

13. O uso das medidas provisórias como instrumento introdutor de normas tributárias no ordenamento jurídico brasileiro é ensejador de inconstitucionalidade manifesta.

14. A Constituição de 1988 deu um novo tratamento jurídico à antiga representação de inconstitucionalidade:

a) Aboliu a representação para fins de interpretação;

b) Instituiu um curador para o ato impugnado (o Advogado-Geral da União); 3.2 admitiu a esse tipo de ação no plano estadual;

c) Abandonou a expressão representação de inconstitucionalidade e adotou a locução ação direta de inconstitucionalidade;

d) Instituiu a ação direta de inconstitucionalidade por omissão.

15. Na ação direta de inconstitucionalidade existe a previsão constitucional, expressa, de concessão de liminar. Quanto à ação direta de constitucionalidade, a Constituição foi omissa.

16. O quadro dos legitimados ativos na ação direta de inconstitucionalidade é bem mais abrangente do que na ação direta de constitucionalidade.

17. Esse tipo de ação não se coaduna com a possibilidade de desistência do pedido. Inexiste, ainda, a figura do réu.

18. Houve um aumento do controle concentrado.

Bibliografia

BACHOF, O. *Normas constitucionais inconstitucionais?* Coimbra, Atlântida, 1977.

BARROS, Diana Luz Pessoa de. *Teoria do texto.* São Paulo, Ática, 1991.

BASTOS, Celso Ribeiro. *Emendas à constituição.* São Paulo, Saraiva, 1996.

CAPPELLETTI, Mauro. *O controle judicial de constitucionalidade das leis no direito comparado.* Porto Alegre, Fabris, 1984.

CARVALHO, Paulo de Barros. *Curso de Direito Tributário.* São Paulo, Saraiva, 8ª ed., 1995.

_______. *Fundamentos Jurídicos da Incidência Tributária.* São Paulo, Tese apresentada ao concurso para professor-titular do Departamento de Direito Econômico e Financeiro, área de Direito Tributário, da Faculdade de Direito, da Universidade de São Paulo, 1996.

CLÈVE, Clemerson Merlin. *A fiscalização abstrata de constitucionalidade no direito brasileiro.* São Paulo, Ed. RT, 1995.

COELHO, Sacha Calmon Navarro. *O controle da constitucionalidade das leis.* Belo Horizonte, Del Rey, 1992.

COURTÉS, J. *Semiótica e ciências sociais.* São Paulo, Cultrix, 1985.

_______. *Dicionário de semiótica.* São Paulo, Cultrix, 1985.

DINIZ, Márcio Augusto de Vasconcelos. *Controle de constitucionalidade e teoria da recepção.* São Paulo, Malheiros Editores, 1995.

DINIZ. Maria Helena. *Conflito de normas.* São Paulo, Saraiva, 1987.

_______. *Norma constitucional e seus efeitos.* São Paulo, Saraiva, 1989.

FERRARI, R. M. N. *Controle da constitucionalidade das leis municipais.* 2ª ed. rev. e ampl. São Paulo, Ed. RT, 1994.

_______. *Efeitos da declaração de inconstitucionalidade.* 3ª ed. São Paulo, Ed. RT, 1992.

FIORIN, José Luiz. *Elementos de análise do discurso.* São Paulo, 1992.

GREIMAS, A. J. "As aquisições e os projectos". In: COURTÉS, J. *Introdução à semiótica narrativa discursiva.* Coimbra, Livraria Almedina, 1980.

_______. *Sobre o sentido.* Petrópolis, Vozes, 1975.

_______. & LANDOWSKI, E. "Análise Semiótica de um discurso jurídico". *Semiótica e Ciências Sociais*, 1982.

HESSE, K. *A força normativa da constituição.* Porto Alegre, Fabris, 1991.

JACKSON, Bernard S. "Do referente, perdido e reencontrado". *Cruzeiro Semiótico,* 1995.

_______. "Sémiotique et théorie critique du droit". *Droit et Societé*, 8, 1988.

_______. "Statu et pratiques du texts juridique". In: BOURCIER, D. *Lire le droit.* Paris, LGDJ, 1992.

_______. "The construction of identity". *International Journal for the Semiotics of Law*, 15, 1993.

_______. "Thématisation et typifications narratives en droit". *Protée,* 2, 1994.

_______. "Vers un modèle sémiotique de l'analogie du jeu en théorie du droit". *Revue Internationale de Sémiotique Juridique*, 13, 1992.

_______. *Making sense in law.* Liverpool, Deborah Charles Publications, 1995.

LANDOWSKI, E. "Verdade e veridicção em direito". *Cruzeiro Semiótico,* 10, 1989.

_______. "L'un et le multiple: quêtes d'identité, crises dálterité". In: YLLERA, J. R. A. & GARCÍA-PAGE, M. *Semiótica(s) homenaje a Greimas.* Madrid, Visor Libros, 1993.

LEITE JUNIOR, Orlando & LEITE, Marli Quadros. "Enunciado e enunciação na norma jurídica". In: *Anais do 1º Colóquio do Centro de Pesquisas Sociossemióticas*. São Paulo, 1995.

MARINHO, J. *Estudos constitucionais*. Salvador, UFBA, 1989.

MARTINS, I. G. & MENDES, G. F (orgs.). *Ação declaratória de constitucionalidade*. São Paulo, Saraiva, 1995.

MENDES, Gilmar Ferreira. *Jurisdição constitucional*. São Paulo, Saraiva, 1996.

NEVES, Marcelo. *Teoria da inconstitucionalidade das leis*. São Paulo, Saraiva, 1988.

______. *A constituição simbólica*. São Paulo, Acadêmica, 1994.

OLIVEIRA, A. C. & LANDOWSKI, E. (orgs.). *Do inteligível ao sensível*. São Paulo, EDUC, 1995.

POLETTI, Ronaldo. *Controle da constitucionalidade das leis*. 2ª ed. rev. e ampl. Rio de Janeiro, Forense 1995.

CADERNOS DE DIREITO TRIBUTÁRIO

LEGALIDADE TRIBUTÁRIA – O PRINCÍPIO DA PROPORCIONALIDADE E A TIPICIDADE ABERTA

JOSÉ MARCOS DOMINGUES DE OLIVEIRA
Livre Docente e Professor de Direito Financeiro
da Faculdade de Direito da Universidade do Estado do Rio de Janeiro

Introdução

Pesquisas de diversas fontes recorrentemente proclamam o que é notório: a histórica concentração de renda não só persiste como se tem aprofundado na sociedade brasileira.

Pensamos que o sistema tributário brasileiro, reputado caótico, bitributante, a merecer "reforma", tem sido um ingrediente importante da injustiça social reinante no País porque se presta a reforçar a iniqüidade através da injustiça fiscal.

Ora, cremos caber à doutrina um fundamental papel, uma função pioneira e desbravadora, tanto quanto revisora, dos valores essenciais da ordem jurídica em geral e tributária em especial.

Parece-nos, e temos isso sustentado em nosso *Capacidade Contributiva,*[1] que há algumas décadas o direito tributário brasileiro vinha priorizando os aspectos *formais* do vínculo jurídico-tributário, numa perspectiva tão intensa a ponto de se distanciar das preocupações *materiais* do fenômeno.

Reportando-nos aos dois grandes princípios do Estado de Direito: a Igualdade e a Legalidade, indagamos se a ênfase na chamada *legalidade estrita* (*tipicidade fechada, legalitariedade*), tributárias, terá atingido o nobre fim a que se destinava: a Democracia tributária e a garantia de Liberdade para o Cidadão-contribuinte...

Evidencia-se que a Legalidade, como princípio formal, não é bastante em si para fazer prevalecer o anseio racional do Homem por Justiça, ou seja, a Igualdade, princípio material da Ordem Democrática, traduzida na justiça fiscal e no respeito à capacidade contributiva, reconduzida esta, em boa hora, ao texto constitucional no art. 145 da Carta de 1988.

Constata-se que a chamada tipicidade tributária fechada não raro tem sido usada para "garantir" o amesquinhamento dos campos de incidência constitucionais, prestando-se a validar ilegítimos "recortes" de fatos geradores e de bases de cálculo em descompasso com a realidade (e, assim, não "subsumidos" à generalidade da tribu-

1. Ed. Renovar, Rio de Janeiro, 1988 (2ª edição revista e atualizada no prelo).

tação), instrumentalizando a concessão de isenções e a edição de leis interpretativas de favor, e a perpetuação dos privilégios dos que *menos pagam* impostos e que mais se fazem ouvir nos Parlamentos, *em detrimento da maioria da população* que sempre é chamada a *pagar mais* pela incúria ou pela má-fé dos administradores da coisa pública e gestores da Despesa.

Os estudos de Klaus Tipke na Alemanha confirmam o diagnóstico em outro ambiente cultural e nos animam a propor um novo patamar para a Legalidade Tributária, no qual possa ela, mercê da interpretação científica, melhor servir à causa da Democracia, sempre inspirada na idéia de *proporcionalidade* traduzida na relação meio-fim que há de presidir sempre a análise da Legitimidade dos atos estatais.

Princípio da proporcionalidade

O princípio jurídico da proporcionalidade consiste na exigência de adequação dos atos estatais aos fins estabelecidos pela Constituição. É na verdade um requisito de legitimidade: a discrição juspolítica dos Poderes do Estado sofre um *controle teleológico*, de natureza jurídica, certo que esse juízo é, no escólio de Jorge Miranda, "assente na correta interpretação e aplicação das normas e na adesão aos valores que lhe subjazem (...) o que está em causa é uma funcionalidade teleológica...".[2]

O confronto da finalidade dos atos estatais com os efeitos destes torna possível o controle do excesso do poder.[3]

O princípio da proporcionalidade permite um *controle material e finalístico* do Estado de Direito, além daquele formal ou de legalidade. Ao influxo desse princípio, que está na base do "novo" ou "segundo" Estado de Direito, na expressão de Paulo Bonavides, floresceram os chamados direitos sociais, econômicos e culturais, e os direitos difusos da comunidade, como os à proteção ao meio ambiente e ao desenvolvimento.[4]

O exercício do Poder implica na *identificação dos fins* colimados pela Constituição e na opção, na *escolha dos meios* que levarão à satisfação daqueles. O Estado de Direito é o Estado que se deixa controlar juridicamente. Esse controle se faz superiormente com recurso ao princípio da proporcionalidade.

O princípio teve seu emprego clássico no Direito Público como critério de controle do mérito do ato administrativo discricionário[5] de modo a afastar o excesso de poder (*ultra vires* na expressão inglesa citada por Caio Tácito).[6]

Para Sérvulo Correia, no Direito Administrativo haveria quatro planos de verificação da adequação meio-fim expressa pelo princípio da proporcionalidade: a determinação do fim a perseguir; o juízo de aptidão ou adequação; o juízo sobre a indispensabilidade; e o juízo sobre o equilíbrio ou proporcionalidade em sentido estrito.[7]

Mas a idéia de proporcionalidade nunca esteve ausente de outros ramos do Direito (excesso de legítima defesa; estado de necessidade e exercício regular de direito; necessidade-possibilidade e fixação de alimentos; execução civil pelo modo menos gravoso ao devedor). Assim, proporcionalidade é a busca constante da *razoabilidade jurídica*.[8]

2. Jorge Miranda, *Manual de Direito Constitucional*, Coimbra, Ed. Coimbra, 1988, t. IV, p. 274.
3. Gentz, apud Paulo Bonavides, *Curso de Direito Constitucional*, São Paulo, 5ª ed., Malheiros Editores, 1994, p. 357.
4. Ibidem, pp. 358 e 362.
5. Diogo de Figueiredo Moreira Neto, *Legitimidade e Discricionariedade*, Rio de Janeiro, Forense, 1989, pp. 50-51.
6. "O Princípio da Legalidade: Ponto e Contraponto", in *Revista de Direito Administrativo*, Ed. Renovar, Rio de Janeiro, v. 206, p. 5.
7. *Legalidade e Autonomia Contratual nos Contratos Administrativos*, Coimbra, Livr. Almedina, 1987, p. 114.
8. Cf. Gordillo, *Princípios Gerais de Direito Público*, São Paulo, trad. bras., Ed. RT, 1977, pp.

Não obstante sua "descoberta" pelo Direito Administrativo e sua recente adoção pelo Direito Constitucional,[9] a proporcionalidade nunca esteve alheio o Direito Tributário.

O princípio da capacidade contributiva, expressão tributária da Isonomia, exerce influência milenar sobre a tributação.[10] Pressuposto da tributação, critério de graduação e limite do tributo, a capacidade contributiva tem sido aplicada pelos Tribunais também como referência de razoabilidade. O Supremo Tribunal Federal ao julgar inconstitucional a taxa judiciária do Estado do Rio de Janeiro considerou *excessiva onerosidade e desproporção a falta de razoável equivalência* entre aquele tributo e os serviços judiciários, a impedir ou estorvar o acesso da média da população ao Judiciário (denegação de justiça).[11]

Gilmar Ferreira Mendes traz como *exemplo pioneiro* de aplicação do princípio da proporcionalidade pela Jurisprudência brasileira *outro caso tributário*, envolvendo antigo imposto de licença, acórdão em que se lê que o poder de tributar "só pode ser exercido dentro dos limites que o tornem compatível com a liberdade de trabalho, de comércio e de indústria e com o direito de propriedade (...) cujo exercício não deve ir até o abuso, o excesso, o desvio, sendo aplicável, ainda aqui, a doutrina fecunda do *détournement de pouvoir* (...) ao propósito da inconstitucionalidade, quando os julgados têm proclamado que o conflito entre a norma comum e o preceito da Lei Maior pode-se acender não somente considerando a letra, o texto, como, também, e principalmente, o espírito e o dispositivo invocado".[12]

Princípio da legalidade tributária

A Igualdade e a Legalidade se constituem nos dois grandes princípios do Estado de Direito. A Igualdade (princípio material) exprime a idéia de Justiça,[13] enquanto que a Legalidade (princípio formal) implica na exigência do autoconsentimento através da representação política dos cidadãos destinatários das ações estatais. A legalidade se destina a realizar a Igualdade e só nessa perspectiva é que encontra sua justificativa.

Para Alberto Xavier, a Igualdade no Direito Tributário comporta dois subprincípios, o da *generalidade tributária* (todos se

183-184; e Belsunce, *Garantías Constitucionales*, Buenos Aires, Ed. Depalma, 1984, pp. 99, 142. Segundo Caio Tácito, "o teste da racionalidade (*rationality test*), ou o padrão de razoabilidade (*reasonableness standard*), são no direito norte-americano, critérios de aferição de legalidade como remédio contra restrições indevidas de direitos e liberdades na via administrativa e legislativa" (ob. e loc. cits.)

9. Para Canotilho o princípio da proporcionalidade exprime-se através de três elementos parciais ou subprincípios, a saber, a *conformidade* ou *adequação* do ato estatal para atingir-se ao fim colimado (constitucionalmente legítimo); a *exigibilidade ou necessidade*, ou seja, a indispensabilidade do ato para defesa ou conservação do fim legítimo; e a *proporcionalidade strictu sensu*, consistente no requisito de recair a *escolha* sobre o meio que mais ou melhor considerar o conjunto de interesses em jogo (*Direito Constitucional*, Coimbra, 2ª reimpressão da 5ª ed., Almedina, 1992, pp. 386-388). Idem, com pequena diferença terminológica, Paulo Bonavides (*Curso de Direito Constitucional*, São Paulo, 5ª ed., Malheiros Editores, 1994, pp. 360-361). Miranda refere-se às vertentes do princípio como sendo três: necessidade, adequação e racionalidade (ob. e loc. cits.). Para Pierre Muller, "a proporção adequada se torna assim condição da legalidade" (apud Paulo Bonavides, ob. cit., p. 361).

10. Cf., do Autor, *Capacidade Contributiva, Conteúdo e Eficácia do Princípio*, Rio de Janeiro, Ed. Renovar, 1988, p. 21.

11. Mendes, *Controle de Constitucionalidade*, São Paulo, Saraiva, 1990. José Marcos Domingues de Oliveira, *Capacidade Contributiva*, cit., pp. 52 e 71, n. 14. Representação n. 1.077 (ementa do acórdão publicada em 28.9.84).

12. Artigo publicado no *Repertório IOB de Jurisprudência*, n. 23/94, pp. 469-475. O acórdão examinou imposto de licença sobre as cabines de banho na cidade de Santos.

13. Cf. *O Conteúdo Jurídico do Princípio da Igualdade*, em que Bandeira de Mello indica os critérios para a justa desigualação dos destinatários do Direito (São Paulo, 2ª ed., Ed. RT, 1984, pp. 27-28).

sujeitam à tributação) e o da *capacidade contributiva* (paga-se o tributo conforme a respectiva idoneidade econômica).[14] A Legalidade determina que o tributo seja previsto em lei.

Em conexão com o princípio da segurança jurídica, prossegue Xavier, a legalidade tributária, sempre mais rigorosa que a legalidade administrativa, configurou-se como *reserva absoluta de lei formal*: a lei deve conter o fundamento e todos os critérios de decisão[15] do respectivo ato de aplicação, o lançamento tributário.[16]

Princípio da tipicidade tributária

À legalidade tributária segue-se o princípio da tipicidade, exigindo que a lei seja rigorosa na descrição de todos os elementos essenciais do tributo por ela instituído. A tipicidade seria "um atributo, do fato ou fatos da vida, que exprimiria a sua conformidade com o modelo abstrato descrito na norma e que seria indispensável" para a constituição da obrigação de imposto.[17] São objeto de tipificação a *hipótese de incidência* ou *fato gerador* e *a medida do tributo* (alíquota e base de cálculo, isto é, os elementos de graduação da carga fiscal).

Como corolários do princípio da tipicidade, arrolam-se os subprincípios da *seleção* (escolha pelo Legislador dos fatos geradores), do *numerus clausus* (listagem necessária e taxativa, e proibição da analogia), do *exclusivismo* (privatividade da escolha e suficiência dos elementos selecionados), e da *determinação* (exigência de que o conteúdo da decisão de aplicação da lei tributária nesta se encontre rigorosamente determinado).[18]

A tipicidade tributária traduziria uma tipicidade "fechada" (na terminologia de Karl Larenz, invocada por Xavier) "sem carecer de qualquer recurso a elementos a ela estranhos e sem tolerar qualquer valoração a substituir ou acrescer à contida no tipo legal".[19]

Tal decorreria do "conteúdo peculiar" da legalidade no Direito Tributário, onde ela terá encontrado "conteúdo restrito" ("mais rigoroso") devido aos ideais de segurança jurídica, cujos "valores e interesses" conduziram ao *princípio da determinação* com a conseqüente proibição dos conceitos indeterminados neste ramo do Direito.[20] Para Xavier, "ao legislador ordinário está *vedada a utilização de conceitos jurídicos indeterminados* em matéria de incidência, de isenções, de base de cálculo ou de alíquota".[21]

Proporcionalidade, tipicidade tributária e conceitos indeterminados

Como se viu, o princípio da proporcionalidade permite um controle finalístico de constitucionalidade das leis. Manifestada na amplitude conceitual da virtuosa cláusula *due process of law*, que na sua vertente material se confunde com a exigência de razoabilidade dos atos estatais, a fluidez do princípio parece apontar para uma revisão do preciosismo formal de que se pretendeu revestir a legalidade.

A "tipicidade tributária fechada", em garantia da legalidade formal, exigiria "ri-

14. *Os Princípios da Legalidade e da Tipicidade da Tributação*, São Paulo, Ed. RT, 1978, pp. 8-10.

15. Ibidem, pp. 36-37, 45-46.

16. *Do Lançamento no Direito Tributário Brasileiro*, São Paulo, Ed. Resenha Tributária, 1977.

17. Xavier, *Os Princípios*, cit., p. 59.

18. Xavier, *Manual de Direito Fiscal*, Lisboa, Faculdade de Direito de Lisboa, 1974, pp. 119-124, e ainda recentemente in *Do Lançamento. Teoria Geral do Ato, do Procedimento e do Processo Tributário*, Rio de Janeiro, 2ª ed., Forense, 1997, pp. 206-207. Ylves Guimarães, *Os Princípios e Normas Constitucionais Tributários*, São Paulo, Ed. LTr, 1976, pp. 58-66. Roque Carrazza, *Curso de Direito Constitucional Tributário*, São Paulo, 3ª ed., Ed. RT, 1991, pp. 161 e 232.

19. Ibidem, p. 92. Larenz, *Metodologia de la Ciencia del Derecho*, Barcelona, trad. espanhola da ed. alemã de 1960, Ed. Ariel, 1966, pp. 354-358.

20. Id., ibidem, pp. 95, 96 e 97.

21. Id., ibidem, p. 95.

gorosa descrição" dos elementos do tributo em homenagem à segurança do direito (proteção da confiança do contribuinte na Lei).

Olvidando sua finalidade (garantir a Igualdade no Estado de Direito), a Legalidade transmudou-se num fim em si mesma.

A doutrina da "tipicidade fechada" no direito tributário teve o seu apogeu num período histórico felizmente já ultrapassado. Claudicando outros mecanismos de controle democrático do poder do Estado, aqui como alhures, era necessário *conquistar a lei* como último recurso ou garantia de Liberdade; daí a adoção da tipicidade fechada no Brasil,[22] quando aqui grassava excessivo positivismo.[23]

Haviam sido revogados pela Emenda 18, de 1965, os dispositivos da Constituição de 1946 que prestigiavam o princípio da capacidade contributiva e a personalização dos impostos (art. 202) e a intributabilidade dos gêneros de consumo necessário (§ 1º do art. 15). Antes, o Supremo Tribunal Federal flexibilizara o princípio da anualidade tributária,[24] dando origem à indigente regra da anterioridade (§ 29 do art. 153 da Emenda n. 1 à Carta de 1967). Restava, então, a legalidade tributária. E a tipicidade "fechada"...

Conceitos e tipos são técnicas de sistematização da linguagem jurídica. O *conceito* se caracteriza pela formulação abstrata e generalizadora dos institutos jurídicos. Para Larenz, onde o conceito abstrato-geral e o sistema lógico não bastam por si para satisfazer a multiplicidade do ser (ou do sentido), ali se nos oferece, em primeiro lugar, a forma do pensamento do *tipo*.[25] O *tipo* não se destina a definir ou conceituar, mas a retratar a realidade. Ora, para o Mestre, ao contrário do conceito (abstrato), o tipo é "aberto", só podendo ser descrito por indicação: "No tipo *não se subsume* o fenômeno individual, que apenas se 'coordena' a ele, quando se demonstra que é um fenômeno que 'corresponde' (mais ou menos) ao tipo".[26]

Após Larenz, na 6ª edição de sua *Introdução ao Pensamento Jurídico*, Karl Engish historia que no passado assentara-se a idéia de que seria "possível estabelecer uma clareza e segurança jurídicas absolutas através de normas rigorosamente elaboradas, e especialmente garantir uma absoluta univocidade a todas as decisões judiciais e a todos os atos administrativos".[27]

Foi o tempo do Iluminismo, em que o Juiz era tido qual autômato a repetir a letra da lei (como convinha à reação à *justiça de gabinete*). Após o declínio daquela concepção no decurso do século XIX, hoje, segundo Engish, *em todos os domínios jurídicos* as leis são elaboradas de tal forma "que os juízes e os funcionários da Administração não descobrem e fundamentam as suas decisões tão-somente através da subsunção a conceitos jurídicos fixos, a conceitos cujo conteúdo seja explicitado com segurança através da interpretação, mas antes são chamados a valorar autonomamente e, por vezes, a decidir e a agir de um modo semelhante ao do legislador"[28] (...) "E assim continuará a ser no futuro. Será sempre uma questão apenas duma maior ou menor vinculação à lei", intuía o Mestre, para quem atualmente distinguem-se como "meios de expressão legislativa" represen-

22. Sacha Calmon Navarro Coelho, *O Controle da Constitucionalidade das Leis e do Poder de Tributar na Constituição de 1988*, Belo Horizonte, Del Rey, 1992, p. 334.

23. Ricardo Lobo Torres, *Sistemas Constitucionais Tributários*, v. 2, t. 2 do *Tratado de Direito Tributário Brasileiro*, Rio de Janeiro, Forense, 1986, pp. 96, 181, 410 e 411.

24. Sobre o tema: Flávio Bauer Novelli, "O Princípio da Anualidade Tributária", artigo publicado na *Revista Forense*, v. 267, pp. 75-94.

25. Ob. cit., p. 344.

26. Id., ibidem, p. 354.

27. Lisboa, trad. da ed. alemã de 1983, Fundação Calouste Gulbenkian, 1988, p. 206.

28. Ibidem.

tativos dessa irreversível tendência os *conceitos jurídicos indeterminados*, os conceitos normativos, os conceitos discricionários e as cláusulas gerais.[29]

Depois de diagnosticar a raridade dos conceitos "absolutamente determinados" no Direito e definir o conceito juridicamente indeterminado, categoria predominante, como um conceito cujo conteúdo e extensão são em larga medida incertos, Engish exemplifica com os conceitos naturalísticos recebidos pelo Direito como os de "escuridão", "sossego noturno", "ruído", "perigo" e "coisa". Lembra os "múltiplos pontos de contato" desses conceitos com os "conceitos de tipos" ou, simplesmente, "tipos", que se colocam ao lado dos primeiros, em parte como subespécies dos "*conceitos indeterminados*" (com os seus 'contornos fluidos') ou dos conceitos normativos, *o que não impede a realização da subsunção*.

No Brasil, Mizabel Derzi (*Direito Tributário, Direito Penal e Tipo*) asseverou que a "tipicidade fechada" já não se encontra nas edições recentes da obra de Larenz, que passou a entender que *os tipos são sempre abertos*, eliminando de sua *Metodologia* o "tipo fechado".[30]

O tipo, segundo a ilustre Professora, é o nome que se dá à ordem que, comparativamente, "ordena objetos, segundo características nem rígidas nem flexíveis, em sistema aberto, graduável, voltado à realidade de valor e sentido".[31]

E Ricardo Lobo Torres não afasta a possibilidade de utilização de cláusulas gerais e de conceitos indeterminados, inevitáveis diante *da ambigüidade de linguagem do direito tributário*.[32] Os tipos têm uma estrutura aberta e gradual e "são mais aptos do que os conceitos fechados, à adaptação rápida a uma realidade jurídica mutante".[33]

29. Ob. cit., pp. 207-208.
30. São Paulo, Ed. RT, 1988, pp. 61 e 64.
31. Ibidem, p. 65.
32. *Curso de Direito Financeiro e Tributário*, Rio de Janeiro, Ed. Renovar, 1993, p. 93.
33. Ibidem, p. 57.

Tal é a realidade jurídico-tributária, sabidamente conexa à *mutante realidade econômica*, pois a tributação ou incide sobre fatos-signos de riqueza ou é graduada em virtude dela (capacidade contributiva); e mais ainda a tributação extrafiscal, destinada a influir na conduta dos indivíduos e agentes econômicos, cuja atividade depende da *evolução dos fatos*. Daí a necessidade de uma tipificação apropriada, caracterizada pela *indeterminação conceitual* de ser adotada também nos tipos tributários.

O direito tributário não detém o monopólio da segurança jurídica. Se todos os ramos do Direito perseguem a segurança, se a tipicidade como instrumento de limitação da vontade individual (tipicidade penal, tipicidade dos direitos reais e dos regimes de bens; tipicidade das pessoas jurídicas, civis e comerciais) nem privativa é do Direito Público, onde assume o color de freio à discricionariedade, então o "rigor" do princípio num ou noutro ramo do Direito seria uma questão de *grau*, como é, afinal, a *determinação dos conceitos*, face à *imanente indeterminação* de todos eles.[34]

Kruse ironiza a lei geral tributária alemã que prevê a autorização de regulamentos fiscais com a exigência de que a lei ordinária "determine" o respectivo conteúdo, finalidade e medida. Segundo ele, são "exigências por si mesmas tão indeterminadas que no caso concreto com freqüência não se pode calcular de antemão a decisão dos Tribunais...".[35]

O emprego dos conceitos jurídicos indeterminados permite, assim, o exame da *proporcionalidade*, da *adequação da lei tributária aos fins* a que ela se destina constitucionalmente. Não será mera coincidên-

34. José Souto Maior Borges, *Lançamento Tributário*, v. IV do *Tratado de Direito Tributário Brasileiro*, Rio de Janeiro, Forense, 1981, pp. 178-187; no mesmo sentido, Alberto Xavier, *Os Princípios*, cit., p. 97.
35. Kruse, *Derecho Tributario, Parte General*. Madri, trad. espanhola da 3ª ed. alemã de 1973, Editorial de Derecho Financiero, 1978, p. 154.

cia o fato de o princípio da Igualdade se expressar no Direito Tributário através de um conceito jurídico indeterminado, como Ruy Barbosa Nogueira, citando Engish, qualifica o princípio da capacidade contributiva.[36]

Por outro lado, não se compreende bem a verdadeira cruzada empreendida contra o emprego do conceito indeterminado na tipificação tributária porque *a teoria da indeterminação conceitual considera que ele é exatamente um instrumento moderno de vinculação* do Administrador à lei, separando-a do que antes foi considerado campo de discricionariedade administrativa.[37]

É que o conceito indeterminado não implica em uma indeterminação das suas aplicações; só se permite "*uma única solução*" a ensejar controle de legalidade da atuação do Administrador.[38] O princípio da proporcionalidade permitirá um controle finalístico da aplicação da lei tributária pela Administração, ciente ela de que sua conduta, assim vinculada, estará sujeita a reexame jurisdicional.

Falcão não se opunha à tipificação aberta pelos conceitos indeterminados. Leia-se no seu sempre citado *Fato Gerador da Obrigação Tributária* o rechaço aos críticos dessa categoria jurídica ao confundirem-na com a discricionariedade: "a discrição apontada no ato de lançamento refere-se a certos conceitos de determinação difícil (...) uma confusão de duas noções diferentes – a de conceito indeterminado e a de poder discricionário".[39]

E, citando Ehmke: "Por *discrição* deve designar-se uma liberdade de escolha da administração. (...) deve considerar-se juridicamente legítima *ex definitione* qualquer solução dada pela administração, por isso que na intenção da lei *decisiva é a vontade da administração*",[40] para acrescentar que "*o conceito indeterminado não enseja uma opção ou liberdade de escolha* (...) quer o legislador que *uma única solução* seja adotada, a que resulta do comando legal traduzido pelo conceito indeterminado: o problema no caso, para concreta determinação do preceito, é apenas, como acentuam os autores, de interpretação".[41]

Ademais, um conceito jurídico se diz indeterminado não porque seja indeterminável, mas porque não foi conveniente ou possível a determinação na lei, "com traço de absoluta nitidez",[42] do respectivo campo de incidência, por ser necessário "considerar dados empíricos, fácticos, técnicos ou científicos de que somente o intérprete e o aplicador, em cada hipótese concreta, disporão".[43]

Ora, como se disse, a realidade jurídico-tributária é sabidamente conexa à cambiante realidade econômica, pois a tributação ou incide sobre fatos-signos de riqueza ou é graduada em virtude dela, daí porque se entende ser a correspondente linguagem natural e necessariamente *aberta* em função da evolução dos fatos e da ciência. Do contrário, os tipos não poderiam atingir a "realidade mutante" a que alude Mizabel Derzi.

Ensinava Alfredo Becker que "tendo-se presente que a construção da regra jurí-

36. Nogueira, *Curso de Direito Tributário*, São Paulo, 4ª ed., Instituto Brasileiro de Direito Tributário, 1976, ob. cit., p. 10.

37. García de Enterría e Fernández, *Curso de Direito Administrativo*, São Paulo, trad. da 4ª ed. espanhola, Ed. RT, 1991, pp. 93-395.

38. Ibidem.

39. Rio de Janeiro, 5ª ed., Forense, 1994, p. 59.

40. Ob. cit., p. 61.

41. Id., ibidem.

42. Barbosa Moreira, *Temas de Direito Processual* – 2ª série, cap. 6, "Regras de Experiência e Conceitos Juridicamente Indeterminados", São Paulo, 2ª ed., Saraiva, 1988, p. 64.

43. Falcão, *Fato Gerador da Obrigação Tributária*, Rio de Janeiro, 5ª ed., Forense, 1994, pp. 61-62. E tratando do poder regulamentar, *Introdução ao Direito Administrativo*, Rio de Janeiro, DASP, 1960, pp. 33-34; e *Introdução ao Direito Tributário*, Rio de Janeiro, 3ª ed., Forense,1987, p. 45.

dica tem como matéria-prima *dados* físicos, biológicos (...) é evidente que as estruturas jurídicas não podem nem deverão ficar indiferentes ao progresso das ciências cujo objeto é a investigação e análise daqueles *dados*".[44]

Ferreiro Lapatza veio a aditar: "...la Ley debe determinar – directamente *o mediante la fijación de criterios a desarrollar por fuentes secundarias* – qué categorías de ciudadanos y en razón de qué pressupuestos de hecho van a pagar el tributo".[45]

E Loic Philip: "Il en résulte que le principe de la legalité fiscale doit se concilier avec d'autres principes ayant aussi valeur constitutionnelle".[46]

No direito brasileiro, lembre-se que Falcão,[47] admitiu que a lei tributária condicionasse sua aplicação à regulamentação, só incidindo quando o regulamento administrativo for baixado; não é ela nesse caso auto-aplicável. E não o é, como lucidamente vem de esclarecer Novelli,[48] porque à lei mesma é facultado dispor sobre "o âmbito (temporal) de eficácia (e de aplicação) das [suas] normas", pois se trata de limitação "*querida e determinada direta e exclusivamente pela lei*, como efeito preliminar e instrumental".

Ao lado do Direito Penal, onde também vigora o princípio da tipicidade (*nullum crimen nulla poena sine lege*), e se admite o uso da *norma penal em branco*,[49] completada pela norma administrativa, o Direito Tributário regra outra forma de intervenção estatal na liberdade individual (liberdade de iniciativa), através da exigência de recursos pecuniários dos contribuintes auferidos no exercício dessa liberdade; daí não se dever estranhar, a não ser por força de *razões ideológicas*,[50] que o Direito Tributário se valha de conceitos jurídicos indeterminados (que nem norma em branco são) para estabelecer na lei elementos essenciais do tributo, quais sejam o contribuinte, a hipótese de incidência e a medida do gravame.

O que está em causa é a compatibilização de um valor fundamental constitucionalmente protegido, a liberdade humana (liberdade de empresa, de trabalho, propriedade privada), com o dever dos administrados (todos eles, é o que exprime o princípio da generalidade) de suprir ao Estado os recursos necessários à promoção do bem-comum, sua missão básica. E o tributo é o

44. *Teoria Geral do Direito Tributário*, São Paulo, 2ª ed., Saraiva, 1972, p. 90.

45. *Curso de Derecho Financiero Español*, Madri, 14ª ed., M. Pons, 1992, p. 55.

46. *Finances Publiques*, Paris, 4ª ed., Cujas, 1992, p. 353. Xavier Oberson anota que os tributos ambientais, essencialmente extrafiscais, caracterizam-se pela "flexibilidade" e "adaptabilidade" porque esta área é particularmente subordinada à evolução das circunstâncias e do conhecimento científico, citando como exemplos a graduação administrativa do tributo ambiental em função de fatores técnicos, como o nível de emissões poluentes, a decisão administrativa de pôr em vigor, adiar ou suprimir a exigência do tributo cujos efeitos se revelam pouco convincentes ou contrários aos fins da lei (*Les Taxes D'Orientation*. Helbing & Lichtenhahn, Faculté de Droit de Genève, Bâle et Francfort-sur-le-Main, 1991, p. 52).

47. *Introdução ao Direito Tributário*, Rio de Janeiro, 3ª ed. atualizada por Flávio Bauer Novelli, Forense, 1987, p. 47.

48. "Observações sobre a Subordinação da Vigência da lei à do Regulamento de Execução", in *Estudos em Homenagem ao Prof. Caio Tácito*, Ed. Renovar, Rio de Janeiro, 1997, pp. 206 e 205, respectivamente.

49. Augusto Thompson afirma que "admitida a *habilitação*, permite-se que a lei formal-material atribua a outro Poder a especificação do preceito genérico a que se prendia a sanção, através de ato normativo (lei material)" – "Lei Penal em Branco", tese publicada na *Revista de Direito da Procuradoria-Geral da GB*, p. 228.

50. Sobre o tema, cf. de Louis Eisenstein *Las Ideologias de la Imposición (The Ideologies of Taxation)*, Madri, trad. espanhola. Instituto de Estudios Fiscales, 1983. Bielsa refere a tendência humana de "querer librarse del peso de toda contribución" (*Los Conceptos Jurídicos y su Terminología*, Buenos Aires, reimpr. da 3ª ed., Depalma, 1993, p. 167). Alberto Xavier ao registrar que "o princípio da legalidade assumiu no Direito Tributário um conteúdo peculiar" deixa claro o matiz ideológico da construção teórica em torno da tipicidade tributária (*Os Princípios*, cit., pp. 95-97).

meio ordinário para a satisfação daquele *fim*.[51] O emprego de *conceitos jurídicos indeterminados* é a fórmula jurídica que permite a um só tempo outorga de flexibilidade do Legislador ao Administrador, sob garantia de *controle de proporcionalidade* pelo Juiz, homenageando a separação de poderes e realizando a indispensável harmonia entre eles.

Assim, não deve prevalecer o *subprincípio da determinação* exposto por Xavier.[52] Aliás, é o próprio Xavier que admite o emprego de *conceitos indeterminados* tais como "despesas razoáveis" ou "lucro arbitrado",[53] como de resto são encontradiços na legislação pátria do *imposto de renda*, "gastos incompatíveis", "despesas necessárias à manutenção da fonte" conceituadas como ligadas a "operações exigidas pela atividade da empresa", "bens imprestáveis". A lei complementar do *imposto sobre serviços* também contempla na *respectiva lista de incidências* conceitos indeterminados ao se referir a "serviços congêneres" e "serviços correlatos". O mesmo se diga da legislação sobre *incentivos fiscais* subordinados a exame administrativo do mérito de projetos "de interesse" (ou de "relevante interesse") para o "desenvolvimento", econômico, da cultura etc. E a legislação *sobre contribuição de melhoria* não destoa ao admitir a sua cobrança quando executada a obra na sua totalidade, ou "em parte suficiente" para beneficiar determinados imóveis.

51. O tributo é o instituto que permite num clima de liberdade racionalizar juridicamente o esforço de cooperação individual em prol da comunidade (cf., do Autor, *Capacidade Contributiva, Conteúdo e Eficácia do Princípio*. Rio de Janeiro, Ed. Renovar, 1988, p. 11).

52. *Os Princípios*, cit., pp. 96-99.

53. *Conceito e Natureza do Lançamento Tributário*, São Paulo, Ed. Juriscredi, [s.d.]. No caso do imposto sobre produtos industrializados é a própria Constituição que se vale de *indeterminação* ao estabelecer que a sua *medida* recorra a alíquotas seletivas em função da *essencialidade*.

Considerações finais

Na concretização ou determinação dos conceitos o que se faz é uma *valoração técnica* qualitativa e quantitativa, como bem acentua Xavier, secundado entre outros por García de Enterría e Tomás-Ramón Fernández,[54] Valdés Costa,[55] Amílcar Falcão[56] e Barbosa Moreira,[57] fenômeno diverso e que *nada tem a ver com discricionariedade administrativa* pura ou volitiva, "de opção", que poria em risco a certeza do Direito Tributário.

Ao aplicar o *conceito indeterminado* o intérprete proclama a *única vontade da lei* e, por força do princípio material da *proporcionalidade*, submete-se ao *crivo jurisdicional* por este ensejado, compatibilizando-se, assim, com o princípio formal da *legalidade tributária* que, esclareça-se só se justifica como garantia dos valores constitucionais.

Se o Estado de Direito é o Estado que se deixa controlar juridicamente ao influxo do princípio da proporcionalidade, somente razões pré-jurídicas determinariam que o Direito Tributário não se valesse dos conceitos jurídicos indeterminados para estabelecer na lei os elementos essenciais do tributo, como são daquela natureza os fundamentos da teoria da tipicidade cerrada ou fechada.

Se, nas palavras de Alfredo Augusto Becker,[58] ao Direito Tributário, liberto das "inibições que paralisam e esterilizam muitas de suas genuínas potencialidades", cabe "tarefa fundamental" na "verdadeira revolução que gerará o novo Ser Social", pare-

54. "(...) se se tratasse de aplicar um conceito jurídico indeterminado (...) só uma única solução será a justa com exclusão de toda outra" – ob. cit., p. 394.

55. *Estudios de Derecho Tributario Latinoamericano*, Montevidéu, ed. do autor, 1982, pp. 168-169.

56. *Fato Gerador da Obrigação Tributária*, cit., pp. 109-110; 112-113.

57. *Temas de Direito Processual*, cit., p. 64.

58. Ob. cit., p. 533.

ce que a *tipicidade*, *aberta* pelos *conceitos jurídicos indeterminados*, é o caminho capaz de iluminar materialmente a conciliação ético-jurídica da liberdade humana com o dever social de prestar o tributo justo, justo porque conexo à *capacidade contributiva* dos cidadãos, sempre sob a reserva do *controle de proporcionalidade* das leis e dos atos administrativos de lançamento.

Conclusões

1. O princípio da proporcionalidade requer a adequação dos atos estatais aos fins estabelecidos na Constituição e permite um controle material e finalístico do Estado.

2. A legalidade tributária é o princípio que impõe o autoconsentimento da cidadania através da representação popular, expressa em lei, para a instituição dos tributos.

3. A tipicidade tributária é o princípio que determina que a lei seja rigorosa na descrição de todos os elementos essenciais do tributo.

4. Os tipos têm estrutura aberta e apta a adaptar-se a realidades mutantes, daí a necessidade de uma tipificação que admita a indeterminação conceitual.

5. A denominada tipicidade tributária "fechada" é equivocada ao pretender proibir a utilização de conceitos jurídicos indeterminados na tipificação dos elementos essenciais do tributo; resta ela superada pelo atual estágio de desenvolvimento do Estado de Direito (o "segundo Estado de Direito"), devendo-se admitir a utilização de tipos abertos no Direito Tributário, como se dá nos demais ramos do Direito.

6. A abertura do tipo tributário deve-se dar pelo emprego dos conceitos jurídicos indeterminados, como de resto, na prática, já ocorre na legislação, em especial do imposto sobre a renda, sob a garantia de controle jurisdicional de proporcionalidade das leis e dos atos administrativos de lançamento.

7. Como os conceitos jurídicos indeterminados postos na lei tipificadora implicam na busca da "única solução justa" pelo intérprete, compatibilizam-se, através deles, a legalidade, a segurança jurídica e a proporcionalidade.

Bibliografia

BECKER, Alfredo Augusto. *Teoria Geral do Direito Tributário*, São Paulo, 2ª ed., Saraiva, 1972.

BELSUNCE, Horacio Garcia. *Garantias Constitucionales*, Buenos Aires, Ed. Depalma, 1984.

BIELSA, Rafael. *Los Conceptos Jurídicos y su Terminología*, Buenos Aires, reimpr. da 3ª ed., Depalma, 1993.

BONAVIDES, Paulo. *Curso de Direito Constitucional*, São Paulo, 5ª ed., Malheiros Editores, 1994.

BORGES, José Souto Maior. *Lançamento Tributário*, v. IV do *Tratado de Direito Tributário Brasileiro*, Rio de Janeiro, Forense, 1981.

CANOTILHO, J. J. Gomes. *Direito Constitucional*, Coimbra, 2ª reimpressão da 5ª ed., Almedina, 1992.

CARRAZZA, Roque Antonio. *Curso de Direito Constitucional Tributário*, São Paulo, 3ª ed, Ed. RT, 1991.

COELHO, Sacha Calmon Navarro. *O Controle da Constitucionalidade das Leis e do Poder de Tributar na Constituição de 1988*, Belo Horizonte, Del Rey, 1992.

CORREIA, Sérvulo. *Legalidade e Autonomia Contratual nos Contratos Administrativos*, Coimbra, Livr. Almedina, 1987.

COSTA, Ramón Valdez. *Estudios de Derecho Tributario Latinoamericano*, Montevidéu, ed. do autor, 1982.

DERZI, Mizabel. *Direito Tributário, Direito Penal e Tipo*, São Paulo, Ed. RT, 1988.

EISENSTEIN, Louis. *Las Ideologías de la Imposición (The Ideologies of Taxation)*, Madri, trad. espanhola. Instituto de Estudios Fiscales, 1983.

ENGISH, Karl. *Introdução ao Pensamento Jurídico*, trad. da ed. alemã de 1983, Fundação Calouste Gulbenkian, 1988.

FALCÃO, Amílcar de Araújo. *Fato Gerador da Obrigação Tributária*, Rio de Janeiro, 5ª ed., Forense, 1994.

_______. *Introdução ao Direito Administrativo*, Rio de Janeiro, DASP, 1960.

_______. *Introdução ao Direito Tributário*, Rio de Janeiro, 3ª ed., Forense,1987.

GARCÍA DE ENTERRÍA, E. e FERNÁNDEZ, Tomás-Ramón. *Curso de Direito Administrativo*, São Paulo, trad. da 4ª edição espanhola, Ed. RT, 1991.

GORDILLO, Agustin. *Princípios Gerais de Direito Público*, São Paulo, trad. bras., Ed. RT, 1977.

GUIMARÃES, Ylves. *Os Princípios e Normas Constitucionais Tributários*, São Paulo, Ed. LTr, 1976.

KRUSE, H. M.. *Derecho Tributario, Parte General*. Madri, trad. espanhola da 3ª ed. alemã de 1973, Editorial de Derecho Financiero, 1978.

LAPATZA, Jose Juan Ferreiro. *Curso de Derecho Financiero Español*, Madri, 14ª ed., M. Pons, 1992.

LARENTZ, Karl. *Metodologia de la Ciencia del Derecho*, Barcelona, trad. espanhola da ed. alemã de 1960, Ed. Ariel, 1966.

MELLO, Celso Antônio Bandeira de. *O Conteúdo Jurídico do Princípio da Igualdade*, São Paulo, 2ª ed., Ed. RT, 1984.

MENDES, Gilmar Ferreira. *Controle de Constitucionalidade*, São Paulo, Saraiva, 1990.

MIRANDA, Jorge. *Manual de Direito Constitucional*, Coimbra, Ed. Coimbra, 1988, t. IV.

MOREIRA, José Carlos Barbosa. "Regras de Experiência e Conceitos Juridicamente Indeterminados", in *Temas de Direito Processual*, 2ª série, cap. 6, São Paulo, 2ª ed., Saraiva, 1988.

MOREIRA NETO, Diogo de Figueiredo. *Legitimidade e Discricionariedade*, Rio de Janeiro, Forense, 1989.

NOGUEIRA, Rui Barbosa. *Curso de Direito Tributário*, São Paulo, 4ª ed., Instituto Brasileiro de Direito Tributário, 1976.

NOVELLI, Flávio Bauer. "O Princípio da Anualidade Tributária", artigo publicado na *Revista Forense*, Rio de Janeiro, v. 267, pp. 75-94.

________. "Observações sobre a Subordinação da Vigência da lei à do Regulamento de Execução", in *Estudos em Homenagem ao Prof. Caio Tácito*, MENEZES, Carlos A., [coord.] *Direito*, Ed. Renovar, Rio de Janeiro, 1997, pp. 201-227.

OBERSON, Xavier. *Les Taxes D'Orientation*. Helbing & Lichtenhahn, Faculté de Droit de Genève, Bâle et Francfort-sur-le-Main, 1991, p. 52.

OLIVEIRA, José Marcos Domingues de. *Capacidade Contributiva, Conteúdo e Eficácia do Princípio*, Rio de Janeiro, Ed. Renovar, 1988.

________. *Direito Tributário. Capacidade Contributiva, Conteúdo e Eficácia do Princípio*, 2ª ed., revista e atualizada, Renovar, no prelo.

PHILIP, Loic. *Finances Publiques*, Paris, 4ª ed., Cujas, 1992.

TÁCITO, Caio. "O Princípio da Legalidade: Ponto e Contraponto", in *Revista de Direito Administrativo*, Ed. Renovar, Rio de Janeiro, v. 206, pp. 1-8.

THOMPSON, Augusto F. G. "Lei Penal em Branco", tese publicada na *Revista de Direito da Procuradoria-Geral do Estado da Guanabara*, v. 19, pp. 223-271.

TORRES, Ricardo Lobo. *Sistemas Constitucionais Tributários*, v. 2, t. 2 do *Tratado de Direito Tributário Brasileiro*, Rio de Janeiro, Forense, 1986.

________. *Curso de Direito Financeiro e Tributário*, Rio de Janeiro, Ed. Renovar, 1993.

XAVIER, Alberto. *Manual de Direito Fiscal*, Lisboa, Faculdade de Direito de Lisboa,1974.

________. *Conceito e Natureza do Lançamento Tributário*, São Paulo, Ed. Juriscredi, [s.d.].

________. *Os Princípios da Legalidade e da Tipicidade da Tributação*, São Paulo, Ed. RT, 1978.

________. *Do Lançamento no Direito Tributário Brasileiro*, São Paulo, Ed. Resenha Tributária, 1977.

________. *Do Lançamento. Teoria Geral do Ato, do Procedimento e do Processo Tributário*, Rio de Janeiro, 2ª ed., Forense, 1997.

A QUESTÃO DA REPRESENTAÇÃO NA AÇÃO PENAL POR DELITO TRIBUTÁRIO

DAMÁSIO E. DE JESUS

O art. 83 da Lei n. 9.430, de 27 de dezembro de 1996, determina que "a representação fiscal para fins penais relativa aos crimes contra a ordem tributária definidos nos arts. 1º e 2º da Lei n. 8.137/90, de 27 de dezembro de 1990, será encaminhada ao Ministério Público após proferida decisão final, na esfera administrativa, sobre a exigência fiscal do crédito tributário correspondente". Sobre os exatos conteúdo e finalidade da disposição, formaram-se duas posições:

1. a norma criou uma condição de procedibilidade da ação penal por delito tributário, de modo que o procedimento criminal fica subordinado a representação da autoridade fazendária, só podendo ser exercido após a decisão final na esfera administrativa;

2. trata-se de simples determinação à autoridade da Fazenda Pública, sem reflexos na área processual penal, não tendo o dispositivo criado uma condição de procedibilidade da ação penal.

Cremos que o referido art. 83 apresenta natureza meramente administrativa, não cuidando de representação como condição de procedibilidade. Dirige-se exclusivamente à autoridade fazendária, fixando o momento em que a "representação", no sentido de expediente contendo *notitia criminis*, deve ser endereçada ao Ministério Público Federal. Tem por finalidade evitar que o fisco remeta ao Ministério Público notícias de crimes sem substância probatória, acusações vagas e precipitadas, permitindo, muitas vezes, ações penais injustas.

Note-se que a Lei n. 9.430 "dispõe sobre a legislação tributária federal, as contribuições para seguridade social, o processo administrativo de consulta e dá outras providências". Somente pelo enunciado já se poderia questionar sua aplicação na esfera estadual, uma vez que regula o imposto de renda e tributos afins.

A CF, no art. 129, I, prevê como função institucional do Ministério Público a propositura da ação penal pública. Para exercer esse dever, pode requisitar a instauração de inquérito policial, diligências investigatórias, informações, exames, documentos etc. (CF, art. 129, VI e VIII), funções que não poderiam ser alteradas por lei ordinária. E essas funções encontram-se também previstas nos arts. 104, I, "b" e "c", da Lei n. 734, de 7 de novembro de 1993 e 25, III e 26, I, "b" e "c", II e IV da Lei n. 8.625, de 12 de fevereiro de 1993 (Lei Orgânica Nacional do Ministério Público). Ora, não é crível que o legislador, afrontando a Carta Magna, tivesse desejado modificar as funções institucionais do órgão da Justiça Pública. Este, sempre que entender necessário, independentemente do desfecho do processo administrativo e da comunicação da autoridade fazendária, poderá, em face da notícia de crime tributário, exercer a persecução penal.

Em determinados crimes, o comportamento do sujeito lesa objeto jurídico de tal relevância que a ação penal deve ser iniciada sem manifestação de vontade de qualquer pessoa, mesmo do sujeito passivo material. Assim, no crime de homicídio, em que a objetividade jurídica é o direito à vida, o exercício da ação penal não depende de manifestação de vontade de qualquer interessado. A autoridade policial, tomando conhecimento da prática do fato, deve proceder de ofício. Em juízo, a ação penal, denominada pública incondicionada, deve ser exercida pelo Ministério Público sem que se submeta a condições. No furto, *v.g.*, os procedimentos criminais devem ser iniciados mesmo contra a vontade do sujeito passivo. Em certos delitos, entretanto, a conduta típica atinge de tal forma o plano íntimo e secreto da vítima que a norma entende conveniente, não obstante a lesividade importar o interesse estatal na punição do autor, seja considerada sua vontade de não haver persecução penal, evitando-se que o bem jurídico sofra outra vez dano por meio do *strepitus fori*. Há colisão de interesses entre a exigência de repressão e a vontade da vítima de que a sociedade não tome conhecimento do fato. Nestes casos, em consideração ao segundo interesse, o Estado permite que a conveniência do exercício da ação penal seja julgada pela vítima ou seu representante legal (ação penal pública condicionada à representação). É o que ocorre na violação de segredo profissional, em que o agente só pode ser processado se a vítima ou seu representante legal manifestar vontade nesse sentido. A titularidade da ação penal pertence ao Estado, mas ele faz com que o seu exercício dependa da vontade do particular. Outras vezes, a objetividade jurídica do crime corresponde a um bem jurídico vinculado exclusivamente ao particular, pelo que o Estado lhe outorga a titularidade da ação penal. Significa que o titular da ação penal não é o Estado, como acontece nos casos anteriores, mas o sujeito passivo ou seu representante legal, cabendo a este iniciá-la e movimentá-la (ação penal exclusivamente privada). É o que acontece no crime de injúria praticado contra um particular (CP, art. 140), em que a titularidade da ação penal pertence à vítima ou a seu representante legal (CP, art. 145, *caput*).

Os delitos definidos nos arts. 1º e 2º da Lei n. 8.137/90 têm a "ordem tributária" como objeto jurídico, tutelando, de forma secundária, outros bens, como, p. ex., a fé pública e o patrimônio. "O bem jurídico", ensina Luiz Vicente Cernicchiaro, "é bifronte: de um lado, compreende o interesse público de o Estado obter os meios para a realização de suas atividades; de outro, avulta o interesse do Tesouro, patrimonial, relacionado com a receita do Estado. Assim, o bem jurídico não traduz apenas interesse patrimonial. Alcança também os limites da política econômica, o que faz aumentar o significado do delito tributário. Quem, ilustrativamente, sonega o tributo não afeta somente o patrimônio público, repercutindo na arrecadação. Vai além. Atinge a Economia, ocasionando, com isso, reflexos na atividade do Estado" ("Direito Penal Tributário – Observações de aspectos da Teoria Geral do Direito Penal", in *Revista Brasileira de Ciências Criminais*, São Paulo, Ed. RT, 1995, n. 11, p. 181, n. 6.2). Como diz Rui Stoco, "são interesses estatais ligados à arrecadação dos tributos devidos à Fazenda Pública, visando à boa execução da política tributária do Estado" ("Sonegação fiscal e os crimes contra a ordem tributária", *RT* 675:340). Realmente, a proteção jurídico-penal apresenta natureza supra-individual, visando a "garantir um justo equilíbrio na produção, circulação", arrecadação, "circulação e distribuição da riqueza entre os grupos sociais" (João Marcello de Araújo Júnior, *Dos crimes contra a ordem econômica*, São Paulo, Ed. RT, 1995, p. 36). Por isso, o crime tributário, além de causar prejuízo patrimonial ao erário, à fé pública etc., lesiona o conjunto de relações entre o fisco e o contribuinte, a arrecadação de tributos e a justa distribuição, por intermédio de prestação de serviços do *Welfare State*, entre os membros, pessoas físicas e jurídicas, que integram a comunidade. O interesse coletivo, ordem tributária, é de tal importância ao Estado e à coletividade que está disciplinado na CF (arts. 145 a 162). Esses bens, relacionados com o patrimônio e à Economia estatal, essencialmente públicos, quando lesados, não poderiam ter a apuração do fato a ser promovida pelo Ministério Público condicionada à vontade da autoridade fiscal. A natureza do interesse não condiz com o fundamento da ação penal pública condicionada à representação. De permanecer íntegra a Súmula 609 do STF: "É pública incondicionada a ação penal por crime de sonegação fiscal".

Os crimes contra a ordem tributária definidos nos arts. 1º e 2º da Lei n. 8.137/90, salvo nas hipóteses do art. 2º, I e III, são materiais, de conduta e resultado, com exigência de sua produção. Normal, pois, que, havendo recurso, somente após a decisão final no plano administrativo se apresente o "resultado" da sonegação total (supressão) ou parcial (redução) de tributos. Daí porque o referido art. 83 determina o momento próprio da remessa ao Ministério Público da "representação" da autoridade fazendária. Isso não significa, contudo, que a Justiça Pública tenha a sua atividade persecutória condicionada à manifestação de vontade do fisco.

Por fim, de consignar-se que o Plenário do STF, na ADIn 1.571, por maioria de votos, j. de 20.3.97, rel. o Ministro Néri da Silveira, decidiu: 1º – o art. 83 da Lei n. 9.430/96 não criou condição de procedibilidade da ação penal por delito tributário; 2º – esse dispositivo rege atos da administração fazendária, prevendo o momento em que as autoridades competentes da área da administração federal devem encaminhar ao Ministério Público Federal expedientes contendo *notitia criminis* acerca de delitos contra a ordem tributária descritos nos arts. 1º e 2º da Lei n. 8.137/90; 3º – não está o Ministério Público impedido de agir antes da decisão final no procedimento administrativo (*Informativo STF*, n. 64, 2 de abril de 1997, pp. 1 e 4).

CONFERÊNCIAS & DEBATES

O PROCESSO JUDICIAL, A ESTIMATIVA DE SEU RESULTADO E A PROVISÃO CONTÁBIL PARA CONTINGÊNCIAS

REINALDO PIZOLIO
Advogado e Consultor de Empresas em São Paulo

I – Das considerações iniciais

O presente estudo tem por objeto abordar, ainda que de maneira perfunctória, a questão do processo judicial, a análise que dele se faz quanto à sua possibilidade de êxito final e suas implicações com a eventual necessidade de se efetuar a respectiva provisão do valor envolvido nas demonstrações financeiras das empresas, a título de contingências.

No sentido em que ora considerada, a provisão é constituída para registrar, no balanço patrimonial, determinadas obrigações que, economicamente, representem um encargo do exercício, mas que, por não estarem ainda formalizadas, não são consideradas como uma exigibilidade.

Uma vez que a obrigação só se tornará exigível e somente se materializará após o encerramento do balanço, lança-se mão da provisão contábil para registrar a respectiva obrigação e reduzir o lucro do exercício pelo encargo que ao mesmo pertence, providência esta que vem a prestigiar, dentre outras normas contábeis, o Princípio Contábil da Competência, previsto no artigo 9º da Resolução n. 750, de 29 de dezembro de 1993, do Conselho Federal de Contabilidade.

Para que possamos bem estabelecer as premissas necessárias ao desenvolvimento do estudo que se seguirá, cabe transcrever abaixo um trecho do item 18.1.5, que trata da "Provisão para Riscos Fiscais e Outros Passivos Contingentes" (*Manual de Contabilidade das Sociedades por Ações*, Sérgio de Iudícibus, Eliseu Martins e Ernesto Rubens Gelbcke – Fundação Instituto de Pesquisas Contábeis, Atuariais e Financeiras da USP – FIPECAFI, Editora Atlas, 1995, 4ª ed.):

"Em contabilidade, uma contingência é uma situação de risco já existente e que envolve um grau de incerteza quanto à efetiva ocorrência e que, em função de um evento futuro, poderá resultar em ganho ou perda para a empresa.

"A preocupação maior deve ser com as contingências que possam resultar em perda para a empresa, pois, pelo conservadorismo, aquelas que, em decorrência de infrações de terceiros, reclamações, pedidos de reembolso etc. possam tornar-se ganhos da empresa, só serão contabilizadas quando realmente efetivadas. Não obstante, a técnica contábil recomenda a menção também das contingências ativas nas notas explicativas às demonstrações financeiras.

"Por outro lado, para que a contingência passiva julgada provável em exercício futuro seja registrada contabilmente através da formação da *provisão para riscos fiscais e outros passivos contingentes*, deverá ser possível estimar o seu valor; caso contrário, apenas deverá ser mencionada nas notas explicativas, descrevendo-se o tipo de contingência e explicando-se a impossibilidade de determinar seu montante. A empresa poderá, ainda, ter processos fiscais e outros que envolvem uma contingência cujos valores sejam calculáveis, mas não serão provisionados quando forem remotas as possibilidades de perdas, após análise detida pela administração e por seus advogados. Todavia, ainda assim o fato deve ser descrito em nota explicativa."

A questão ganha especial relevo à medida que, em todo término do exercício financeiro e fiscal das empresas, os profissionais encarregados de elaborar suas respectivas demonstrações financeiras (o balanço patrimonial) deparam-se com a necessidade de registrar, no mencionado balanço, as provisões a título de contingências decorrentes das causas judiciais então pendentes de apreciação definitiva por parte do Poder Judiciário.

O tema por vezes revela-se de razoável complexidade, tendo em vista que os profissionais elaboradores do balanço patrimonial (auditores, contadores, administradores de empresas e economistas) necessitam, em ordem a decidir se efetuam ou não as respectivas provisões nas demonstrações financeiras, consultar os profissionais encarregados da condução judicial do processo (advogados) e deles obter uma estimativa de êxito para as variadas causas judiciais onde a empresa figure tanto no pólo ativo quanto no passivo.

A questão de se efetuar ou não a provisão contábil das contingências decorrentes de processos fiscais – e a necessidade desta decisão ser tomada com base no posicionamento dos advogados responsáveis – é de tal ordem de relevância que o Conselho Federal de Contabilidade houve por bem editar a Resolução n. 752, de 20 de setembro de 1993, que aprova a Interpretação Técnica NBC-T-11-IT-01, tratando da "Carta de Responsabilidade de Administração", documento este a ser endereçado ao auditor independente, cujo objeto é a confirmação das informações e dados submetidos à auditoria.

No item 5 da referida Interpretação Técnica, onde é dado um exemplo de Carta de Responsabilidade da Administração, podemos observar nos itens 10 e 11, transcritos abaixo, a importância das informações oriundas da assessoria jurídica da empresa:

"10. As estimativas foram contabilizadas com base em dados consistentes confirmados por nossos assessores jurídicos.

"11. As contingências fiscais, trabalhistas, previdenciárias, comerciais e legais, que reconhecemos existir nesta data são:

"(...)

"O não reconhecimento destas contingências está fundamentado no parecer de nossos assessores jurídicos, cuja cópia já entregamos a V. Sas."

É justamente neste ponto que talvez resida a maior controvérsia, posto que não raro se pode observar uma acentuada tendência dos profissionais encarregados da elaboração das demonstrações financeiras da empresa, consistente em exigir dos referidos assessores jurídicos uma estimativa de resultado com exagerado grau de certeza ou precisão, atributos estes que o processo judicial, por sua própria natureza e pelas características que lhe são intrínsecas, a ninguém permite a sua depreensão.

Evidentemente que a preocupação de se obter uma estimativa de resultado com o maior grau de precisão possível é plenamente justificável em face da necessidade de elaboração de um balanço patrimonial que corresponda à realidade financeira da empresa, apartando-o, tanto quanto possível, de deformações e imprecisões que possam vir a comprometer a idoneidade das demonstrações financeiras oferecidas a público.

Por outro lado, não há como ignorar a fragilidade da posição da busca de exagerada precisão na estimativa de resultado pois, a rigor, estar-se-á objetivando alcançar exagerada exatidão onde exatidão determinável efetivamente não há.

Em outros termos, muito embora seja possível, consoante restará demonstrado em seguida, efetivar-se uma estimativa de resultado com razoável grau de precisão para a maioria dos casos, há que se considerar sempre que tal estimativa é elaborada por um profissional (o advogado) que, muito embora atue e constantemente exerça interferência no curso do processo, dele não dependerá diretamente o destino final do caso, pela óbvia razão que este está a cargo de outro profissional, a saber, o juiz de direito.

Deste modo, encontrando-se o processo e sua decisão final vinculados, em última análise, à conduta humana, vale dizer, ao produto do pensamento e entendimento humanos, não se revela difícil perceber o grau de imprecisão decorrente desta circunstância e a conseqüente impossibilidade de se extrair uma perspectiva de êxito da causa judicial com o nível de precisão por vezes exigido e que se poderia considerar, *a priori*, como o realmente ideal.

Uma vez assentadas estas considerações iniciais, podemos passar ao tópico seguinte, onde procuraremos analisar a natureza jurídica das contingências derivadas do processo judicial, as normas aplicáveis à matéria e os parâmetros passíveis de adoção, quando da aferição da possibilidade de êxito das diversas lides.

II – Das normas de regência da matéria

Dentre vários dispositivos normativos que cuidam do tema ora em análise, parece-nos que o fundamento primeiro relativo à contabilização das provisões pode ser encontrado na Lei Federal n. 6.404, de 15 de dezembro de 1976, a denominada Lei das Sociedades Anônimas.

O art. 184 do referido texto legal, que trata dos "Critérios de Avaliação do Passivo", cujo inciso I por ora nos interessa mais de perto, possui a seguinte redação:

"Art. 184. No balanço, os elementos do passivo serão avaliados de acordo com os seguintes critérios:

"I – as obrigações, encargos e *riscos, conhecidos ou calculáveis*, inclusive, imposto de renda a pagar com base no resultado do exercício, serão computados pelo valor atualizado até a data do balanço;

"II – as obrigações em moeda estrangeira, com cláusula de paridade cambial, serão convertidas em moeda nacional à taxa de câmbio em vigor na data do balanço;

"III – as obrigações sujeitas a correção monetária serão atualizadas até a data do balanço" (itálicos acrescidos ao original).

Os Professores Modesto Carvalhosa e Nilton Latorraca, ao tratarem do artigo acima transcrito, tecem as seguintes considerações (*Comentários à Lei das Sociedades Anônimas*, Editora Saraiva, 1977, São Paulo, 6º v.):

"É importante observar que no inc. I do art. 184 é feita referência *a obrigações, encargos e riscos conhecidos ou calculáveis.*

"(...)

"Os dicionários definem risco como possibilidade de perda ou de responsabilidade pelo dano ou na linguagem jurídica, o vocábulo exprime simplesmente o sentido de perigo ou do mal receado: é o perigo de perda ou de prejuízo ou o receio de mal, que cause perda, dano ou prejuízo.

"Assim, por exemplo, se a companhia é parte de uma demanda judicial, cujo andamento do processo antecipa pouquíssimas possibilidades em seu favor, é obrigação da administração determinar que se registre contabilmente o encargo (redução do lucro) que constitui uma perda provável, ou, se quisermos, um risco calculável.

"Aparentemente, pois a lei manda registrar de duas maneiras o denominado passivo contingente, isto é, o passivo ainda incerto mas que provavelmente ocorrerá: uma seria a provisão para contingência, conta do passível exigível que teria como contrapartida encargo ou despesa do ano que representa uma *redução* do lucro; a outra forma seria a reserva para contingência, que é conta integrante do patrimônio líquido, cuja contrapartida é *apropriação* ou *destinação* do *lucro*."

Como se pode notar, a própria Lei das Sociedades por Ações principia por normatizar o registro contábil dos encargos e riscos, conhecidos ou pelo menos calculáveis, enquanto norma de disciplinamento da avaliação do Passivo.

A Resolução n. 750, de 29 de dezembro de 1993, do Conselho Federal de Contabilidade, consagra, em seu artigo 6º, *caput*, o Princípio da Oportunidade, princípio este cujo desdobramento enunciado no parágrafo único, inciso I, também cuida da matéria nos seguintes precisos termos:

"Art. 6º. O Princípio da Oportunidade refere-se, simultaneamente, à tempestividade e à integridade do registro do patrimônio e das suas mutações, determinando que este seja feito de imediato e com a extensão correta, independentemente das causas que as originaram.

"Parágrafo único. Como resultado da observância do Princípio da Oportunidade:

"I – desde que tecnicamente estimável, o registro das variações patrimoniais deve ser feito mesmo na hipótese de somente existir razoável certeza de sua ocorrência;"

Até mesmo com base no Princípio da Prudência, insculpido no art. 10 da Resolução do Conselho Federal de Contabilidade acima mencionada, podemos encontrar elementos justificadores da provisão de que ora tratamos, no que concerne ao tratamento quantitativo das alterações patrimoniais que possam vir a alterar o patrimônio líquido da empresa. Verifique-se o seu teor:

"Art. 10. O Princípio da Prudência determina a adoção do menor valor para os componentes do Ativo e do maior para os do Passivo, sempre que se apresentem alternativas igualmente válidas para a quantificação das mutações patrimoniais que alterem o patrimônio líquido."

Também a Resolução n. 700, de 24 de abril de 1991, do Conselho Federal de Contabilidade, que aprova a NBC-T-11 – Normas de Auditoria Independente das Demonstrações Contábeis, em seu item 11.2.15 – Contingências, trata da questão da provisão em moldes bem definidos, cujo teor cumpre transcrever na íntegra:

"11.2.15.1 O auditor deve adotar procedimentos para assegurar *que todas as contingências passivas relevantes, decorrentes de processos judiciais*, reivindicações e reclamações, *bem como de lançamentos de tributos em disputa, foram identificadas e consideradas* pela administração da Entidade na elaboração das demonstrações contábeis.

"11.2.15.2 Os seguintes procedimentos devem ser executados pelo auditor:

"a) discussão, com a administração da Entidade, das políticas e procedimentos adotados para identificar, avaliar e contabilizar as contingências passivas;

"b) *obtenção de carta dos advogados* da Entidade quanto à existência de contingências na época da execução dos trabalhos finais de auditoria;

"c) *discussão, com os advogados* e/ou a administração da Entidade, *das perspectivas no desfecho das contingências e da adequação das perdas contingentes provisionadas*, bem como das divulgações a serem feitas nas demonstrações contábeis.

"11.2.15.3 O auditor deve adotar os mesmos procedimentos com relação às contingências ativas" (itálicos acrescidos ao original).

Da análise do teor do dispositivo acima transcrito pode-se facilmente depreender não somente a inafastável necessidade como também a importância da participação dos advogados no registro, a título de provisão, das perdas contingentes decorrentes do processo judicial. Pode-se inferir ainda, sem mais delongas, a responsabilidade destes profissionais no que se refere à estimativa de êxito das causas judiciais que se encontram sob seu patrocínio.

III – Do tratamento normativo dispensado ao tema pelo FASB e pelo IBRACON

Sem embargo de tudo quanto exposto até aqui e tomando como certo que as normas até então mencionadas são as que fornecem o panorama jurídico prefacial acerca do tema das contingências e provisões, cumpre ainda salientar o papel de outros dois diplomas normativos, que igualmente exercem destacada função quanto à questão das contingências, notadamente para os casos daquelas relativas ao processo judicial.

Primeiramente a norma editada pelo Financial Accounting Standards Board – FASB – que é o organismo que tem, por delegação da Securities and Exchange Commission (SEC), o poder legal para a normatização contábil nos Estados Unidos da América. Os pronunciamentos editados pelo referido organismo normatizador são conhecidos por FAS, interessando-nos por ora o de n. 5, que será mencionado com mais vagar em seguida.

Posteriormente, há que se considerar também os denominados Pronunciamentos do Instituto Brasileiro de Contadores – IBRACON, relevando notar o teor do Pronunciamento XII, que é o que trata das Contingências (numeração XII adotada segundo a publicação *Princípios Contábeis*, de 1994, Editora Atlas, 2ª ed., p. 50).

Neste sentido, segundo definido pelo referido Pronunciamento XII do IBRACON, podemos considerar o termo "contingências" como relativo a "certas condições ou situações de solução indefinida à data de encerramento do exercício social ou período a que se referem as demonstrações contábeis de uma entidade e, como tal, dependente de eventos futuros que poderão ou não ocorrer".

É certo também, conforme acentua o IBRACON e consoante já sublinhamos anteriormente, que as contingências podem resultar em efeitos futuros favoráveis ou desfavoráveis às empresas, vale dizer, podem originar ganhos ou perdas, os quais, à época da elaboração do balanço patrimonial, revelam-se apenas potenciais.

Por muitas vezes o provável montante de contingência é determinável, circunstância que implica na perfeita possibilidade de seu registro contábil ou mesmo simples divulgação por meio de notas explicativas às demonstrações financeiras.

Deste modo, sob a luz do conceito acima mencionado, torna-se fácil perceber a razão pela qual um processo judicial tributário é tomado tecnicamente como uma "contingência", em face de sua perfeita adequação às características fornecidas pelo aludido conceito.

Com efeito, trata-se de uma situação de solução indefinida à época da elaboração do balanço, com nítidas interferências nas demonstrações financeiras da empresa, dependente de evento futuro e incerto, cujo montante é determinável e passível de registro contábil, e que poderá traduzir-se em ganhos ou perdas econômicas para a entidade empresarial.

Cabe salientar, neste passo, com relação especificamente ao processo judicial tributário, que ao seu caráter de evento futuro é acrescida a característica de incerteza apenas no tocante ao seu resultado (ganhos ou perdas), pois, quanto à possibilidade de sua ocorrência, esta revela-se certa, faltando apenas a determinação de sua data.

Em outras palavras, se considerarmos como evento futuro tratado pela definição de "contingências" o trânsito em julgado do processo judicial (decisão definitiva da qual não caiba mais recurso para nenhuma das partes envolvidas), como de fato consideramos, a sua ocorrência é certa, posto que o processo judicial, mais cedo ou mais tarde, fatalmente alcançará o seu termo final.

Deste modo, o atributo de incerteza somente pertine ao seu resultado: se a decisão judicial for favorável à empresa, o evento se traduzirá em um ganho, ou, caso contrário, se a decisão for desfavorável, certamente estaremos diante de uma perda econômica.

Conforme já afirmamos, na maioria das causas judiciais, notadamente naquelas cujo objeto é o recolhimento ou não de tributos, há a possibilidade de quantificação econômica do valor envolvido, ou seja, o montante da contingência é determinável e, por via de conseqüência, passível de registro contábil. Ainda que não se possa determinar de maneira exata o referido valor, parece-nos bastante plausível a viabilidade de se efetuar um cálculo aproximado, com reduzida margem de erro.

Da circunstância acima narrada decorre a necessidade de se efetuar a estimativa de êxito do processo judicial, estimativa esta que deverá servir de base para os profissionais elaboradores do balanço patrimonial firmarem posição quanto à necessidade ou não de se adotar, nas demonstrações financeiras, a respectiva provisão.

Tal estimativa é formulada com base em critério fornecido pela mencionada norma contábil norte-americana (Statement of Financial Accounting Standards n. 5 – Accounting for Contingencies – FAS 5), que adota três possibilidades distintas, a saber:

"a) Probable.

"The future event or events are likely to occur.

"b) Reasonably possible.

"The chance of the future event or events ocurring is more than remote but less than likely.

"c) Remote.

"The chance of the future event or events ocurring is slight."

Em tradução livre, numa modesta tentativa de bem prestigiar o vernáculo pátrio, poderíamos adotar o critério acima estampado da seguinte forma:

"a) Provável.

"O evento futuro ou eventos são prováveis quanto à sua ocorrência.

"b) Razoavelmente possível.

"A chance do evento futuro, ou eventos, ocorrer é mais do que remota mas menos do que provável.

"c) Remota.

"A chance do evento futuro, ou eventos, ocorrer é insignificante."

Este, portanto, é o critério consagrado pela norma norte-americana, que pode ser adotado para os processos judiciais no que se refere à sua estimativa de êxito final.

Deste modo, para cada ação judicial há de ser adotada uma posição relativa à sua estimativa de resultado, atribuindo-lhe uma letra ("a", "b" ou "c"), em conformidade com suas características próprias e segundo sua maior ou menor possibilidade de êxito à época de seu termo final.

Em face da adoção do critério acima mencionado, resta apenas averiguar-se quais os parâmetros que regerão a adoção de cada uma das três "notas" acima contempladas, vale dizer, quais as informações e os dados que poderão nortear a opção por uma das três opções em tela, sendo este o ponto que trataremos em seguida.

IV – Dos parâmetros utilizáveis na adoção de estimativa de resultado do processo judicial

O mencionado Pronunciamento XII – Contingências, emitido pelo Instituto Brasileiro de Contadores (Princípios de Contabilidade Geralmente Aceitos) dispõe em seus itens 5 e 6 o seguinte:

"5. Uma contingência pode estar relacionada a fatos ocorridos, não definidos com precisão à época do balanço e que sejam de amplo ou razoável conhecimento por parte da administração da empresa."

"6. A estimativa das possíveis contingências e dos respectivos efeitos financeiros de uma contingência dependerá, também, do julgamento da administração da empresa. Esse julgamento será exercido à vista dos fatos e informações disponíveis à época do preparo e conseqüente publicação das demonstrações contábeis, e deverá levar em conta a experiência anterior adquirida em situações semelhantes além de outros fatores igualmente úteis."

Como se pode notar, no que tange à estimativa de possíveis conseqüências e efeitos financeiros, a norma faz alusão ao "julgamento" a ser feito pela empresa, tomando-se por base as informações disponíveis à época da elaboração das respectivas demonstrações contábeis e ainda levando-se em conta a experiência anterior adquirida em casos semelhantes.

Para o caso específico dos processos judiciais, queremos acreditar que tais parâmetros possam ser traduzidos em basicamente dois pontos a considerar, quais sejam, a jurisprudência formada quanto ao tema objeto do processo e a força dos argumentos jurídicos invocados.

Quanto ao primeiro, que nos parece ser o de maior relevância, a jurisprudência formada quanto ao tema objeto do processo revela-se de fundamental importância quanto à adoção da estimativa de êxito, posto que por meio dela é possível extrair a perspectiva de determinado caso, sob o entendimento então adotado pelo Poder Judiciário, até a data em que se está efetuando a respectiva estimativa.

Esta jurisprudência, que tanto quanto possível deve ser oriunda dos Tribunais Superiores (no caso brasileiro, o Supremo Tribunal Federal e o Superior Tribunal de Justiça), pode fornecer a tendência do entendimento dos julgadores sobre a matéria considerada, informando até mesmo os argumentos embasadores do entendimento adotado, informações que se revelam de grande valia na avaliação da possibilidade de êxito do processo.

Com relação a este ponto, cabe aqui salientar que casos há onde pode ocorrer uma inesperada alteração na jurisprudência, fato que vem modificar as perspectivas adotadas sobre determinada matéria. Assim, é possível que uma tendência jurisprudencial que venha se consolidando ao longo dos anos experimente brusca variação quando de sua apreciação pelos Tribunais Superiores, alterando, por via de conseqüência, a estimativa de resultado dos casos considerados.

Exemplo recente desta ocorrência é o caso da exigência do recolhimento do ICMS, nas mercadorias importadas, no momento do desembaraço aduaneiro. Após vários anos de acolhimento da tese, por parte dos Tribunais de Justiça dos Estados, de que o recolhimento somente deveria dar-se quando da entrada da mercadoria no estabelecimento importador, recentemente o Supremo Tribunal Federal (STF) decidiu de modo diverso, acolhendo a tese esposada pelos Fiscos Estaduais.

Como se pode notar, diante de um caso como o narrado, a empresa que adotou, por vários anos, a estimativa de resultado "c" (perdas remotas), pode-se ver obrigada a alterá-la, de um exercício social para o seguinte, para "b" (perdas possíveis), ou mesmo para "a" (perdas prováveis), submetendo-se, conseqüentemente, à correspondente provisão do valor envolvido, provisão esta que não fora anteriormente feita durante vários anos.

No que concerne ao segundo ponto salientado – a força dos argumentos jurídicos invocados – também elemento embasador da análise de estimativa de êxito, podemos considerar que desempenha importante papel na perspectiva dos casos, tendo em vista a possibilidade de se vislumbrar que determinadas "teses" apresentam-se, *a priori,* com maior envergadura jurídica em face dos argumentos expendidos.

Tal circunstância resulta clara quando se compara, por exemplo, uma tese que tenha como sustentáculo central a alegação de afronta ao princípio da capacidade contributiva e outra cujo argumento seja, por exemplo, a violação ao princípio da legalidade ou ao princípio da ampla defesa, dentre outros.

Embora no caso acima os três princípios sejam contemplados na Constituição Federal, é certo que a alegação de eventual afronta ao princípio da legalidade revela-se, por assim dizer, mais "grave" e mais "forte" juridicamente quando comparada à outra, relativa ao princípio da capacidade contributiva.

Assim sendo, percebe-se que, além dos precedentes jurisprudenciais, também os argumentos jurídicos invocados prestam-se a informar a análise das estimativas de êxito dos vários casos judiciais existentes.

V – Da estimativa de resultado e do tratamento contábil das perdas contingentes

Finalmente, cabe tecer algumas considerações quanto à estimativa de resultado dos processo judiciais, efetuada pelos advogados, e a eventual necessidade de provisão contábil para os mesmos, esta a cargo dos profissionais elaboradores das demonstrações financeiras da empresa.

A questão reside em se saber para quais casos a necessidade de provisão se faz presente, levando-se em consideração a estimativa de resultado efetivada com base em todos os critérios anteriormente mencionados.

A este respeito, o anteriormente citado Pronunciamento XII, do Instituto Brasileiro de Contadores, estabelece o quanto abaixo transcrito:

"8. A perda contigente deverá ser provisionada, através de débito ao resultado do exercício *quando for considerada provável e seu montante possível de ser estimado*.

"Adequada divulgação da natureza da perda e demais informações relevantes devem constar de nota explicativa às demonstrações contábeis."

"13. Uma perda contingente deve ser provisionada mediante débito ao resultado do exercício quando:

"(a) houver probabilidades de que eventos futuros venham a confirmar danos a ativos da empresa ou incorrência de passivos à data do balanço, e

"(b) houver possibilidade de estimar o montante de perda resultante da contingência."

"14. A existência de uma perda contingente deverá ser revelada adequadamente nas demonstrações contábeis mesmo que as condições acima expostas não sejam encontradas, *a menos que a possibilidade de ocorrer a perda seja remota*" (itálicos acrescidos ao original).

Como se depreende da leitura do item 13 do Pronunciamento em tela, o IBRACON adota o entendimento, com base, inclusive, na anteriormente mencionada norma do FASB, de que a provisão deverá ser feita sempre que se fizerem presentes os requisitos das letras (a) e (b) do referido item 13, acima transcrito.

Deste modo, como se pode facilmente notar, a perda contigente deverá ser provisionada quando (a) houver probabilidade de que eventos futuros venham a confirmar danos a ativos da empresa e (b) houver possibilidade de estimar o montante da perda considerada.

Não obstante, determina no item 14 que a existência da perda contingente deverá ser adequadamente revelada nas demonstrações contábeis, ainda que as duas condições apontadas no item precedente – (a) e (b) – não se façam notar, salvo quando a possibilidade de ocorrência da perda revelar-se remota.

De qualquer modo, ainda que a possibilidade de ocorrência da perda seja remota, ainda assim a mesma deverá ser revelada em nota explicativa, devendo esta explicitar a natureza da aludida perda (*Manual de Contabilidade das Sociedades por Ações*, Editora Atlas, 4ª ed., p. 404).

Em face destes critérios, parece-nos que a situação ideal consista em sempre revelar a natureza da perda em nota explicativa, tanto para as hipóteses de se efetuar a provisão (para os casos de perdas prováveis ou possíveis), quanto para a hipótese de se dispensar a referida provisão (para os casos de perdas remotas).

Devemos notar que o critério acima atende, inclusive, ao quanto disposto no art. 176 da Lei Federal n. 6.404, de 15 de dezembro de 1976 (Lei das Sociedades Anônimas), cujo teor é o seguinte:

"Art. 176. Ao fim de cada exercício social, *a diretoria fará elaborar*, com base na escrituração mercantil da companhia, *as seguintes demonstrações financeiras, que deverão exprimir com clareza a situação do patrimônio da companhia* e as mutações ocorridas no exercício:

"I – balanço patrimonial;

"(...)

"§ 4º. *As demonstrações serão complementadas por notas explicativas* e outros quadros analíticos ou demonstrações contábeis necessários para esclarecimento da situação patrimonial e dos resultados ao exercício.

"§ 5º. *As notas deverão indicar*:

"a) os principais critérios de avaliação dos elementos patrimoniais, especialmente estoques, dos cálculos de depreciação, amortização e exaustão, *de constituição de provisões para encargos ou riscos*, e dos ajustes para atender a perdas prováveis na realização de elementos do ativo;

"(...)

"d) os ônus reais constituídos sobre elementos do ativo, as garantias prestadas a terceiros e outras responsabilidades eventuais ou contingentes" (itálicos acrescidos ao original).

Neste sentido também é o mandamen to hospedado pelo Princípio da Oportunidade (já tratado nas páginas precedentes), onde o parágrafo único, inciso I, determina o registro das variações patrimoniais, mesmo na hipótese de somente existir razoável certeza de sua ocorrência, desde que seja tecnicamente estimável.

Portanto, com fulcro no entendimento acima esposado, tomando-se por base todos os dispositivos normativos aplicáveis à espécie – e em atendimento ao Princípio da Prudência (art. 10, § 3º, da Resolução CFC n. 750/93) – acreditamos que somente poderá ser dispensada a provisão para as perdas contingentes quando a estimativa de resultado do processo judicial corresponder à letra "c" do critério anteriormente mencionado (perdas remotas), entremostrando-se, contudo, obrigatória, quando a referida estimativa corresponder às letras "a" (perdas prováveis) e "b" (perdas possíveis), em consonância com a mencionada norma FAS n. 5.

Cabe notar que a provisão efetuada nos termos em que aqui tratada é indedutível para efeito de apuração do lucro real e da base de cálculo da contribuição social sobre o lucro líquido, conforme o disposto no art. 13 da Lei Federal n. 9.249, de 27 de dezembro de 1995, devendo seu controle ser efetuado na denominada Parte B do Livro de Apuração do Lucro Real (LALUR).

VI – Das reservas para contingências

O tema de que ora cuidamos enseja ainda oportunidade para efetuarmos umas últimas considerações, desta feita relativas às reservas para contingências, matéria tratada pelo art. 195 da Lei das Sociedades por Ações encontrando-se o dispositivo assim redigido:

"Art. 195. A assembléia geral poderá, por proposta dos órgãos da administração, destinar parte do lucro líquido à formação de reserva com a finalidade de compensar, em exercício futuro, a diminuição do lucro decorrente de perda julgada provável, cujo valor possa ser estimado.

"§ 1º. A proposta dos órgãos da administração deverá indicar a causa da perda prevista e justificar, com as razões de prudência que a recomendem, a constituição da reserva.

"§ 2º. A reserva será revertida no exercício que deixarem de existir as razões que a justifiquem a sua constituição ou em que ocorrer a perda."

Como se pode notar pelo texto legal, trata-se de reserva para contingências criada por meio de deliberação da assembléia geral, independentemente de qualquer previsão estatutária, e que deverá ter por finalidade compensar a diminuição do lucro decorrente de uma perda futura julgada provável, desde que seu valor possa ser estimado.

De acordo com o entendimento dos Professores Sérgio de Iudícibus, Eliseu Martins e Ernesto Rubens Gelbcke, exposto no já mencionado *Manual de Contabilidade das Sociedades por Ações*, 4ª ed., p. 433: "O objetivo da constituição dessa reserva é segregar uma parcela de lucros, inclusive com a finalidade de não distribuí-la como dividendo, correspondente a prováveis perdas extraordinárias futuras, que acarretarão diminuição dos lucros (ou até o surgimento de prejuízos) em exercícios futuros. Dessa forma, com a sua constituição, estar-se-á fortalecendo a posição da Sociedade para fazer frente à situação prevista".

Consoante dispõe o transcrito art. 195, a proposta dos órgãos da administração da empresa deverá vir acompanhada da indicação da causa da perda prevista e da justificação da constituição da reserva.

A reserva para contingências efetivada nos termos do art. 195 será revertida no exercício em que deixarem de existir as razões justificadoras de sua constituição ou naquele em que ocorrer a perda, a teor do § 2º do artigo mencionado.

CONFERÊNCIAS & DEBATES

ICMS: NATUREZA E REGIME DA NÃO-CUMULATIVIDADE

CARLOS EDUARDO DE VASCONCELOS
Advogado em Pernambuco

1. Introdução. 2. Dos antecedentes da não-cumulatividade. 3. Natureza e regime de compensação na CF/88. 4. Da Constituição de 1988 e do Convênio 66/88. 5. Da Lei Complementar 87/96. 6. Do entendimento contrário. 7. Da crítica ao entendimento contrário. 8. Conclusões.

1. Introdução

Em economia se diz que a não-cumulatividade do imposto evita o efeito "cascata", ou seja, possibilita a tributação de determinado bem apenas no tocante ao valor econômico a ele acrescido em cada etapa da sua circulação. No campo do direito tudo pode ser mais complexo, dependendo de como as leis determinem o *modus faciendi*.

Com a promulgação da Constituição Federal de 1988, dentre tantos temas intrigantes para o estudioso do direito, um deles, deveras desafiador, é aquele consistente em identificar se e até que ponto a sistemática de compensação do ICMS, qual seja, os pressupostos e a abrangência do princípio constitucional da não-cumulatividade, é a mesma do antigo ICM.

Este é o escopo do presente estudo.

Procurarei demonstrar que, a despeito de uma certa similitude, capaz de gerar perplexidades, as diferenças são expressivas.

2. Dos antecedentes da não-cumulatividade

No regime constitucional anterior à Constituição de 1988 havia dispositivo transferindo para o âmbito da Lei Complementar a definição da natureza intrínseca da não-cumulatividade do então ICM. O art. 23, II, da EC 1/69 dispunha que do imposto relativo à circulação de mercadorias realizadas por produtores, comerciantes e industriais se abateria, nos termos do disposto em Lei Complementar, o montante cobrado nas anteriores pelo mesmo ou por outro Estado; e o Decreto-lei 406/68, com força de Lei Complementar, atribuiu àquele princípio natureza de crédito físico-financeiro-escritural.

Com efeito, o art. 3º do mencionado Decreto-lei dispunha que o imposto sobre circulação de mercadorias era não-cumulativo, abatendo-se, em cada operação, o montante cobrado nas anteriores pelo mesmo ou por outro Estado. Mas o § 3º do mencionado artigo, consubstanciando um comando restritivo, estabeleceu que não se exigiria o estorno do imposto relativo às mercadorias entradas para utilização como matéria-prima ou material secundário na fabricação, ou como embalagem.

Na interpretação deste e de outros comandos daquela norma constata-se que o legislador complementar de 1968 entendeu que o crédito a compensar abrangia, em princípio, as mercadorias que ingressassem e saíssem tal como entraram no estabelecimento, admitindo, consoante se infere do art. 3º, § 3º, do DL 406/68, que esse crédito também acolhia as matérias-primas e materiais secundários utilizados na fabricação e embalagem dos produtos industrializados.

Defendeu, então, a maioria da doutrina, em vista desses dispositivos, que ficara adotado, no Brasil, o método do crédito físico, ou seja, a mercadoria cuja incidência tributária ensejava crédito a compensar na operação subseqüente teria que estar fisicamente integrada na mercadoria objeto de saída tributada ou, quando menos, teria que ser consumida em contato direto com o produto em elaboração; como no caso dos materiais secundários que seriam aqueles insumos industriais que se consomem, rapidamente, em conseqüência do contato direto com o produto em elaboração.

Assim, tanto a natureza de crédito físico-financeiro como o regime de apuração por período, englobando toda a movimentação do estabelecimento, eram definidos e disciplinados através da Lei Complementar, embora à luz da matriz constitucional.

Tanto que, mesmo sob essas circunstâncias, a compensação, na época impropriamente denominada abatimento, já era tida como categoria jurídica de hierarquia constitucional, conforme prelecionava Geraldo Ataliba e Cléber Giardino,[1] *verbis*: "O "abatimento" é, nitidamente, categoria jurídica de hierarquia constitucional: porque criada pela Constituição. Mais que isso: é direito constitucional reservado ao contribuinte do ICM; direito público subjetivo de nível constitucional, oponível ao Estado pelo contribuinte do imposto estadual".

Em 1987, escrevendo sobre ICM e crédito da não-cumulatividade na vigência de isenção,[2] defendi que o crédito escritural-financeiro da não-cumulatividade é, ademais, um direito potestativo do sujeito-passivo do ICM, com sede constitucional, inesgotável pelo não uso enquanto não compensável com ICM a recolher.

3. Natureza e regime de compensação na CF/88

Sob o império da Constituição de 1988 houve uma importantíssima alteração. Diferentemente do que vigorara antes, a Carta Magna de 1988 apenas transferiu para a Lei Complementar o disciplinamento do regime de compensação do imposto; porque a natureza intrínseca desse direito de crédito financeiro-escritural, não mais necessariamente físico, já restara plenamente insculpida na matriz constitucional.

Com efeito, estabelece a Constituição Federal de 1988, em seu art. 155, § 2º, I, que o ICMS, *verbis*: "... será não-cumulativo, compensando-se o que for devido em cada operação relativa à circulação de mercadorias ou prestação de serviços com o montante cobrado nas anteriores pelo mesmo ou outro Estado ou pelo Distrito Federal".

A leitura atenta do dispositivo acima transcrito conduz o intérprete a constatar que a natureza da não-cumulatividade encontra-se plenamente disciplinada no âmbito da Lei Maior. Trata-se de compensação plena.

O montante que o adquirente ou o tomador de serviços de transporte e de comunicação haja suportado como contribuinte

1. In *Revista de Direito Tributário* n. 29/30, p. 116.

2. In *Revista de Direito Tributário* n. 39, Ed. RT, São Paulo, 1987, p. 203.

de fato de ICMS na aquisição de mercadorias ou de serviços sujeitos ao tributo – sem qualquer distinção quanto ao modo de utilização dessa mercadoria/serviço em sua atividade sujeita à incidência do ICMS – deve ser compensado com o ICMS incidente sobre as operações ou prestações que venha a promover.

Exceção apenas quando o contribuinte adquira mercadorias ou serviços enquanto consumidor final, circunstância em que o faz para utilização em atividades estranhas às dos seus estabelecimentos promotores de operações tributadas pelo ICMS; ou quando promova operações ou prestações que gozem de isenção ou não sofram a incidência do imposto; hipótese em que o crédito não será efetuado ou, caso lançado, será estornado.

É o que se infere do art. 155, VII, que distingue as aquisições efetuadas pelo contribuinte enquanto na qualidade de consumidor final, determinando, nesses casos, que, nas operações interestaduais, a alíquota do imposto fique fracionada, cabendo ao Estado de origem uma incidência e ao Estado de destino outra incidência sobre a mesma base de cálculo, mas adotando-se como alíquota a diferença faltante para completar o percentual adotado nas operações internas. E, também, a hipótese do § 2º, II, do art. 155, onde está previsto que a isenção ou não-incidência, salvo determinação em contrário da legislação, não implicará crédito para compensação ou acarretará a anulação do crédito relativo às operações anteriores.

Em interpretação sistemática do texto constitucional, verifica-se que o contribuinte é equiparado ao consumidor final nos atos em que adquira mercadoria ou serviço não utilizável no estabelecimento da atividade sujeita à tributação e, assim, insuscetível de integrar as saídas subseqüentes, quer enquanto componente do preço, quer enquanto formador do custo dos serviços ou produtos vendidos. Quando a mercadoria é necessária e comprovadamente aplicada na atividade, mesmo que se trate de bem de ativo imobilizado, os respectivos custos repercutirão sobre o custo da atividade tributada, influenciando a formação do respectivo preço e, conseqüentemente, a base de cálculo das incidências subseqüentes.

Apegados aos paradigmas do crédito físico-financeiro-escritural vigente antes de 1988, poucos intérpretes perceberam que a atual Constituição instituiu e situou a natureza daquele direito à compensação, atribuindo ao plano da Lei Complementar apenas o disciplinamento do regime daquela compensação.

Merece destaque o trabalho pioneiro de Heron Harzua[3] concluindo, inclusive no tocante ao IPI, que o conteúdo do princípio da não-cumulatividade está posto, rigidamente, na Constituição. *Verbis*: A mesma Lei maior, entrementes, incumbiu à Lei Complementar tão-só a fixação do mecanismo, do método, da forma pela qual se implementa o regime da compensação (período considerado, soma algébrica de fatos geradores ocorridos em um período, *v.g.*)".

4. *Da Constituição de 1988 e do Convênio 66/88*

Para dificultar essa compreensão, muito contribuiu o Convênio n. 66/88.

Com efeito, o Ato das Disposições Transitórias da vigente Carta Magna estabeleceu, em seu art. 34, que se, no prazo de sessenta dias contados da promulgação da nova Carta, não fosse editada a Lei Complementar necessária à instituição do ICMS, os Estados e o Distrito Federal, mediante convênio celebrado nos termos da LC n. 24/75, fixariam normas para regular provisoriamente a matéria. Não editada a Lei Complementar, os Estados e o Distrito Federal celebraram o Convênio n. 66/88.

3. In *Revista de Direito Tributário* n. 64, São Paulo, pp. 254 a 261.

No entanto, sem atentar para a nova diretriz constitucional, manteve, o Convênio, o conceito de crédito físico ao não contemplar aquele decorrente das incidências de ICMS nas aquisições de mercadoria utilizada como ativo permanente ou daquela necessária, usada/consumida no estabelecimento, sem se integrar fisicamente ao produto em elaboração.

Os agentes fazendários, autores do Convênio 66/88, preferiram não reconhecer que o legislador constituinte especificara, expressamente, as hipóteses excepcionais em que não seria cabível a aplicação do princípio da não-cumulatividade.

Não perceberam que a natureza do crédito financeiro compensável, definida, na Constituição Federal de 1988, como pressuposto para implementação do princípio da não-cumulatividade do ICMS, corresponde ao direito à compensação com o imposto devido nas operações ou prestações subseqüentes, de quaisquer incidências anteriores de ICMS, suportadas pelo contribuinte adquirente nas operações relativas à circulação de mercadorias ou prestação de serviços utilizados nas atividades próprias do estabelecimento; não excluídas as mercadorias destinadas ao uso ou consumo na atividade sujeita à incidência do ICMS ou ao ativo permanente imobilizado no empreendimento.

Lamentavelmente, com raras exceções, nossos mais acatados doutrinadores ainda não se debruçaram sobre esta matéria. Ainda não desenvolveram a compreensão de que o disciplinamento do regime de compensação, atribuído à Lei Complementar, consiste simplesmente em fixar a pragmática do princípio da não-cumulatividade.

Conforme o art. 155, § 2º, XII, "c", da CF/88, o regime a ser disciplinado em Lei Complementar é o modo escritural dessa compensação, a sistemática de apuração por mercadoria (separação) ou por período (comunhão), a amplitude do período, a compatibilização do montante a compensar com a sistemática de substituição tributária; em suma, o que caiba a uma Lei Complementar dispor segundo o sistema da Constituição.

5. *Da Lei Complementar 87/96*

A Lei Complementar n. 87, de 13.9.96, incidiu, neste aspecto, em grosseira inconstitucionalidade.

Essa lei, que revoga o Convênio 66/88, foi editada, consoante o art. 155, § 2º, XII, da CF/88, para, no tocante ao ICMS, definir os contribuintes, dispor sobre substituição tributária e disciplinar o regime de compensação do imposto.

Adotou, corretamente, o entendimento de que a natureza do crédito a compensar não mais pressupõe a necessária presença física da mercadoria ingressada no estabelecimento na composição da mercadoria saída. Assim o fez ao acolher o direito de crédito relativo à compensação das incidências do ICMS na aquisição de mercadorias destinadas ao uso e consumo ou ao ativo permanente (imobilizado) do estabelecimento. No entanto, inexplicavelmente, a aludida LC acolheu uma negociação política que redundou na adoção de estranha e inviável suspensão da vigência dos dispositivos constitucionais auto-aplicáveis, instituidores daquele direito.

Com efeito, em um dos seus últimos artigos, o art. 33, sendo último o 36, o legislador, presumivelmente sob a pressão dos Srs. Governadores, fez constar que o direito de crédito relativo às incidências do imposto nas entradas de mercadorias destinadas ao ativo permanente somente poderia ser exercido a partir de 1º de novembro de 1996, enquanto que esse direito no tocante às mercadorias destinadas ao uso ou consumo somente poderia ser exercido a partir de 1º de janeiro do ano 2000.

Isto é grave anomalia. A LC n. 87/96 veio como mera facilitadora do cumprimento de disposições constitucionais. Sua validade decorre da Constituição, sendo inválidos os dispositivos nela contidos estabelecendo a suspensão da eficácia de comando constitucional auto aplicável.

Ora, conforme já referido, o direito à compensação, de natureza financeiro-escritural, está assegurado pela própria Constituição, sendo absolutamente desnecessária a mera enunciação, em Lei Complementar, da existência desse direito.

Ademais, os regimes de escrituração e de periodicidade mensal da compensação, inclusive em havendo substituição tributária, já estavam definidos, tendo a Lei Complementar n. 87/96, nesse aspecto, substituído, alterado ou simplesmente aprimorado os procedimentos estabelecidos no Decreto-lei n. 406/68 e no Convênio n. 66/88 (ambos com força de Lei Complementar), com vistas ao adequado cumprimento do comando constitucional. Porque a Lei Complementar tem caráter declaratório em relação ao que dispõe a Constituição Federal, visando aclarar possíveis obscuridades, e um caráter constitutivo-regulamentar, contudo meramente executivo em relação à matriz constitucional.

Poder-se-ia argumentar, no tocante aos bens destinados ao ativo imobilizado no estabelecimento, que o disciplinamento contido nos §§ 1º e 4º a 8º do art. 21 da LC 87/96 seria pressuposto necessário ao exercício do direito à compensação no tocante a esses bens. Ocorre que os parágrafos antes aludidos disciplinam os procedimentos de estorno dos créditos quando os bens de permanente (imobilizado), com vida útil estimada em cinco anos, são antecipadamente alienados ou utilizados na produção de mercadorias ou na prestação de serviços isentos.[4]

Em verdade, embora recomendável no plano da pragmática, esse disciplinamento não constitui condição necessária à implementação do mandamento constitucional. Porque, à falta do disciplinamento, quer em Convênio, quer em Lei, caberia ao contribuinte compatibilizar esse seu direito com as previsões constitucionais de estorno, ficando com o Poder Judiciário a incumbência de dirimir os conflitos e firmar a jurisprudência. Trata-se, aqui, desenganadamente, de norma constitucional de eficácia plena e aplicabilidade imediata.

Dito isto, convém retomar a distinção entre natureza jurídica (material) e regime jurídico (formal) da não-cumulatividade. Distinção essa que se evidencia quando se constata que o texto da CF/88 não atribuiu à Lei Complementar a definição do regime, mas, apenas, o disciplinamento do regime. De onde se pode inferir que a definição do regime equivale à fixação da natu-

4. "Art. 21. O sujeito passivo deverá efetuar o estorno do imposto de que se tiver creditado sempre que o serviço tomado ou a mercadoria entrada no estabelecimento:

I a IV – (...)

§1º. Devem ser também estornados os créditos referentes a bens do ativo permanente alienados antes de decorrido o prazo de cinco anos contado da data da sua aquisição, hipótese em que o estorno será de vinte por cento por ano ou fração que faltar para completar o qüinqüênio.

§§ 2º e 3º. (...)

§ 4º. Em qualquer período de apuração do imposto, se bens do ativo permanente forem utilizados para produção de mercadorias cuja saídas resulte de operações isentas ou não tributadas ou para prestação de serviços isentos ou não tributados, haverá estorno dos créditos escriturados conforme o § 5º do art. 20.

§ 5º. Em cada período, o montante do estorno previsto no parágrafo anterior será o que se obtiver multiplicando-se o respectivo crédito pelo fator igual a um sessenta avos da relação entre a soma das saídas e prestações isentas e não tributadas e o total das saídas e prestações no mesmo período. Para este efeito, as saídas e prestações com destino ao exterior equiparam-se às tributadas.

§ 6º. O quociente de um sessenta avos será proporcionalmente aumentado ou diminuído, *pro rata die*, caso o período de apuração for superior ou inferior a um mês.

§ 7º. O montante que resultar da aplicação dos §§ 4º, 5º e 6º deste artigo será lançado no livro próprio como estorno de crédito.

§ 8º. Ao fim do quinto ano contado da data do lançamento a que se refere o § 5º do art. 20, o saldo remanescente do crédito será cancelado de modo a não mais ocasionar estornos."

reza intrínseca, algo constitucionalmente assentado, enquanto que a disciplina do regime, atribuída à Lei Complementar, tem caráter formal de estatuição dos parâmetros escriturais, dos aspectos operacionais da incidência/compensação por mercadorias/serviços individualizados, ou por período.

Entendo, pois, que, desde 1º de março de 1989, quando começou a vigir o atual sistema constitucional tributário, pode e deve ser exercido o direito à compensação, com a amplitude ali contemplada. Penso que a complexidade da matéria está muito mais situada no seu desdobramento político do que propriamente no campo da hermenêutica.

Enquanto isso a insegurança campeia entre os contribuintes. Os mais estruturados, audazes e crentes no primado da Lei Maior já partiram em defesa dos seus direitos.

Mas há risco, inclusive de medidas autoritárias dos administradores fazendários; dai o dilema dos contribuintes. A evolução do entendimento jurisprudencial está lento; presos como ainda estão alguns intérpretes de peso ao superado paradigma do crédito fisico-financeiro-escritural.

6. *Do entendimento contrário*

Atentemos para o que afirmou o insigne jurista Hugo de Brito Machado.[5] Segundo ele, a Constituição diz caber à Lei Complementar "disciplinar o regime de compensação do imposto" e que, em sendo assim, pode o legislador complementar adotar o regime do crédito financeiro, ou o regime do crédito físico, bem assim adotar um regime com características de um e do outro. O festejado autor por certo não fez a distinção entre a natureza intrínseca do princípio e o disciplinamento do regime aplicável. E, com isto, não contemplou uma das características básicas do ICMS enquanto tributo não-cumulativo; a neutralidade.

A 1ª Turma do STF, consoante ementa do RE 194.300-9/SP,[6] *DJU* de 12.9.97, p. 43.737, relator o Ministro Ilmar Galvão, entendeu o seguinte: "ICMS. Venda de bens do ativo fixo da empresa. Não-incidência do Tributo. A venda de bens do ativo fixo da empresa não se enquadra na hipótese de incidência determinada pelo art. 155, II, da Carta Federal, tendo em vista que, em tal situação, inexiste circulação no sentido jurídico-tributário: os bens não se ajustam ao conceito de mercadorias e as operações não são efetuadas com habitualidade. Recurso extraordinário não conhecido".

Em seu voto, o citado Relator refere que "a operação de revenda de máquina integrada ao ativo fixo, desde que não tenha sido adquirida para ser vendida como objeto do negócio da empresa, não é suscetível de gerar obrigação tributária, como já reconheceu a Segunda Turma desta Corte, no Agravo 177.698-7, Relator o eminente Ministro Marco Aurélio...".

Louvado nessa Decisão, Vittorio Cassone[7] conclui que venda de bem do ativo imobilizado de empresa é operação fora do campo de incidência do ICMS; logo, é incabível crédito a compensar. Cita o art. 155, § 2º, II, "b", da CF/88, consoante o qual a não-incidência, salvo determinação em contrário da legislação, acarretará a anulação do crédito relativo às operações anteriores, concluindo que o art. 20 da LC, ao autorizar o crédito relativamente a bens do ativo permanente, está implementando a determinação em contrário prevista no art. 155, § 2º, II, da CF/88.

Qual seja, está estabelecendo que, a despeito de a saída do bem do ativo imobilizado não sofrer incidência do ICMS, mes-

5. In *Revista Dialética de Direito Tributário* n. 16, janeiro/1997, p. 17.

6. *DJU* de 12.9.97, p. 43.737, relator o Ministro Ilmar Galvão.

7. In *Repertório IOB de Jurisprudência* n. 19/97, texto 1/11.504.

mo assim fica assegurada, a partir de novembro/96, a manutenção do crédito relativo a bens de ativo permanente e, a partir de janeiro do ano 2000, a manutenção de créditos atinentes a materiais de uso e consumo.

Segue o mencionado autor afirmando, *verbis*:

"Aliás, é nessa ressalva que, mesmo com uma certa complexidade, conseguimos vislumbrar o fundamento de validade para a LC n. 87/96 ter conferido o direito de crédito na aquisição de bens destinados ao Ativo Permanente, cujo termo inicial é 1º.11.96, a teor do disposto nos arts. 33 e 36 dessa norma complementar à Constituição. Isto por entendermos que, se a Carta Magna deu competência à "legislação" (assim entendida a Lei Complementar, o Convênio, ou mesmo a Lei ordinária estadual ou distrital em eventuais e específicas operações internas que não impliquem guerra fiscal) para assegurar a manutenção do crédito, tal conferimento pode abranger crédito relativo a operações com bens destinados a uso, consumo ou Ativo Permanente do contribuinte, critério exegético embebecido de razoabilidade".

7. *Da crítica ao entendimento contrário*

Inicialmente, examinemos os pressupostos fáticos e jurídicos em que se fundamentou a decisão susoreferida do STF. Em seqüência, observemos a amplitude do ICMS a partir da sua própria designação, o conceito jurídico-contábil de bens de ativo permanente e o tratamento especial disciplinado na LC 87/96. Finalmente, verifiquemos que o raciocínio de Vittorio Cassone, por outras razões, também não se aplica aos materiais de uso e consumo.

A Decisão do STF não autoriza as conclusões a que chegou Vittorio Cassone, e em nada repercute sobre o princípio constitucional da não-cumulatividade. A futura e eventual venda ou não venda de bens integrantes do ativo imobilizado do contribuinte do ICMS, sem incidência do imposto, assim como o desgaste ou o exaurimento de materiais de uso e consumo, não legitimam nem deixam de legitimar o aproveitamento do crédito decorrente das incidências nas entradas.

As baixas de bens de ativo imobilizado não tem, efetivamente, como sofrer incidência do ICMS, assim como, de regra, não poderia haver incidência subseqüente de ICMS em relação aos materiais de uso e consumo que se exaurem pelo uso e consumo.

No entanto, conforme antes acentuado, essa circunstância não deve ser confundida com a não incidência a que alude o art. 155, § 2º, II, *a* e *b*, da Constituição Federal/88. Esses dispositivos ora referidos, que vedam, salvo determinação em contrário da legislação, a manutenção de créditos ou impõem sua anulação quando as operações subseqüentes são isentas ou não incidentes, dizem respeito às saídas das mercadorias e às prestações de serviços de transporte e de comunicação enquanto atividades próprias e habituais do estabelecimento.

Qual seja; sempre que o estabelecimento realiza operação ou prestação da sua atividade própria e habitual deverá verificar se essa operação é isenta ou não incidente de ICMS, porque se for, não cabe o crédito e será anulado aquele eventualmente registrado.

Essa conclusão se infere de toda a construção jurídico-constitucional do ICMS, tantas vezes apontada neste estudo. Para mais pontual enfoque, examinemos como está redigido o art. 155, § 2º, I, da Constituição Federal/88:

"§ 2º. O imposto previsto no inciso II atenderá ao seguinte:

"I – será não-cumulativo, compensando-se o que for devido em cada operação relativa à circulação de mercadorias ou prestação de serviços com o montante cobrado nas anteriores pelo mesmo ou outro Estado ou pelo Distrito Federal;"

O comando inicial da norma complexa em exame diz o seguinte: o imposto será não-cumulativo. Já verificamos, neste estudo, que o custo de aquisição de qualquer bem, insumo ou serviço que haja sofrido a incidência do ICMS estará acrescido do valor desse mesmo imposto, enquanto despesa, acarretando, com isso, preço de mercadoria ou de serviço acrescido pelo componente imposto. Caso essa despesa não seja recuperável na forma do crédito da não-cumulatividade, ocorrerá a repercussão, a perda de neutralidade, o tal "efeito cascata" que, em existindo, torna o imposto cumulativo ou, quando menos, tem mitigada sua não-cumulatividade.

O segundo comando da referida norma determina que se deve compensar o que for devido em cada operação relativa à circulação de mercadorias ou prestação de serviços com o montante cobrado nas anteriores... Verifica-se, então, que a não cumulatividade não está referida a este ou aquele bem, mas à existência de mercadorias adquiridas ou de serviços recebidos com tributação, aplicados na dinâmica de uma atividade própria e habitual de contribuinte; qual seja, de operações e prestações habituais, sujeitas à incidência do imposto.

Está fora de dúvidas o fato de que os bens de ativo imobilizado e os materiais de uso e consumo são mercadorias para quem os aliena com habitualidade; para quem os produz ou os revende como atividade precípua, sofrendo a incidência do ICMS. E que, em incidindo ICMS, a parte adquirente que os aplique em estabelecimento contribuinte compensará o imposto cobrado nessas operações anteriores com o imposto incidente nas suas próprias operações mercantis e prestações tributadas.

Esse entendimento se consolida quando se constata que a parte final do comando normativo em exame refere que a compensação se dará com o imposto cobrado nas operações e prestações anteriores pelo mesmo ou por outro Estado ou pelo Distrito Federal e não com o imposto cobrado sobre esta ou aquela mercadoria.

A propósito, preleciona Aroldo Gomes de Matos[8] que, na atual Constituição "o princípio da não-cumulatividade do ICMS não leva em conta a equação "mercadorias entradas *x* mercadorias saídas", mas, a equação "débitos pelas operações de saídas *x* montante dos créditos pelas operações de entradas". Acrescenta que: "O critério correto e lógico é, pois, exclusivamente o financeiro: o montante do ICMS cobrado nas operações anteriores relativas a aquisição de bens destinados ao consumo, ao ativo fixo, a revenda e a serviços tributáveis etc., deve ser, totalmente, compensado com o devido nas operações de saída, em períodos determinados".

Ao examinar a matéria, Roque Antonio Carrazza[9] afirma o seguinte: "Para que o direito à compensação surja, também não é preciso que os créditos provenham da mesma mercadoria que o contribuinte está pondo *in commercium*, do mesmo bem que ele vai revender ou do mesmo serviço que está prestando. Basta que existam créditos provenientes de operações ou prestações anteriores... Esta, diga-se de passagem, é uma novidade da Constituição de 1988. A anterior, quando cuidava do ICM, vinculava o aproveitamento dos créditos à mesma mercadoria. A Constituição ora em vigor, pelo contrário, confere, ao contribuinte, o direito de abater, do montante de ICMS, tudo o que foi devido por outros contribuintes que lhe prestaram serviços ou lhe forneceram mercadorias, matérias-primas e outros bens tributados (máquinas, material de escritório, veículos etc.). Estabelece, portanto, uma diretriz de créditos/débitos (as entra-

8. "ICMS: o Montante dos Créditos Compensáveis", in *ICMS – Problemas Jurídicos*, Dialética, São Paulo, 1996, pp. 32 e 34.

9. In *Revista Dialética de Direito Tributário* n. 25, pp. 149-150.

das fazem nascer créditos; as saídas débitos)".

No dizer do mestre Souto Maior Borges:[10] "A incumulatividade do ICMS (CF, art. 155, § 2º, I) supõe uma relação de implicação entre débito e crédito do imposto. De regra, o crédito supõe imposto pago nas operações anteriores àquela que causa o débito de ICMS, pela saída da mercadoria de um estabelecimento produtor, industrial ou mercantil qualquer".

E é assim porque o sistema normativo do ICMS, consoante instituído na Carta Magna, contempla uma não-cumulatividade infensa a manobras mitigativas. Porque, diferentemente do regime da Carta pretérita, quando foi atribuído à Lei Complementar dispor; em suma, estabelecer os contornos e os limites da não-cumulatividade, tendo a respectiva norma com força de LC (DL 406/68) instituído uma não-cumulatividade mitigada, para somente contemplar o chamado crédito físico, na presente Carta Magna inadmite-se ofensa à neutralidade do ICMS, consoante já examinado ao longo deste estudo.

8. Conclusões

Sob o império da Constituição de 1988, o princípio constitucional da não-cumulatividade do ICMS implica no direito do contribuinte daquele imposto de compensar com o ICMS incidente sobre serviços de transporte e de comunicação e sobre as saídas das mercadorias por ele habitualmente promovidas, os valores de ICMS suportados enquanto tomador de idênticos serviços e nas entradas de mercadorias, dentre estas as adquiridas e destinadas ao imobilizado ou ao uso/consumo do estabelecimento.

Porque o princípio da não-cumulatividade, relativamente ao ICMS, que implica em neutralidade tributária, tem suporte em norma constitucional de eficácia plena e aplicabilidade imediata, inclusive quanto às hipóteses de exceção, cabendo à Lei Complementar apenas o disciplinamento do regime jurídico da compensação.

Quanto aos materiais de uso e consumo e aos bens do ativo permanente, o direito ao crédito independe da existência ou não de saída subseqüente desses insumos ou da incidência ou não do imposto na eventual saída, porque o substrato da não-cumulatividade está na não afetação do preço das mercadorias e dos serviços pelo componente imposto suportado nas respectivas aquisições e na utilização desses bens e materiais nas atividades habituais, de que resultam as saídas de mercadorias e as prestações de serviços tributadas, promovidas pelo contribuinte enquanto contribuinte.

São inválidos e ineficazes os dispositivos do art. 33 da Lei Complementar n. 87/96 que suspenderam, temporariamente, aspectos da não-cumulatividade do ICMS, porque, tendo essa LC caráter declaratório, só lhe cabe disciplinar o regime de compensação.

Recife, 3 dezembro de 1997

10. In *Revista Dialética de Direito Tributário* n. 26, p. 108.

CONFERÊNCIAS & DEBATES

NÃO-EXIGIBILIDADE DO IOF NA RENOVAÇÃO DE EMPRÉSTIMO EXTERNO SEM TRANSFERÊNCIA DE DIVISAS – UM CASO DE FICÇÃO LEGAL

GLAUCIA LAULETTA FRASCINO
Advogada em São Paulo e Mestranda de Direito Constitucional
na Faculdade de Direito da Pontifícia Universidade Católica de são Paulo
e
ANA CLÁUDIA AKIE UTUMI
Advogada em São Paulo e Mestranda em Direito Tributário
na Faculdade de Direito da Pontifícia Universidade Católica de são Paulo

1. *Dos fatos*

Uma pessoa jurídica prorrogou um empréstimo contratado, no exterior, em moeda estrangeira através da emissão no exterior de *Fixed Rate Notes*, no regime de *Private Placement*, nos termos da Circular do Banco Central do Brasil (BACEN) n. 2.599/95.

Na operação em questão, não houve efetivo ingresso ou saída de recursos, houve, somente, um novo registro no BACEN, em substituição ao original, do valor devido ao exterior.

No entanto, apesar de não haver movimentação física de moeda estrangeira, o BACEN exigiu que fossem feitas liquidações simbólicas de câmbio, conforme disposto na Circular BACEN n. 2.559/95, para que pudesse ser emitido um novo registro do capital estrangeiro, para suportar futuros pagamentos de juros e principal ao exterior.

As liquidações de câmbio envolvidas na referida emissão e expressamente previstas na *Autorização Prévia* (que determina, textualmente, que a operação está "... sujeita à realização de compra e venda de câmbio, *sem transferência efetiva de divisas...*" – destacamos) emitida pelo Departamento de Capital Estrangeiro (FIRCE) do BACEN, portanto, não envolveram efetiva *transferência física de moeda*, constituindo-se em mera exigência formal para que a prorrogação fosse efetivada.

A situação acima descrita foi submetida ao crivo da Superintendência Regional da Receita Federal, através de consulta formulada pela empresa, para verificar a opinião da autoridade se *seria ou não devido o Imposto sobre Operações de Crédito, Câmbio e Seguro, ou relativas a Títulos e Valores Mobiliários (IOF) na operação pretendida.*

Em sua resposta, a Superintendência Regional da Receita Federal entendeu que, *in verbis,* "(...) nas prorrogações de operação de crédito externo, na modalidade de *Fixed Rate Notes*, incide o IOF sobre todas as operações de câmbio realizadas, *ainda que nestas não haja transferência efetiva (física) de divisas,* bastando, para tanto, que ocorra *o fato gerador do tributo,* o qual, nas operações de câmbio, se *materializa com a liquidação do contrato de câmbio* (...)". Nesta situação, cabe verificar se o entendimento do Fisco está correto, sob o ponto de vista da legalidade.

2. *Do IOF*

2.1 Fato gerador do IOF

A Constituição Federal, no artigo 153, inciso V, atribuiu à União a competência para instituir imposto sobre "operações de crédito, câmbio e seguro, ou relativas a título ou valores mobiliários". O Código Tributário Nacional (CTN), neste aspecto recepcionado pelo novo Texto Constitucional, dispõe, em seu artigo 63, que o referido imposto, quando incidente sobre operações de câmbio, tem como hipótese de incidência "(...) a sua *efetivação* pela *entrega de moeda nacional ou estrangeira,* ou de documento que a represente, ou a sua colocação à disposição do interessado, em montante equivalente *à moeda estrangeira* ou nacional *entregue ou posta à disposição por este;* (...)" (destacamos).

Para regulamentar a operacionalidade desse tributo, foi editada a Lei n. 8.894, de 21 de junho de 1994, estabelecendo que o *Imposto sobre Operações de Crédito, Câmbio e Seguro, ou relativas a Títulos e Valores Mobiliários* ("IOF"), incidente sobre operações de câmbio, será cobrado *sobre o valor de liquidação da operação cambial,* determinando como *contribuintes* do imposto (...) os compradores ou vendedores da moeda estrangeira *na operação referente à transferência financeira para ou do exterior*, respectivamente" (destacamos).

Ao criar a obrigação tributária relativa ao IOF, a Lei n. 8.894/94 veio estabelecer *os aspectos da respectiva hipótese de incidência tributária,* isto é, o fato que, se e quando ocorrido, dará ensejo ao surgimento da respectiva obrigação tributária.

A partir da descrição da hipótese de incidência (cuja verificação fática implica no surgimento da obrigação tributária) feita pela referida lei, é possível a identificação de *critérios,* que permitirão a verificação do nascimento da obrigação tributária. Nesse sentido vejamos a acepção do notável professor Paulo de Barros Carvalho:[1]

"(...) Ao conceituar o fato que dará ensejo ao nascimento da relação jurídica do tributo, *o legislador também seleciona as propriedades que julgou importantes para caracterizá-lo.* E, desse conceito, podemos extrair critérios de identificação que nos permita reconhecê-lo toda vez que, efetivamente, aconteça. *No enunciado hipotético vamos encontrar três critérios identificadores do fato: a) critério material; b) critério espacial; c) critério temporal* (...)" (destacamos).

Para explicitar os *critérios identificadores da hipótese de incidência tributária*, valeremo-nos da lição do Prof. Geraldo Ataliba,[2] apresentando os conceitos do Prof. Paulo de Barros Carvalho, ao esclarecer a unidade e indivisibilidade da hipótese de incidência, essenciais para dar a configuração ao tributo e permitir determinar a espécie tributária.

Socorre-se o ilustre Prof. Geraldo Ataliba[3] ao exemplo, formulado pelo Prof. Paulo de Barros Carvalho, da análise de uma esfera metálica, que não pode ser decomposta ou desmontada sem perder sua identidade, mas pode ser examinada sob diversos aspectos, tais como forma, brilho,

1. In *Curso de Direito Tributário*, Saraiva, 1993, p. 166,

2. In *Hipótese de Incidência Tributária*, 5ª ed., Malheiros Editores, 1996.

3. In ob. cit.

peso, simetria, matéria, mobilidade, tamanho, consistência, densidade etc. Conclui, afirmando que "A consideração separadamente, de cada qual, não importa decomposição do indecomponível, nem separação do inseparável. (...) Assim a hipótese de incidência: *não deixa de ser una e indivisível*, pelo fato de possuir diversos aspectos, cuja consideração não implica sua decomposição em 'partes', ou 'elementos'" (destacamos).

Colocadas estas premissas, vejamos os aspectos material e temporal, *que são indispensáveis para definição da hipótese de incidência do IOF.*

Quanto ao *aspecto material,* é necessário que haja muito mais do que, tão-somente, o atendimento a uma formalidade legal. É necessário que haja uma *realidade material,* uma razão *efetiva* para que haja o fato gerador do imposto. Essa realidade material não ocorre no caso da consulente, pois não há *nem entrada, nem saída de moeda estrangeira,* nem tampouco, compra ou venda de tal moeda. O que existe, sim, são *documentos que somente formalizam* uma operação legal.

Quanto ao *aspecto temporal*, o CTN claramente define, em seu artigo 63, supra, *que a efetivação da operação de câmbio* se dará através da "(...) *entrega* de moeda nacional ou estrangeira, ou de documento que represente ou sua *colocação* à disposição do interessado, *em montante equivalente à moeda estrangeira ou nacional entregue ou posta à disposição por este;* (...)" (destacamos). Assim, é necessário que ocorra *efetivamente o* aspecto material para que se possa falar em *aspecto temporal.*

Dessa forma, o nascimento da obrigação tributária em questão surgirá: *(i)* com a ocorrência de "operações de câmbio" (aspecto material) *e (ii)* quando houver a "sua efetivação pela entrega de moeda nacional ou estrangeira, ou de documento que a represente, ou sua colocação à disposição do interessado" (aspecto temporal).

Nota-se, portanto, que *as operações de câmbio se caracterizam pela compra e venda de moeda estrangeira, ou seja, se consubstanciam na alienação de divisas.* Isso significa que, na operação ora sob análise *não há o que se falar em fato gerador do imposto,* uma vez que *não há alienação de divisas.*

Diante da ausência do aspecto material e temporal, não há dúvida que inexistirá obrigação tributária a vincular o contribuinte à União, considerando que é necessário, para o regular surgimento da obrigação tributária, *a conjugação de todos os aspectos da respectiva hipótese de incidência, sem nenhuma exceção.*

Pelo acima exposto, podemos visualizar que não basta que o contribuinte realize "operações de câmbio": *é necessário que esta operação tenha sido efetivada "pela entrega da moeda nacional ou estrangeira, ou de documento que a represente, ou sua colocação à disposição do interessado*". Eis, portanto, a conjugação dos aspectos material e temporal da hipótese de incidência, a ensejar o nascimento da respectiva obrigação tributária.

2.2 Da emissão de "fixed rate notes"

As pessoas jurídicas residentes no País, nos termos da Circular BACEN n. 2.661/96, estão autorizadas a realizar operações de crédito externo mediante o lançamento de títulos no exterior.

Em decorrência da emissão, o emitente recebe os recursos relativos aos títulos colocados no exterior. Ao término do prazo da operação, o emitente faz o resgate de tais títulos, enviando a seus adquirentes (no exterior) a quantia previamente pactuada.

Neste momento, ocorrerá o aspecto temporal da hipótese de incidência, que conjugado aos demais aspectos da mesma, dará ensejo ao nascimento da obrigação de pagar o IOF.

No entanto, no caso em pauta, a emissão dos títulos é decorrente da *prorrogação de empréstimo externo previamente contraído,* razão pela qual, na data pactuada, *não haverá* nem a remessa de moeda decorrente do pagamento do empréstimo, nem, tampouco, o ingresso dos recursos provenientes da emissão dos títulos.

Dessa forma, parece incabível a exigência do IOF, já que estão ausentes os aspectos material e temporal da hipótese de incidência, que enseja o nascimento da obrigação tributária de pagar o tributo.

O *aspecto temporal* da hipótese de incidência inexiste, uma vez que, em razão da prorrogação de prazo, a operação não se efetivou pela "entrega da moeda nacional ou estrangeira ou de documento que a represente, ou sua colocação à disposição do interessado". De fato, a entrega da moeda ocorrerá, mas somente *ao término da operação* realizada (após a prorrogação), quando, então, a consulente resgatará os títulos.

Já a *materialidade* da hipótese de incidência consiste, neste caso, em *ficção,* ou seja: não há, de fato, qualquer operação de câmbio – justamente porque a operação foi prorrogada.

2.3 Presunção absoluta ou ficção legal

Muito embora não ocorra a entrega de moeda, seja nacional ou estrangeira, o Banco Central do Brasil poderá, com fulcro na Carta Circular n. 2.533/95, impor o fechamento de câmbio na prorrogação de empréstimos externos, para artificialmente dar ensejo ao nascimento da respectiva obrigação tributária.

É inegável a existência de verdadeira *ficção legal* presente na Carta-Circular n. 2.533/95, que está dando como certo algo que se sabe não ser certo (a remessa de moeda ao exterior).

Ocorre, entretanto, que as ficções *não* são admissíveis no âmbito do Direito Tributário, pois este se baseia, entre outros, no princípio da verdade material, que, no caso da ficção legal, é substituído pela verdade legal.

Rubens Gomes de Souza[4] discorreu sobre o tema, afirmando, categoricamente, que a ficção legal (assim como à presunção absoluta) "não se aplicam ao direito tributário ou, pelo menos, à determinação dos elementos definidores das obrigações por ele reguladas, entre os quais , como vimos, está a base do seu cálculo". O autor justifica tal entendimento citando Alfredo Augusto Beckers:[5]

"... Já a ficção dá como certo, para (todos ou alguns) efeitos jurídicos, algo que se sabe não ser certo, ou que é contrário à natureza das coisas: Em resumo, *cria uma "verdade jurídica" existente apenas "ex vi legis" mas diferente da verdade natural.* A diferença, como nota Pugliatti, não sem alguma ironia, é bastante tênue, pois o que importa ao direito é que a lei cria uma assim chamada "verdade jurídica" e não a motivação pré ou meta-jurídica do legislador para escolher o fato que resolve presumir como verdadeiro" (destacamos).

Diretamente ligado ao princípio da verdade material está o princípio da legalidade, presente no Direito Tributário justamente para proteger o direito do contribuinte dos arbítrios da Administração Pública. Em razão disso, é inafastável a descrição pela lei dos fatos tributáveis, bem como a efetiva investigação e ocorrência destes (fatos), para tornar legítima a aplicação da norma tributante.

No caso da ficção legal, como dito, a verdade material é substituída, por conveniência do legislador, pela verdade legal: aquilo que não é certo ou inexiste (a remessa de dinheiro para o exterior), considera-se como certo e existente para efeito de

4. Parecer publicado na *Revista de Direito Público* n. 11.

5. In *Teoria Geral do Direito Tributário*, Editora Saraiva, 1963, p. 463.

aplicação da norma. Este procedimento é aceitável em alguns ramos do Direito, contudo é repelido pelo Direito Tributário que, insista-se, pressupõe, para sua correta aplicação, a verdade material (e não simplesmente legal).[6]

Em conseqüência, a partir da verdade material supra, a única conclusão possível, no âmbito do Direito Tributário, é que o IOF não é devido quando da prorrogação de empréstimos externos através da emissão de *Fixed Rate Notes,* eis que a sua exigência se funda em mera ficção que, insista-se, é inadmissível no Direito Tributário.

Qualquer outra hipótese terá como fundamento não um fato certo (verdade material), mas mera verdade legal, inadmissível no Direito Tributário. É totalmente sem fundamento o sujeito ativo *querer imputar ao contribuinte um ônus sobre um fato que, no mundo real,* ***não ocorreu***.

Não se pode admitir a tributação com fundamento em uma *ficção.* A tributação deve basear-se em *fatos reais,* e não em *ficções*.

2.4 *Considerações finais*

A tributação pelo IOF, incidente sobre as operações de câmbio, tem como hipótese de incidência *a sua efetivação* pela entrega de moeda nacional ou estrangeira, ou de documento que a represente, ou sua colocação à disposição do interessado, em montante equivalente à moeda estrangeira ou nacional entregue ou posta à disposição por este.

Não há o que se falar em *efetivação de operações de câmbio* na operação em tela, mas sim, *em formalização de contratos de câmbio* para fins de atendimento de uma exigência legal, imposta pela Circular n. 2.599/95 do BACEN.

Essa formalização, assim, nada mais é do que mera *ficção,* não ocorrendo, efetivamente, os aspectos materiais e temporais da *hipótese de incidência.* Assim, não sendo presentes tais aspectos, não é possível ocorrer o nascimento da *obrigação tributária.* Dessa forma, a operação ora analisada *não pode ser objeto de tributação pelo IOF.*

6. Alberto Xavier, em *Do Lançamento do Direito Tributário Brasileiro*, p. 109, 1977, foi categórico sobre o assunto ao afirmar que: "A instrução do processo tem como finalidade a descoberta da verdade material no que toca ao seu objeto; e daí a lei fiscal conceder aos seus órgãos de aplicação meios instrutórios vastíssimos que lhe permitam formar a convicção da existência e conteúdo do fato tributário".

CONFERÊNCIAS & DEBATES

O ESTADO ESTRANGEIRO E A COBRANÇA JUDICIAL DOS TRIBUTOS MUNICIPAIS*

ANDREA VELOSO CORREIA

Coube-me fazer um pequeno relato dos problemas jurídicos enfrentados pelo Município do Rio de Janeiro na cobrança judicial da Taxa de Coleta de Lixo e Limpeza Pública e da Taxa de Iluminação Pública e, em alguns casos, do IPTU dos Estados Estrangeiros, que possuem imóveis situados no Município e que estão sendo utilizados como consulado ou para fins comerciais.

Inicialmente, cabe destacar que a questão é bastante tormentosa, pois não envolve, somente, questionamentos jurídicos, possuindo, também, implicações políticas, de natureza diplomática.

Do ponto de vista legal, o exame da matéria comporta desdobramento em dois planos: o do direito material (imunidade tributária) e o do direito processual (imunidade de jurisdição e procedimento para cobrança).

O primeiro ponto a ser analisado diz respeito à *imunidade de jurisdição*. Em três ocasiões, as Execuções propostas pelo Município do Rio de Janeiro foram extintas, sem julgamento do mérito, com indeferimento da petição inicial, por terem entendido os Juízes Federais sentenciantes que o Estado Estrangeiro gozaria de imunidade de jurisdição, faltando, portanto, uma das condições da ação, qual seja a possibilidade jurídica do pedido.

Nos três casos, o Município do Rio de Janeiro interpôs Recurso Ordinário, ao Superior Tribunal de Justiça, sendo que no único caso já julgado por este Tribunal Superior,[1] foi dado provimento ao Recurso Ordinário para anular a sentença extintiva, a fim de se prosseguir na Execução com a citação do Estado Estrangeiro.

Na verdade, duas teorias regem a análise da matéria: a da imunidade absoluta e a da imunidade relativa dos Estados Estrangeiros.

A primeira teoria, admitida plenamente até o século passado, propugnava pelo dogma da imunidade intangível do Estado perante a jurisdição estrangeira.

A segunda buscou distinguir a natureza dos atos emanados do Estado Estrangeiro, antes de cogitar da incidência ou não da imunidade jurisdicional. Se esta teoria res-

* Palestra proferida, em 13 de outubro de 1997, por ocasião do XXIII Encontro Nacional de Procuradores Municipais, realizado no Rio de Janeiro. O texto foi revisado e acrescido de notas de rodapé.

1. Recurso Ordinário n. 2/RJ (96/0019263-4), Acórdão da 1ª T., de 18.11.96, Relator Ministro José Delgado (*DJ* 6.12.96).

peita a imunidade dos atos oriundos da sua condição soberana *jus imperii*, da mesma forma admite a ausência de imunidade jurisdicional nos atos praticados pelo Estado como pessoa privada (*jus gestionis*).

A teoria da imunidade relativa vem prevalecendo, atualmente, tanto no nível internacional, quanto no nível de doutrina e jurisprudência brasileiras.

Inclusive, o Brasil e vários outros países latino-americanos adotaram o Código de Bustamante, que declara a imunidade dos atos em que o Estado atua como Poder Público e a submissão do Estado à jurisdição estrangeira quando o Estado atua como simples particular.

A própria jurisprudência do Supremo Tribunal Federal se modificou ao longo do tempo. Com a decisão plenária proferida por essa Suprema Corte em 1989, no julgamento da Apelação Cível n. 9696/SP, Rel. Min. Sydney Sanches, operou-se sensível transformação no magistério jurisprudencial do STF, que passou a proclamar a inexistência de imunidade jurisdicional para o Estado Estrangeiro em causas de determinada natureza, como aquelas de caráter trabalhista.[2]

O Superior Tribunal de Justiça também já teve a oportunidade de proclamar a adoção da teoria da imunidade relativa.[3]

Na verdade, a própria Constituição Federal de 1988 adotou expressamente a tese da imunidade relativa, tanto no seu art. 109, II, quanto no art. 114, uma vez que previu a competência para processar e julgar o Estado Estrangeiro. Se o princípio predominante ainda fosse o da imunidade absoluta, estas duas normas constitucionais não teriam eficácia.

Em decorrência da prevalência do princípio da imunidade relativa, mister se faz distinguir os atos de império, que estão cobertos pelo manto da imunidade e os atos de gestão, que não estão.

A fim de distingui-los deve-se perguntar se o ato, por sua natureza, é daqueles que só podem ser praticados pelo Estado ou em nome deste, ou, ao contrário, pode ser praticado por qualquer pessoa. A resposta já constituirá a solução, porque somente os atos que, por sua natureza própria, só possam ser praticados pelo Estado ou em nome deste é que constituem o exercício da soberania estatal e, conseqüentemente, acobertados estarão pelo privilégio da imunidade jurisdicional.

A expulsão de um estrangeiro, a promulgação de uma lei de nacionalização, a recusa ou concessão de permanência a um estrangeiro são exemplos de atos que só podem ser praticados pelo Estado.

Em função desta distinção entre atos de império e de gestão, uma conseqüência já pode ser retirada: mesmo os atos de império podem ser conhecidos pela jurisdição estrangeira, se o Estado implicado demonstrar renúncia expressa.

Portanto, mesmo nos casos em que se trata de atos de império, o juiz não pode extinguir o processo sem que a citação se efetive, pois é pacífico que os Estados Estrangeiros podem renunciar à sua imunidade de jurisdição quando praticam atos de império.

Podemos dizer, ainda, que o conceito de ato de gestão é residual. O ato *jus imperii* tem uma natureza peculiar, pois decorre sempre do exercício da soberania do Estado Estrangeiro. Logo, todo o ato que não decorre da soberania do Estado Estrangeiro deve ser enquadrado como ato de gestão.

Para elucidar a questão, vale citar os exemplos de atos de império elencados pela doutrina:

a) atos legislativos;

b) os relativos às forças armadas;

c) atos de administração interna dos Estados;

2. *RTJ* 133/159.

3. Entre outras: *RSTJ* 8/39, *RSTJ* 9/53, *RSTJ* 13/45.

d) atos concernentes à atividade diplomática (referindo-se, por exemplo, a atos estritamente administrativos realizados pela Missão – como a convocação do eleitorado ou a outorga de passaportes);

e) expulsão de estrangeiros;

f) promulgação de lei de nacionalização.

Acrescente-se que é um erro diferenciar o ato de gestão do de império, pela natureza da relação jurídica envolvida. O fato de a relação jurídica ser de direito público (como, no caso a tributária o é) não configura o ato como de império. Assim como nem sempre o ato de gestão refere-se a uma relação jurídica de direito privado.

Cabe afirmar que o ato da utilização efetiva dos serviços públicos específicos municipais, gerador da cobranças das taxas, não se encontra situado na categoria de atos de império.

Se o particular ao utilizar os serviços efetivamente prestados pelo Município paga as taxas a eles relativos, o mesmo deve acontecer ao Ente Estrangeiro quando utiliza os mesmos serviços. O que mais uma vez confirma que tal utilização não decorre, de forma alguma, do exercício da soberania do Estado Estrangeiro.

Portanto, não há que se falar em imunidade de jurisdição.

O segundo ponto a ser analisado diz respeito ao rito a ser adotado na Execução proposta perante o Estado Estrangeiro: o da Lei n. 6.830/80 ou o do art. 730 do CPC.

Alguns estudiosos do assunto[4] defendem ser possível a adoção do rito previsto na Lei n. 6.830/80 com penhora de bens pertencentes ao Estado Estrangeiro tais como créditos comerciais, navios mercantes, imóveis destinados a atividades comerciais, direitos e ações. A execução compulsória, entretanto, não poderia incidir sobre imóveis e meios de transporte diplomáticos, porquanto esses bens estariam resguardados pela Convenção de Viena (art. 22).

Diversos países, tais como o Reino Unido, Canadá e Austrália, têm adotado, em suas leis, a regra de que bens utilizados em atividades comerciais não gozam de imunidade de execução.

Entretanto, como o Brasil não é signatário de tratado ou convenção neste sentido, parece ser mais aceitável pela Justiça brasileira a adoção, por analogia, do disposto no art. 730 do CPC. Portanto, não havendo, da parte do Estado Estrangeiro, a interposição dos competentes Embargos ou sendo estes, ao seu final, rejeitados por decisão transitada em julgado, o pagamento seria feito mediante solicitação neste sentido, ainda que via carta rogatória ao Estado Estrangeiro. Estaríamos diante de um precatório *sui generis*.

Por último, cabe fazer algumas observações acerca da imunidade tributária, prevista na Convenção de Viena, no seu art. 32:

"Artigo 32

"Isenção fiscal dos locais consulares

"1. Os locais consulares e a residência do chefe da repartição consular de carreira de que for proprietário ou locatário o Estado que envia ou pessoa que atue em seu nome estarão isentos de quaisquer impostos e taxas nacionais, regionais e municipais, excetuadas as taxas cobradas em pagamento de serviços específicos prestados.

"2. A isenção fiscal prevista no § 1º do presente artigo não se aplica aos impostos e taxas que, de acordo com as leis e regulamentos do Estado receptor, devam ser pagos pela pessoa que contratou com o Estado que envia ou com a pessoa que atue em seu nome."

Duas questões se põem da leitura deste artigo. A primeira diz respeito à hipótese em que o imóvel de propriedade do Estado

4. Julio Marino de Carvalho, em estudo publicado na *RT* 674, de dezembro de 1991, p. 51 e Luiz Carlos Sturzenegger, em estudo publicado na *RDA*, v. 174, pp. 3-35.

Estrangeiro encontra-se sendo utilizado para fins comerciais.

Neste caso, cabe afirmar que não goza o Estado Estrangeiro de imunidade relativa a tal patrimônio, uma vez que a Convenção só se refere aos imóveis utilizados como locais consulares ou como residências dos chefes diplomáticos. São devidos, portanto, IPTU e taxas.

A segunda questão se refere à hipótese de o imóvel utilizado como sede de Consulado ou Embaixada ser alugado. Neste caso, a intributabilidade apenas subsiste quando, na conformidade da lei local, o sujeito passivo da relação jurídico-fiscal houvesse de ser, em caráter exclusivo, o Estado Acreditante ou o Chefe de missão. Se, pela lei local, o tributo possui como sujeito passivo o proprietário do imóvel, ou seja, o locador, como é o caso do Brasil, o tributo é exigível.

Finalmente, cabe ressaltar que a discussão judicial não afasta, em nenhum momento, a tentativa de uma solução amigável. Na verdade, o Município do Rio de Janeiro só recorre ao Poder Judiciário face a impossibilidade de obtenção de uma solução administrativa para a questão em tela.

RECOMENDAÇÕES DA XVIII JORNADA LATINOAMERICANA DE DERECHO TRIBUTARIO

TEMA I – LA IMPOSICIÓN A LAS RENTAS DE LAS EMPRESAS EN LOS PROCESOS DE INTEGRACIÓN

Vistos

• los relatos generales presentados por Adolfo Atchabahian y Ramón Falcón y Tella;

• los relatos nacionales presentados por Juan Carlos Vicchi (Argentina), Stella Maris N. de M. Manier (Brasil), Pedro Massone Parodi (Chile), Luis Miguel Gómez Sjöberg (Colombia), José Vicente Troya Jaramillo y otros (Ecuador), Manuela Fernández Junquera (España), Domenicantonio Fausto y Pasquale Pistone (Italia), Pedro Cuevas Figueroa (México), José Tomás Arriola (Paraguay), Guillermo Ruiz Secada (Perú), Manuel Henrique de Freitas Pereira (Portugal), Carlos Borba y Juan A. Benítez (Uruguay), Andrés Eloy León Rojas (Venezuela);

• el informe técnico del International Bureau of Fiscal Documentation, presentado por Alejandro E. Messsineo;

• las comunicaciones técnicas presentadas por Enrique Jorge Reig (Argentina), Carlos Lete Achirica (España), María Teresa Mories Jiménez (España), Fernando Casana Merino (España), Javier Martín Fernández y Amparo Grau Ruiz (España), Piera Filippi (Italia), Mario Leccisotti (Italia), Leonardo Costa Franco (Uruguay), Soledad Echenagusía y Patricia Marques (Uruguay); y

• las intervenciones en los debates.

Considerando

• las diferentes realidades y etapas que se observan en los procesos de integración económica en la Unión Europea y en América Latina, que plantean a su vez diversos requerimientos en lo jurídico y en lo económico;

• la necesidad de asegurar, dentro de estas zanas, la libertad de circulación de personas, bienes, servicios y capitales, así como la libertad de establecimiento para las empresas; y

• la importancia de que dichas libertades no resulten restringidas por disposiciones fiscales que produzcan distorsiones, de modo que se garantice la libre competencia en el mercado, para lo cual se requiere la armonización de las legislaciones tributarias, así como la aproximación de los regímenes de inversión extranjera;

• las recomendaciones formuladas en las I (Montevideo, 1956), IV (Buenos Aires, 1964), VI (Punta del Este, 1970) y VII (Caracas, 1975) Jornadas Latinoamericanas de Derecho Tributario sobre adopción del principio de la fuente;

• la conveniencia de que los países miembros de esquemas de integración de suscribir un convenio multilateral, o, al menos, convenios bilaterales uniformes para evitar la doble imposición internacional y la evasión y el fraude fiscal internacionales;

• la procedencia de instituir un organismo supranacional común con autoridad para dictar preceptos vinculantes para los Estados miembros del área de integración;

• la necesidad de asegurar la prevalencia de los tratados internacionales en materia tributaria y de las disposiciones emanadas de los organismos supranacionales sobre las leyes internas; y

• la importancia de un organismo jurisdiccional común a los Estados miembros tanto para resolver las posibles controversias, como para interpretar de manera uniforme las disposiciones de alcance supranacional.

La XVIII Jornada Latinoamericana de Derecho Tributario

Recomienda

1. promover, ante los órganos competentes de cada esquema de integración del cual forman parte los países de la región, el inicio de estudios técnicos conducentes a determinar los aspectos prioritarios de la armonización a medio y largo plazo, en la imposición sobre la renta de las empresas en los procesos de integración;

2. establecer mecanismos de coordinación para asegurar la uniformidad de conceptos, términos e institutos básicos de la imposición a las rentas de las empresas entre los Estados miembros de un proceso de integración;

3. aplicar el criterio de la fuente dentro de cada zona de integración, tanto para evitar distorsiones como para eliminar todo fenómeno de doble imposición y simplificar los sistemas tributarios; y, en caso de adoptarse el criterio de la residencia, otorgar la exención de las rentas producidas en el extranjero, sin perjuício de la adopción de medidas antielusión en las relaciones con paraísos fiscales;

4. centrar la armonización fiscal de los impuestos sobre las rentas de las empresas en aquellos aspectos que tengan efectos distorsionantes en la competencia y en la asignación de los recursos, sin que ello suponga renunciar, a medio y largo plazo, a una mayor aproximación del régimen de los impuestos sobre la renta entre los Estados miembros del esquema de integración económica;

5. prohibir todo tratamiento discriminatorio de las empresas en función de su nacionalidad o residencia. La remoción de discriminaciones conlleva la equiparación fiscal de los establecimientos permanentes de empresas extranjeras – entendidas en el más amplio sentido posible – a una empresa residente, a efecto de reconocer a dichos establecimientos todas las deducciones y ventajas de que disfrutan los residentes; así como la equiparación entre los no residentes que obtienen una parte significativa de su renta en el país y los residentes;

6. asegurar que los flujos de dividendos, intereses, regalías, retribuciones por asistencia técnica y otras retribuciones por servicios entre una sociedad y sus filiales, sucursales y subsidiarias residentes en otro país de la zona de integración económica resulten fiscalmente neutrales, de acuerdo con la recomendación tercera;

7. evitar todo obstáculo fiscal a las operaciones de fusión, escisión y, en general, operaciones de reorganización empresarial, eliminando la imposición sobre las mismas tanto en el plano interno como en los procesos de integración. En los países que gravan las ganancias de capital, diferir el gravamen de las plusvalías generadas en dichas operaciones hasta el momento en que el nuevo titular de los bienes enajene los mismos;

8. evitar tanto la elusión del impuesto a través de precios de transferencia, como la doble imposición en los supuestos de empresas asociadas o vinculadas. A estos efectos los convenios de doble imposición o, en su caso, las normas supranacionales deben prever mecanismos para que el ajuste fiscal sea fijado de mutuo acuerdo por los Estados afectados en orden a la aplicación bilateral del correspondiente ajuste. En defecto de acuerdo entre Estados en un determinado plazo, puede establecerse un mecanismo arbitral que evite una valoración diferente de la misma operación;

9. profundizar en la armonización en orden a asegurar el gravamen de la renta efectiva y no meramente potencial o presunta, permitiendo la deducción de todos los gastos necesarios para su obtención y la eliminación de los resultados ficticios que produce la inflación. A estos efectos la armonización debería asegurar mecanismos uniformes para el cálculo y la determinación de la renta neta, de la base imponible y límites mínimo y máximo para las alicuotas. Igualmente la armonización debe asegurar la eliminación de la doble imposición, estableciendo mecanismos de integración entre los impuestos que recaen sobre la sociedad y sobre los socios;

10. extender la armonización a los procedimientos administrativos de liquidación y al régimen de las sanciones tributarias, así como a la aplicación práctica de dichas normas en los distintos países;

11. introducir en cada país un régimen común para que las empresas obtengan una opinión o dictamen previo y vinculante con las Administraciones de los Estados, que resuelva sus dudas de interpretación y aplicación de las leyes fiscales para poder planificar de manera adecuada sus actividades, conociendo de antemano los criterios que les serán aplicados;

12. fortalecer los sistemas para el intercambio de información y la asistencia mutua, asegurando al mismo tiempo la confidencialidad de los datos y su utilización exclusiva para fines tributarios; y

13. asegurar la prevalencia de los tratados internacionales y de las normas supranacionales y crear un organismo jurisdiccional común para resolver las posibles controversias e interpretar de manera uniforme las mencionadas disposiciones.

Aprobado por unanimidad de los miembros de la Comisión: Scalone (Argentina); Schindel (Argentina); Atchabahian (Argentina/Relator General); Araujo Camacho (Bolivia); Taveira Torres (Brasil); Manier (Brasil); Massone (Chile); Morales (Chile); Amaya Mantilla (Colombia); Garces Velalcazar (Ecuador); Troya (Ecuador); Fernandez Junquera (España); Falcon y Tella (España/Relator General); Sandoval (Guatemala); Pistone (Italia); Uckmar (Italia/Presidente de Comisión); Arriola (Paraguay); López-Ameri (Perú); Belaunde (Perú); Freitas Pereira (Portugal); Lópes Alves (Portugal); Borba y Benítez (Uruguay); Mazz (Uruguay); Pérez Pérez (Uruguay/Secretario de Comisión); León Rojas (Venezuela).

XVIII Jornada Latinoamericana de Derecho Tributario (Montevideo, Uruguay) 1996

Tema II: FACULTADES DE LA ADMINISTRACIÓN EN MATERIA DE DETERMINACIÓN TRIBUTARIA

Visto

• La relatoría general preparada por el profesor Paulo de Barros Carvalho, las ponencias nacionales presentadas por Rodolfo Spisso (Argentina), Alcides Jorge Costa (Brasil), Edgardo Goldenberg Peñafiel (Chile), Alvaro Leyva Zambrano (Colombia),

Rodrigo Garcés Moreano, Raúl Tamayo Rubio y Jorge Sánchez Canedo (Ecuador), Eusebio González (España), José Juan Ferreiro Lapatza (España), Carlos Enrique Sandoval Vásquez, Solange González de Bernal e Isabel Tobar Alvarado (Guatemala), Andrea Amatucci (ltalia), Augusto Fernández Sagardi (México), Marco Antonio Elilzeche y Sindulfo Blanco (Paraguay), Guillermo Grellaud Guzmán (Perú), Maria Celeste Cardona (Portugal), Felix Abadi y Jonas Bergtein (Uruguay) y Jose Andres Octavio (Venezuela), las comunicaciones técnicas de José Marcos Domingues de Oliveira (Brasil), Francisco Escribano (España), Roberto Ignacio Fernández López (España), Ana María Pita Grandal (España), María Teresa Soler Roch y Eva Aliaga (España), César Pérez Novaro (Uruguay), Gustavo Rodríguez Villialba (Uruguay) y las deliberaciones realizadas por la comisión designada y constituida por José Luis Shaw (Presidente), Miguel Mur Valdivia (Secretario), el relator general, un ponente nacional por país y Beatríz Gonzáles, Ricardo Lobo Torres, Alfredo Benitez Rivas, Italo Paolinelli, Lucy Cruz de Quiñonez, José Juan Ferreiro Lapatza, Carlos Enrique Sandoval, Piera Fillipi, Marco Antonio Elizeche, Javier Luque Bustamante, Francisco Rodríguez Pardal, Raúl D'Alle-sandro e Ilse Van der Velde.

Considerando

• Que resulta conveniente precisar el alcance de las facultades de a Administración Tributaria para proteger los derechos fundamentales de los administrados y las necesidades de recaudación del Estado.

La XVIII Jornada Latinoamericana de Derecho Tributario

Recomienda

1. Reconocer que la Administración Tributaria debe gozar de suficientes facultades de control, verificación y fiscalización de las actividades de los administrados, con el fin de poder determinar adecuadamente la existencia o no de obligaciones tributarias, sin que tales facultades puedan violar los derechos fundamentales de las personas.

La ley debe regular en forma detallada y precisa las facultades de la Administración con el propósito de preservar adecuadamente tanto los derechos de los particulares como las necesidades del Estado para la debida recaudación de los tributos.

2. La selección de los adminstrados a ser fiscalizados debe estar imbuida de objetividad y del principio de igualdad en aras a evitar discriminaciones injustas y el uso distorsionado de las facultades fiscalizadoras con móviles ajenos a la recaudación y control, esto es, con desviación de poder.

3. La fiscalización debe realizarse perturbando lo menos posible el desarrollo normal de las actividades de los administrados. Para ello, éstos deben prestar a la Administración la mayor colaboración en el desarrollo de sus tareas.

Las tareas de fiscalización deben efectuarse en un plazo razonable tomando en cuenta la complejidad y demás características de cada caso, debiendo quedar concluida la fiscalización al término de dicho plazo.

4. Es conveniente que la ley, en virtud del principio de la seguridad jurídica, establezca un plazo dentro del cual la Administración deba dictar el acto de determinación luego de concluida la fiscalización.

5. El principio de legalidad impone que tanto el procedimiento administrativo como el acto final de determinación se conduzcan dentro de las normas que establezca la ley, es decir, que la actuación de la Administración debe ser absolutamente reglada y no discrecional.

6. El principio general es que la actuación de la Administración tendiente a la determinación del tributo debe dirigirse al conocimiento cierto y directo de los hechos previstos en la ley como generadores de la obligación, es decir, que la determinación debe efectuarse sobre "base cierta".

La determinación sobre "base presunta" solo procede como excepción, cuando ese conocimiento cierto y directo sea imposible.

7. Eis preciso que la ley diferencie y defina claramente:

a) Las hipótesis que habilitan a la Administración a prescindir de la determinación sobre "base cierta" y recurrir a la determinación sobre "base presunta" por resultar la primera imposible.

b) Las facultades y límites dentro de los cuales la Administración debe efectuar la determinación sobre "base presunta".

8. En los casos en que resulte imposible para la Administración determinar la obligación tributaria sobre "base cierta", debe recurrirse, en primer término, a la determinación sobre "base mixta", cuyo criterio presupone tomar en consideración y no desechar los documentos o registros contables fidedignos del administrado.

9. Sólo cuando los registros contables incumplan, en todo o en parte, requisitos en tal grado que pongan en tela de juicio la confiabilidad de los mismos o la posibilidad de su control por no proporcionar información con suficiente grado de detalle, no pudiendo ser reconstruidos por el administrado durante la etapa de fiscalización, procede la declaración de insuficiencia de la contabilidad y la determinación del tributo sobre "base presunta", o sobre "base mixta" en su caso.

9b. La falta o insuficiencia de la contabilidad per se no habilitan la determinación del impuesto sobre "base presunta", si el contribuyente puede acreditar, mediante otros elementos de juicio suficientes, la realidad material y la verdadera dimensión del hecho imponible.

10. Con el fin de asegurar el derecho a la defensa de los administrados, los actos de determinación, tanto los efectuados sobre "base cierta" como sobre "base presunta" o sobre "base mixta", deben formularse debidamente motivados, siendo por lo tanto requisito fundamental par su validez que éstos precisen claramente todos los aspectos relativos al hecho gravado y a la obligación tributaria.

11. Los criterios para la determinación de la obligación tributaria sobre "base presunta" deben ser establecidos siempre por la ley.

No resulta admisible al efecto la utilización de presunciones legales absolutas o de ficciones legales.

12. La aplicación de las hipótesis legales que habiliten a la Administración a prescindir de la determinación sobre "base cierta", y las presunciones legales que se apliquen en el proceso de determinación sobre "base presunta" o sobre "base mixta", deben quedar sujetos a la prueba en contrario.

La prueba en contrario no debe tener limitaciones, debiendo darse al administrado la posibilidad de impugnar los resultados de la determinación practicada sobre "base presunta" o sobre "base mixta" probando, ya sea la realidad de los hechos para fijar la obligación tributaria sobre "base cierta", o que las presunciones establecidas no se ajustan a la ley tributaria material que regula el tributo, o que simplemente resultan inadecuadas al caso concreto.

13. Siempre que la Administración determine la obligación tributaria sobre "base presunta" deberá fundamentar la procedencia de dicho procedimiento excepcional, así como probar los hechos que constituyen el soporte de las presunciones.

14. Las presunciones que se utilicen deben guardar un nexo razonable con la situación del administrado, debiendo aplicarse el criterio o criterios más adecuados al caso concreto en los supuestos en que pudiesen existir dos o más criterios susceptibles de aplicación.

15. La ley puede establecer límites objetivos dentro de los cuales la Administración y los administrados puedan celebrar acuerdos sobre aspectos concretos de hecho de difícil ponderación o prueba que constituyan presupuestos para la determinación de la obligación tributaria.

CONFERÊNCIAS & DEBATES

RECOMENDAÇÕES DA II JORNADA TRIBUTARIA DEL MERCOSUR SÃO PAULO – 1997

TEMA II – LA TRIBUTACIÓN DE LA RENTA EN EL MERCOSUR (PERSONAS FÍSICAS Y JURÍDICAS)

Vistos

• el Relato General presentado por Erique Jorge Reig;

• los relatos nacionales presentados por Eivany A. Silva (Brasil), Oscar García Canseco (Bolívia), Sindulfo Blanco y Oscar Benitez Codas (Paraquay), Raúl D'Alessandro Pereyra (Uruguay);

• las comunicaciones técnicas presentadas por Heleno Taveira Torres (Brasil); José C. Bocchiardo (Argentina); y

• las intervenciones en los debates

Considerando

• el proceso de integración en Latinoamérica, particularmente en el Mercosur;

• la importancia de reafirmar los postulados del tratado de Asunción en cuanto a la libertad de circulación de personas, bienes, servicios y capitales, así como la libertad de establecimiento para las empresas;

• la necesidad de profundizar los temas que permitan la armonización fiscal en general y en forma principal la referente a la imposición a la renta;

• la preocupación que conlleva la armonización fiscal del impuesto sobre las rentas de las empresas y de las personas físicas en los países integrantes del Mercosur y en sus relaciones con terceros países;

• la necesidad que la imposición a la renta imperante en los países miembros no cause efectos distorsionantes ni tratamientos discriminatórios y eviten al mismo tiempo la evasión y la elusión fiscal

Recomiendan

1. Aplicar el criterio de la fuente, dentro de cada zona de integración, tanto para evitar distorsiónes como para eliminar todo fenómeno de doble imposición y simplificar los sistemas tributarios. En caso de adoptarse el criterio de la residencia, otorgar un método para resolver el problema de la doble imposición que puede ser: exención, crédito de impuesto o deducción sin perjuicio de la adopción de las medidas antielusión en las relaciónes con paraisos fiscales.

2. Aplicar el impuesto a la renta sobre las personas físicas, incluyendo en su base la renta empresarial de todo tipo de sociedades o empresas, computando a cuenta, en su caso, el impuesto societario pagado con un sistema de integración del dividendo con acrecentamiento. La alícuota societaria debiera ser inferior a la maxima del impuesto personal y el impuesto societario que se hubiere computado a cuenta, ser recuperable como crédito de libre disponibilidad por los contribuyentes individuales cuando su importe exceda el própio impuesto a pagar por estos.

3. Otro aspecto prioritario es el del tratamiento de las rentas de subsidiarias y establecimientos permanentes. Sobre el particular, debe disponerse uniformemente que los pagos de dividendos de una subsidiaria a sus accionistas domiciliados en otros estados miembro, deben efectuarse sin incidencia alguna de impuesto de retención en la fuente, para que los dividendos tengan en dicho estado el mismo tratamiento que los distribuidos por sociedades domiciliadas en el. Este tratamiento de dividendos o utilidades distribuidas por sociedades a sus socios debiera ser aplicable a todo tipo de sociedades o empresas y sin límite alguno de porcentajes de capital detentados por la casa matriz en la subsidiaria.

4. Es aconsejable que el estudio de los aspectos tributarios a armonizarse en cuanto a la relación de matrices y subsidiarias contemple, asimismo, el tema relacionado con la conveniencia de extenderlo a los pagos de intereses, regalias y servicios tecnológicos, en las transacciones que se realicen entre ellas.

5. En el caso de las reorganizaciones empresariales debiera imponerse la liberalización del pago de impuestos en la transferencia de bienes y otros atributos fiscales (tales como quebrantos trasladables, franquicias e incentivos, métodos de valuación etc.). Los mismos deberan tener alcance similar en las reorganizaciones dentro de un mismo conjunto económico, asi como en cuanto a las fusiones, escisiones, asociaciones temporarias o *joint ventures*, al igual que en las – tranferencias de establecimientos permanentes, como tambien de acciones o cuotas partes del capital. Esta armonización de los principios aplicables en la reorganización de empresas debe alcanzar tanto a aquellas que se realicen extrafronteras como dentro de un mismo territorio jurisdiccional de los países miembros y comprender a todo tipo de sociedades o empresas y no solo a aquellas que califiquen como sociedades del capital.

6. Especial consideración debe merecer la armonización en las políticas a seguir en materia de beneficios promocionales, a fin de que las mismas no neutralicen los efectos de la unión aduanera y de la armonización que se lograre en las estructuras impositivas comprendiendo ello, aparte de la política de incentivos a todo tipo de subsidios que los países miembros deberian llevar a una mínima expresión.

Los beneficios a otogarse deberan tener en consideración: la selectividad, plazo, no discriminación por sujetos, cuantificación del beneficio y control de los mismos.

7. En cuanto a las alícuotas en la imposición societaria, si bien existen diferencias sustanciales entre las máximas que aplican los países, debiera aconsejarse el mantenimiento de alícuotas semejantes, asi como adoptar similares diferenciaciones en cuanto a alícuotas menores a las normales que se apliquen cuando los volumenes de ingresos o rentas no excedan ciertos montos. En el caso de relaciones con países terceros, se tendra en cuenta en los acuerdos para evitar la doble imposición, los métodos de *tax sparing* o *mething credit*. En cuanto a pagos a beneficiarios en el exterior, tanto entre estados partes como con terceros, debiera evitarse que las alícuotas por lo bajas, causen perdida de recursos que se transfieran a fiscos extranjeros. Asimismo debe analizarse la posibilidad de armonizar el tratamiento de los dividendos distribuidos por las sociedades de capital en los países miembros, sea aplicando una tasa de retención que sumada a la del impuesto societario lleve a una imposición igual a la máxima del impuesto personal o, en cámbio el método preferible propuesto en el punto 2, evitando las distorsiónes entre el tratamiento de las rentas originadas en inversiónes a título própio y de las rentas derivadas de colocaciónes a título de prestamo. Por ultimo, las bases de cálculo del impuesto sobre las rentas empresarias constituye otro tema en que es deseable se llegue a cierta armonización.

8. En los aspectos en que se estime pueda o deba prescindirse de la toma compulsiva de decisiónes sobre armonización, por ser preferible aplicar un criterio de subsidiariedad en tal acciónar, la adopción de los criterios aconsejables quedara librado a la acción directa de los estados miembros.

9. En los demas casos mientras no se instituyan órganos supranaciónales que hagan efectivas la obligatoridad del cumplimiento de las directivas que aprueben los órganos del Mercosur, no existiria preferencia en que la armonización se regule a traves del dictado de directivas o mediante convenciónes o acuerdos de arbitraje celebrados entre las partes, que recojan los aspectos esenciales incluidos en estas recomendaciones ello tendria la ventaja de que una vez ratificados lo mismo, sea por disposiciones constitucionales de los estados miembros, o por haberlo establecido sus tribunales superiores de justicia, el cumplimiento de las convenciones o tratado con otros países tuviere prioridad por sobre las reglas que establecieran las legislaciones locales.

Resultado de la votación

Los integrantes de la comisión fueron los siguientes: Reig, Gonzales de Rechter, G. Fernandez, Goldemberg, Schneir, da Silva, Taveira Torres, Blanco, Heinichen Torres, Cañiza Paredes, Salinas Garcete, Zapata Miranda, D'Alessandro Pereyra, Mazz, Perez Perez, Araújo Barragan, Seijas, Benitez Rivas, Araújo Camacho, Romero Marga, Ruiz Ballivian.

Las recomendaciones 1 y 2 se aprobaron por la mayoría. Las demás recomendaciones se aprobaron por unanimidad.

II Jornada Tributaria del Mercosur (San Pablo, Brasil, octubre de 1997)

RESOLUCIONES SOBRE EL TEMA: EL PRECIO DE TRANSFERENCIA ("TRANSFER PRICING") EN EL MERCOSUR

Considerando el relato general preparado por el Dr. Antonio Carlos Rodrigues de Amaral, y los relatos nacionales presentados por el Dr. José María Garcia Cozzi (Argentina), el Dr. Ordélio Azevedo Sette (Brasil), el Lic. Gonzalo Ruiz Balliviián (Bolivia), el Dr. Sergio Endress Gómez (Chile), el Dr. José Tomás Arriola (Paraguay) y el Dr. Sebastián Arcia Nodari (Uruguay), las comunicaciones técnicas presentadas en el plenario y los debates promovidos por las delegaciones de los países en el ámbito de la comisión encargada de las discusiones relativas a las resoluciones del Tema I de la II Jornada Tributaria del Mercosur, comisión ésta que contó con la presidencia del Dr. Agostinho Tofolli Tavollaro (Brasil), secretaría del Dr. Alejandro E. Messineo (Argentina), y asistencia del Dr. Luis Eduardo Schoueri (Brasil); y

Considerando que la cuestión de los precios de transferencia se presenta como un concepto sistemático própio de las transacciones entre partes vinculadas, principalmente las internacionales, y a fin de preservar la base tributaria de las naciones, la competitividad global de las empresas, y evitar la formulación de respuestas unilaterales para problemas multilaterales, en especial frente a la irreversible regionalización y globalización de las economías, y la imprescindible necesidad de preservar los derechos y garantías fundamentales de los ciudadanos y de sus negocios, *la II Jornada Tributaria del Mercosur recomienda*:

1. Las legislaciones nacionales, en particular las de los Estados miembros del Mercosur, deben ser compatibles unas con otras, con la finalidad de que prevalezca el principio de coordinación tributaria entre las diferentes Jurisdicciones involucradas, en oposición a una lesiva competencia fiscal entre los países.

2. Teniendo en vista la necesidad de preservación de las inversiones internacionales y de la atracción del capital extranjero por parte de los Estados miembros del Mercosur, las reglas sobre los precios de transferencia a ser aplicadas por cada país deben seguir las líneas básicas seguidas por los países miembros de la OCDE debiendo dichos Estados, en la medida de lo posible y conforme a las realidades nacionales, adoptar igualmente las orientaciones interpretativas derivadas de la referida organización.

3. Los métodos económicos para la determinación del precio de transferencia deben ser aplicados en forma consistente con las reglas própias de la valoración aduanera.

4. Con la finalidad de que las reglas del precio de transferencia sean compatibles con las prácticas adoptadas internacionalmente, no deberán establecerse reglas fijas de márgenes de beneficio ni cualquier otra, ni tampoco la utilización de ficciones legales o presunciones absolutas, utilizando en cambio el principio *Arm's Length,* en la identificación del valor de mercado de una transacción.

5. Es a cargo del fisco probar que los precios utilizados por el contribuyente no condicen con la legislación aplicable.

6. Las reglas de precio de transferencia referidas a intangibles (tales como prestación de servicios, utilización de derechos, marcas y patentes, transferencia de tecnología, asistencia técnica y *cost-sharing agreements*), deben ser adoptadas de manera realista, eficiente y justa, a fin de que los métodos económicos aplicables sean adecuadamente delineados por la legislación respectiva.

7. Deberá ser ampliada la red de convenios internacionales para evitar la doble imposición y para facilitar el intercambio de informaciones entre las autoridades fiscales de las diferentes jurisdicciones, recomendándose a los países del Mercosur el establecimiento de un tratado multilateral para evitar la doble imposición, es decir, firmado conjuntamente por los estados miembros, y cuyas reglas sean interpretadas de manera armónica con la tradición internacional.

8. Los países integrantes del Mercosur deben procurar un conocimiento adecuado de la estructura impositiva de sus respectivos tributos sobre la renta u otras ganancias de los contribuyentes, formulando además un padrón consistente y actualizado para la identificación de los países denominados "paraísos fiscales", teniendo en cuenta sus bases imponibles, alícuotas y administración fiscal.

9. Para la adecuada aplicación de las reglas del precio de transferencia en el ámbito de los países del Mercosur, resulta de notable importancia el establecimiento de una organización supranacional para la formación de una amplia base de datos (estadísticas), solamente indicativa, de las actividades económicas relevantes para las transacciones internacionales, preservando la necesaria confidencialidad de las operaciones comerciales, y de las prácticas de negociación adoptadas por los contribuyentes.

10. Con la finalidad de hacer más selectiva la aplicación de las reglas de precio de transferencia, beneficiando a los respectivos fiscos nacionales y contribuyentes en general en atención a los relevantes costos administrativos (*administrative and compliance costs*) derivados de la aplicación de las referidas reglas, las legislaciones nacionales deben prever la existencia de acuerdos previos de *precios* (*advance pricing agreements*), márgenes de divergencia, reglas mínimas que excluyan de la aplicación del método de precio de transferencia a las operaciones que no resulten materialmente relevantes, y los safe harbours.

11. Es imprescindible el establecimiento de canales eficientes de comunicación entre las autoridades públicas y los contribuyentes para que la introducción y aplicación de las reglas referidas al precio de transferencia, se hega de forma justa, adecuada y razonable, conforme a los principios rectores de justicia y buena fe que deben necesariamente regular las relaciones fisco-contribuyente, especialmente en temas de gran complejidad técnica, e importantes impactos económicos, como ocurre con las cuestiones derivadas de las prácticas de tributación internacional; y

12. Es imprescindible que las autoridades fiscales de los Estados miembros del Mercosur actúen de manera consistente, minimizando las posibilidades de crear onerosos conflictos entre las naciones derivados de interpretaciones divergentes sobre las reglas del precio de transferencia en cada una de las jurisdicciones consideradas, inclusive en lo que se refiere a la aplicación eficiente del denominado ajuste correlativo (*corresponding* o *appropiate adjustment*) para evitar, de la mejor manera posible, la doble o múltiple imposición.

NOTICIÁRIO

JUSTIÇA TRIBUTÁRIA: DIREITOS DO FISCO E GARANTIAS DOS CONTRIBUINTES NOS ATOS DA ADMINISTRAÇÃO E NO PROCESSO TRIBUTÁRIO

I CONGRESSO INTERNACIONAL DE DIREITO TRIBUTÁRIO

INSTITUTO BRASILEIRO DE ESTUDOS TRIBUTÁRIOS – IBET

VITÓRIA-ES, 12-15 DE AGOSTO DE 1998

REALIZAÇÃO: CONSULTIME – INSTITUTO DE ENSINO – ORDEM DOS ADVOGADOS DO BRASIL – OAB/ES

Palavras do Presidente

Prezados colegas

O IBET – Instituto Brasileiro de Estudos Tributários, fundado em 1973 por Rubens Gomes de Sousa, Antônio Roberto Sampaio Dória e Fábio Fanucchi, vem desenvolvendo intensa atividade em todos os setores desse segmento da experiência jurídica, ao promover encontros, simpósios, seminários e congressos sobre a ampla temática dos tributos, que o mundo moderno e, em particular, a realidade nacional tem suscitado, porque integrada no vertiginoso ritmo atual das comunicações.

Claro está que o volume imenso de questões levantadas no direito interno não poderia impedir que dirigíssemos nossa atenção para os problemas que envolvem o relacionamento internacional do Brasil, com seus vizinhos e parceiros, na busca de objetivos comuns, como é o caso do Mercosul.

Creio que em nenhum outro momento do tempo histórico os ideais de Justiça Tributária foram tão de perto ameaçados, pondo em perigo valores tradicionalíssimos na concepção jurídica de nossas instituições, principalmente porque a velocidade das informações precipita acontecimentos e provoca decisões repentinas, nem sempre em harmonia com as expectativas que o senso jurídico recomenda.

Daí a oportunidade de realizarmos um congresso de proporções significativas, de caráter internacional, e congregando os mais renomados professores e especialistas da Europa e das Américas para, em regime de esforço concentrado, discutirmos com profundidade científica um temário cuidadosamente preparado.

Eis aí o anúncio do I Congresso Internacional de Direito Tributário, a realizar-se em Vitória, Espírito Santo, entre 8 e 12 de agosto do corrente ano, contando com a realização operacional da Consultime – Instituto de Ensino, presidida pelo ilustre Prof. Odilon Borges e com o apoio da Escola Superior da Ordem dos Advogados do Espírito Santo.

Tenho certeza de que a grandiosidade do evento representará passo decisivo para a tomada de consciência do instante que vivemos e, sobretudo, para a aceleração do processo de conhecimento das ingentes dificuldades jurídicas que o nosso sistema tributário enfrenta nos dias de hoje.

Paulo de Barros Carvalho – Presidente

I CONGRESSO INTERNACIONAL DE DIREITO TRIBUTÁRIO

Presidente de Honra – Paulo de Barros Carvalho

Presidente do Congresso – Odilon Borges Júnior

Coordenador – Heleno Tôrres

Comissão Relatora das Conclusões do Congresso

Presidente – Sidney Saraiva Apocalipse (SP)

Orlando Leite Júnior (SP), Condorcet Rezende (RJ) e Alejandro Altamirano (Argentina)

Comissão Julgadora do Concurso de Monografias

Presidente – Estevão Horvath (SP)

Relator-geral – Sandoval Zigoni Jr. (ES)

Eurico Marcos Diniz de Santi (SP), Paulo Ayres Barreto (SP), Luís Queiroz (RJ) e Ângela da Motta Pacheco (SP) (Brasil), Jorge Bravo Cucci (Peru), Alejandro Messineo e Daniel Lamberti (Argentina)

Comissão de Apoio Organizacional

Presidente – Maria Leonor Leite Vieira (SP)

Jader Ferreira Guimarães (ES), Valesca Raizer Borges Moschen (ES), Anna Lucia Malerbi (SP), Christiane Caldas (SP), Marcelo Fortes (SP), Cristiano Carvalho (RS), Octávio Bulcão (BA), Gabriel Ivo (AL), Pedro Lunardelli (SP), Vanessa Garcia (PR) e Alessandra Pinho (BA).

Regulamento do Congresso

Os trabalhos do I Congresso Internacional de Direito Tributário obedecerão às seguintes regras:

Art. 1º. Além das Conferências a serem proferidas, as atividades científicas do Congresso realizar-se-ão por meio de:

I – Painéis, para discussão dos temas abordados;

II – Cursos de aprofundamento em matérias técnicas;

III – Concurso de monografias.

Art. 2º. Os painéis serão compostos por palestrantes que farão exposições com duração máxima de 20 (vinte) minutos sobre subtemas próprios, sem prorrogação, vinculados ao tema central do Congresso.

§ 1º. O Presidente do Painel, ao abrir a sessão, apresentará os palestrantes e será responsável pelo atendimento ao tempo de duração das exposições, ordem de apresentação e pela seleção e distribuição das perguntas dirigidas à Mesa.

§ 2º. Após o término das palestras o Presidente do Painel dará início aos debates, com a participação da Assembléia, através de perguntas escritas formuladas ao palestrante de interesse, no período máximo de 20 (vinte) minutos.

§ 3º. Facultar-se-á ao Palestrante que tenha perguntas a responder a seleção e/ou a conjunção de perguntas que guardem semelhanças entre si, para efeito de respostas objetivas e concisas.

§ 4º. No caso de não haver tempo suficiente para atender a todas as perguntas o Presidente do Painel encerrará a sessão, passando aos respectivos palestrantes a possibilidade de respondê-las individualmente aos interessados na sala de reunião do Congresso.

Art. 3º. Todos os participantes deverão usar os crachás de identificação para que possam ter acesso às atividades do Congresso.

Art. 4º. O Presidente de Honra, o Presidente do Congresso e o Coordenador terão livre assento às mesas diretoras dos trabalhos, podendo fazer intervenções, sem prejuízo das prerrogativas dos respectivos Presidentes, assim como às Comissões Julgadora das monografias e Relatora das Conclusões do Congresso.

Art. 5º. Compete aos Presidentes do *I Congresso Internacional de Direito Tributário*, assessorados pelo Coordenador, decidir sobre os casos não previstos neste Regulamento.

Professores Estrangeiros Convidados

Itália: Franco Gallo (Prof. *Ordinario* – Titular – da II Universidade de Roma "Tor Vergata" e ex-Ministro das Finanças); Francesco Moschetti (Prof. *Ordinario* da Universidade de Padova)

Espanha: Jose Juan Ferreiro Lapatza (*Catedrático* da Universidade de Barcelona); Juan Ramallo Massanet (*Catedrático* da Universidade de Madrid); Eusébio Gonzalez (*Catedrático* de Direito Financeiro e Tributário)

Argentina: José Osvaldo Casás (Titular da Universidade de Buenos Aires); Roberto M. Mordeglia (Titular da Universidade de Buenos Aires e da Austral); Gustavo Zunino (Professor da Universidade de Buenos Aires)

Programação

QUARTA-FEIRA – 12.8.98

17:30h – Entrega do material de apoio e retirada dos crachás

19:00h às 20:00h – *Abertura*

– Homenagem ao *Prof. Lourival Vilanova* (Catedrático de Teoria Geral do Estado da UFPE)

19:45h às 20:30h – *Conferência* – OS VALORES ATUAIS DO DIREITO TRIBUTÁRIO BRASILEIRO

Conferencista *Prof. Dr. Paulo de Barros Carvalho* (Professor Titular da PUC/SP e da USP)

Presidente *José Weber Freire Macedo* (Reitor da UFES)

QUINTA-FEIRA – 13.8.98

9:00h às 11:00h – *1º Painel* – *OS TRIBUTOS NO SISTEMA CONSTITUCIONAL BRASILEIRO*

• Crítica às propostas tradicionais de classificação dos tributos;

• Os empréstimos compulsórios na classificação dos tributos;

• As contribuições na classificação dos tributos;

• Taxas e preços públicos;

• A definição material dos tributos e sua classificação no sistema tributário brasileiro.

Painelistas:

Eurico Marcos Diniz de Santi (Professor de Direito Tributário na PUC/SP)

Eduardo Marcial Ferreira Jardim (Professor de Direito Tributário no Mackenzie – SP)

Sacha Calmon Navarro Coelho (Professor Titular de Direito Tributário da UFMG)

Régis Fernandes de Oliveira (Professor Titular de Direito Financeiro da USP)

Roque Antônio Carrazza (Professor Titular de Direito Tributário da PUC/SP)

Presidente *Guilherme Gomes Dias* (Secretário de Finanças da Prefeitura Municipal de Vitória)

11:15h às 12:00h – *Conferência* – SEGURANÇA JURÍDICA E LEGALIDADE EM MATÉRIA TRIBUTÁRIA

Conferencista *Eusébio González Garcia* (Professor Catedrático da Universidade de Salamanca – Espanha)

Presidente *Álvaro Manoel R. Bourguignon* (Mestre em Direito PUC/SP e Desembargador/ES)

14:00h às 16:00h – *2º Painel – Segurança jurídica e normas gerais em matéria tributária*

• O conceito de tributo e o princípio de segurança jurídica;

• Princípios de Direito Administrativo e tributação: fronteiras e implicações;

• Segurança jurídica tributária: normas gerais e distribuição de competências;

• "Conceitos indeterminados", ficções e presunções em face da segurança jurídica tributária: limites à discricionariedade fiscal;

• Segurança, liberdade e justiça no Direito Tributário.

Painelistas:

Edvaldo Brito (Professor de Direito Tributário e Secretário de Assuntos Jurídicos da Prefeitura de São Paulo)

Romeu Felipe Bacellar Filho (Professor de Direito Administrativo da UFPR e PUC/PR)

Tercio Sampaio Ferraz Jr. (Professor Titular de Filosofia do Direito da USP e Professor da Pós-Graduação da PUC/SP)

Eros Roberto Grau (Professor Titular de Direito Econômico da USP)

Ricardo Lobo Torres (Professor Titular de Direito Tributário na UERJ)

Presidente *Joelmar Dessaune* (Presidente do Conselho Estadual de Recursos Fiscais do ES)

16:00h às 18:00h – *3º Painel – Princípios constitucionais em matéria tributária*

• Anterioridade e irretroatividade no Direito Tributário;

• Aplicação do princípio da progressividade;

• Tipicidade e legalidade na definição dos tributos;

• Não-cumulatividade no ICMS: questões recentes;

• Segurança jurídica, legalidade e legitimidade na imposição tributária.

Painelistas:

Luciano da Silva Amaro (Professor de Direito Tributário no Mackenzie – SP)

Aires Fernandino Barreto (Professor de Direito Tributário em São Paulo)

Misabel de Abreu Machado Derzi (Professora de Direito Tributário na UFMG)

Alcides Jorge Costa (Professor Titular Aposentado de Direito Tributário da USP)

José Osvaldo Casás (Professor da Universidade Nacional de Buenos Aires – Argentina)

Presidente *Agesandro da Costa Pereira* (Presidente da OAB/ES)

18:05h às 18:50h – *Conferência – O princípio de capacidade contributiva: limites e interpretação*

Conferencista *Francesco Moschetti* (Professor Titular (Ordinário) de Direito Tributário da Universidade de Pádova – Itália)

Presidente *José Bráulio Bassini* (Presidente da Federação das Indústrias do ES)

SEXTA-FEIRA – 14.8.98

09:00h às 11:00h – *4º Painel – Harmonização fiscal e Planejamento Tributário no Mercosul*

• Os acordos internacionais para evitar a bitributação: o "treaty shopping";

• Planejamento tributário e gerência de impostos;

• Planejamento tributário internacional e os direitos constitucionais do contribuinte;

• Harmonização fiscal no Mercosul e suas implicações no planejamento tributário;

• Planejamento tributário internacional: abuso de direito, limites e a garantia da autonomia privada;

• A elisão tributária internacional em face da recente legislação brasileira.

Painelistas:

Luis Eduardo Schoueri (Professor de Direito Empresarial da FGV e Livre Docente de Direito Tributário na USP)

José Henrique Longo (Professor da Faculdade de Direito da PUC/SP)

José Artur Lima Gonçalves (Professor de Direito Tributário na Pós-Graduação da PUC/SP)

Hermes Marcelo Huck (Professor Titular de Legislação Tributária da USP)

Heleno Taveira Tôrres (Professor de Direito Tributário em São Paulo)

Marco Aurélio Greco (Professor de Direito Tributário em São Paulo)

Presidente *Agostinho Toffoli Tavolaro* (Presidente da Associação Brasileira de Direito Financeiro – ABDF)

11:15h às 12:00h – *Conferência* – PLANEJAMENTO TRIBUTÁRIO INTERNACIONAL E ELISÃO FISCAL NOS PROCESSOS DE INTEGRAÇÃO

Conferencista *Franco Gallo* (Professor Titular (Ordinário) da II Universidade de Roma e ex-Ministro das Finanças da Itália)
Presidente *Guilherme Narciso de Lacerda* (Secretário de Estado do Planejamento)

14:00h às 16:00h – *5º Painel* – *SUJEIÇÃO PASSIVA E CAPACIDADE CONTRIBUTIVA*

• Sistema de retenção na fonte: capacidade contributiva do responsável e do substituto tributário;

• Responsabilidade tributária por sucessão: uma apreciação crítica;

• Responsabilidade tributária e concessão de isenções em face do princípio de capacidade contributiva;

• Responsabilidade tributária e a desconsideração da personalidade jurídica;

• Responsabilidade tributária e o princípio da vedação ao confisco.

Painelistas:

Roberto Quiroga Mosquera (Professor de Direito Tributário na PUC/SP)

Zelmo Denari (Professor de Direito Tributário em São Paulo)

Aurélio Pitanga Seixas Filho (Professor Titular de Direito Tributário na Universidade Federal Fluminense – RJ)

Guillermo Andrés Muñoz (Professor Titular de Direito Administrativo e Juiz da Câmara Federal de Buenos Aires)

Estevão Horvath (Professor de Direito Tributário na USP e Pós-Graduação da PUC/SP)

Presidente *Raul Monjardim Castelo Branco* (Advogado da CST)

16:00h às 18:00h – *6º Painel* – *ATUALIDADES DA JURISPRUDÊNCIA EM MATÉRIA TRIBUTÁRIA*

• Liminares e antecipação da tutela em matéria tributária – Aspectos jurisprudenciais;

• Atos judiciais na suspensão da exigibilidade do crédito tributário;

• Visão do Superior Tribunal de Justiça sobre o ICMS e o ISS: principais questões;

• As Ações Declaratórias de Constitucionalidade (ADC) e as Ações Diretas de Inconstitucionalidade (ADIn) em matéria tributária;

• As declarações de inconstitucionalidade em face dos impostos estaduais e municipais: o controle dos Tribunais de Justiça e o Supremo Tribunal Federal.

Painelistas:

Lucia Valle Figueiredo (Juíza do Tribunal Regional Federal da 3ª Região)

Alberto Nogueira (Vice-Presidente do Tribunal Regional Federal da 2ª Região)

José Augusto Delgado (Ministro do Superior Tribunal de Justiça)

José Carlos Moreira Alves (Ministro do Supremo Tribunal Federal)

Carlos Mário da Silva Velloso (Ministro do Supremo Tribunal Federal)

Presidente *Valdir de Oliveira Rocha* (Livre Docente e Professor de Direito Tributário da USP)

18:05h às 18:50h – *Conferência* – O ESTATUTO DO CONTRIBUINTE (GARANTIAS TRIBUTÁRIAS) E O USO DE ATOS INFRA-LEGAIS PELA ADMINISTRAÇÃO

Conferencista *José Juan Ferreiro Lapatza* (Professor Catedrático de Direito Tributário da Universidade de Barcelona – Espanha)
Presidente *Antonio José Ferreira Abikair* (Diretor da Faculdade de Direito de Vitória)

SÁBADO – 15.8.98

09:00h às 11:00h – *7º Painel – JUSTIÇA TRIBUTÁRIA NO PROCESSO JUDICIAL E ADMINISTRATIVO*

• Apreciação crítica da jurisprudência em matéria de contribuições sociais e processo fiscal;

• A antecipação da tutela no processo tributário;

• Princípios do processo administrativo tributário;

• Mandado de segurança em matéria tributária: questões recentes;

• Princípios tributários e garantias dos contribuintes: a experiência argentina (doutrina e jurisprudência)

Painelistas:

Wagner Balera (Professor de Direito Tributário na Pós-Graduação da PUC/SP)

James Marins (Professor de Direito Tributário na Pós-Graduação da PUC/PR)

Eduardo Domingos Bottallo (Professor de Direito Financeiro da Faculdade de Direito da USP)

Hugo de Brito Machado (Professor Titular de Direito Tributário da UFCE)

Roberto M. Mordeglia (Professor Titular de Direito Tributário da Universidade de Buenos Aires, Argentina, e Juiz da Câmara Nacional de Apelações)

Presidente *João Felício Scárdua* (Secretário da Fazenda da Prefeitura Municipal da Serra)

11:15h às 12:00h – *Conferência* – O CONTRADITÓRIO E O PROCESSO JUDICIAL TRIBUTÁRIO

Conferencista *José Souto Maior Borges* (Titular de Direito Tributário e Diretor da Faculdade de Direito do Recife – UFPE)

Presidente *Guido Pinheiro Cortes* (Advogado Tributarista)

12:00h às 13:00h – *Sessão de encerramento*

• Relatório da Comissão Julgadora das monografias apresentadas e entrega dos prêmios;

• Leitura das conclusões do Congresso;

• Agradecimentos e homenagens;

• Palavras de encerramento – *Paulo de Barros Carvalho* (Presidente do IBET).

13:00h – *Entrega dos certificados de participação*

Cursos

Durante o Congresso serão oferecidos os cursos abaixo, com matrículas franqueadas a todos os participantes, mas independentes da inscrição para o Congresso.

As vagas são limitadas e a freqüência é obrigatória para efeito da concessão do respectivo certificado de participação.

QUINTA-FEIRA – 13.8.98

19:00h às 20:30h

• Imposto sobre a Renda: Teoria e Prática – *Eivany A. Silva* (Ex-Secretário da Receita Federal e Advogado em Brasília)

• Comércio Exterior e Tributação Aduaneira – *Gustavo Zunino* (Professor da Universidade de Buenos Aires)

• ICMS: Teoria e Prática – *José Eduardo Soares de Melo* (Professor da PUC/SP e Juiz do Tribunal de Impostos e Taxas - TIT/SP)

• IPI: Teoria e Prática – *José Roberto Vieira* (Professor de Direito Tributário na UFPR e AFTN)

SEXTA-FEIRA – 14.8.98

19:00h às 20:30h

• Imposto sobre a Renda: Teoria e Prática (Análise de Decisões do Conselho de Contribuintes) – *Natanael Martins* (Conselheiro do 1º Conselho de Contribuintes)

• Comércio Exterior e Tributação Aduaneira – *Adilson Rodrigues Pires* (Professor de Direito Tributário no RJ e ex-AFTN)

• Cooperativas e Tributação – *Reginaldo Ferreira Lima* (Professor da Faculdade de Direito da PUC/SP)

• ISS: Teoria e Prática – *Walter Gaspar* (Professor da Universidade Cândido Mendes e Fiscal de Rendas do RJ)

Concurso de Monografias

PRÊMIOS

Alfredo Augusto Becker – Teoria Geral do Direito Tributário

Antonio Roberto Sampaio Dória – Processo Tributário

Geraldo Ataliba – Direito Constitucional Tributário

Gilberto de Ulhôa Canto – Direito Tributário internacional e/ou evasão e elisão fiscal

Rubens Gomes de Souza – Tributos em espécie

NOTAS & COMENTÁRIOS

REGIME JURÍDICO TRIBUTÁRIO DE SOCIEDADES CORRETORAS E CLUBES DE SEGURO VINCULADOS A INSTITUIÇÕES FINANCEIRAS

ROQUE ANTONIO CARRAZZA
Professor Titular de Direito Tributário da Faculdade de Direito
da Pontifícia Universidade Católica de São Paulo

e

EDUARDO D. BOTTALLO
Professor Assistente de Direito Financeiro da Faculdade de Direito
da Universidade de São Paulo

1. Colocação preliminar – PRIMEIRA PARTE: Considerações gerais. 2. Os princípios constitucionais. 3. O princípio da tipicidade fechada da tributação. 4. O princípio da legalidade tributária. 5. O princípio da isonomia. 6. O princípio da capacidade contributiva. 7. O princípio da não-confiscatoriedade. 8. Síntese necessária. SEGUNDA PARTE: A natureza das atividades desenvolvidas pelas empresas associadas à Consulente – 9. Considerações gerais – 9.1 A condição de "corretoras" das entidades associadas à Consulente – 9.2 A irrelevância tributária da vinculação entre as associadas da Consulente a instituições financeiras – 9.3 Resumo necessário. TERCEIRA PARTE: O caso concreto – 10. Intróito. 11. Equiparação fiscal por meio de atos administrativos. Sua impossibilidade jurídica. Últimas considerações.

CONSULTA

Consultam-nos sobre a seguinte questão:

Aplica-se a empresas corretoras de seguros, de algum modo relacionadas com instituições financeiras o tratamento fiscal dispensado a estas no que concerne à tributação federal (imposto de renda e contribuições)?

PARECER

1. Colocação preliminar

Para que as questões submetidas a nossa apreciação venham cientificamente respondidas, dividiremos o vertente parecer em três partes.

Na primeira, cuidaremos de aspectos gerais, alusivos à tributação.

De seguida, examinaremos a natureza das atividades desenvolvidas pelas empresas associadas à Consulente, bem assim o regime jurídico a que estão submetidas.

Por fim, esmiuçaremos as decorrências tributarias pertinentes.

PRIMEIRA PARTE: CONSIDERAÇÕES GERAIS

2. Os princípios constitucionais

Como todos sabem, as normas jurídicas de mais alto grau encontram-se na Constituição. Tais normas, todavia, não têm todas a mesma importância, já que, algumas, veiculam simples *regras*, ao passo que, outras, verdadeiros *princípios*.

Os *princípios constitucionais* dão estrutura e coesão ao chamado *edifício jurídico*. Assim, devem ser rigorosamente obedecidos, sob pena de corromper-se todo o ordenamento normativo.

Não é por outra razão que Celso Antônio Bandeira de Mello observa: "Violar um princípio é muito mais grave que transgredir uma norma qualquer. A desatenção ao princípio implica ofensa não apenas a um específico mandamento obrigatório mas a todo o sistema de comandos. É a mais grave forma de ilegalidade ou inconstitucionalidade, conforme o escalão do princípio atingido, poder representa insurgência contra todo o sistema, subversão de seus valores fundamentais, contumélia irremissível a seu arcabouço lógico e corrosão de sua estrutura mestra.

"Isto porque, com ofendê-lo, abatem-se as vigas que o sustêm e alui-se toda a estrutura nelas esforçada."[1]

O sistema jurídico, como um dos subscritores deste parecer já teve a oportunidade de frisar, "ergue-se como um vasto edifício, onde tudo está disposto em sábia arquitetura. Contemplando-o, o jurista não só encontra a ordem, na aparente complicação, e como identifica, imediatamente, alicerces e vigas mestras Ora, num edifício tudo tem importância: as portas, as janelas, as luminárias, as paredes, os alicerces etc. No entanto, não é preciso termos conhecimentos aprofundados de Engenharia para sabermos que muito mais importantes que as portas e janelas (facilmente substituíveis) são os alicerces e as vigas mestras. Tanto que, se de um edifício retirarmos ou destruirmos uma porta, uma janela ou até mesmo uma parede, ele não sofrerá nenhum abalo sério em sua estrutura, podendo ser reparado (ou até embelezado). Já, se dele subtrairmos os alicerces, fatalmente cairá por terra. De nada valerá que portas, janelas, luminárias, paredes etc. estejam intactas em seus devidos lagares. Com o inevitável desabamento, não ficará pedra sobre pedra. Pois bem, tomadas as cautelas que as comparações impõem, estes 'alicerces' e estas 'vigas mestras' são os princípios jurídicos, ora objeto de nossa atenção. Mas, em termos mais técnicos, que vem a ser, afinal, um princípio jurídico? Será que a noção é tão vaga que somos incapazes de traduzi-la em linguagem mais rigorosa? Estamos que não".[2]

E logo vem a resposta a esta indagação: "...princípio jurídico é um enunciado lógico, implícito ou explícito, que, por sua grande generalidade, ocupa posição de preeminência nos vastos quadrantes do Direito e, por isso mesmo, vincula, de modo inexorável, o entendimento e a aplicação das normas jurídicas que com ele se conecta".[3]

1. *Curso de Direito Administrativo*, 4ª ed., Malheiros Editores, São Paulo, 1993, p. 409.

2. Roque Antonio Carrazza, *Curso de Direito Constitucional Tributário*, São Paulo, Malheiros Editores, 10ª ed., 1997, pp. 30-31.

3. Idem, ibidem, p. 31.

Estamos pois percebendo que o princípio jurídico influi na interpretação e na boa aplicação até dos mandamentos constitucionais. De fato, se um mandamento constitucional tiver pluralidade de sentidos ele deve ser interpretado e aplicado em sintonia com os princípios que lhe forem próximos.

É nesse sentido que Celso Antônio Bandeira de Mello declara que "os princípios são vetores para soluções interpretativas".

Não é à toa que o cientista, na análise de qualquer problema jurídico, por mais trivial que ele seja (ou aparente ser) deve, preliminarmente, alçar-se ao nível dos grandes princípios, a fim de verificar em que direção eles apontam. Nenhuma interpretação será havida por jurídica se entrar em testilhas com princípios constitucionais.

Afinado no mesmo diapasão, Geraldo Ataliba leciona: "...princípios são linhas mestras, os grandes nortes, as diretrizes magnas do sistema jurídico. Apontam os rumos a serem seguidos por toda a sociedade e obrigatoriamente perseguidos pelos órgãos do governo (poderes constituídos). Eles expressam a substância última do querer popular, seus objetivos e desígnios, as linhas mestras da legislação, da administração e da jurisdição. *Por estas não podem ser contrariados; têm que ser prestigiados até as últimas conseqüências*".[4]

Podemos portanto proclamar que os princípios exercem uma função importantíssima dentro do ordenamento jurídico-positivo, já que orientam, condicionam e iluminam a interpretação das normas jurídicas em geral e dos próprios mandamentos constitucionais. Sua aplicação deve dar-se de modo consentâneo com as diretrizes fixadas nos princípios.

Em suma, os *princípios* são normas qualificadas, que dão coesão e estrutura ao sistema jurídico, exibindo excepcional valor aglutinante.

Embora os princípios e as normas tenham a mesma estrutura lógica, aqueles possuem maior pujança axiológica do que estas.

A importância do respeito aos princípios constitucionais foi brilhantemente exposta por Konrad Hesse: "...aquilo que é identificado como vontade da Constituição deve ser honestamente preservado, mesmo que, para isso, tenhamos de renunciar a alguns benefícios, ou até, a algumas vantagens justas. *Quem se mostra disposto a sacrificar um interesse em favor da preservação de um princípio constitucional fortalece o respeito à Constituição e garante um bem da vida indispensável à essência do Estado democrático*. Aquele que, ao contrário, não se dispõe a esse sacrifício, malbarata, pouco a pouco, um capital que significa muito mais do que todas as vantagens angariadas, e que, desperdiçado, não mais será recuperado".[5]

Nenhuma norma infraconstitucional pode estar em desconformidade com os princípios constitucionais, sob pena de inexistência, nulidade, anulabilidade ou ineficácia (Gomes Canotilho).

De fato, se as simples normas constitucionais são criadas para serem integralmente aplicadas, por muito maior razão os princípios constitucionais que as iluminam.

Os princípios constitucionais, como não poderia deixar de ser, também irradiam efeitos sobre a tributação.

Inúmeros os princípios que a informam, como bem o demonstraram, entre outros juristas consagrados, Geraldo Ataliba, Antônio Roberto Sampaio Dória, Aliomar Baleeiro e Rubens Gomes de Sousa.

4. *República e Constituição*, São Paulo, Ed. RT, 1ª ed., 1985, pp. 6-7 (grifamos).

5. *A Força Normativa da Constituição*, trad. de Gilmar Ferreira Mendes, Sérgio Antonio Fabris Editor, 1991, p. 22 (grifamos).

Dentre estes princípios, merecem especial destaque, para os propósitos deste parecer, os da *tipicidade fechada da tributação*, da *legalidade tributária*, da *isonomia*, da *capacidade contributiva* e da *não-confiscatoriedade*. São eles que sumariamente estudaremos, em seguida.

3. *O princípio da tipicidade fechada da tributação*

Um dos princípios consagrados em nosso Texto Magno é, sem dúvida, o *princípio da tipicidade fechada da tributação*.

Como é cediço, a lei que cria o tributo deve descrever, pormenorizadamente, *todos* os elementos essenciais da norma jurídica tributária (*hipótese de incidência, sujeito ativo, sujeito passivo, base de cálculo e alíquotas*). Noutro giro verbal, ela deve observar o *princípio da tipicidade fechada*, tão bem estudado por Alberto Xavier.

Para o mestre português, "a tipicidade do fato tributário pressupõe... uma descrição rigorosa dos seus elementos constitutivos, cuja integral verificação é indispensável para a produção de efeitos".[6]

Assim, a norma jurídica tributária deve conter uma exaustiva descrição dos *pressupostos tributários*, apta a permitir sejam perfeitamente reconhecidos, quando ocorrerem, no mundo fenomênico.

Quando a norma jurídica tributária é incompleta, vale dizer, não descreve, de modo exaustivo, o "*tipo tributário*" – aí incluído, indubitavelmente, seu *sujeito passivo* –, a exação não poderá ser exigida. É o que podemos chamar de *insuficiência* da norma jurídica tributária, que impede o nascimento do tributo.

Notamos, portanto, que o *princípio da tipicidade* contribui, de modo decisivo, para a segurança jurídica do contribuinte. Segurança jurídica que se pulveriza, quando a própria Fazenda Pública elege os critérios, que reputa razoáveis, para a determinação do *sujeito passivo tributário*.

Melhor dizendo, a *segurança jurídica*, com o seu corolário de *proteção da confiança*, leva, em matéria tributária, ao *princípio da tipicidade fechada*, com a correspondente proibição do emprego da analogia ou da discricionariedade fazendária.[7]

Não é à toa que a tipicidade, no Direito Tributário, é, por assim dizer, *mais rigorosa* do que no próprio Direito Penal. *Neste*, a lei confere, ao aplicador, no momento da imposição da pena, uma considerável dose de subjetivismo. Já, *naquele*, a lei deve indicar, peremptoriamente, a seu aplicador, não só o fundamento da decisão, como o critério de decidir e as medidas que está autorizado a adotar, para que o lançamento e a arrecadação do tributo se processem com exatidão.

Reina, pois, absoluta, no Brasil, a *vinculabilidade da tributação ao nível infraconstitucional*.

Acerca deste assunto, um de nós teve a oportunidade de escrever: "A Administração Pública deve, obrigatoriamente, assim que verificado o fato imponível, aplicar as leis pertinentes ao caso concreto. Neste particular, ela não possui nenhuma margem de discricionariedade, até porque, num Estado-de-Direito como o nosso, a retirada de dinheiro dos cidadãos, a título de tributo, precisa ser rigorosamente disciplinada por lei, de modo a afastar, de todo, a possibilidade de livre apreciação, por parte do Fisco".[8]

A eventual falta de bom senso do legislador tributário ou alguma omissão por

6. *Os Princípios da Legalidade e da Tipicidade da Tributação*, São Paulo, Ed. RT, 1978, p. 87.

7. Cf. Nuno Sá Gomes, "O princípio da segurança jurídica na criação aplicação do tributo", in *Estudos sobre a Segurança Jurídica na Tributação e as Garantias dos Contribuintes*, Cadernos de Ciência e Técnica Fiscal, Lisboa, 1993, pp. 14 a 16.

8. *O Regulamento no Direito Tributário Brasileiro*. 1ª ed., São Paulo, Ed. RT, 1981, p. 117, nota de rodapé n. 101.

este praticada, não podem ser *integradas* pela analogia ou *superadas* pelo agente fiscal. Este, deve limitar-se, parafraseando o eminente Seabra Fagundes, a *aplicar a lei de ofício*. Não lhe é dado *corrigir* a lei, colmeando suas eventuais lacunas.

A propósito, o bom senso não serve para colocar uma pessoa no pólo negativo de nenhuma obrigação tributária. Depois, o senso jurídico, no mais das vezes, discrepa do bom senso (Alfredo Augusto Becker). O senso jurídico – ainda mais em matéria tributária – deflui das normas jurídicas em vigor e estas, não raro, contrariam a realidade das coisas.

Mas, atrelado ao *princípio da tipicidade tributária*, encontra-se o não menos relevante *princípio da legalidade tributária*. Vejamos.

4. *O princípio da legalidade tributária*

O princípio genérico da legalidade vem enunciado no art. 5º, II, da Constituição Federal:

"Art. 5º. (*omissis*):

"II – ninguém será obrigado a fazer ou deixar de fazer alguma coisa senão em virtude de lei."

Bastaria este dispositivo constitucional para que se pudesse proclamar que, no Brasil, ninguém pode ser obrigado a pagar um tributo que não tenha sido criado por meio de lei.

Mas o legislador constituinte, empenhado em acautelar direitos dos contribuintes, deixou estampada, de modo mais específico, esta idéia, no art. 150, I, da Carta Suprema:

"Art. 150. Sem prejuízo de outras garantias asseguradas ao contribuinte, é vedado à União, aos Estados, ao Distrito Federal e aos Municípios:

"I – exigir ou aumentar tributo sem lei que o estabeleça."

O tributo, pois, deve nascer da lei, entendida em seus aspectos formal e material.

Tal lei – como já adiantamos – deve conter todos os elementos e supostos da norma jurídica tributária (hipótese de incidência do tributo, seus sujeitos ativo e passivo e suas bases de cálculo e alíquotas), não se discutindo, de forma alguma, a sua integração ou complementação através de expedientes interpretativos, como, por exemplo, a analogia.

Laboram em equívoco, portanto, os que sustentam que o intérprete ou o aplicador, no que tange à tributação, podem terminar a obra do legislador, suprindo aquilo que ele apenas descreveu com traços largos. A própria faculdade regulamentar (prevista no art. 84, IV, da CF) serve *apenas* para *ressaltar alguns conceitos menos claros contidos na lei*, mas não para agregar-lhes novos componentes ou, o que é pior, para defini-los do nada. Com muito mais razão, não se pode admitir que esta tarefa seja reconhecida ao intérprete ou ao aplicador da lei tributária. Entendimento contrário viola o princípio da legalidade em sua própria essência.

Em suma, as exigências do princípio da legalidade só são cumpridas quando a lei delimita, concreta e exaustivamente, o *fato tributável*.

Resta evidente, portanto, que o aplicador não poderá apontar – nem mesmo por delegação legislativa – nenhum aspecto essencial da norma jurídica tributária, sob pena de flagrante inconstitucionalidade.

Paulo de Barros Carvalho não discrepa desta linha de pensamento: "Assinale-se que à lei instituidora do gravame é vedado deferir atribuições legais a normas de inferior hierarquia, devendo, ela mesma, desenhar a plenitude da regra matriz da exação, *motivo por que é inconstitucional certa prática, cediça no ordenamento brasileiro, e consistente na delegação de poderes para que órgãos administrativos completem o perfil dos tributos*. É o que acontece com diplomas normativos que autorizam certos órgãos da Administração Pública federal a expedirem normas que dão acabamento à figura tributária concebida pelo legislador ordinário. Mesmo nos casos em que a Constituição dá ao Executivo federal a prerrogativa de manipular o sistema de alíquotas, como no Imposto Sobre Produtos Industrializados (IPI), tudo se faz dentro de limites que a lei específica".[9]

Noutros termos, a tributação exige, como já não podemos duvidar, um *maximum* de legalidade. Não se admite, de forma alguma, a delegação da faculdade de definir, ainda que em parte, qualquer dos elementos integrantes da norma jurídica tributária.[10]

Irrefutável, portanto, o entendimento acerca da invalidade de usurpação de poderes pela Administração Fazendária, para que venha a dispor sobre qualquer dos elementos da regra-matriz tributária, tarefa esta circunscrita à lei instituidora do gravame.

Podemos, pois, dizer que, em matéria tributária, vigora mais do que o simples princípio da legalidade, o princípio da estrita legalidade (ou da reserva absoluta da lei formal), entendido no sentido de que a lei, necessariamente minuciosa, deve indicar, a seu aplicador, não só o fundamento da decisão, como o critério de decidir, a precisa identificação do sujeito passivo da exação e as demais medidas que está autorizado a adotar, para que a arrecadação do tributo se processe com exatidão.[11]

Em decorrência do princípio da estrita legalidade, a conduta do Fisco é obtida, como enfatiza o mesmo Alberto Xavier, "... por mera dedução da própria lei, limitando-se o órgão de aplicação a subsumir o fato à norma, independentemente de qualquer valoração pessoal".[12]

Para que se tenham por cumpridas as exigências do princípio da legalidade, não é suficiente uma superficial intervenção do Poder Legislativo na criação do tributo. Melhor dizendo, não basta que a lei aponte diretrizes, mais ou menos genéricas, para que o tributo esteja validamente instituído.

O princípio em estudo possui um alcance mais preciso e rigoroso, porquanto exige, implicitamente, que a lei defina, com grande riqueza de detalhes, os *tipos tributários*.

Neste campo, como é pacífico, a Fazenda Pública não possui nenhuma margem de liberdade.

Assim, merecem total endosso estas palavras do consagrado Hans Nawiasky: "a Administração Fazendária não pode fazer nada sem que a lei a tenha autorizado".[13]

Posto isto, temos que além dos princípios da tipicidade e da legalidade, os tributos devem, igualmente obedecer ao princípio da isonomia.

5. *O princípio da isonomia*

O *princípio da isonomia* é o mais importante de quantos nosso ordenamento constitucional alberga (Francisco Campos).

Realmente, todos os princípios que estão na Constituição (a legalidade, a universalidade da jurisdição, a ampla defesa etc.) encontram-se a serviço da isonomia e sem ela não se explicam com a necessária densidade de exposição teórica.

A própria legalidade é a morada da isonomia. Daí falarmos em *legalidade isonômica*.

9. *Curso de Direito Tributário*, São Paulo, Saraiva, 1996, 7ª ed., p. 48 – grifamos.

10. Cf. Dino Jarach, *Curso Superior de Derecho Tributario*, Buenos Aires, Liceo Professional Cima, 1969, pp. 109-110.

11. Vide, a respeito, nosso *Curso*, especialmente nas pp. 152 e ss.

12. *Conceito e Natureza do Acto Tributário*, Coimbra, Livraria Almedina, 1972, p. 291.

13. *Cuestiones Fundamentales de Derecho Tributario*, trad. e notas de Juan Ramallo Massanet, Madrid, Instituto de Estudios Fiscales, Obras Básicas de Hacienda Pública, 1982, p. 26 (traduzimos para o português).

Nesse sentido, Souto Maior Borges não exagerou ao proclamar que "a isonomia não está no Texto Constitucional: é num certo sentido, a própria Constituição".[14]

O *caput* do art. 5º, da Lei Fundamental, ao proclamar que todos são iguais perante a lei, interdita a arbitrariedade.

Isto não significa, por óbvio, que as leis devem tratar todas as pessoas de modo idêntico, mas, tão-somente, que precisam dispensar o mesmo tratamento jurídico às que se encontrem em situações idênticas.

É claro que a lei pode discriminar situações, desde que não erija em critério diferençal, nem um traço tão específico que singularize a pessoa por ela colhida, nem um fato havido pelo sistema constitucional como insuscetível de aceitar distinções (*e.g.*, a cor, atributo racial)

À lei, portanto, é dado desigualar situações, atendendo a peculiaridades de classes ou categorias de pessoas, mas só quando haja uma *relação de inerência* entre o *discrímen* e o regime conferido aos que se incluem na categoria diferençada. Era o que certamente Rui Barbosa queria significar, quando, em sua célebre *Oração aos Moços* averbou: "a igualdade consiste em tratar igualmente os iguais e desigualmente os desiguais, na medida de suas desigualdades". No mesmo sentido posiciona-se Celso Antônio Bandeira de Mello, para quem "as discriminações são recebidas como *compatíveis com a cláusula igualitária apenas e tão-somente quando existe um vínculo de correlação lógica* entre a peculiaridade diferencial acolhida, por residente objeto, e a desigualdade de tratamento em função dela conferida, *desde que tal correlação lógica não seja incompatível com interesses prestigiados na Constituição*".[15]

14. Conferência proferida, em setembro de 1994, no VIII Congresso Brasileiro de Direito Tributário, realizado em São Paulo.

15. *O Conteúdo Jurídico do Princípio da Igualdade*, Malheiros Editores, São Paulo, 3ª ed., 1993, p. 24 (os grifos são do autor).

O *princípio da igualdade*, conquanto se espraie sobranceiro sobre todo nosso Direito, incide de chapa, no campo da tributação.

Com efeito, nossa Constituição veda, às pessoas políticas, "instituir tratamento desigual entre contribuintes que se encontrem em situação equivalente" (art. 150, II).

O princípio da igualdade visa, em última análise, garantir uma tributação justa. Exige, pois, que a lei, tanto ao ser editada, quanto aplicada: *a)* não discrimine os contribuintes que se encontrem em situação jurídica equivalente; e, *b)* discrimine, *na medida de suas desigualdades*, os contribuintes que não se encontram em situação jurídica equivalente.

Consectário natural do *princípio da isonomia*, no que concerne à tributação por meio de impostos, é o *princípio da capacidade contributiva*, com o qual passamos a nos ocupar.

6. *O princípio da capacidade contributiva*

O princípio da capacidade contributiva vem expresso na primeira parte, do § 1º, do art. 145, da Constituição Federal: "Sempre que possível, os impostos terão caráter pessoal e serão graduados segundo a capacidade econômica do contribuinte...".

Como já adiantamos, é ele que informa a tributação por meio de impostos e, segundo entendemos, também por meio das contribuições a que alude o art. 149, da Constituição Federal.[16] Intimamente ligado

16. A nosso sentir, no Brasil, o tributo é o gênero, do qual o imposto, a taxa e a contribuição de melhoria são as espécies. Para nós, as "contribuições" (art. 149, da CF), não passam de *tributos qualificados por sua finalidade* (*ou* intervenção no domínio econômico *ou* atendimento de categorias econômicas ou profissionais *ou*, ainda, custeio da Previdência Social).

Não ignoramos, porém, que muitos doutrinadores sustentam que as *contribuições* são uma nova caao princípio da isonomia, é um dos mecanismos mais eficazes para que se alcance a tão almejada *Justiça Fiscal*. Ademais, convém que a pessoa que revela possuir maior riqueza pague, em termos proporcionais, mais impostos do que aqueloutra que a exteriorize em menor intensidade.

A capacidade contributiva a que alude a Constituição – e que as pessoas políticas são obrigadas a levar em conta, ao criarem, legislativamente, os impostos de suas competências – é *objetiva* e, não, *subjetiva*. É *objetiva* porque se refere *não* às condições econômicas reais de cada contribuinte, individualmente considerado, mas, *sim*, às suas *manifestações objetivas de riqueza* (ter um imóvel, operar em Bolsa, praticar operações mercantis etc.).

Assim, atenderá ao princípio da capacidade contributiva a lei que, ao criar o imposto, colocar em sua *hipótese de incidência* fatos deste tipo. Fatos que Alfredo Augusto Becker, com muita felicidade, chamou de *fatos-signos presuntivos de riqueza* (fatos que, *a priori*, fazem presumir que quem os realiza tem riqueza suficiente para ser alcançado pelo imposto específico). Com o *fato-signo presuntivo de riqueza* tem-se por incontroversa a existência de capacidade contributiva.

Contrario sensu, infringirá maus tratos ao princípio da capacidade contributiva lei que, ao criar o imposto, imponha o mesmo tratamento fiscal a pessoas que apresentem situações econômicas diversas.

Melhor explicitando, da mesma forma que lei tributária não pode discriminar, para fins de impostos e contribuições que revistam esta forma tributária, pessoas em situação equivalente, não lhe é dado equiparar, para os mesmos fins, pessoas que não revelem similar capacidade econômica, impende dizer, que não estejam em situação equivalente, sob este ângulo.

Em suma, a nosso ver, descumpre o *princípio da capacidade contributiva* a lei que não levar em conta a distinta *aptidão abstrata* que alguns sujeitos passivos têm, em relação a outros, de suportar a carga financeira do imposto.

Relevante destacar que o princípio da capacidade contributiva tem por *destinatário imediato*, o legislador ordinário das pessoas políticas. É ele que deve imprimir, aos impostos que cria *in abstracto*, um caráter pessoal, graduando-os conforme a capacidade econômica dos contribuintes.

O legislador tem o dever, enquanto descreve a *hipótese de incidência* dos impostos, não só de escolher fatos que exibam conteúdo econômico, como de atender às desigualdades próprias das diferentes categorias de contribuintes, sejam eles pessoas físicas ou jurídicas.

Por outro lado, o Poder Judiciário, ao aplicar contenciosamente a lei que criou *in abstracto* o imposto, não pode deixar de levar em conta tais desigualdades.

tegoria de tributos (ao lado dos impostos, das taxas, da contribuição de melhoria, dos empréstimos compulsórios etc.).

Isso não nos causa embaraços. É que as classificações – inclusive as classificações jurídicas – tem um quê de arbitrário. Dependem do critério eleito pelo *agente classificador*, ao dividir um conjunto de seres (objetos, coisas) em categorias.

Particularmente, analisando as normas constitucionais pertinentes (já que tínhamos em mira levar a efeito uma classificação jurídica dos tributos), chegamos à conclusão que há apenas três espécies tributárias: os *impostos*, as *taxas* e a *contribuição de melhoria*. E que as "*contribuições*" enquadram-se em duas destas três categorias, dependendo da hipótese de incidência (confirmada pela base de cálculo) que tiverem: ou na categoria *imposto* ou na categoria *taxa*.

Nada impede, porém, que outros estudiosos, elegendo critérios classificatórios diversos, subdividam os tributos em quatro, cinco, sete, ou, mesmo, dez outras modalidades.

O que importa considerar é que, tanto na classificação dos tributos por nós proposta (impostos, taxas e contribuição de melhoria), quanto na levada a efeito por outros pesquisadores (impostos, taxas, contribuição de melhoria, empréstimos compulsórios, contribuições etc.), as "*contribuições*" do art. 149, da CF, são tributos, devendo, pois, respeitar os princípios e normas constitucionais que regulam a ação tributária do Estado.

Obviamente, o art. 145, § 1º, da Constituição Federal, não encerra mera *diretriz programática*, incapaz de produzir efeitos, seja junto ao legislador, seja junto ao juiz. Hodiernamente, a melhor doutrina está de acordo quanto à natureza obrigatória do vínculo decorrente das normas constitucionais ditas *programáticas* e, destarte, quanto à inconstitucionalidade das leis que as afrontem.

Geraldo Ataliba aborda, a respeito, oportunos comentários:

"Ora, como deixar de reconhecer caráter jurídico a uma disposição constitucional? Na pior das hipóteses a disposição constitucional mais abstrata e vaga possui, no mínimo, a eficácia paralisante de todas as normas inferiores, se contrastantes com seu sentido, bem como determinadora de importantíssimas conseqüências na compreensão do contexto constitucional e de cada disposição que o integra, bem como determina relevantes conseqüências exegéticas, relativamente a todo o sistema normativo (incluídas as leis ordinárias e normas inferiores)".[17]

Apoiados em tão ilustre jurista, não temos dúvida nem receio em reafirmar que o art. 145, § 1º, da Constituição Federal, vincula os órgãos legislativos e, também, os judiciais.

Aliás, Aliomar Baleeiro, apreciando o art. 202, da Carta de 1946 ("Os tributos terão caráter pessoal sempre que isso for possível, e serão graduados conforme a capacidade econômica do contribuinte"), nega o *caráter programático* desta disposição (praticamente idêntica à contida na atual Lei Maior brasileira), sustentando que tal mandamento "vale como princípio constitucional, ou *standard*, também para o juiz".[18]

17. *Lei Complementar na Constituição*, São Paulo, Ed. RT, 1971, p. 18.

18. *Limitações Constitucionais ao Poder de Tributar*, Rio, Forense, 2ª ed., 1960, p. 337.

Por outro lado, estamos também convencidos de que deriva do *princípio da capacidade contributiva*, o *princípio da não-confiscatoriedade*, contido no art. 150, IV, da Constituição Federal (segundo o qual é vedado "*utilizar tributo com efeito de confisco*"). Realmente, as leis que criam impostos, ao levarem em conta a capacidade econômica dos contribuintes, não podem compeli-los a colaborarem com os gastos públicos além de suas possibilidades.

A nosso sentir, é confiscatório o imposto que, por assim dizer, *esgota* a *riqueza tributável* das pessoas, isto é, que não leva em conta suas capacidades contributivas.

7. *O princípio da não-confiscatoriedade*

Não devemos perder de vista que, entre nós, a ação de tributar excepciona o princípio constitucional que protege a propriedade privada (CF, arts. 5º, XXII e 170, II).

Isto explica – pelo menos em parte – a razão pela qual nossa Carta Magna disciplinou, de modo tão rígido, o *mecanismo de funcionamento* da tributação, ao mesmo tempo em que amparou os contribuintes com grande plexo de direitos e garantias contra eventuais excessos do Poder Público.

Na medida em que a Constituição brasileira reconhece e garante o *direito de propriedade* (embora o submeta ao *princípio da função social*), é evidente que a tributação não pode, por via indireta, torná-lo ilusório.

Reforça esta idéia o art. 150, IV, da Carta Magna, que proíbe, expressamente, o *confisco*.

Com efeito, a tributação não pode agredir a propriedade privada, a ponto de fazê-la perigar. Em termos mais técnicos, não pode assumir feições confiscatórias.

A propósito, Hugo de Brito Machado levanta interessantes questões: "Há quem sustente ser a vedação aos tributos confiscatórios uma decorrência da garantia constitucional da propriedade. Em sendo assim, mesmo sem um dispositivo constitucional vedando, especificamente, o tributo com efeito de confisco, essa vedação seria decorrência lógica, em todas as Constituições que garantem o direito de propriedade. Qual seria, então, a significação da norma contida no art. 150, item IV, da vigente Constituição? Seria ela meramente explicitante?"[19]

Logo adiante este mestre trata de responder às perguntas que formulou:

"Colocando entre as limitações ao poder de tributar a utilização do tributo com efeito de confisco, a Constituição em vigor evitou controvérsias a respeito da questão de saber se a garantia do direito de propriedade estaria, ou não, preservada, pelo fato de serem os tributos instituídos por lei. E da questão de saber se a adoção do regime da livre empresa, implica realmente, como sustentamos, uma implícita proibição ao tributo confiscatório.

"Assim, o tributo com efeito de confisco, no regime da vigente Constituição, está proibido sob todos os aspectos, seja qual for a interpretação adotada para os dispositivos pertinentes ao direito de propriedade (art. 5º, XXII), e ao regime econômico prevalente (art. 170, II e IV). O disposto em seu art. 150, item IV, não permite dúvidas a este respeito."[20]

Estamos notando que a norma que impede que os tributos sejam utilizados com efeito de confisco, além de criar um limite explícito às discriminações arbitrárias de categorias de contribuintes – que, de um modo geral, os impostos devem observar, reforça o *direito de propriedade*. Assim, por exemplo, em função dela, sujeitos passivos que se encontrem em situações diversas, no que concerne à capacidade econômica, não podem ser submetidos a idênticas incidências impositivas, a ponto de fazerem desaparecer ou, mesmo, perigar, o direito de propriedade.

Em remate, o princípio da não-confiscatoriedade exige do legislador, conduta marcada pelo equilíbrio, pela moderação e pela medida, na quantificação dos impostos, tudo tendo em vista um Direito Tributário *justo*.

8. *Síntese necessária*

Diante do exposto, podemos afirmar que:

a) as normas jurídicas de mais alto grau são as normas constitucionais;

b) as normas constitucionais não têm todas a mesma importância, já que algumas veiculam simples regras, ao passo que, outras, verdadeiros princípios.

c) os princípios constitucionais são muito mais importantes que as regras constitucionais, uma vez que são eles que dão estrutura e coesão ao *edifício jurídico*, influindo, inclusive, na interpretação e na boa aplicação das próprias regras constitucionais;

d) a tributação só pode desenvolver-se a contento, se observar os princípios constitucionais pertinentes, por isso mesmo *princípios constitucionais tributários*;

e) dentre os princípios constitucionais tributários, podem ser mencionados os princípios da tipicidade fechada, da legalidade, da isonomia, da capacidade contributiva e da não-confiscatoriedade;

f) pelo princípio da tipicidade fechada, a norma jurídica tributária deve descrever minudentemente os fatos que, ocorridos, farão nascer, *in concreto*, o tributo;

g) o princípio da legalidade impõe que a criação *in abstracto* dos tributos seja sempre feita pelo Poder Legislativo, não deixando espaço ao emprego, pelo aplicador, da discricionariedade ou da analogia, nesta matéria;

19. *Os Princípios Jurídicos da Tributação na Constituição de 1988*, São Paulo, Ed. RT, 1989, p. 66.

20. Idem, ibidem, p. 68.

h) o princípio da isonomia exige que contribuintes em situação econômica diversa recebam diferente tratamento fiscal;

i) o princípio da capacidade contributiva – informador da tributação por meio de impostos (e *contribuições* que revestem natureza de imposto) – interdita equiparações entre categorias de contribuintes que não apresentem equivalente aptidão para satisfazer às obrigações fiscais que lhes são impostas; e,

j) por fim, o princípio da não-confiscatoriedade impede que a propriedade privada periclite, em função de uma tributação arbitrária, assim devendo ser entendida a que imprime o mesmo tratamento fiscal a pessoas economicamente desiguais.

Estribados nestas idéias, perquiriremos a natureza das atividades desenvolvidas pelas empresas associadas à Cosulente.

SEGUNDA PARTE: A NATUREZA DAS ATIVIDADES DESENVOLVIDAS PELAS EMPRESAS ASSOCIADAS À CONSULENTE

9. Considerações gerais

A Consulente congrega pessoas jurídicas preordenadas ao exercício da atividade de corretagem de seguros.

O traço característico destas *associadas* repousa na circunstância de manterem, direta ou indiretamente, relações com instituições financeiras.

Tal, todavia, não as despe da condição de simples corretoras, nem, muito menos, as transforma ou equipara a instituições financeiras, conforme, a seguir, veremos.

9.1 A condição de "corretoras" das entidades associadas à Consulente

A atividade de corretagem de seguros é disciplinada pela Lei n. 4.594, de 29 de dezembro de 1964, bem como pelo Decreto-lei n. 73, de 21 de novembro de 1966, cujo art. 122 estabelece:

"Art. 122. O corretor de seguros, pessoa física ou jurídica, é o intermediário legalmente autorizado a angariar e promover contratos de seguros entre sociedades seguradoras e as pessoas físicas ou jurídicas de direito privado".

Tal definição deixa claro que a única diferença entre a *intermediação* exercida pelos corretores de seguros e por outras categorias de corretores está no *objeto* do contrato buscado: o *contrato de seguro*.

Apenas para nos situarmos no assunto, o Código Civil brasileiro define o contrato de seguro, em seu art. 1.432, *verbis*:

"Art. 1.432. Considera-se contrato de seguro aquele pelo qual uma das partes se obriga para com a outra, mediante a paga de um prêmio, a indenizá-la do prejuízo resultante de riscos futuros, previstos no contrato".

Ora, na medida em que as corretoras de seguros são, em última análise, intermediárias de contratos celebrados por terceiros (e, como tais, meras *corretoras*), forçosamente temos de concluir que o regime jurídico a que estão submetidas não se confunde com o aplicável às empresas seguradoras.

Estas últimas, nos termos do art. 192, da Carta Magna, fazem parte do denominado *sistema financeiro nacional*, juntamente com as instituições financeiras, assim definidas no art. 17, da Lei 4.595, de 31 de dezembro de 1964:

"Art. 17. Consideram-se, instituições financeiras para os efeitos da legislação em vigor as pessoas jurídicas públicas ou privadas, que tenham como atividade principal ou acessória a coleta, intermediação ou aplicação de recursos financeiros próprios ou de terceiros, em moeda nacional ou estrangeira, e a custódia de valor de propriedade de terceiros".

A mesma Lei n. 4.595/64 condiciona o funcionamento de instituições financeiras à prévia autorização do *Banco Central do*

Brasil (BACEN), além de subordinar à disciplina normativa por ela instituída, as companhias de seguro e capitalização (art. 18 *caput* e § 1º).

Como é pacífico e assente, o que distingue entidades do mundo do Direito não é a denominação que recebem, mas o *regime jurídico* a que estão submetidas. Se o *regime jurídico* a elas aplicável for idêntico, serão, pelo menos para os fins de direito, iguais. E isto nada obstante eventuais diferenças que, sob outros enfoques, possam apresentar (como, *e.g.*, o das respectivas atividades econômicas).

Podemos afirmar, portanto, que, justamente por obedecerem ao mesmo *regime jurídico*, há uma *equivalência* (jurídica) entre as companhias seguradoras e as instituições financeiras. Ambas integram o mencionado *sistema financeiro nacional*.

De revés, as corretoras de seguros não integram tal sistema, seja em sua concepção constitucional (art. 192, CF), seja sob o enfoque legal (Lei n. 4.595/64, art. 18).

Irrelevante, sob este aspecto, o fato de o exercício de suas atividades estar condicionado à prévia habilitação e registro perante a *Superintendência de Seguros Privados (SUSEP)*.

Por igual modo, as sociedades corretoras de seguros não se confundem com os chamados *agentes autônomos de seguros*.

A diferença fundamental entre as atividades da *sociedade corretora de seguros* e as do *agente autônomo de seguros* está em que, aquela, age com independência (*pro domo sua*), ao passo que, este, angaria, negocia ou promove contratos de seguro, em nome e por conta de determinada seguradora, à qual está permanentemente vinculado.[21]

Desenvolvendo a idéia, a corretora de seguros tem como tônica de sua atuação a *autonomia jurídica* em relação às partes que aproxima, para a celebração do contrato de seguro. Já, o agente autônomo de seguros, conquanto obviamente não mantenha vínculo trabalhista com a seguradora (do contrário deixaria de ser autônomo), não passa de sua *longa manus*, dela recebendo diretrizes e orientações, que não pode ignorar.

Remarque-se, ainda, que o corretor de seguro, mais do que promover a captação de contratos, desempenha a importante tarefa de assessorar seus clientes, orientando-os na escolha da cobertura mais adequada às suas necessidades e, quando necessário, representando-os, ao ensejo do recebimento da indenização, perante a própria Seguradora, defendendo, assim, seus lídimos interesses.[22]

Diversamente, o agente autônomo de seguros, porque simples mandatário da Seguradora, não possui a mesma amplitude de ação. Na verdade, seu agir é pré-traçado pela própria Seguradora, nisto se resumindo sua *performance* profissional.

Diante deste quadro, é natural que o agente autônomo de seguros possa vir a ser identificado com a Seguradora que representa. O mesmo não se dá com o corretor de seguros, que tem a independência que falta ao agente autônomo.

Evidentemente, o fato de ambos desfrutarem de autonomia (em proporções diversas embora) não tem o condão de permitir venham equiparados, no que atina às atividades que lhes são próprias, conforme demonstrado. É que o ponto comum da autonomia, longe de implicar identidade de situações ou atividades, significa apenas que ambos não mantêm vínculos emprega-

21. Cf. Portaria ex-DNPC n. 28, de 21 de outubro de 1966, art. 1º; Circulares SUSEP ns. 31, de 27 de agosto de 1973 e 47, de 6 de dezembro de 1973.

22. Cf. Eduardo Bottallo e Alkimar Moura, "O mercado de seguros no Brasil", edição do Sindicato dos Corretores de Seguros e de Capitalização no Estado de São Paulo, S. Paulo, 1981, pp. 12 e 13.

tícios com as Seguradoras perante as quais atuam.

Ainda que "autônomos", corretores de seguros e agentes autônomos de seguros definitivamente não se encontram em situação profissional equivalente, na acepção, por nós examinada, do art. 150, II, da Constituição Federal.

Por outro lado, esta equiparação também não se justifica pela circunstância de os agentes autônomos de seguros privados e as corretoras de seguros estarem "agrupados", para os fins do *quadro de atividades* a que se refere o art. 577, da Consolidação das Leis do Trabalho ("o quadro de atividades e profissões em vigor fixará o plano básico do enquadramento sindical"). Como sempre foi de entendimento corrente, o enquadramento sindical não atende a nenhum critério técnico, estando, ao revés, "permanentemente submetido à idéia circunstancial de conveniência política".[23]

Impende notar, por outro lado, que autorizadas opiniões[24] sustentam que este preceito não foi recepcionado pela Carta de 1988, mais especificamente pelo seu art. 8º, que retirou *fundamento de validade* a todos os atos normativos infraconstitucionais, que impunham requisitos à organização e ao funcionamento de entidades sindicais.

Força é convir, portanto, que o citado art. 577, da CLT, bem como os atos administrativos dele decorrentes, não se prestam a fulcrar eventual equiparação técnica ou jurídica das atividades profissionais de agentes autônomos de seguros e de empresas corretoras de seguros.

Sobremais, tais critérios esgotam-se no âmbito trabalhista (enquadramento sindical), não podendo repercutir na esfera tributária, que obedece a pressupostos próprios, hauridos diretamente da Constituição, conforme tivemos o ensejo de demonstrar.

23. Idem, ibidem, p. 437.

24. Por todos, Valentim Carrion, *Comentários à Consolidação das Leis do Trabalho*, São Paulo, Saraiva, 20ª ed., pp. 437 e 438.

Aqui chegados, é o caso de indagarmos: o fato das associadas da Consulente manterem vínculos com instituições financeiras, tem força bastante para submetê-las ao mesmo tratamento fiscal que alcança estas últimas?

O mesmo é propor a questão que lhe dar resposta negativa, como diria o consagrado civilista e ex-Ministro do Pretório Excelso Orosimbo Nonato.

Para que esta assertiva não fique no simples plano das alegações, vamos tratar de demonstrá-la, no próximo subitem.

9.2 A irrelevância tributária da vinculação entre as associadas da Consulente a instituições financeiras

Segundo nos relatou a Consulente, os vínculos entre as suas associadas e as instituições financeiras revestem-se de distintas formas.

Deveras, algumas destas associadas são diretamente controladas por instituições financeiras; outras, de forma indireta, isto é, por meio de interpostas pessoas (suas controladas); outras, finalmente, não por instituições financeiras ou suas controladas, mas por associações que congregam funcionários destas instituições.

Como vemos, há três tipos de vínculos entre as associadas da Consulente e as instituições financeiras.

Nenhum destes vínculos, porém, leva ou pode levar à equiparação do regime fiscal entre as pessoas citadas.

Isto porque a tanto se opõe o art. 20 do Código Civil, que consagra o princípio da independência jurídica entre as sociedades e seus sócios ("as pessoas jurídicas têm existência distinta da dos seus membros").

Deflui deste conhecido e consagrado preceito que a qualidade dos sócios não repercute na das sociedades que integram e, vice-versa.[25]

25. Tal regra só não se aplica, nas estritas hipóteses em que o ordenamento jurídico estabelece

Como se isto não bastasse, inexiste em nosso ordenamento jurídico qualquer vedação a que instituições financeiras controlem ou participem, direta ou indiretamente, de sociedades que se dediquem a outros ramos de atividades.

Tal, evidentemente, não acarreta nenhuma alteração do regime jurídico próprio destas mesmas sociedades.

Assim não fosse e, por amor à coerência, teríamos que aceitar, por exemplo, a absurda situação de empresas de turismo, agrícolas, industriais, gráficas etc., poderem ser juridicamente tratadas como se instituições financeiras fossem, apenas em razão desta vinculação.

Ora, como é notório, corriqueiros são os casos de participação de instituições financeiras nos quadros societários de empresas deste tipo,[26] que, apesar de tudo, não sofrem – e nem poderiam sofrer – nenhuma interferência em sua natureza jurídica. Antes, continuam a ser o que sempre foram, isto é, simples empresas industriais, comerciais, agrícolas ou prestadoras de serviços, conforme o caso.

9.3 *Resumo necessário*

Em face do que foi explicitado, temos por incontroverso que as associadas da Consulente revestem a natureza jurídica de prestadoras de serviços de corretagem de seguros.

Em nenhum momento podem ser equiparadas a companhias seguradoras ou instituições financeiras, muito menos para fins fiscais.

Por outro lado, as sociedades corretoras de seguros não se confundem com os agentes autônomos de seguros. Elas exercem suas atividades com a independência que a estes falta, porque estão longe de serem mandatárias ou prepostas de empresas seguradoras, como ocorre com os referidos agentes.

Em nada altera esta conclusão, o fato de, para efeitos de enquadramento sindical, estarem agrupadas na mesma categoria econômica.

Finalmente, entremostra-se totalmente irrelevante, para os fins objeto deste parecer, a circunstância destas associadas manterem algum tipo de vínculo com instituições financeiras ou entidades que congregam funcionários destas instituições.

Assim agremiados, podemos entrar no mérito da questão que nos foi proposta.

TERCEIRA PARTE: O CASO CONCRETO

10. Intróito

Certamente partindo do pressuposto de que gozam de grande capacidade contributiva, diversas leis[27] impuseram tributação diferençada às instituições financeiras.

A mesma legislação equiparou, para este fim, instituições financeiras, companhias seguradoras e agentes autônomos de seguros privados.

Não vamos perquirir os motivos que levaram a tal tratamento fiscal.

Importa-nos salientar, no entanto, que a legislação, ao assim dispor, em nenhum momento aludiu às sociedades corretoras de seguros. Mais: ignorou totalmente a circunstância destas sociedades estarem, ou não, vinculadas a instituições financeiras.

E, ao omitir-se, fez muito bem, já que, como sobejamente demonstrado, estas corretoras não revestem nem a natureza de ins-

pré-requisitos para que uma pessoa venha a integrar dada sociedade, como *v.g.*, o que ocorre com as empresas jornalísticas e de radiodifusão sonora e de sons e imagens, que só podem ser integradas por brasileiros natos ou naturalizados há mais de dez anos (cf. art. 222, da CF).

26. Cf. *O Mercado...*, p. 6.

27. Leis ns. 7.787/89 e 8.212/91; Lei Complementar 70/91 etc.

tituições financeiras, nem a de seguradoras ou de agentes autônomos de seguros privados, nem, tampouco, a eles se equiparam.

Na realidade, são as autoridades fazendárias, por força de analogia e discricionariedade, que, em atos administrativos, estão impondo tal equiparação, imprimindo, para o atingimento de objetivos puramente arrecadatórios,[28] notória distorção à legislação em tela.

Com isto não podemos, de nenhum modo, concordar, conforme a seguir veremos.

11. Equiparação fiscal por meio de atos administrativos. Sua impossibilidade jurídica

Tudo quanto foi até agora exposto, leva-nos à sólida e serena convicção da impossibilidade jurídica de, por força de atos administrativos, as associadas da Consulente serem equiparadas, para efeitos fiscais, a instituições financeiras, seguradoras ou agentes autônomos de seguros privados.

Em atenção aos princípios constitucionais tributários da tipicidade, legalidade, isonomia, capacidade contributiva e não-confiscatoriedade, tais associadas devem ser desvinculadas, enquanto contribuintes, das incidências especiais (diferençadas) reservadas àqueloutras pessoas.

Estes mesmos princípios constitucionais tributários exigem, conseguintemente, que as associadas da Consulente recebam o mesmo tratamento fiscal que alcança as pessoas (físicas ou jurídicas) que se dedicam à prestação de serviços de corretagem e intermediação de negócios.

E nem poderia ser de outro modo, já que, as associadas, encontram-se em situação equivalente a tais pessoas. Relembramos (v. item 5, *supra*) que os que se acham na mesma situação jurídica devem receber idêntico tratamento tributário.

Enquanto efetua os lançamentos tributários, a Fazenda Pública deve estar atenta a tais postulados, eis que pratica atos administrativos estritamente vinculados à lei.

É ponto pacífico que as obrigações tributárias nascem após a ocorrência do *fato imponível (fato gerador "in concreto")*.

Discorrendo a respeito, um de nós deixou consignado:

"...para que nasça o tributo, deve um fato corresponder fielmente à figura delineada na lei ('Tatbestand'), o que implica em tipicidade ('Typizität'). (...) Ademais, cada ato concreto da Fazenda Pública, que reconheça a existência de um tributo (lançamento) ou que leve à sua efetiva arrecadação (cobrança tributária) deve encontrar respaldo numa lei".[29]

Reafirmamos, portanto, que o princípio da tipicidade contribui, de modo decisivo, para a segurança jurídica do contribuinte, o que veda o emprego da analogia e da discricionariedade (v. item 3, *supra*), particularmente no que tange à identificação do sujeito passivo tributário.

Impende notar que, na verdade, a legislação não submete, as associadas da Consulente, nem expressa, nem implicitamente, ao regime tributário reservado às instituições financeiras, seguradoras e agentes autônomos de seguros privados.

Na realidade, é a Fazenda Nacional, por intermédio de suas autoridades, que está imprimindo tal orientação, por meio de *interpretação extensiva* (analógica), que, *data venia*, agride os precitados princípios constitucionais tributários.

Se, pelos motivos exaustivamente exibidos, nem a lei poderia levar a cabo tal

28. O interesse fazendário não se confunde com o interesse público. Nem, muito menos, o sobrepaira. As conveniências arrecadatórias, conquanto digam de perto com o *interesse público*, só prevalecerão quando com ele se harmonizarem. Estamos com isso querendo significar que não podem fazer tábua rasa dos direitos constitucionais dos contribuintes, como este, de não serem tributados por força de indevida aplicação do processo analógico.

29. *Curso...*, p. 269.

equiparação, muito menos a Administração Fazendária, cuja missão é, simplesmente, aplicar a lei tributária de ofício, tendo por paradigma a Constituição. Ninguém, nesta altura de nossa evolução jurídica admite que o Executivo possa legislar em matéria tributária.

Nem, muito menos, legislar para alterar a Constituição. Sim, porque, interpretar normas legais, de modo a fazê-las incidir sobre quem não reveste a condição de sujeito passivo diferençado (especial), equivale a derrogar a Constituição e seus grandes e intangíveis princípios, o que nem mesmo o Congresso Nacional, no exercício de seu *poder constituinte derivado*, pode fazer (já que não lhe é dado atropelar as chamadas *cláusulas pétreas*).

É por isso que Maria da Glória Ferreira Pinto foi extremamente feliz ao averbar: "A Administração movimenta-se nas malhas da legalidade, uma legalidade que num Estado de direito material se pretende não seja meramente formal, e sim portadora em cada momento da própria 'idéia de direito'".[30]

Lembremos, ao propósito, que a Lei das Leis, máxime no § 2º, de seu art. 5º, implicitamente confere, aos contribuintes, o direito de não pagarem tributos lançados em desconformidade com os ditames constitucionais. Este direito pode ser chamado de "direito de resistência à tributação indevida".

Ademais, o atual Diploma Constitucional não se limitou a reconhecer a possibilidade de os contribuintes se insurgirem contra a tributação indevida. Também conferiu-lhes os meios processuais adequados a este fim: o direito de livre acesso ao Judiciário, o direito de serem indenizados contra atos ou omissões ilegais dos agentes fiscais, o direito de repetição do indébito tributário, o mandado de segurança etc.

Últimas considerações

Em face de tudo quanto foi exposto, é realmente insofismável que as associadas da Consulente não estão sujeitas às mesmas incidências tributárias (imposto sobre a renda e *contribuições*) que alcançam as instituições financeiras, as seguradoras e os agentes autônomos de seguros privados.

Pelo contrário, devem pagar tais tributos, como sociedades prestadoras de serviços (de corretagem ou intermediação), que na realidade são. Noutras palavras, devem pagar o imposto sobre a renda e as *contribuições* observadas, *mutatis mutandis*, as regras que incidem sobre estas empresas.

Em conseqüência, as associadas da Consulente tem dois direitos; a saber:

1) não pagar os aludidos tributos, pelo regime especial (reservado às instituições financeiras, seguradoras e agentes autônomos de seguros privados);[31] e,

2) repetir ou compensar – com a inafastável correção monetária – os montantes que recolheram *a maior*, por força da interpretação extensiva, aqui verberada.

Esse é o nosso parecer, s.m.j.

São Paulo (SP), 27 de outubro de 1997.

30. "Considerações sobre a reclamação prévia ao recurso contencioso", *Cadernos de Ciência e Técnica Fiscal*, Lisboa, 1983, p. 12.

31. No que pertine ao COFINS, tributo que, acaso submetidas ao aludido *regime especial* poderia não as alcançar, sua incidência é sustentável. Note-se, entretanto, que, nos termos do art. 100, inc. I e parágrafo único, do Código Tributário Nacional, não se sujeitam – porque até hoje observaram os atos normativos expendidos pelas autoridades administrativas – a penalidades, cobrança de juros de mora e atualização do valor monetário da base de cálculo do tributo.

NOTAS & COMENTÁRIOS

A NOÇÃO DE LEI ESPECÍFICA NO ART. 150, § 6º DA CF E A RECEPÇÃO DOS DECRETOS-LEIS NS. 2.163/84 E 1.184/71

TERCIO SAMPAIO FERRAZ JUNIOR
Titular da Faculdade de Direito da Universidade de São Paulo

A Emenda Constitucional n. 3/93 deu ao art. 150, § 6º da Constituição Federal a seguinte redação:

"Art. 150. Sem prejuízo de outras garantias asseguradas ao contribuinte, é vedado à União, aos Estados, ao Distrito Federal e aos Municípios: (...)

"§ 6º. Qualquer subsídio ou isenção, redução de base de cálculo, concessão de crédito presumido, anistia ou remissão relativos a impostos, taxas ou contribuições só poderá ser concedido mediante lei específica, federal, estadual ou municipal, que regule exclusivamente as matérias acima enumeradas ou o correspondente tributo ou contribuição, sem prejuízo do disposto no art. 155, § 2º, XII, *g*."

A questão nuclear que se coloca inicialmente está na exigência de lei específica e de exclusividade na regulação da matéria, em especial da remissão, tendo em vista o disposto no art. 172 do CTN.

Preliminarmente será conveniente fazer uma observação sobre o processo de transformação sofrido pelas constituições contemporâneas, que atingem peculiarmente a sua hermenêutica (cf. o nosso "A Interpretação Constitucional na Atualidade", in *Constituição de 1988 – Legitimidade, Vigência e Eficácia, Supremacia*, Ferraz Jr., Diniz, Georgakilas, São Paulo, 1989, pp. 9 ss.).

O fato de que a estrutura das leis básicas enquanto constitutivas do Estado de Direito provém do século XIX e se aplica a uma realidade que não mais existe na atualidade, não nos permite ater-nos a certas fórmulas de rigor formalista, sem que nos obriguemos a abrir inúmeras exceções. O caráter geral das constituições não exclui hoje normas de caráter específico. Mesmo as normas que consagram direitos fundamentais não fogem a essa característica. Isto afeta a lógica interna do Estado de Direito e deve ser considerado como um dado relevante na aplicabilidade e interpretação das normas constitucionais.

Um dos traços centrais do Estado de Direito foi a fixação de uma ordem estatal livre, na forma de normas positivas, sujeitas a formalidades garantidoras da certeza e segurança, protegendo, assim, a liberdade conforme a lei. Isto exigiu uma formalidade constitucional, que conferia às constituições uma transparência e uma estabilidade indispensáveis. Graças a ela, suas normas puderam submeter-se às regras usuais de interpretação, método gramatical, lógico, histórico e sistemático, conforme as lições dos autores clássicos. Dentro dessa formalidade hermenêutica, a interpretação ganhou, destarte, uma orientação de bloqueio – interpretação de bloqueio –, que servia à proteção da liberdade vista como *status negativus* (Jellinek) em face da interferência normativa do poder público. A partir do século XX principiou-se uma espécie de "desformalização", que apontava para tendências que iriam "favorecer uma dissolução do formalismo jurídico" (Max Weber), no sentido de uma certa disparidade entre as formalidades lógicas e os efeitos sociais e econômicos visados pelas normas constitucionais. Com isso entrou em pauta, na Europa sobretudo após a Constituição de Weimar, a hermenêutica como um problema de captar o sentido das constituições concebidas como sistemas de valores, tendo em vista a conformação dos fatos a um projeto constitucional – interpretação por legitimação.

Consoante essas tendências, que se firmaram depois integralmente, a proteção da liberdade por meio da interpretação de bloqueio pressupõe que os preceitos constitucionais estatuem princípios e finalidade fundamentais, em relação aos quais o intérprete não pode articular sentidos e objetivos senão os que já estejam reconhecidos *ex tunc* na própria constituição, sendo o seu regulador dogmático uma espécie de princípio da proibição de excessos, isto é, proibição de articulação do sentido do poder normativo para aquém ou para além dos direitos protegidos, mesmo sob a alegação de favorecer-lhes o exercício. Contudo, o bloqueio não pode estar alheio ao sentido de legitimação das aspirações constitucionais, o que pressupõe que o intérprete esteja autorizado a articular e qualificar o interesse público, coletivo, individual, difuso, posto como um objetivo pelo preceito constitucional. O intérprete deve pressupor, então, que o preceito está submetido a certas condições. Algumas são de ordem estrutural, como a premissa de que os preceitos não são imediatamente realizáveis sem uma atuação do próprio intérprete que deve, então, buscar a identificação dos meios presumíveis para a consecução de finalidades – não se deve interpretar contra a realizabilidade dos preceitos.

Outras condições são de ordem funcional, como a percepção de que a fixação constitucional de objetivos traduz valores, os quais, por si sós, não permitem a percepção das diretrizes vinculantes prospectivamente, cabendo ao intérprete buscar a configuração do direcionamento desejado. Os reguladores dogmáticos, nesse caso, são a regra da proporcionalidade: os fins articulados e qualificados devem estar na dependência dos meios disponíveis e identificáveis, mas também a regra da exigibilidade: os fins constitucionais são vinculantes.

Postas essas preliminares, passo a examinar o art. 150, § 6º, conforme a redação que lhe deu a EC n. 3/93, no que se refere ao tema da remissão.

O comando constitucional exarado no § 6º deve ser lido, inicialmente, no contexto dado pelo *caput* do art. 150. Não só por razões lógicas e sistemáticas, mas também em vista dos princípios supramencionados, mormente no que se refere aos objetivos estabelecidos no preceito. Assim, as exigências do § 6º devem ser tomadas em termos de "garantias asseguradas ao contribuinte", posto que no *caput* se fala "sem prejuízo *de outras* garantias", dando a entender claramente que o disciplinado no artigo é um elenco delas que se acresce às demais.

Como garantias asseguradas ao contribuinte, o alvo do preceito é a proteção deste sujeito – o contribuinte – e não do poder normativo que é, então, limitado pelo comando. A garantia está nessa limitação. O poder normativo é o legislador (ele é o complemento agente da voz passiva, oculto, no texto) e seu poder deve ser exercido mediante lei (complemento adverbial de instrumento da oração). Ou seja, em termos de garantia, quem concede a remissão (e a isenção, a anistia etc.) é o legislador e este deve agir por meio de lei.

A garantia consistente nessa restrição ao poder normativo, no caso da remissão (mas, nesse sentido, também nas demais matérias previstas no § 6º) protege o contribuinte contra a discricionariedade, em nome do princípio da legalidade, mas também contra o tratamento igual de situações desiguais, em nome do princípio da igualdade. Tenha-se em mente, assim, que uma remissão, enquanto dispensa de crédito já constituído, portanto forma de extinção do crédito tributário, é sempre uma exceção dentro de uma regra geral. Em termos de proteção contra a discricionariedade, o comando impede, por exigência de lei, que exceções sejam abertas ao arbítrio da autoridade concedente, evitando-se ou ilegítimos favorecimentos ou ilegítimos desfavorecimentos. Já em termos de proteção contra o tratamento igual de situações desiguais, tenha-se em conta, inicialmente, que este é um dos sentidos nucleares do princípio da igualdade e que mereceu destaque no art. 5º da Constituição Federal, o qual não apenas previu que "Todos são iguais perante a lei", mas garantiu, superlativamente, no mesmo *caput*, "a inviolabilidade do direito... à igualdade", isto é, não só todos são iguais diante da lei estabelecida, bem como a lei não pode estabelecer igualdade entre desiguais nem desigualdade entre iguais. Segue daí que a remissão, como exceção a uma regra geral, é uma garantia do contribuinte que se ache em situação diferente da dos demais. A vocação preceptiva do comando do § 6º do art. 150 da Constituição, portanto, é no sentido de que o poder normativo do Estado evite o tratamento igual dos que se acham em situação desigual mas que, ao fazê-lo, o faça mediante lei.

Esta lei deve ser específica. Específico opõe-se a genérico. Em termos de preceito normativo, *genérico* admite dois sentidos (Bobbio: *Studi per una Teoria Generale del Diritto*, Giappichelli, Torino, 1970, pp. 11 e ss.): diz-se que o preceito é genérico ou porque se dirige a todos os destinatários (generalidade pelo sujeito) ou porque sua matéria consiste num tipo abstrato (generalidade pelo objeto). Em contraposição, o *específico* o será também pelo sujeito (individuação do destinatário) ou pelo objeto (singularização da matéria). A exigência de lei específica significa, nesse sentido, que seus preceitos devem estar dirigidos a um subconjunto dentro de um conjunto de sujeitos *ou* que seu conteúdo deve estar singularizado na descrição *da facti species* normativa, isto é, pela delimitação de um subconjunto material dentro de um conjunto. Assim, por exemplo, será específica a lei que conceder remissão de débitos em geral a entidades filantrópicas (especificidade pelo destinatário), como também será específica a lei que conceder a remissão de débitos abaixo de um determinado valor (especificidade pela matéria). A exigência de especificidade, em ambos os sentidos, é coerente com os objetivos do preceito constitucional de garantir o contribuinte contra o tratamento igual de situações desiguais ou de sujeitos em situações desiguais. Fosse a lei genérica, num dos seus dois sentidos, este fim não estaria sendo atingido, sendo inconstitucional a lei. É o caso, por exemplo, de remissões de penalidades, concedidas no passado no interesse da arrecadação, *para todo e qualquer contribuinte que quitasse seus débitos, de uma só vez, até certa data*, numa manifesta quebra do princípio de igualdade e da exigência de justiça, por tratar igualmente situações e sujeitos desiguais.

A lei específica, segundo o § 6º do art. 150 da Constituição, deverá ainda regular exclusivamente as matérias ali enumeradas ou regular exclusivamente o correspondente tributo ou contribuição. Em termos de garantia do contribuinte (*caput* do art. 150), qual objetivo dessa exigência?

Exclusividade tem sentido de proteção. Por exemplo, o uso exclusivo de uma marca significa para o usuário um privilégio que o favorece. Tratar exclusivamente um tema pressupõe, nesse sentido, que daí resulte para os destinatários da norma alguma forma de proteção. Exclusividade deve ser, assim, entendida em consonância com as garantias do contribuinte, ao teor do *caput* do art. 150. Como vimos, seu sentido é de proteção do contribuinte contra a discricionariedade na concessão de uma exceção, evitando-se, destarte que se privilegie ilegitimamente um em detrimento dos demais, mas também de proteção contra o tratamento igual de contribuintes em situação desigual, evitando-se, em contrapartida, uma iniqüidade. No sopesamento dos dois objetivos entra o princípio da proporcionalidade: nem a proteção dos demais contribuintes contra uma discricionariedade arbitrária deve conduzir a uma igualação dos desiguais, nem o tratamento desigual para desiguais deve contribuir para alguma forma de discricionariedade arbitrária. A exclusividade no tratamento legal de um tema (matéria) é um instrumento de técnica legislativa que deve atender essa proporcionalidade. Ao se tratar exclusivamente a matéria estar-se-ia evitando a dispersão desorganizada e descontextualizada de temas que, por natureza, constituem exceções em um contexto, atendendo, com isso, os referidos objetivos.

De um ponto de vista gramatical, a exclusividade como técnica tem, obviamente, o sentido de uma concentração temática. Esta concentração, contudo, não pode ser tomada literalmente sob pena de inviabilizar o objetivo. Tratar concentradamente a matéria exige um contexto e, no caso da remissão, por se tratar de uma excepcionalidade, ela não pode ocupar o centro do contexto sob pena de tornar ambígua a relação entre o todo e parte. Ou seja, se as matérias do § 6º são, por sua natureza, exceções, seu tratamento exclusivo exige o contexto em que elas aparecem como tais. Afinal, não se cria uma remissão (ou uma isenção, ou uma redução de base de cálculo etc.) sem a referência ou ao tributo ou à circunstância (motivo e finalidade de sua criação) em que ela deva ocorrer. Nos termos do disposto no § 6º do art. 150 em comento, esta observação, que vale mais intuitivamente para a exigência de tratamento exclusivo com referência ao tributo ou contribuição em cuja regulação a remissão entra como exceção, vale também para a exclusividade relativa à própria matéria da remissão. Tratar de uma remissão fora de um contexto sistemático em que o núcleo seja dado pela disciplina das situações que se desejam excepcionar seria como se quisesse tratar, por exemplo, da legítima defesa num diploma legal exclusivo quando se sabe que ela só faz sentido em contextos específicos (como o do crime de morte) ou de um incentivo sem disciplinar o contexto econômico dentro do qual ele toma sentido. O contexto, portanto, deve estar dominado por uma política tributária que se implementa normativamente e dentro da qual a remissão (ou a isenção, a anistia etc.) faz sentido.

O que efetivamente não pode acontecer é que a matéria (da remissão) seja tratada dentro de um contexto no qual ela não adquire nenhum significado, como o de uma lei que tratasse de disciplina do comércio exterior e, ao final, contivesse normas sobre a remissão de alguma contribuição social. Isto seria um uso indevido da técnica legislativa preconizada que, ademais, prestaria um desserviço à proteção contra a discricionariedade por dar margem, eventualmente, ao encobrimento de um privilégio em nome de um suposto tratamento desigual de situações desiguais.

Em síntese, a exclusividade deve ser tomada como um instrumento a serviço da sistematicidade orgânica da disciplina normativa. Por isso, no exame de caso o que se deve observar é essa sistematicidade orgânica do diploma legal e verificar, dentro dela, a matéria, revelando-se deste modo o tratamento exclusivo.

Para que se possa avaliar, num exemplo, a implicação desta interpretação, gostaria de examinar a recepção do Decreto-lei n. 1.184/71 e do Decreto-lei n. 2.163/84 pela Constituição Federal.

Quando se fala na recepção do Decreto-lei n. 1.184/71 deve-se ter em conta que muitas das suas disposições não estão mais em vigor ou por terem sido revogadas especificamente ou porque suas condições de aplicabilidade não mais existem, provocando a caducidade dos dispositivos. O que interessa no caso é saber se a remissão prevista em seu art. 9º, está integrada num contexto orgânico, no qual ela adquire sentido. Ou seja, o que se discute não é a recepção do Decreto-lei inteiro, como ele foi promulgado na data de sua publicação, mas o que dele restou por ocasião da promulgação da Constituição e, em especial, da Emenda n. 3/93.

Cabe, nesse sentido, uma menção ao preceito hermenêutico da *interpretação conforme a Constituição*, desenvolvido na jurisprudência da corte constitucional alemã e elevado a princípio hermenêutico de larga difusão no Direito Constitucional. Segundo ele, uma disposição só é inconstitucional (e, no caso em tela, não recepcionada) quando não pode ser interpretada "em conformidade com a constituição". Deve-se, em conseqüência, examinar, antes de mais nada, se uma interpretação que conduz à inconstitucionalidade dos dispositivos, é a única possível, ou se é possível também uma outra da qual resulte a conformidade com a Constituição. Se esta é possível e não contradiz os princípios constitucionais, deve-se preferi-la a qualquer outra. Ou em outros termos, uma inconstitucionalidade não se presume, devendo o intérprete buscar, preferencialmente, a interpretação condizente com o mínimo de prejuízo para o bem comum, procurando-se preservar o máximo do que, segundo o teor (e não o mero texto – *Verweisungs-Tenor)* da Constituição, se pode preservar, sem, obviamente, defraudar ou falsear, num ponto essencial, a meta legislativa (cf. Christian Pestalozza: *Verfassungsprozessrecht*, 3ª ed., Beck, Muenchen 1991, em diversas passagens, em especial pp. 275, 286, 339, 398).

O Decreto-lei n. 1.184/71 tem como cerne a liquidação dos débitos fiscais de empresas em difícil situação financeira. Nesse contexto tratava de quitação de débitos tributários mediante dação em pagamento, de parcelamento e de remissão. Esta ali entrava de forma restrita, pelo art. 9º, reportando-se este aos requisitos do art. 3º, dos quais restaram os incisos I, II, IV, pelo art. 10 e pelo art. 11. Pode-se dizer, no contexto em que se inseria aquela remissão, que se tratava de lei específica, posto que se restringia a um subconjunto de destinatários – empresas em difícil situação financeira – para elas prevendo benefícios exclusivos como a possibilidade de dação em pagamento, a remissão, um regime especial de parcelamento (art. 6º, § 2º usa explicitamente a expressão *regime especial*). À especificidade pelo destinatário, portanto, se acrescia a especificidade pela matéria.

Quanto à exclusividade da matéria, a regulação em tela não tratava da remissão fora de contexto. Esta não é, nesse sentido, um mero apêndice dentro do Decreto-lei, mas se insere organicamente nas medidas destinadas a ajudar empresas em difícil situação financeira. Entenda-se, nestes termos, que o objetivo de tratar desigualmente os desiguais está atendido, a remissão, particularmente, está restrita a um destinatário especificado, o qual se diferencia dos demais pelas suas peculiares condições: "situação excepcional do devedor", como diz o art. 3º, inciso I, que no contexto dos devedores em geral deve ser favorecido desde que "de interesse econômico ou social a continuidade da atividade explorada" (inciso II). Com isso o Decreto-lei dá à remissão um tratamento exclusivo, posto que seu significado emerge dentro de uma situação peculiar e dentro de um conjunto orgânico de medidas, e não, como pretenderia uma interpretação literal, que admitiria – equivocadamente – tratar-se de regulação exclusiva, por exemplo, uma lei que cuidasse "apenas" de remissão de débitos, deslocada de qualquer política tributária organicamente prescrita, o que faria da remissão um gênero e não uma espécie. O fato de, ao final, o Decreto-lei ter tratado de outros assuntos, *marginalmente*, nos arts. 12 e 13, não afeta a exclusividade em termos orgânicos: a exclusividade estaria afetada se fosse o inverso ou se o decreto com força de lei tratasse, simultaneamente, de vários conjuntos orgânicos, dentre os quais a situação de empresas em difíceis condições, mas também, por exemplo, da cobrança de débitos não-tributários no interesse da arrecadação.

O fato de o art. 9º do Decreto-lei n. 1.184/71 ter sofrido um complemento por força do art. 3º do Decreto-lei n. 2.163/84 apenas reforça o sentido orgânico do tratamento dado à remissão, posto que, nesse último, se mantém a expressa referência às condições do sujeito passivo do Decreto-lei anterior. Correta, nesses termos, estava a Nota 1.505 ao art. 980 do Regulamento do Imposto de Renda (no texto atualizado até 17 de maio de 1995) que, ao falar de redução ou cancelamento de penalidades, remete expressamente ao art. 9º do Decreto-lei n. 1.184/71 e ao art. 3º parágrafo único do Decreto-lei n. 2.163/84, trazendo para o contexto do imposto em questão a disciplina orgânica da matéria, nesse sentido tratada com exclusividade pelo primeiro dos diplomas mencionados.

Neste ponto faz mister mencionar um problema que surge quanto ao afastamento, em termos de recepção, de alguns requisitos estabelecidos no art. 3º do Decreto-lei n. 1.184/71.

Tratando-se de remissão e exigindo o art. 9º do Decreto-lei n. 1.184/71 o preenchimento cumulativo dos requisitos do seu art. 3º, por que excluir o requisito do inciso III deste último?

Parece-me, inicialmente, que o dispositivo do art. 9º referido não se restringe a créditos constituídos até 31 de dezembro de 1970. Se assim fosse não haveria porque discutir a recepção daquele diploma normativo pela Constituição de 1988. Por respeito ao prazo, ele já teria caducado.

A caducidade é diferente do mero desuso. Este refere-se ao comportamento dos destinatários que, por verem cessadas as razões de obrigatoriedade da norma, deixam de cumpri-la. É o problema da eficácia como *condição* de validade da norma. Perde a norma, nesse caso, a sua validade? Kelsen parece concluir nesse sentido: "Aber eine Rechtsnorm wird nicht mehr als gueltig angesehen, wenn sie dauernd unwiksam bleibt" (Mas uma norma jurídica não é mais considerada como vigente quando ela permanece permanentemente ineficaz) – *Reine Rechtslehre*, Wien, 1960, p. 11, também p. 220. Kelsen, no entanto, sem dizê-lo expressamente, reconhece a distinção entre o desuso e a caducidade. Se o efeito revogador da *desuetudo* é expressamente excluído por uma norma estatuída do sistema, afirma Kelsen, ele não será reconhecido. Diferente do desuso, porém, é a caducidade, que se refere ao conteúdo das normas e ao caráter espacial e temporal, pessoal e material dos comportamentos prescritos. Estes constituem o *âmbito* de validade das normas. Fora desse âmbito a norma não vale. É isto que permite dizer-se que o esgotamento do âmbito de validade faz desaparecer a norma. Não se trata de desuso. Trata-se de fenômeno de ineficácia inerente à própria norma, que se refere ao seu próprio âmbito de previsão (nesse sentido minha *Introdução ao Estudo do Direito*, São Paulo, 1994, p. 204). Por exemplo, o esgotamento do prazo de vigência previsto para uma lei, nela mesma ou em outra, torna inválida a lei sem que ela precise ser revogada.

Atento a esse fenômeno, nos quadros do direito positivo brasileiro, Carlos Maximiliano (*Hermenêutica e Aplicação do Direito*, Rio de Janeiro, 1979, p. 364), mesmo afirmando que, *em regra,* uma norma só se revoga por outra norma (superior, posterior, especial), não deixa de reconhecer que "quando o fim da lei é único e foi atingido, ela desaparece", embora diga que é, muitas vezes, difícil descobrir a causa, o motivo, as razões da lei, pois nem sempre são explícitos. Mas isso não é motivo de exclusão absoluta da hipótese, devendo o hermeneuta inferir do contexto "se as normas positivas têm caráter transitório ou permanente" (id. ib.).

Como o tributo é prestação pecuniária, a dação em pagamento somente é possível se houver norma expressa, abrindo uma exceção à regra geral. Esta situação especial foi prevista pelo Decreto-lei n. 1.184/71 que, nos seus arts. 1º a 4º a autorizou para os créditos tributários da União constituídos até 31 de dezembro de 1970 (depois, pelo Decreto-lei n. 1.231/72 e a partir de sua publicação, prorrogando-se o prazo por mais 120 dias, que, então, se esgotou definitivamente) de empresas em situação econômica difícil. Não tenho dúvidas em afirmar que a dação em pagamento prevista era um dos instrumentos de um decreto-lei que tinha por escopo central o favorecimento de empresas em difícil situação econômica. Este foi o motivo que dá unidade contextual aos demais instrumentos, fazendo com que a recepção do art. 9º pela CF pudesse ser reconhecida nos termos da EC n. 3/93.

Mas a dação em pagamento valia expressamente para créditos constituídos até determinado prazo (art. 1º). Esgotado esse prazo (e o de sua prorrogação), o âmbito de validade da norma respectiva teve esgotado um fator temporal expresso: a norma sobre a dação em pagamento caducou e com ela as normas condicionantes daquela dação no que a esta se referiam. Mas esse prazo não foi instituído como condição geral para os demais instrumentos de favorecimento a empresas em situação econômica difícil. Por exemplo, o art. 10 previa um outro prazo (débitos incorridos até a data de publicação do Decreto-lei), o art. 11 (*caput*) falava em dívidas inscritas até 21 de outubro de 1969 e o art. 9º *não previa prazo algum*. A referência ao inciso III do art. 3º só faria sentido para a dação em pagamento, cuja norma caducou, mas não para todo e qualquer cancelamento que preenchesse os demais requisitos. Tanto que, em 1984, com o Decreto-lei n. 2.163, art. 9º, dava-se prazo de 30 dias ao contribuinte, *após cientificado da decisão*, para efetuar o pagamento devido do benefício previsto pelo art. 9º do Decreto-lei n. 1.184/71, e isto 13 anos depois de esgotado o prazo previsto para o requerimento do benefício da dação em pagamento ter-se esgotado! Fere o bom senso e o mínimo de razoabilidade jurídica que o legislador viesse, 13 anos depois, regular requerimentos pendentes de decisão pelos mesmos 13 anos! Salta aos olhos que o que se regulavam eram pedidos de cancelamento e redução de multas conforme o art. 9º do Decreto-lei n. 1.184/71 independentemente de dação em pagamento cuja norma, por decurso de prazo, caducara.

Por último deve-se mencionar o sentido adquirido pelo art. 172 do CTN em face da disciplina constitucional referida. O art. 97 já era expresso quanto à exigência de reserva de lei para as hipóteses de extinção de créditos tributários, ou de dispensa ou redução de penalidades (inciso VI), permitindo-se, pelo art. 172 que a lei autorizasse a autoridade administrativa a conceder, por despacho fundamentado, a remissão total ou parcial do crédito. Isto significa e significava que nenhuma remissão poderia ser concedida por mero ato administrativo. Ora, em assim sendo, a lei de que fala o CTN, ao teor da Constituição, há de ser lei específica e que trate exclusivamente da matéria no sentido exposto. Como a Constituição prevê que a *lei* conceda, está excluída qualquer delegação ao Poder Executivo para criar ele próprio a concessão genericamente. O ato de concessão da autoridade é apenas e tão-somente norma individual, que identifica o contribuinte caso a caso, enquadrando-o, por decisão fundamentada, na hipótese legal que previu a concessão.

Nesse sentido, a faculdade prevista no art. 9º do Decreto-lei n. 1.184/71 deve ser entendida como autorização para a expedição de atos administrativos individualizadores, vinculados ao preenchimento, pelas empresas requerentes, das condições previstas no art. 3º, incisos I, II, IV. Ou seja, preenchidas essas condições, a hipótese genérica (fatotipo) da lei estará atendida e a remissão, por força de lei, concedida, restando apenas a sua individuação para o caso concreto.

Sendo este, a meu ver, o sentido estrito do art. 172 do CTN, pode-se concluir pela recepção do art. 9º do Decreto-lei n.1.184/71 com o complemento que lhe deu o art. 3º do Decreto-lei n. 2.163, de 19 de setembro de 1984, e pela sua conseqüente constitucionalidade em face do disposto no art. 150, § 6º da Constituição Federal, conforme a redação que lhe deu o art. 1º da Emenda Constitucional n. 3, de 17 de março de 1993.

NOTAS & COMENTÁRIOS

PAGAMENTO PARA OBTENÇÃO DE AUTORIZAÇÃO PARA FUNCIONAMENTO DE INSTITUIÇÃO FINANCEIRA ESTRANGEIRA – DESEMBOLSO PELA FILIAL LOCAL – DEDUTIBILIDADE PARA FINS DE IMPOSTO SOBRE A RENDA

J. A. LIMA GONÇALVES

Doutor em Direito Tributário – Professor dos Cursos de Graduação e Pós-Graduação da Faculdade de Direito da Pontifícia Universidade Católica de São Paulo

CONSULTA

Banco "X", instituição financeira estrangeira, relata que solicitou ao Banco Central do Brasil autorização para adquirir o controle societário do Banco "Y" S.A., instituição financeira brasileira. Instruído o respectivo procedimento, o Banco Central do Brasil terminou por conceder a autorização pleiteada, condicionando-a, todavia, ao pagamento, pelo Banco "X", de certa importância em dinheiro, a título de colaboração para o saneamento do sistema financeiro nacional.

Para formalização do pagamento exigido pelo Banco Central do Brasil repita-se, imposto por esta autarquia como condição prévia para a expedição da pretendida autorização, celebrou-se um contrato de cessão, por meio do qual o Banco Central cedeu à filial brasileira do Banco "X" certos créditos detidos pelo Banco Central contra instituições financeiras em processo de liquidação ou falência.

Deseja a Consulente obter nossa opinião acerca do seu direito à dedutibilidade, para fins de apuração do imposto sobre a renda devido por sua filial local, das quantias pagas ao Banco Central, por esta mesma filial brasileira.

É que, teme a Consulente, poderia a fiscalização fazendária federal considerar inexistente fundamentação legal que autorizasse a dedutibilidade dos gastos em questão. Assim, deseja saber se em nossa opinião esta eventual interpretação da fiscalização federal poderia vir a ser considerada válida dentro do sistema constitucional brasileiro.

Sobre a consulta formulada é o seguinte o nosso parecer.

PARECER

Autorização para funcionamento de instituição financeira estrangeira. Direito Positivo

Disciplinando o Sistema Financeiro Nacional, a Constituição federal dispõe o seguinte:

"Art. 192. O sistema financeiro nacional, estruturado de forma a promover o desenvolvimento equilibrado do País e a servir aos interesses da coletividade, será regulado em lei complementar, que disporá, inclusive, sobre:

"I – a autorização para o funcionamento das instituições financeiras, assegurando às instituições bancárias oficiais e privadas acesso a todos os instrumentos do mercado financeiro bancário, sendo vedada a essas instituições a participação em atividades não previstas na autorização de que trata este inciso;

"II – autorização e funcionamento dos estabelecimentos de seguro, previdência e capitalização, bem como do órgão oficial fiscalizador e do órgão oficial ressegurador;

"III – as condições para participação do capital estrangeiro nas instituições a que se referem os incisos anteriores, tendo em vista, especialmente:

"(a) os interesses nacionais;

"(b) os acordos internacionais; ..."

No Ato das Disposições Constitucionais Transitórias, anexo à Constituição de 1988, ficou estabelecido que:

"Art. 52. Até que sejam fixadas as condições a que se refere o art. 192, III, são vedados:

"I – a instalação, no País, de novas agências de instituições financeiras domiciliadas no exterior;

"II – o aumento de percentual de participação, no capital de instituições financeiras com sede no País, de pessoas físicas ou jurídicas residentes ou domiciliadas no exterior.

"Parágrafo único. A vedação a que se refere este artigo não se aplica às autorizações resultantes de acordos internacionais, de reciprocidade, ou de interesse do Governo brasileiro."

No plano infraconstitucional, dispõe a Lei n. 4.595/64, no seu art. 18:

"As instituições financeiras somente poderão funcionar no País mediante prévia autorização do Banco Central do Brasil ou decreto do poder executivo, quando forem estrangeiras."

Estas são as disposições normativas vigentes aplicáveis à espécie da consulta. E delas deflui que a Consulente precisava obter *autorização* do Banco Central do Brasil e do Presidente da República para viabilizar a aquisição do controle do Banco "Y" S.A. Vejamos, então, como é o enquadramento jurídico do instituto da "autorização".

Autorização administrativa

De acordo com a lição de Oswaldo Aranha Bandeira de Mello, autorização é[1] "... o ato administrativo discricionário, unilateral, pelo qual se faculta, a título precário, o exercício de determinada atividade material, que sem ela seria vedada" (in *Princípios Gerais de Direito Administrativo*, v. I, 2ª ed., Forense, p. 552).

Ao conceito formulado, agrega os seguintes comentários: "O atendimento ao pedido do interessado, entretanto, fica a critério da administração pública, tendo em vista considerações de conveniência e oportunidade públicas. (...)

"Em virtude da autorização, fica o seu titular habilitado a exercer a atividade material a que estiver impedido por proibição geral" (idem, ibidem).

A mais autorizada doutrina espanhola, na pessoa de Eduardo García de Enterría, o

1. No mesmo sentido, veja-se Celso Antônio Bandeira de Mello, in *Curso de Direito Administrativo*, Malheiros Editores, 4ª ed., p. 210.

renomado Catedrático da Faculdade de Direito de Madri, assim trata da matéria:

"El concepto de autorización en sentido estricto que ha llegado hasta nosotros se formó a finales del pasado siglo, a partir de dos construcciones dogmáticas de distinto origen, que surgen casi simultáneamente en el tiempo y que la doctrina posterior terminó de fundir en un concepto unitario con pretensiones de explicar la multiple gama de intervenciones autorizatorias de la Administración.

"La primera de esas construcciones (Otto Mayer, 1895) puso el acento en la descripción del mecanismo sobre el que la autorización actúa, como acto administrativo que levanta la prohibición preventivamente establecida por la norma de policía, previa comprobación de que el ejercicio de la actividad inicialmente prohibida no ha de producir en el caso concreto considerado perturbación alguna para el buen orden de la cosa pública.

"La segunda construcción (Ranelletti, 1893) sitúa el centro de atención en la preexistencia en el sujeto autorizado de un derecho verdadero y propio, cuyo libre ejercicio permite la autorización removiendo los limites que a dicho ejercicio opone (...) Sobre estas bases, la autorización se perfila hoy como un acto de la Administración por el que ésta consiente a un particular el ejercicio de una actividad inicialmente prohibida constituyendo al propio tiempo la situación jurídica correspondiente" (in *Curso de Derecho Administrativo*, Civitas, 2ª ed., v. II, p. 129).

E tratando especificamente das hipóteses nas quais a Administração pública tem liberdade de decidir, discricionariamente, se concede ou não a autorização desejada pelo particular, García de Enterría ensina:

"En estos casos *no sólo es posible denegar la autorización pedida, sino también sujetar su otorgamiento a condiciones determinadas* o incorporar una carga modal o, incluso, limitar su vigencia a un plazo..." (idem ibidem) (g.n.).

Desta colocação de premissas preparatórias, podemos formular proposição no sentido de que a doutrina ensina que a autorização em geral, e a autorização para funcionar, em particular, é ato administrativo de caráter discricionário (que a Administração pode ou não praticar, concedendo ou não a autorização, a partir de razões de conveniência ou oportunidade administrativas) que pode, inclusive, ser condicionado ao cumprimento de certas exigências, que venham a ser razoavelmente impostas ao interessado.

Autorização é ato discricionário

Apenas para fixação dos fundamentos necessários à compreensão das premissas que regem o raciocínio que vimos desenvolvendo, relembremos a definição dos atos administrativos discricionários.

Na lição de Celso Antônio Bandeira de Mello "Atos discricionários... seriam os que a administração pratica com certa margem de liberdade de 'avaliação' ou 'decisão' segundo critérios de conveniência e oportunidade formulados por ela mesma, 'ainda que adstrita à lei reguladora da expedição deles'" (in *Curso de Direito Administrativo*, Malheiros Editores, p. 203).

Foi, assim, no uso desta competência discricionária, conferida, como já visto, ao poder executivo, pelo Ato das Disposições Constitucionais Transitórias e pela Lei n. 4.595/64, que as autoridades competentes impuseram à Consulente condição prévia para a concessão da autorização pleiteada.

Na hipótese, a condição foi clara: efetuar determinado pagamento em favor do Banco Central do Brasil, visando a auxiliar o saneamento do sistema financeiro nacional, por meio da recomposição de perdas que a referida autarquia vem suportando em face dos processos de intervenção e liquidação extrajudiciais de instituições financeiras locais.

A evidência cabal da condição imposta pode ser encontrada no expediente dirigido pelo Banco Central do Brasil ao Banco "Y" – instituição cujo controle foi adquirido pela Consulente mediante autorização do Banco Central –, datado de xx/yy/1997, por meio do qual é dada ciência aos interessados da expedição da autorização desejada, "com a condicionante especificada no item 3" (sic), que prevê, dentre outras coisas, a necessidade de "assinatura, junto ao Departamento de Controle de Processos Administrativos e de Regimes Especiais, de contrato relativo à sub-rogação de passivos de responsabilidade de empresas submetidas ao regime de que trata a Lei n. 6.024/74 e correspondentes a créditos deste Banco Central" (sic).

Não há, portanto, como tergiversar acerca da questão. No uso de sua competência discricionária, as autoridades administrativas federais competentes condicionaram a expedição da autorização para o Banco "X" adquirir o controle do Banco "Y", à prévia aquisição de créditos, vulgarmente denominados de "podres", que o Banco Central do Brasil possuía contra instituições liquidadas extrajudicialmente, ou mesmo em processo de falência. Assim, o preço desta aquisição de crédito imposta ao Banco "X" configurou um custo ou despesa necessária à obtenção da autorização para exercício de suas atividades comerciais no País.

A autorização, como visto, atribui ao particular um privilégio, fazendo nascer uma situação subjetiva individual e personalíssima. Este é o verdadeiro sentido da autorização de que se trata – para funcionamento de instituição financeira –, e que no passado era denominada de "carta patente".[2]

2. Na origem do instituto, encontramos as *litterae patentes*, por meio das quais o soberano outorgava a súdito seu o gozo de determinado privilégio.

A lei das sociedades por ações considera tais autorizações para funcionar como "bens intangíveis". O conceito é contábil e foi criado pelos norte-americanos. McGruder Faris Jr. define-as como "aqueles bens incorpóreos que são utilizados para viabilizar operações de negócios. Assim, a marca distintiva dos 'intangíveis' é que eles são possuídos para fins operacionais e não para venda, cobrança ou investimento" (in *Accounting for Lawyers*, 4ª ed., Charlotsville, Michie Co., 1982, p. 289). Os direitos ou poderes objeto das autorizações configurariam item do ativo diferido da filial local da Consulente. E o respectivo custo, exigido pela autoridade competente para expedir a autorização, sem a qual o objeto da sociedade empresária não poderia ser explorado ou expandido, é custo ou despesa necessária à sua regular operação.

Pagamento por meio da filial local da Consulente

Pois bem, voltemos nossas atenções ao caso da consulta. No uso de sua competência discricionária, o Banco Central do Brasil condicionou a concessão da autorização para o Banco "X" ampliar sua participação no sistema financeiro nacional – por meio da aquisição de ações representativas do controle societário do Banco "Y" (instituição financeira instalada no País) – ao preenchimento das diversas condições gerais habitualmente impostas a todos os interessados (comprovação de capacidade econômico-financeira para a empreitada, indicação de pessoal técnico habilitado etc.), bem como à satisfação de uma condição típica: a contribuição de determinada importância em dinheiro, destinada ao saneamento do sistema financeiro nacional.

Foi, assim, imposta ao Banco "X", como condição prévia para concessão da pretendida autorização, a obrigação de entregar ao Banco Central do Brasil certa soma de dinheiro, quantificada pela referida autarquia federal. O mecanismo jurídico escolhido pelo Banco Central para formalização do pagamento exigido foi o de contratar-se uma cessão de créditos detidos pela autarquia contra diversas instituições financeiras, que por razões várias deviam-lhe dinheiro.

Para processamento do instrumento de cessão de créditos (pelo qual o Banco Central cedeu créditos ao Banco "X" e este, por sua vez, efetuou o pagamento devido pela cessão), foi utilizada como instrumento, para comparecer ao contrato na condição de cessionária, a filial que o Banco "X" já possui no País, nomeadamente, o Banco "X.1".

Em outras palavras, a implementação do pagamento exigido do Banco "X", pelo Banco Central, para expedição da autorização, foi feita por meio da filial brasileira deste último, filial esta que já se encontra regularmente instalada no Brasil há vários anos. Em outras palavras, a condição de que certo pagamento fosse efetuado em favor do Banco Central imposta ao Banco "X" foi satisfeita pelo estabelecimento que o Banco "X" já possui no País, cuja natureza jurídica é a de "filial".

A definição de filial, no direito brasileiro é sobejamente conhecida. É extensão da matriz; confunde-se com sua personalidade jurídica. Trata-se, enfim, a filial, de verdadeira parte do corpo principal, razão pela qual a atuação da filial é atuação do próprio corpo principal.

Tanto isto é verdade que o próprio Banco Central, quando solicitado a conceder autorização para adoção da forma de banco múltiplo, exige, primeiramente, que a filial seja transformada em subsidiária, sob a alegação de que a normatização em vigor só faculta tal pleito a "entidades controladas" por pessoas domiciliadas no exterior. E, sustentando a tese de que "filial" não é "controlada", mas sim a própria "controladora", acaba por demonstrar que acata o entendimento de que a filial não é entidade autônoma em relação à casa matriz.

Ora, se tudo isso que se vem de dizer é correto, o pagamento – exigido como condição prévia pelo Banco Central – feito pela filial, configura pagamento da própria casa matriz. E, no reverso, o interesse da matriz exercer sua atividade financeira no Brasil é, na verdade, interesse da filial, também. É que a atuação da filial é, juridicamente, atuação da própria matriz. Então, o que é custo ou despesa necessária para o desenvolvimento local das atividades da matriz também o será para a filial local, mormente se o dispêndio que representa o custo ou despesa é incorrido no País e pela própria filial.

Perceba-se, aliás, que a própria legislação infraconstitucional, em matéria de imposto sobre a renda, caminha nesta mesma direção. Deveras, dispõe o art. 199 do Regulamento do Imposto sobre a Renda, aprovado pelo Decreto n. 1.041, de 11.1.94, que as disposições relativas ao dever de escriturar aplicam-se "também às filiais ... das pessoas jurídicas com sede no exterior". E, mais adiante, no art. 338, determina com meridiana clareza: "As pessoas jurídicas domiciliadas no exterior e autorizadas a funcionar no País somente poderão deduzir como custos ou despesas aqueles realizados por suas dependências no território nacional ...".

Vê-se, pois, que nem sequer a regulamentação federal fornece resistência ao claro entendimento de que, sendo o custo ou despesa realizada pelo estabelecimento local da entidade domiciliada no exterior, é ela – despesa/custo – aqui dedutível. Mais adiante demonstraremos que, por razões de índole constitucional, a orientação não poderia mesmo ser diferente.

Daí ser legítimo sustentar a dedutibilidade, para fins de imposto sobre a renda, do pagamento feito, para atendimento de exigência do Banco Central, como custo ou despesa necessária ao regular exercício das atividades do Banco "X" no Brasil, na pessoa de sua filial, que efetuou o pagamento.

Em resumo, sendo a autorização pretendida pela Consulente um ato administrativo de natureza discricionária, as autoridades administrativas tiveram a possibilidade jurídica de impor à Consulente a condição de efetuar-se pagamento prévio, em dinheiro, a favor do Banco Central do Brasil. E tudo sob pena de não ser concedida a autorização, sem a qual a Consulente simplesmente não poderia aumentar sua presença no mercado brasileiro, ficando tolhida no que diz respeito ao incremento de suas atividades. Daí não ser admissível nenhum questionamento quanto a ser tal pagamento um custo ou uma despesa necessária ao funcionamento da Consulente no País; e, como tal, dedutível será para fins de quantificação da base de cálculo do imposto sobre a renda.

Voltemos, agora, as nossas atenções à disciplina do imposto sobre a renda, para definição do regime jurídico-tributário aplicável à espécie da consulta. Demonstraremos que o direito à dedutibilidade das despesas necessárias ao desempenho das atividades econômicas dos particulares independe de previsão legal específica, decorrendo diretamente da Constituição federal.

Questão eminentemente constitucional

A Constituição, no art. 153, III outorga competência à União para instituir imposto sobre a renda. Limita-se ela a esta singela referência: "renda e proventos de qualquer natureza".

Como é sabido, o texto constitucional serviu-se da técnica de referir-se ao critério material da regra matriz de incidência tributária para o fim de proceder à repartição de competência tributária impositiva, tendo o conceito "renda e proventos de qualquer natureza" sido utilizado para esse fim, tornando intuitivo que o respectivo âmbito semântico não poderá ficar à disposição do legislador ordinário. Ou seja, o conceito utilizado para repartição de competência tributária impositiva – entendida como o poder para instituir o imposto; a aptidão para descrever legislativamente a hipótese de incidência ou regra matriz de incidência tributária – pela Constituição deve, necessariamente, encontrar definição de seu conteúdo na própria Constituição.

Admitir o contrário implica conferir ao legislador infraconstitucional a aptidão de manipular o âmbito das próprias competências tributárias impositivas constitucionalmente estabelecidas, o que é – para quem aceita o pressuposto básico do escalonamento hierárquico da ordem jurídica – impossível.

A própria Constituição fornecerá, portanto, ainda que de forma implícita, haurível de sua compreensão sistemática, o conteúdo do conceito de renda por ela – Constituição – pressuposto.

Imperativo lógico da existência do conceito pressuposto

Não há outra solução lógico-sistemática para essa questão. Admitindo-se que é a Constituição que confere ao legislador infraconstitucional as competências tributárias impositivas, o âmbito semântico dos veículos lingüísticos por ela adotados para traduzir o conteúdo dessas regras de competência não pode ficar à disposição de quem recebe a outorga de competência. A questão de direito colocada na consulta, portanto, só pode ser compreendida e analisada em face das normas constitucionais que regem a matéria.

Deveras, Xavier de Albuquerque[3] demonstrou a natureza constitucional das regras definidoras das competências impositivas, no Brasil: "Esse caráter rígido e fechado do nosso sistema constitucional tributário provém da Emenda n. 18, de 1965, à Constituição de 1946, cujo art. 5º o expli-

3. "I.S.S. e Planos de Saúde", in *Revista de Direito Tributário*, v. 62, p. 17.

citava sob a fórmula categórica de que 'os impostos componentes do sistema tributário nacional são exclusivamente os que constam desta Emenda'. Mantiveram-no as Constituições subseqüentes, com a única exceção de possíveis outros impostos, passíveis de instituição no âmbito da competência residual da União. Desse modo, os impostos integrantes do sistema continuaram a ser os 'previstos nesta Constituição' (art. 18, *caput*; da Constituição de 1969) ou 'discriminados nesta Constituição' (art. 146, III, *a*, da Constituição de 1988). (...) Os conceitos que correspondem às diferentes espécies de impostos – preleciona Pontes de Miranda – se constam da Constituição, são *conceitos de direito constitucional*, e não de legislação ordinária. O legislador ordinário somente pode trabalhar com as *variáveis* que determinam o valor do imposto, ou de algum dos elementos do suporte fático (*e.g.*, tantos por cento, se a renda excede de *x*); não pode alterar, de modo nenhum, o conceito do imposto, imposto de transmissão de propriedade imobiliária, como imposto sobre circulação de mercadorias, é o que se considera tal na Constituição: a revelação do que ele é entra na classe das questões de interpretação da Constituição".

Daí que, segundo o mesmo autor, "... a regra jurídica, que se diz sobre o imposto 'a', descreve, como seu suporte fático, o que a Constituição previu". E arremata: "Assim é, porque, como anota Aliomar Baleeiro, a primeira fonte do Direito Tributário, no Brasil, 'brota da própria Constituição'. Esse mesmo Mestre disserta em outra passagem: 'Fato gerador e base de cálculo são conceitos constitucionais (Emenda n. 1/1969, arts. 18, § § 2º e 5º, 21, § 1º) indissociavelmente vinculados à legalidade, porque fornecem o elemento fundamental para a identificação, a classificação e a diferenciação dos impostos, que a Constituição, nos arts. 21 a 26, discriminou e distribuiu à União, aos Estados-membros e aos Municípios".

O plano de análise da matéria posta na consulta – que envolve a definição da dedutibilidade de certos custos ou despesas, manipulando diretamente o conceito de renda – é, portanto, eminentemente constitucional. Princípios e regras constitucionais informam substancialmente a matéria e devem nortear sua intelecção. É que só assim estarão sendo prestigiados os princípios constitucionais que envolvem a disciplina da tributação. E, obviamente, o sentido, conteúdo e alcance dos princípios constitucionais da legalidade, da igualdade, da anterioridade, da capacidade contributiva, da indelegabilidade de funções, da segurança jurídica etc., só podem, evidentemente, ser perquiridos a partir das normas constitucionais, sistematicamente consideradas. Seria absurdo – não se pode admitir – que a pesquisa do sentido e alcance de princípios constitucionais pudesse ficar sujeita a prescrições da legislação ordinária ou de atos administrativos. Tais princípios fundamentais devem ser compreendidos a partir de sistema de normas igualmente fundamentais, da Constituição federal.[4]

O sistema jurídico é um conjunto harmônico, unitário e ordenado de princípios

4. Ada Pellegrini Grinover enfatiza essa exigência metodológica: "... é importante notar que todos os dispositivos constitucionais devem ser interpretados à luz dos princípios adotados pela própria Constituição". (in "O Contencioso Administrativo na Emenda n. 7/77", in *Revista da Procuradoria Geral do Estado de São Paulo*, São Paulo, junho de 1977, pp. 247 e ss.). É útil, também, a transcrição de trecho de voto do Ministro Leitão de Abreu, no qual ficou assentada, com extrema felicidade e precisão, a lógica do raciocínio hermenêutico necessário à solução de conflitos dependentes da interpretação da Constituição: "Em primeiro lugar, não vale argumentar com normas de direito comum para estabelecer limites a princípios fundamentais, a normas, por isso mesmo, universais, normas necessárias, reconhecidas como tais pelo nosso país. Em lugar de se argumentar da lei ordinária para a norma fundamental, a fim de limitar-lhe o sentido e a eficácia, o que cumpre é argumentar dos princípios estabelecidos na declaração de direitos para os preceitos de lei ordinária, para subordinar estes últimos aos primeiros". (Trecho de voto exarado no acórdão do RE 86297-SP, STF Pleno, in *Revista de Direito Público*, v. 39, p. 200).

e regras. Organizado a partir de critério hierárquico – no qual as diversas normas (elementos) são providas de diferentes funções e intensidade eficacial –, a primeira tarefa do intérprete é reconhecer quais os princípios que se sobrepõem aos demais, para assim compor um todo harmônico e ordenado.[5]

À luz dessas premissas devem ser lançados os fundamentos necessários à adequada solução da consulta.

Conceito constitucionalmente pressuposto de renda

Sedimentado, por um lado, que o conceito de renda não pode ficar – e não fica – à disposição do legislador infraconstitucional, e que, por outro lado, o conceito de renda não está explicitado no texto constitucional, impõe-se deduzir um conceito de renda por ele pressuposto.[6]

Tal preocupação já estava presente na obra de J. L. Bulhões Pedreira,[7] que advertiu: "A noção de renda que nos interessa não é a utilizada pela ciência econômica nem a que teoricamente seja a mais perfeita para as finanças públicas, mas a que se ajusta ao sistema tributário nacional definido na Constituição federal em vigor. Esse é o conceito que permitirá conhecer os limites da competência da União ao definir a base imponível do imposto sobre a 'renda e proventos de qualquer natureza', e que servirá de padrão para apreciar, em cada caso, a constitucionalidade das leis tributárias federais, estaduais e municipais" (2.11. § 2º).

Para buscarmos o conceito constitucionalmente pressuposto de renda é necessário, por um momento, esquecer-se o plano infraconstitucional, abstrair-se a doutrina e ignorar a perspectiva metajurídica da ciência das finanças, voltando as nossas atenções à busca do conceito implícito de renda – como vimos, necessariamente pressuposto pela Constituição. Advirta-se, a propósito, que o fato do conceito estar implícito, não o faz inferior aos explícitos, conforme lição dos grandes mestres (Geraldo Ataliba, Souto Maior Borges, Pontes de Miranda, A. R. Sampaio Dória, Aliomar Baleeiro, Ruy Barbosa, Carlos Maximiliano e outros).

Do mesmo modo que se assentou na doutrina a noção constitucionalmente pressuposta de tributo – conceito fundamental, na linguagem do filósofo mexicano J. M. Teran, ao redor do qual organiza-se o subsistema constitucional tributário – como prestações coativas, patrimoniais e pecuniárias, unilaterais, postas por lei, de forma genérica, em decorrência de ato típico e lícito, para custeio das despesas do Estado e em benefício do interesse comum, entendemos que é possível delimitar o conceito constitucionalmente pressuposto de renda. A técnica utilizada pelos que se desincumbiram da tarefa de circunscrever o conceito constitucionalmente pressuposto de tributo foi a de extremá-lo de entidades próximas, porém não completamente com ele identificadas. Procuremos seguir o mesmo caminho.

Identificamos, no texto constitucional, alguns conceitos que, de um modo ou de outro, aproximam-se, tangenciam ou influem no conceito de renda. Tal ocorre com "faturamento", "patrimônio", "capital", "lucro", "ganho", "resultado" etc. Vejamos alguns deles.

5. O ensinamento de Tércio Sampaio Ferraz Jr. é esclarecedor: "Partimos do princípio hermenêutico da unidade da Constituição. Este princípio nos obriga a vê-la como um articulado de sentido. Tal articulado, na sua dimensão analítica, é dominado por uma *lógica interna* que se projeta na forma de uma *organização hierárquica*. ... Perdendo-se a unidade, perde-se a dimensão da *segurança e da certeza*, o que faria da Constituição um instrumento de arbítrio" (g.n.) (in *Interpretação e Estudos da Constituição de 1988*, Editora Atlas, p. 59).

6. Antes de qualquer outra cogitação, saliente-se que, para nós, o conceito de renda é gênero que encampa a espécie "proventos de qualquer natureza", razão pela qual referimo-nos apenas ao gênero, sem preocupação de tratar separadamente da espécie.

7. *Imposto de Renda*, APEC Editora, Rio de Janeiro, 1969.

"Faturamento" é referido pela Constituição no art. 195, I. "Faturamento" é noção descompromissada com qualquer resultado comparativo. "Faturamento" é mero ingresso; é a soma dos valores das faturas; é a grandeza do conjunto de ingressos decorrentes do conjunto de faturas emitidas.[8] É, portanto, na dinâmica da vida das sociedades empresárias, apenas um dos elementos que, na qualidade de ingressos, devem ser considerados para compreensão da mutação patrimonial (para maior ou para menor) ocorrida em um determinado período. E é devido a essa sua inerente insuficiência para, isoladamente, definir a mutação do patrimônio das pessoas, que a noção de faturamento é neutra e imprestável para a significação de capacidade contributiva. Deveras, isoladamente considerado, o faturamento não é elemento idôneo para a avaliação de capacidade contributiva, posto que, confrontado com eventuais saídas, pode ter sua aparente vocação para "signo presuntivo de riqueza" (na expressão de Becker) totalmente aniquilada.

E a razão é simples: é que não se "titula" de forma definitiva o produto do faturamento. Somente a parcela do faturamento que remanesça na titularidade da sociedade empresária após a consideração das saídas relevantes, é que passa a manifestar certa capacidade contributiva. Antes dessa operação (de dedução) o faturamento é neutro. E todo fator neutro em relação às situações, coisas ou pessoas consideradas é, por definição, inidôneo para distinguilas,[9] umas das outras, como se dá na identificação de capacidade contributiva para imposição de ônus tributável proporcional e isônomo. Percebe-se que a expressão faturamento, utilizada pelo art. 195, I da Constituição refere-se a ingressos, de forma descompromissada em relação à noção de resultado (positivo ou negativo), o que já é suficiente para extremá-la da idéia de renda.

"Capital" aparece no texto constitucional nos seguintes artigos: 156, § 2º, I, 165, § 1º, § 2º e § 5º, II, 167, III, 170, IX, 172, 192, III, 222, § 1º, § 2º; e, no Ato das Disposições Constitucionais Transitórias, a expressão aparece no art. 52, II. A expressão "capital" é tomada pela Constituição na acepção de investimento permanente, de titulação de um patrimônio, em nada relacionando-se à natureza dinâmica e relativa (comparativa entre dois estados patrimoniais) que caracteriza a noção de renda.

"Lucro", a seu turno, é expressão que aparece nos seguintes artigos da Constituição: § 7º, XI, 172, 173, § 4º, 195, I. Nas Disposições Transitórias, surge no art. 72, III. Em todas as referências a expressão "lucro" é tomada como resultado positivo de atividade empresarial, de mais-valia obtida por sociedade empresária. É, portanto, noção parcial em relação à renda; é, por assim dizer, espécie do gênero renda. Lucro é noção menos ampla que renda.

A locução "ganho" surge nos arts. 201, § 4º e 218, § 4º da Constituição, para referir a ingressos, de forma descompromissada da noção de saldo positivo. Alheia-se, portanto, de conceito significante de aptidão para contribuir para os gastos públicos.

"Resultado", por sua vez, é utilizado nos arts. 7º, XI, 20, § 1º, 71, VII, 77, § 3º, 109, V, 111, § 2º, 176, § 2º, 195, § 8º, 231, § 3º, 235, IX, todos da Constituição, e 12, § 1º do Ato das Disposições Constitucionais Transitórias. Em todas as referências, resultado é tomado como situação terminal de um processo, sem qualificação valorativa relativamente à manifestação de capacidade contributiva.

8. Ensinou Geraldo Ataliba: "Não se registra divergências na boa doutrina seja comercial, seja tributária, a respeito do conceito jurídico de faturamento. ... Ora, faturamento é soma de faturas. Estas são 'contas' ou 'notas' que o comerciante expede ao realizar vendas mercantis. Logo, a soma das faturas (faturamento) é a soma dos preços das vendas mercantis" ("Venda de Minérios – Faturamento – PIS", in *Revista de Direito Administrativo*, v. 196, p. 316).

9. Veja-se Celso Antônio Bandeira de Mello, *Conteúdo Jurídico do Princípio da Igualdade*, Ed. RT, São Paulo, 1978, p. 38.

"Patrimônio" surge nos arts. 5º, XLV e LXXIII, 23, I, 24, VII, 30, IX, 49, I, 129, III, 144, 145, § 1º, 150, VI, "a" e "c", § 2º, § 3º e § 4º, 156, § 2º, I, 213, II, 216, § 1º e § 4º, 219, 225, § 1º, II e § 4º, 239, § 2º, da Constituição, e 36 e 51, § 3º do Ato das Disposições Transitórias. Todas as referências a patrimônio objetivam significar conjunto estático de bens ou direitos titulados por uma pessoa, pública ou privada. Importante salientar que, no mesmo sentido (de conjunto estático de bens ou direitos) a Constituição faz referência à expressão "fortuna" (no art. 153, VII), para o fim de outorgar à União competência tributária impositiva, o que já bastaria para concluir, de forma peremptória, que fortuna e patrimônio, são conceitos que a própria Constituição tratou de diferenciar do conceito de renda (lembre-se que nossa proposta é a de localizar e identificar, na própria Constituição, os elementos que permitam delimitar o conceito de renda por ela pressuposto).

Conceito pressuposto

Identificados e apartados esses conceitos próximos encontraremos parâmetros mínimos que, muito embora genéricos – o que dá margem a constantes abusos do legislador ordinário e da Administração –, constituem o conteúdo semântico mínimo do conceito constitucionalmente pressuposto de renda.

E traduzimos esse conteúdo da seguinte maneira: (i) saldo positivo resultante do (ii) confronto entre (ii.a) certas entradas e (ii.b) certas saídas, ocorridas ao longo de um dado (iii) período. Desdobremos a conceituação proposta em seus elementos essenciais, para cabal esclarecimento.

Em primeiro lugar, vejamos a noção de (i) saldo positivo. A idéia de saldo positivo traduz a noção de *plus*, de extra, de algo a mais, de acréscimo. Fácil perceber, preliminarmente, que essas noções representam dados relativos, dados que pressupõem a sua comparação com outro ou outros. Deveras, não se constata acréscimo, não se vislumbra *plus*, a não ser a partir de um dado preestabelecido, sobre o qual o acréscimo, o *plus*, possa ser reputado como havido. Renda haverá, portanto, quando houver sido detectado um acréscimo, um *plus*; tenha ele, ou não, sido consumido; seja ele, ou não, representado por instrumentos monetários, direitos, ou por bens, imateriais ou físicos, móveis ou imóveis. Para que haja renda, deve haver um acréscimo patrimonial – aqui entendido como incremento (material ou imaterial, representado por qualquer espécie de direito ou bens, de qualquer natureza – o que importa é o valor em moeda do objeto desses direitos) ao conjunto líquido de direitos de um dado sujeito.

Vejamos, agora, a afirmação de que a renda é o saldo positivo resultante (ii) do confronto entre (ii.a) certas entradas e (ii.b) certas saídas. A percepção de renda – já assentada como acréscimo – decorre de confronto entre elementos que "acrescem" ao que denominamos aqui como patrimônio, e elementos que se "subtraem" do patrimônio. A noção de patrimônio, que é estática, sofre acréscimos e decréscimos, aumentos e diminuições, ao longo do tempo, podendo, se e quando o saldo dessas ocorrências for positivo, detectar-se a ocorrência de renda.

A restrição a "certas" entradas e "certas" saídas é imperativo do corte necessário à análise, somente, daqueles eventos que tenham ontologicamente significado relacionado ao conceito do acréscimo patrimonial que entendemos configurar renda.

Nesta medida, nem todo ingresso é relevante para o conceito de renda – por exemplo, o ingresso decorrente de financiamento ou o aumento de capital pelos sócios são totalmente descompromissados com a noção de acréscimo – impondo-se selecionar, somente, as entradas que possam significar o, ou influir no, pesquisado incremento. O mesmo se dá com as saídas. Não se admite que todas elas possam ter a virtude, o efeito jurídico de servir de elemento neutralizador de ingressos, para fins de confronto e constatação de eventual saldo positivo. Daí referirmos a "certas" saídas. As saídas que representarem consumo – utilização, disponibilização, pelo titular do patrimônio – de acréscimos que sejam relevantes para o cômputo e eventual configuração de saldo positivo no período considerado, não recebem a qualificação jurídica de elementos redutores, no confronto necessário à apuração da renda.

Finalmente, impõe-se a análise da idéia de (iii) período. É necessário considerar-se um período de tempo dentro do qual serão consideradas as entradas e saídas relevantes.[10] Trata-se do lapso de tempo compreendido entre (a) um dado marco inicial e (b) um dado marco final. No (a) marco inicial parte-se (a.i) de uma situação patrimonial prévia, para confronto, e (a.ii) começam a ser juridicamente relevantes as entradas e saídas. No (b) marco final, procede-se ao confronto (b.i) entre as entradas e saídas – juridicamente relevantes – ocorridas no período, e (b.ii) entre o saldo do período considerado – que termina neste marco final – e a situação existente no início do período. Sem a noção de período – e tempo –, todos os ingressos e saídas perdem qualquer significado comparativo. Sem o termo final – que só existe se se pressupõe existente um período e um termo inicial – não há corte para processamento do confronto entre ingressos e saídas, que se sucederiam em interminável cadeia de fenômenos sem significado.

Em face da complexidade da matéria, seria de todo recomendável que o legislador infraconstitucional – que, na feliz expressão de Paolo Biscaretti di Ruffia,[11] é, lógica e cronologicamente, o primeiro intérprete da Constituição – se familiarizasse com o texto e a sistemática constitucional, buscando conhecer e dominar, ao menos, os limites da amplitude de sua competência normativa, para poder desenvolver sua atividade legislativa dentro do âmbito material de competência que lhe foi outorgada. Tal, todavia – propositada ou acidentalmente – não se dá. Mas nem por isso o contribuinte fica à mercê das atitudes abusivas do legislador, e muito menos dos agentes fiscais.

Relação determinante entre critérios quantitativo e material

Retomando a noção preliminarmente abordada, a Constituição – ao referir os fatos tributáveis (no caso, aludindo à renda) – preestabelece, prefixa (de forma inafastável, pela legislação infraconstitucional) a definição legal da base de cálculo do tributo. A lei não pode adotar outra dimensão como base, sob pena de desviar-se do padrão constitucional.

É que o critério quantitativo da regra matriz de incidência tributária – no que pertine à base de cálculo – tem a virtude de descaracterizar o próprio critério material, quando com ele for incompatível.[12]

10. Sobre a imprescindibilidade da noção de período para cálculo da renda, veja-se, também, Narciso Amorós Rica, "O Período e o Nascimento da Relação Tributária no Imposto Espanhol sobre a Renda da Pessoa Jurídica", in *Princípios Tributários no Direito Brasileiro e Comparado*, Editora Forense, Rio de Janeiro, 1988, p. 518.

11. "Costituzioni Italiana Dopo Un Ventenio", in *Studi in Onore di Giuseppi Chiarelli*, v. 2, Ed. Giuffrè, 1974, p. 785.

12. A lição de Paulo de Barros Carvalho é terminativa, pela objetividade e exaustão; diz ele: "Demasiadas razões existem, portanto, para que o pesquisador, cintado de cautelas diante dos freqüentes defeitos da redução legal, procure comparar a medida estipulada como base de cálculo com a indicação do critério material, explícito na regra de incidência. A grandeza haverá de ser mensuradora adequada da materialidade do evento, constituindo-se, obrigatoriamente, de uma característica peculiar ao fato jurídico tributário. Eis a base de cálculo, na sua função comparativa, confirmando, infirmando ou afirmando o verdadeiro critério material da hipótese tributária. Confirmando, toda vez que houver perfeita sintonia entre o padrão de medida e o núcleo do fato dimensio-

Destarte, quando o legislador pretender instituir imposto sobre a renda, estará constitucionalmente obrigado a prever que o cálculo do tributo se faça exclusivamente sobre o *montante* da renda *efetivamente* verificada. A base de cálculo é elemento *essencial* e *decisivo* para a plena e correta definição do tributo. Na verdade, é por meio da base que se pode verificar – dado o necessário liame ou nexo lógico que deve ela manter com o chamado critério material da regra matriz de incidência tributária (o fato tributado) – a verdadeira consistência da situação submetida à tributação.

A circunstância de estar-se na presença de efetiva tributação de renda – critério material da regra matriz respectiva – só é verdadeiramente afirmada, quando o critério legalmente eleito (base de cálculo) para conversão desse fato em cifra econômica revela-se compatível com a consistência material do fato dado como "pressuposto" pela Constituição e "posto" pela lei: a renda efetivamente auferida ou percebida.

Negar isso será admitir que a Constituição se tenha desdobrado em preceitos e formulações inúteis, que o Legislativo e o Executivo, *por via oblíqua*, podem tranqüilamente desprezar, instaurando a insegurança, o casuísmo e o arbítrio nas relações tributárias. Por isso tudo é que, já na Constituição, deduzem-se critérios idôneos para eleição (pela lei ordinária) da base de cálculo dos tributos. Daí que – para respeitar e implementar essas diretrizes – devam as leis tributárias indicar, como base de cálculo, grandezas ínsitas à natureza essencial do fato tributado (o valor da operação, no caso do ICMS; o preço do serviço, no caso do ISS; o valor do imóvel no caso do IPTU; o montante da renda, no caso do imposto sobre a renda etc.), desvendando o que Geraldo Ataliba denominou de "perspectiva dimensível da materialidade da hipótese de incidência".

Qualquer que seja o conceito de renda adotado, dúvida não pode haver, repita-se, quanto à necessidade de que ocorra um *ganho patrimonial* (acréscimo patrimonial) *efetivo* pelo sujeito passivo, sob pena de não se configurar a hipótese constitucional do imposto sobre a renda. E a respectiva base de cálculo deverá, necessariamente, quantificar, dimensionar, adequadamente esse ganho efetivo – a renda auferida.

Conteúdo do conceito de renda, na doutrina

Construções doutrinárias acerca dessa questão não faltam, convergindo, todas elas, para os elementos essenciais que acima foram expostos (saldo positivo decorrente de confronto entre elementos verificados dentro de um período).

Horacio Garcia Belsunce,[13] depois de referir a diversas concepções econômicas,[14] sintetiza os pontos em comum nelas encontrados, afirmando que essas noções fornecerão a "fuente de inspiración o de referencia de los sistemas tributarios positivos" (p. 74). Segundo o autor, as diversas opiniões econômicas convergem nos seguintes aspectos: (a) renda é sempre uma riqueza

nado. Infirmando, quando for manifesta a incompatibilidade entre a grandeza eleita e o acontecimento que o legislador declara como medula da previsão fática. Por fim, afirmando, na eventualidade de ser obscura a formulação legal, prevalecendo, então, como critério material a hipótese, a ação-tipo que está sendo avaliada. Introduzimos uma noção de induvidosa operatividade, para a qual convocamos todas as atenções: havendo desencontro entre os termos do binômio (hipótese de incidência e base de cálculo), a base é que deve prevalecer. Por isso, tem o condão de informar o critério material oferecido no texto, que será substituído por aquele outro que percebemos medido" (p. 204) (in *Curso de Direito Tributário*, Editora Saraiva, 1985).

13. *El Concepto de Rédito*, Ediciones Depalma, 1967.

14. Adam Smith, David Ricardo, Thünen, Jean Say, Thomas Malthus, John Stuart Mill, Biersack, Roscher, Adolf Held, Hermann, Adolf Wagner, Weiss, Alfred Marshall, Neumann, Irving Fisher e Giuseppe Ugo Papi.

"nova", seja ou não consumida; (b) essa riqueza nova pode ser "material ou imaterial"; (c) essa riqueza deve derivar de uma "fonte produtora"; (d) é irrelevante se a riqueza nova tenha ou não sido realizada e separada do capital ou fonte produtora; (e) *renda é renda líquida, obtida depois de certas deduções (que variam de autor para autor, sendo predominante a noção de que são dedutíveis os gastos necessários para obtenção e produção da renda)*; (f) a renda pode ser monetária (dinheiro), em espécie (bens ou direitos) ou real (poder de compra, dimensionado pelo poder aquisitivo da renda monetária ou em espécie).

Em seguida, Garcia Belsunce passa a analisar a opinião de diversos estudiosos do direito, dividindo-os em dois grandes blocos, (a) os adeptos da chamada teoria da "renda-produto", vinculada às doutrinas econômicas, que considera a renda como um produto derivado do capital, e (b) os adeptos da chamada teoria da "renda-incremento patrimonial" (ou "renda-ingresso" ou "entrada"), que procura apartar-se das concepções econômicas, alargando a amplitude do conceito de renda para nele incluir todo incremento patrimonial, ingresso ou entrada.

Depois de analisar as propostas de diversos juristas[15] adeptos da doutrina da "renda produto" Belsunce sintetiza o conteúdo desse pensamento, da seguinte maneira: (a) renda é sempre uma riqueza nova e material; (b) a riqueza deve derivar de uma fonte produtiva e durável (que resista ou subsista à produção da renda); (c) a riqueza nova deve ser periódica (ou suscetível de sê-lo), como conseqüência da subsistência da fonte produtora; (d) não é indispensável que a riqueza nova seja realizada (passível de permuta por moeda) e separada (independência ou autonomia física da renda em relação à fonte) do capital; (e) *renda é sempre renda líquida, resultante da dedução, da renda bruta, de todos os gastos necessários para sua obtenção, e para conservação e manutenção (reposição) da fonte produtora*; (f) a renda pode ser monetária ou em espécie (ainda que, nesta hipótese, deva expressar-se em moeda).

Em seguida, passa a analisar a opinião dos adeptos[16] da teoria da "renda-incremento patrimonial" ou "renda-ingresso", que resume nos seguintes aspectos principais: (a) renda é todo ingresso proveniente de coisas materiais, bens imateriais ou serviços; (b) o ingresso pode estar acumulado ao patrimônio ou haver sido consumido, tudo dentro de um período determinado; (c) o ingresso pode ser periódico, transitório ou acidental, e não é necessário que se mantenha intacta a fonte produtora, que pode, inclusive, desaparecer com o ato de produção; (d) não é necessário que o ingresso esteja separado ou realizado; (e) *o ingresso deve ser líquido, ou seja, deve deduzir-se o patrimônio acumulado no início do período, bem como os gastos que tenham sido necessários ou úteis para obter o ingresso ou conservar a fonte produtora*; (f) o ingresso deve ser sempre expressado em moeda.

Perceba-se que as noções gerais por nós hauridas diretamente da Constituição coincidem com aquelas unanimemente acatadas pela doutrina, servindo de balizas, limites, dentro dos quais o legislador ordinário deverá descrever a base de cálculo do imposto sobre a renda. Aliás, na sua obra de 1969, J. L. Bulhões Pedreira[17] já de-

15. Na ala dos adeptos da doutrina da "renda-produto", analisa as opiniões de O. Quarta, Gerbino, Edwin Seligman, Battistella, Jacopo Tivaroni, Charles A. Colin, Edgard Allix e Marcel Lecercle, C. Plehn, Antonio de Viti de Marco, Henry Laufenburger, Ramon Valdés Costa, ob. cit. pp. 88 a 119.

16. Na ala dos adeptos da doutrina da "renda-ingresso", analisa as opiniões de Georg Schanz, F. Gartner, Robert Murray Haig, V. Gobbi, Benvenuto Griziotti, Henry C. Simons, Achille Donato Giannini, Luigi Einaudi, Ezio Vanoni, John F. Due, ob. cit., pp. 133 a 181.

17. *Imposto de Renda*, APEC Editora, Rio de Janeiro, 1969.

nunciava o primarismo do entendimento segundo o qual o legislador infraconstitucional tem ilimitada liberdade para dispor sobre a matéria, fixando diretriz sólida e coerente, nos seguintes termos: "Mas *a lei ordinária*, ao definir os rendimentos ou a renda sujeitos ao tributo, *não é livre* para escolher qualquer base imponível, e *há de respeitar o conceito* de 'renda e proventos de qualquer natureza' *constante da Constituição*: as definições adotadas pela lei ordinária devem ser construídas e interpretadas tendo em vista a discriminação constitucional de competências tributárias, e estão sujeitas ao teste de constitucionalidade em função de sua compatibilidade com essa discriminação. (...) O conhecimento do conceito de renda é, portanto, indispensável para o julgamento da constitucionalidade da lei federal que define a base de cálculo do imposto de 'renda e proventos de qualquer natureza' que a Constituição atribui à União; ou das leis estaduais e municipais que instituam impostos ou taxas que, sob outras designações, incidam realmente sobre a renda. E para esse efeito, *nem o legislador nem o intérprete é livre para adotar o conceito de renda de sua preferência: deve procurar aquele que melhor se ajuste ao sistema de distribuição de competências tributárias constante da Constituição*" (g.n.) (2.10.(02)). E, mais adiante, agrega: "... ao definir a renda tributável *o Congresso Nacional tem o seu poder limitado pelo sistema constitucional* de distribuição do poder tributário, e fica sujeito à verificação, pelo Poder Judiciário, da conformidade dos conceitos legais com os princípios da Constituição. O Congresso *pode restringir ou limitar* o conceito de renda e proventos de qualquer natureza constante da Constituição, *mas não ampliá-lo* além dos limites compatíveis com a distribuição constitucional de rendas" (g.n.) (p. 2.11.(20)).

Não há, portanto, como pretender sustentar, seriamente, que o conceito de renda possa ter sido deixado à disposição do legislador infraconstitucional, no Brasil.[18] A Constituição somente admite a incidência de imposto sobre renda quando tenha havido alteração positiva no patrimônio do contribuinte, no período. Fora daí, não se admite (a Constituição não tolera) incidência de imposto sobre a renda. E tal constatação só é possível ao cabo de um período de tempo determinado, dentro do qual a renda tenha sido auferida e ao cabo do qual ela possa ser quantificada.

Necessária referência a elementos componentes da base de cálculo do Imposto sobre a Renda

A liberdade do legislador infraconstitucional é, portanto, bastante restrita. A Constituição já tratou de delimitar, em largas linhas, o critério material da hipótese e,

18. É ilustrativo invocarmos a lição de Mizabel Derzi, reiterando tudo quanto já dissemos sobre as peculiaridades do sistema constitucional brasileiro: "A Constituição brasileira é a mais minuciosa e rica das Cartas Constitucionais, em matéria financeira e tributária. Uma transposição apressada de institutos ou técnicas de presunção e simplificação usuais em outros países, esbarram, via de regra, em obstáculos constitucionais intransponíveis. Basta considerar que a maior parte das Cartas atuais não contém um rol expresso das limitações ao poder de tributar, exceção feita ao princípio da legalidade. Algumas, como a italiana, ainda mencionam o princípio da capacidade contributiva e a proibição de se criar tributo novo, após a aprovação da lei orçamentária. Mas outras são silentes em tudo, o que não impediu – como não poderia deixar de ser – que a doutrina e a jurisprudência deduzissem o princípio da legalidade, diretamente da necessária subordinação dos atos administrativos do Estado à lei e o princípio da capacidade contributiva, diretamente do mais amplo princípio da igualdade. É o caso da Constituição alemã (art. 20, § 3º). Não obstante, a nossa Constituição, além de conter uma seção própria, enumerativa das limitações ao poder de tributar, 'sem prejuízo de outras garantias asseguradas aos contribuintes' (art. 150), estabelece a mais rígida das discriminações de competência tributária entre os entes estatais. Assim a confusão entre os conceitos de lucro e patrimônio, ou lucro e receita, acarreta graves conseqüências" (p. 111), in "Tributação da Renda *versus* Tributação do Patrimônio", in *Imposto de Renda – Questões Atuais e Emergentes*, Dialética Editora, São Paulo, 1995.

por via oblíqua, já circunscreveu a base e a sujeição passiva, definindo o destinatário constitucional da carga tributária e a medida desta. É dentro desta apertada moldura que o legislador ordinário pode movimentar-se.

A base de cálculo do imposto de renda das pessoas jurídicas resulta de procedimento complexo, integrada que é por ingressos e saídas de recursos, acréscimos e decréscimos no valor intrínseco de bens, tudo computado dentro de certo período – cremos, anual – pressuposto pela Constituição, de modo insuperável. Por meio da contabilidade comercial – registros dos valores de cada um desses elementos – elaborada a partir de determinações da lei societária, obtêm-se o "lucro líquido do exercício" (categoria definida na chamada lei das sociedades por ações). O lucro líquido do exercício, assim obtido, sofre a incidência da lei tributária que prescreve certos ajustes – por adições, exclusões ou compensações – resultando na categoria definida como "lucro real", esse sim, representativo da base de cálculo do imposto sobre a renda da pessoa jurídica.

A falta de cerimônia que tem marcado o trato da disciplina do imposto sobre a renda pela União – nas esferas legislativa e executiva – impõe a constante repetição desta nossa premissa. Por mais fluido que seja o conceito de renda, vimos que a estrutura, princípios e regras sobre os quais se organiza o subsistema constitucional tributário brasileiro impõem a existência de limites – fixados no plano constitucional – ao conteúdo e alcance deste conceito e, conseqüentemente, à liberdade de ação do legislador infraconstitucional.

A relevância desta afirmação pode ser aferida na análise da questão relativa à pretendida liberdade do legislador na definição da dedutibilidade dos custos e das despesas operacionais. *Por respeito ao conceito (constitucionalmente pressuposto) de renda, o custo ou despesa necessária à percepção do rendimento é, por definição, dedutível, independentemente da vontade do legislador ou da União.* Do contrário, a tributação recairá sobre algo que renda não é, o que a Constituição veda, peremptoriamente.

É juridicamente irrelevante o fato da lei concordar ou não com a dedutibilidade; *necessária a despesa, é ela dedutível.* São ineficazes as tentativas de restringir a dedutibilidade dos custos e das despesas necessárias. O custo e a despesa é dedutível desde que seja necessária à percepção do rendimento; sendo necessária, é dedutível, facultando-se à lei apenas a definição de métodos e critérios para identificá-la e quantificá-la, sem, no entanto, inviabilizar a produção de seus efeitos (redutores da base de cálculo do tributo).

A medida da dedutibilidade de um custo ou despesa necessária ou útil à percepção do rendimento não pode ocasionar a tributação de algo que não seja renda. Há contornos constitucionais mínimos que precisam ser respeitados.

A legislação federal deve guardar irrestrito respeito aos limites do conceito constitucionalmente pressuposto de renda, sob pena de incorrer em irremediável inconstitucionalidade. O que a Constituição dá ao cidadão com a mão direita, não retira com a esquerda (Ruy Barbosa). Os integrantes do Legislativo e Executivo federais parecem, às vezes, esquecer os limites de sua atuação, incumbindo a cada cidadão proteger os seus direitos e garantias constitucionais, por meio de manifestações e iniciativas corretivas concretas.

Conclusão

O custo cobrado para expedição da autorização em questão representa gasto necessário à ampliação e ao desenvolvimento das atividades operacionais da Consulente no País. O efetivo desembolso do valor exigido pelo Banco Central do Brasil foi suportado pela filial local da Consulente, sendo, portanto, aos olhos da legislação brasileira, dedutível pela filial, posto que necessário ao desempenho e expansão das suas atividades, que, na verdade, confundem-se com as atividades da própria casa matriz. Ressalte-se, como acima demonstrado, que esta conclusão encontra fundamento assim na Constituição federal como na própria regulamentação aplicável em vigor.

Como base nas considerações efetuadas deflui serenamente conclusão segundo a qual, sob todos os aspectos a partir dos quais a questão pode se abordada, não há fundamento jurídico constitucional que possa lastrear pretensão da fiscalização federal no sentido de contestar a dedutibilidade do pagamento exigido da Consulente, e satisfeito por meio de seu estabelecimento filial local (ainda que travestido – sempre por exigência do Banco Central do Brasil – de pagamento por compra de créditos), em cumprimento a condição prévia imposta para a expedição da autorização necessária à aquisição, pelo Banco "X", do controle do Banco "Y".

É que tal pagamento está diretamente vinculado à fonte geradora de rendimento da Consulente, caracterizando-se como evidentemente necessário à expansão e ao incremento das suas atividades, não podendo ser desconsiderado na quantificação da base de cálculo do seu imposto sobre a renda, sob pena de comprometimento do conceito constitucionalmente pressuposto de renda.

No que diz respeito à maneira de tomar a dedutibilidade do pagamento exigido da Consulente, a mesma variará conforme a opção contábil a ser adotada reflita uma despesa relativa a perda no recebimento de créditos ("contas a receber") da filial, ou à amortização do valor de ativo diferido. Ambas as opções são igualmente possíveis e viabilizam a devida dedutibilidade, respeitados os regimes próprios de cada uma delas. Em face das peculiaridades da consulta, conceitualmente a hipótese ideal seria a de se reconhecer contabilmente o pagamento como necessário à aquisição de um direito amortizável. Todavia, como o próprio Banco Central do Brasil impôs a adoção da estrutura de cessão de créditos, a contabilização no contas a receber, e respectiva perda, é igualmente possível, cabendo à Consulente verificar a conveniência de optar por uma ou outra alternativa.

Esse é o parecer, s.m.j.

São Paulo, 30 de setembro de 1997.

NOTAS & COMENTÁRIOS

EMISSÃO DE TÍTULOS PELO TESOURO DO ESTADO-MEMBRO

J. CRETELLA JÚNIOR
Professor da Universidade de São Paulo

I – Consulta formulada: perguntas do consulente. II – Textos legais pertinentes: textos transcritos. III – Os fatos: antecedentes. IV – Os princípios: Norma jurídica constitucional – Norma jurídica inconstitucional – Conceito de lei inconstitucional – Controle de constitucionalidade – Obediência à lei não declarada inconstitucional – Eficácia de texto não declarado inconstitucional – Parte permanente e parte transitória da Constituição – Há dispositivos constitucionais inconstitucionais? – Recursos captados e subseqüente aplicação das "sobras" dos títulos da dívida pública – Interpretação extensiva da norma jurídica. V – Conclusões: respostas às perguntas formuladas.

I – CONSULTA FORMULADA

Tese sustentada

"É legítima, legal e constitucional a providência da Administração Estadual, que utiliza, para custeio de necessidades básicas, relevantes e públicas do Estado-membro, tais como pagamento do funcionalismo, fornecedores, prestadores de serviços, amortização da dívida pública flutuante, o eventual saldo dos recursos captados com a colocação, no mercado, de Letras Financeiras, saldo disponível na conta do Tesouro, ante a inexistência de precatórios exigíveis, sendo certo que, essa sobra é superior ao *quantum* necessário à quitação integral dos precatórios judiciais pendentes de pagamento."

Eminente e conceituado advogado do Recife, nosso particular companheiro de estudos jurídicos, consulta-nos a respeito da elaboração de PARECER, referente a problemas econômico-financeiros, suscitados no Estado de Pernambuco, formulando a respeito as seguintes perguntas:

"*a)* Diante da vigência temporal da norma constitucional restritiva da emissão de títulos pelo Tesouro Estadual, considerando ser essa norma de eficácia limitada no tempo, é transponível, juridicamente, o fato de terem sido utilizados recursos gerados como lançamento de títulos públicos para o pagamento de outras despesas de capital ou correntes, após quitados todos os precatórios exigidos pela regra específica e aplicável, sabendo-se que a sobra dos recursos é superior ao montante necessário ao cumprimento integral das obrigações judiciais pendentes de pagamento?

"*b)* As normas transitórias da Constituição da República (o ADCT), que limitam a autonomia dos Estados-membros da Federação da República Federativa do Brasil (ADCT, art. 33 e EC n. 3/93, art. 5º), na gestão de suas fontes de receitas, asseguradas no texto fundamental da Constituição (como no caso das Letras Financeiras do Tesouro *ex vi* dos arts. 92, IX e 163, IV, da CF) podem ser consideradas materialmente inconstitucionais, por violarem princípios explícitos da Lei Maior relacionados com a Federação (art. 60, § 4º da CF) e com a autonomia dos seus entes federados estaduais (arts. 1º, 18 e 25 da CF)?

"*c)* Em face dos princípios informativos da Federação e da autonomia dos Estados-membros, ainda que respaldada a competência da União para dispor sobre política monetária (CF, art. 22, VI), é admissível que uma lei estadual que autoriza a emissão de títulos públicos à conta do Tesouro, estabeleça uma regra de prioridade na aplicação dos recursos captados, conforme as disposições transitórias da Constituição, e, por inferência lógica e direta, permita que os recursos captados, mas não utilizados, no pagamento dos precatórios, sejam aplicados para custear outras necessidades básicas e públicas da Administração, em consonância com as conclusões da decisão do Tribunal de Contas do Estado de Pernambuco (Decisão TCE n. 1.396/96)?

"*d)* À vista das disposições restritivas contidas nos §§ 2º a 5º do art. 16 da Resolução n. 69/95 do Senado Federal, reguladora das normas gerais de emissão de títulos públicos pelos Estados, é cabível considerar que as regras especiais ou singulares da Resolução n. 39/96 do Senado, que autorizou o lançamento das Letras Financeiras do Tesouro do Estado de Pernambuco, com base em lei estadual que, indiretamente, admitiu a utilização dos recursos captados em outras despesas que não aquelas especificadas no art. 33 do ADCT, podem sobrepor-se e derrogar as normas gerais aplicáveis (Resolução n. 39/96), não obstante a ressalva contida no parágrafo único do artigo segundo da referida Resolução n. 39/96?

"*e)* Partindo, ainda, do princípio constitucional que assegura a autonomia dos Estados Federados e do texto básico da Magna Carta, respeitada a competência do Senado Federal para estabelecer as condições e limites da dívida mobiliária dos Estados (CF, art. 52, IX), é admissível a interpretação extensiva da norma transitória contida no art. 33 do ADCT, que limita a emissão de títulos do Tesouro Estadual para o pagamento, única e exclusivamente, de precatórios vencidos até a data da promulgação da Constituição de 1988, de forma a se considerar juridicamente possível a utilização das receitas geradas com a emissão de títulos públicos para fins de pagamento de precatórios vencidos posteriormente e mesmo a compensação financeiro-contábil de precatórios anteriormente pagos com recursos da receita interna, corrigidos monetariamente?

"*f)* Considerando que os recursos captados pelo Estado de Pernambuco, através da emissão de Letras Financeiras do Tesouro foram aplicados no pagamento de outras despesas correntes e de capital, após o pagamento de todos os precatórios exigíveis, em face dessa constatação, é cabível considerar, como única conseqüência jurídico-financeira deste processo, o cômputo do montante não utilizado em precatórios, no limite global de endívidamento mobiliário do Estado?

"*g)* Atenderia o princípio da economicidade nos gastos públicos a assunção de obrigações decorrentes de empréstimos a juros de mercado na rede bancária, dispondo o Estado de recursos em fundo de liquidez apto a pagar precatórios e saldos remanescentes deles, à medida que se lhes apresentem, desde, evidentemente, que sejam realmente honrados, já que há prioridade em seu pagamento?

"*h)* De acordo com as regras próprias incidentes e definidas a partir do parágrafo 4º do art. 16 da Resolução n. 69/95 do Senado Federal, bem como de outras normas atinentes à responsabilidade dos administradores públicos dos Estados-membros, indagamos quais seriam as conseqüências decorrentes da declaração, pelo Senado Federal, através de seus órgãos de fiscalização, ou da verificação, pelo Banco Central do Brasil, de que parte dos recursos captados pelo Estado através de Letras Financeiras do Tesouro vieram a ser aplicados em despesas orçamentárias outras que não as referentes ao pagamento de precatórios judiciais vencidos na data da promulgação da Constituição da República de 1988, ainda que o Tribunal de Contas do Estado de Pernambuco, instância fiscalizadora designada, tenha declarado que os recursos excedentes do pagamento dos precatórios poderiam ser utilizados para a cobertura de outros compromissos, legais e contratuais, da Fazenda Pública Estadual?"

II – TEXTOS LEGAIS PERTINENTES

– "A República Federativa do Brasil, formada pela união indissolúvel dos Estados e Municípios e do Distrito federal, constitui-se em Estado Democrático de Direito..." (art. 1º da CF de 1988).

– "A organização político-administrativa da República Federativa do Brasil compreende a União, os Estados, o Distrito Federal e os Municípios, todos autônomos, nos termos desta Constituição" (art. 18 da CF de 1988).

– "Compete privativamente à União legislar sobre sistema monetário e de medidas, títulos e garantias dos metais" (art. 22, VI, da CF de 1988).

– "Os Estados organizam-se e regem-se pelas Constituições e leis que adotarem, observados os princípios desta Constituição. São reservadas aos Estados as competências que não lhes sejam vedadas por esta Constituição" (art. 25 e § 1º da CF de 1988).

– "Compete privativamente ao Senado Federal estabelecer limites globais e condições para o montante da dívida mobiliária dos Estados..." (art. 59, IX da CF de 1988).

– "A Constituição poderá ser emendada mediante proposta:

"I – de um terço, no mínimo, dos membros da Câmara dos Deputados ou do Senado Federal;

"II – do Presidente da República;

"III – de mais da metade das Assembléias Legislativas das unidades da Federação, manifestando-se, cada uma delas, pela maioria relativa de seus membros" (art. 60, I a III, da CF de 1988).

– "A União entregará:

"I – do produto da arrecadação dos impostos sobre renda e proventos de qualquer natureza e sobre produtos industrializados, quarenta e sete por cento na seguinte forma:

"*a)* vinte e um inteiros e cinco décimos por cento ao Fundo de Participação dos Estados e do Distrito Federal;

"*b)* vinte e dois inteiros e cinco décimos por cento ao Fundo de Participação dos Municípios;

"*c)* três por cento, para aplicação em programas de financiamento ao setor produtivo das Regiões Norte, Nordeste e Centro-Oeste, através de suas instituições financeiras de caráter regional, de acordo com os planos regionais de desenvolvimento, ficando assegurada ao semi-árido do Nordeste a metade dos recursos destinados à Região, na forma que a lei estabelecer;

"II – do produto da arrecadação do imposto sobre produtos industrializados, dez por cento aos Estados e ao Distrito Federal, proporcionalmente ao valor das respectivas exportações de produtos industrializados.

"§ 1º. Para efeito de cálculo da entrega a ser efetuada de acordo com o previsto no inciso I, excluir-se-á a parcela da arrecadação do imposto de renda e proventos de qualquer natureza pertencentes aos Estados, ao Distrito Federal e aos Municípios, nos termos do disposto nos arts. 157, I e 158, I.

"§ 2º. A nenhuma unidade federada poderá ser destinada parcela superior a vinte por cento do montante a que se refere o inciso II, devendo o eventual excedente ser distribuído entre os demais participantes, mantido, em relação a esses, o critério de partilha nele estabelecido.

"§ 3º. Os Estados entregarão aos respectivos Municípios vinte e cinco por cento dos recursos que receberem nos termos do inciso II, observados os critérios estabelecidos no art. 158, parágrafo único, I e II" (art. 159, I e II da CF de 1988).

– "Ressalvados os créditos de natureza alimentar, o valor dos precatórios judiciais pendentes de pagamento na data da promulgação da Constituição, incluído o remanescente de juros e correção monetária, poderá ser pago em moeda corrente, com atualização, em prestações anuais, iguais e sucessivas, no prazo máximo de oito anos, a partir de 1º de julho de 1989, por decisão editada pelo Poder Executivo até cento e oitenta dias da promulgação da Constituição.

"Parágrafo único. Poderão as entidades devedoras, para o cumprimento do disposto neste artigo, emitir, a cada ano, no exato montante do dispêndio, títulos de dívida pública, não computáveis para efeito do limite global de endívidamento" (art. 33 do ADCT da CF de 1988).

– "Até 31 de dezembro de 1999, os Estados, o Distrito Federal e os Municípios somente poderão emitir títulos da dívida pública no montante necessário ao refinanciamento do principal devidamente atualizado de suas obrigações, representadas por essa espécie de títulos, ressalvado o disposto no art. 33, parágrafo único, do Ato das Disposições Transitórias" (art. 5º da Emenda Constitucional n. 3, de 17.3.1993).

– "Fica instituído, nos exercícios financeiros de 1994 e 1995, o Fundo Social de Emergência, com o objetivo de saneamento financeiro da Fazenda Pública Federal e de estabilização econômica, cujos recursos serão aplicados no custeio das ações dos sistemas de saúde e educação, benefícios previdenciários e auxílios assistenciais de prestação continuada, inclusive liquidação de passivo previdenciário, e outros programas de relevante interesse econômico e social" (art. 71, acrescentado pela EC de Revisão n. 1, de 1.3.1994).

– "Ao Fundo criado por este artigo não se aplica, no exercício financeiro de 1994, o disposto na parte final do inciso II do § 9º do art. 165 da Constituição" (parágrafo único acrescido pela Emenda Constitucional de Revisão n. 1, de 1.3.1994).

– "Integram o Fundo Social de Emergência:

"I – o produto da arrecadação do imposto sobre renda e proventos de qualquer natureza incidente na fonte sobre pagamentos efetuados, a qualquer título, pela União, inclusive suas autarquias e fundações;

"II – a parcela do produto da arrecadação do imposto sobre propriedade territorial rural, do imposto sobre renda e proventos de qualquer natureza e do imposto sobre operações de crédito, câmbio e seguro, ou relativas a títulos ou valores mobiliários, decorrente das alterações produzidas pela Medida Provisória n. 419 e pelas Leis 8.847, 8.849 e 8.848, todas de 28 de janeiro de 1994, estendendo-se a vigência da última delas até 31 de dezembro de 1995;

"III – a parcela do produto da arrecadação resultante da elevação da alíquota da contribuição social sobre o lucro dos contribuintes a que se refere o § 1º do art. 22 da Lei 8.212, de 24 de julho de 1991, a qual, nos exercícios financeiros de 1994 e 1995, passa a ser de trinta por cento, mantidas as demais normas da Lei 7.669, de 15 de dezembro de 1988;

"IV – vinte por cento do produto arrecadado de todos os impostos e contribuições da União, excetuado o previsto nos incisos I, II e III;

"V – a parcela do produto da arrecadação da contribuição de que trata a Lei Complementar n. 7, de 7 de setembro de 1970, devida pelas pessoas jurídicas a que se refere o inciso III deste artigo, a qual será calculada, nos exercícios financeiros de 1994 e 1995, mediante a aplicação da alíquota de setenta e cinco centésimos por cento sobre a receita bruta operacional, como definida na legislação do imposto sobre a renda e proventos de qualquer natureza;

"VI – outras receitas previstas em lei especial" (art. 72, I a VI, acrescentado pela EC de Revisão n. l, de 1.3.1994).

– "Os valores das vendas ou decorrentes de quaisquer operações de crédito, realizadas com as Letras Financeiras do Tesouro do Estado de Pernambuco, serão, *prioritariamente*, nos termos do art. 100 da Constituição Federal, utilizados no pagamento de condenações judiciais, cujos créditos estejam inscritos em precatórios, mesmo que de exercícios anteriores" (art. 40 da Lei n. 11.334/96, do Estado de Pernambuco).

– "À exceção dos créditos de natureza alimentícia, os pagamentos devidos pela Fazenda Federal, Estadual ou Municipal, em virtude de sentença judiciária, far-se-ão exclusivamente na ordem cronológica de apresentação dos precatórios e a conta dos créditos respectivos, proibida a designação de casos ou de pessoas nas dotações orçamentárias e nos créditos adicionais abertos para este fim" (art. 100 da CF de 1988).

– "Ressalvados os créditos de natureza alimentar, o valor dos precatórios judiciais, devidos pelo Estado de Pernambuco, pendentes de pagamento na data da promulgação da Constituição Federal, incluindo o remanescente de juros e correção monetária, será pago em moeda corrente com atualização, em prestações anuais, iguais e sucessivas, no prazo de oito anos, a partir de 1º de julho de 1989" (art. 1º do Decreto n. 13.550, de 31.3.1989).

– "Os pedidos de autorização para o lançamento, oferta pública ou colocação no mercado de títulos da dívida pública dos Estados, do Distrito Federal e dos Municípios deverão ser encaminhados ao Senado Federal, por intermédio do Banco Central do Brasil, devidamente instruídos com a documentação prevista nos incisos I a IX do art. 13, devendo o parecer de que trata o inciso IX conter, também, informações sobre: (...)

"§ 1º. Os títulos de que trata este artigo deverão guardar equivalência com os títulos federais, e seus prazos de resgate não poderão ser inferiores a seis meses, contados da data de sua emissão.

"§ 2º. Incluem-se nas disposições deste artigo os títulos a serem emitidos para atender à liquidação dos precatórios judiciais pendentes de pagamento, objeto do art. 33 e seu parágrafo único do Ato das Disposições Constitucionais Transitórias.

"§ 3º. Os títulos de que trata o parágrafo anterior não se incluem nos limites previstos no art. 4º e não são passíveis de refinanciamento.

"§ 4º. A utilização de recursos obtidos por meio da colocação dos títulos de que trata o § 2º em outra finalidade que não a liquidação de precatórios judiciais pendentes de pagamento, implicará na obrigatoriedade de a entidade emissora promover o imediato resgate de títulos, sem prejuízo de outras sanções cabíveis.

"§ 5º. A fiscalização do cumprimento do disposto no parágrafo anterior compete aos Tribunais de Contas a que estão jurisdicionadas as entidades emissoras" (art. 16, §§ 1º a 5º da Resolução do Senado Federal n. 69/95).

– "O eventual saldo obtido com a colocação de Letras Financeiras do Tesouro do Estado de Pernambuco no mercado, após o pagamento de todos os precatórios judiciais expedidos contra a Fazenda Estadual até o exercício de 1995, poderá ser utilizado na satisfação de outros encargos da Administração, de vez que, consoante o disposto na Lei n. 11.334, de 3 de abril de 1996, os referidos recursos serão utilizados, prioritariamente, e não exclusivamente, para o pagamento daqueles precatórios" (Manifestação do Tribunal de Contas do Estado de Pernambuco, na Decisão n. 1.396/96).

III – OS FATOS: ANTECEDENTES

1. No ano de 1995, os Governadores da maioria dos Estados-membros da República Federativa do Brasil, ao assumirem os respectivos cargos para os quais foram democraticamente eleitos, ficaram surpresos com a situação calamitosa dos correspondentes erários estaduais, desequilibrados pelos excessivos gastos ocorridos em gestões anteriores desastrosas, situações encontradas em Estados do nível econômico do Rio de Janeiro, São Paulo e Rio Grande do Sul, mais grave ainda em Estados economicamente menos significativos como os do Espírito Santo e de Alagoas, à beira, ambos, do estágio pré-falimentar.

2. Assumindo o Governo do Estado de Pernambuco, em janeiro de 1995, o Governador Miguel Arraes deparou-se com situação de crescente dificuldade financeira e de desequilíbrio no fluxo de caixa do Tesouro, que acumulava déficits mensais da ordem de 15 a 20 milhões de reais. Somente a folha de pagamento do funcionalismo público da Administração direta e indireta consumiu, no exercício de 1995, um total de 81% das receitas correntes líquidas. Em duas oportunidades, nos meses de janeiro e agosto de 1995, o Governo Estadual foi obrigado a promover autêntica moratória no pagamento de contratos e dos débitos de fornecedores, diante da necessidade de manter em dia a folha de pagamento dos servidores públicos estaduais. A receita interna mensal, decorrente da arrecadação do ICMS, é, como se sabe, principal fonte tributária do Estado (R$ 105.000.000,00), destinando-se ao custeio da folha de pessoal e encargos, de todos os Poderes. Não obstante os atrasos compulsoriamente ocorridos nos pagamentos dos compromissos contratuais do Estado, ainda assim, a partir de setembro de 1995, o pagamento do funcionalismo passou a ser pago com 10 dias de atraso, em média, e, no mês de dezembro, o Poder Executivo não pôde efetuar o pagamento do 13º salário dos servidores, em virtude de não ter podido realizar as devidas provisões mensais, por conta da absoluta insuficiência de recursos disponíveis.

3. A realidade financeira do Estado de Pernambuco, no decorrer do exercício de 1995, foi igual ou semelhante a situação de alguns Estados acima mencionados. Fato, que agravou sensivelmente a situação financeira dos Estados-membros, foi conseqüência da Emenda Constitucional de Revisão n. 1, de 1º de março de 1994, que criou o Fundo Social de Emergência, o qual retirou parcelas consideráveis de recursos que deveriam caber aos Estados, em virtude da participação destes no processo de repartição de receitas de tributos federais arrecadados em seus respectivos territórios (CF, art. 159). Projeções e estimativas de perda de receitas estaduais decorrentes dos recursos retidos pela União no Fundo Social de Emergência, elaboradas pela Secretaria da Fazenda deste Estado, vieram demonstrar, efetivamente, que a crise financeira de Pernambuco teria sido evitada com a manutenção dos níveis mínimos de equilíbrio nas suas contas públicas, caso não tivesse ocorrido a transferência e concentração de recursos constitucionalmente pertencentes ao Estado nos cofres do Tesouro Nacional.

4. Ainda no exercício de 1995, o Estado de Pernambuco tomou uma série de medidas destinadas ao restabelecimento do abalado equilíbrio financeiro do Tesouro, em especial visando ao controle e à redução do crescimento da folha de pagamento do funcionalismo. Diversas vantagens e concessões anômalas de remuneração no Poder Executivo, admissões ilegais foram anuladas, iniciou-se processo de auditoria de folha e programa de demissões incentivadas, com profundas alterações efetuadas na legislação, medidas efetivas foram tomadas visando a reduzir o potencial de sonegação tributária, através de ações de fiscalização em setores especiais, ampliação do quadro de auditores tributários, aumento e informatização dos postos de fronteira. Essas medidas, relacionadas com a arrecadação, permitiram que o Estado obtivesse, no ano de 1996, real crescimento em sua receita média de ICMS da ordem de 11,5%, em comparação com a apurada no exercício de 1995.

5. Somente em fevereiro de 1996, o Estado de Pernambuco efetuou o pagamento do 13º salário do funcionalismo público, mesmo assim, de forma parcelada, em 4 vezes, e com recursos provenientes de empréstimo de R$ 80.000.000,00, contraído junto à Caixa Econômica Federal e sujeito a uma série de condições de ajustamentos administrativos estabelecidos pela Secretaria do Tesouro Nacional, nos termos das Resoluções ns. 162 e 175/95, do Conselho Monetário Nacional (Programa de ajuste financeiro dos Estados). No Tribunal de Justiça do Estado, tramitava pedido de intervenção federal, tendo em vista a situação de inadimplência do Tesouro Estadual para com o pagamento de precatórios.

6. Apesar dos esforços empreendidos pelo Estado, tanto no campo do aumento da arrecadação, como no controle e redução da despesa pública, o déficit corrente mensal foi amenizado, mas não eliminado, como deveria ocorrer se considerado o princípio do equilíbrio orçamentário. No presente momento, as despesas com o crescimento da folha do funcionalismo estão sendo contidas no mesmo nível dos gastos realizados em 1995, contudo, as despesas com o compromisso da dívida pública, fundada e flutuante, vêem crescendo, em especial os financiamentos contraídos junto à Caixa Econômica Federal, para fins de pagamento do 13º salário dos servidores e em virtude de nova linha de crédito aberta no exercício de 1996, no valor de R$ 50.000.000,00, para custeio de programa de demissão incentivada.

7. Necessitando de fontes alternativas de receitas públicas, o Estado decidiu valer-se da possibilidade de captar recursos através da emissão de Letras Financeiras do Tesouro do Estado, emissão essa que, nos termos, aliás discutidos e postos em dúvida, do disposto no art. 33 do Ato das Disposições Transitórias (ADCT) da Constituição de 1988, deveria ficar vinculada ao pagamento de precatórios judiciais pendentes.

8. O Estado de Pernambuco não possuía, até o exercício de 1996, nenhuma dívida de natureza mobiliária, ou seja, o Tesouro Estadual jamais emitiu títulos da dívida pública em toda a sua história. Em face da inexistência do passivo mobiliário e diante da grave situação de desequilíbrio financeiro das contas públicas, o Estado iniciou processo de captação de recursos no mercado, através da emissão e venda de Letras Financeiras do Tesouro Estadual, valendo-se, para tanto, da prerrogativa inserta no art. 33 do ADCT, que assim dispõe, *in verbis*:

"Art. 33. Ressalvados os créditos de natureza alimentar, o valor dos precatórios judiciais pendentes de pagamento na data da promulgação da Constituição, incluído o remanescente de juros e correção monetária, poderá ser pago em moeda corrente, com atualização, em prestações anuais, iguais e sucessivas, no prazo máximo de oito anos, a partir de 1º de julho de 1989, por decisão editada pelo Poder Executivo até 180 dias da promulgação da Constituição.

"Parágrafo único. Poderão as entidades devedoras, para o cumprimento do disposto neste artigo, emitir, em cada ano, no exato montante do dispêndio, títulos de dívida pública não computáveis para efeito do limite global de endividamento."

9. Resultariam da isolada e literal interpretação dessa norma constitucional transitória as seguintes conclusões:

a) a Constituição de 1988 estabeleceu regime de moratória ou parcelamento de dívidas judiciais inscritas em precatório, até mesmo excepcionando o princípio da "prévia e justa indenização em dinheiro" que deveria prevalecer nos processos de desapropriação judicial (CF, art. 182, § 3º), permitindo, desta maneira, o parcelamento dessas dívidas para pagamento em até 8 anos.

b) a citada disposição transitória limitou também a eficácia temporal da norma, cujos efeitos podem estender-se até o exercício de 1997 (8 anos a contar de 1.7.89), e somente considerou abrangidos na hipótese os "precatórios judiciais pendentes de pagamento na data da promulgação da Constituição", isto é, em 5.10.88.

c) a regra constitucional em foco autorizou, ainda, a emissão de títulos da dívida pública, em séries anuais, para fins de pagamento desses precatórios pendentes, "no exato montante dos dispêndios", endividamento este não computável no limite global da dívida da respectiva entidade federativa estabelecido pelo Senado Federal (CF, art. 52, IX).

10. Cumpre observar, neste ponto, que o vigente regime constitucional estaria a vedar, em princípio, a emissão de títulos públicos pelos Estados e Municípios senão para fins de rolagem de dívida mobiliária e para o pagamento de precatórios judiciais. Essa a norma também transitória contida no art. 5º da Emenda Constitucional n. 3, de 17.3.93, que enuncia expressamente:

"Art. 5º. Até 31 de dezembro de 1999, os Estados, o Distrito Federal e os Municípios somente poderão emitir títulos da dívida pública no montante necessário ao refinanciamento do principal devidamente atualizado de suas obrigações, representadas por essa espécie de títulos, ressalvado o disposto no art. 33, parágrafo único, do Ato das Disposições Transitórias."

11. Em regra, no entanto, a emissão de títulos da dívida pública pelos Estados-membros da Federação é perfeitamente viável e juridicamente válida como fonte de obtenção de receita pública originária. Assim preconizam as disposições permanentes constantes do art. 52, inciso IX e do art. 163, inciso IV, da Constituição da República. Excepcionalmente, em decorrência de normas transitórias de eficácia limitada no tempo, o legislador constituinte decidiu restringir a emissão e a negociação de títulos da dívida pública apenas por parte dos Estados, do DF e dos Municípios, restrição que não alcançou a União e sua monumental dívida interna mobiliária. A Constituição atribuiu, deste modo, ao Senado Federal, competência privativa para "estabelecer limites globais e condições para o montante da dívida mobiliária dos Estados, do Distrito Federal e dos Municípios" (CF, art. 52, IX).

12. Contudo, preliminarmente à competência do Senado Federal para "estabelecer limites globais e condições para a dívida mobiliária dos Estados", observamos que cabe à Lei Complementar dispor sobre as normas gerais de emissão e resgate de títulos da dívida pública (CF, art. 163, IV). Tal Lei Complementar ainda não foi editada no regime da Constituição de 1988, permanecendo em vigor a Lei Federal n. 4.320, de 17.3.1964, a qual não contém normas especiais relativas ao processo de lançamento e negociação de títulos do Tesouro Estadual no mercado financeiro. No âmbito da regulação do processo de emissão de títulos da dívida mobiliária dos Estados e Municípios após a Constituição de 1988, remanescem as normas do Conselho Monetário Nacional e do Banco Central do Brasil, editadas no período de centralismo exacerbado da política econômica e financeira nacional, de 1964 a 1985, muitas das quais derrogadas pela regra geral revocatória, inserta no art. 25 do Ato das Disposições Constitucionais Transitórias, e continua a ser aplicada, nesse processo, não uma Lei Complementar, mas apenas uma Resolução do Senado Federal, texto normativo diferenciado e não equiparável ao nível de lógica da hierarquia das normas jurídicas.

13. Inexistente a Lei Complementar de regramento das normas gerais relativas à emissão, negociação e resgate de títulos públicos de responsabilidade dos Tesouros Estaduais, no caso particular como o de Pernambuco, a referida lacuna veio a ser preenchida, precariamente, pela Resolução n. 69/95 do Senado Federal, sendo que a mesma estabeleceu, em seu art. 16, o seguinte, no que tange à matéria ora sob análise:

"Art. 16. Os pedidos de autorização para o lançamento, oferta pública ou colocação no mercado de títulos da dívida pública dos Estados, do Distrito Federal e dos Municípios deverão ser encaminhados ao Senado Federal, por intermédio do Banco Central do Brasil, devidamente instruídos com a documentação prevista nos incisos I a IX do art. 13, devendo o parecer de que trata o inciso LX conter também informações sobre: (...)

"§ 1º. Os títulos de que trata este artigo deverão guardar equivalência com os títulos federais, e seus prazos de resgate não poderão ser inferiores a seis meses, contados da data de sua emissão.

"§ 2º. Incluem-se nas disposições deste artigo os títulos a serem emitidos para atender à liquidação dos precatórios judiciais pendentes de pagamento, objeto do art. 33 e seu parágrafo único do Ato das Disposições Transitórias.

"§ 3º. Os títulos de que trata o parágrafo anterior não se incluem nos limites previstos no art. 4º e não são passíveis de refinanciamento.

"§ 4º. A utilização de recursos obtidos por meio da colocação dos títulos de que trata o § 2º em outra finalidade que não a liquidação de precatórios judiciais pendentes de pagamento, implicará na obrigatoriedade de a entidade emissora promover o imediato resgate de tais títulos, sem prejuízo de outras sanções cabíveis.

"§ 5º. A fiscalização do cumprimento do disposto no parágrafo anterior compete aos Tribunais de Contas a que estão jurisdicionadas as entidades emissoras."

14. Inferem-se das disposições constantes da Resolução acima transcrita autênticas regras e normas especiais de regulação do processo em si de emissão de Letras Financeiras do Tesouro Estadual. Divisa-se, nessa regulação, invasão de competência que seria própria do Congresso Nacional, através de Lei Complementar (CF, art. 163, IV), por norma editada, no seu limite extremo, em Resolução do Senado Federal, a qual não disporia de poderes para tanto. Nunca é demais olvidar que a competência do Congresso Nacional é distinta e bem mais ampla do que a competência do Senado Federal.

15. O Estado de Pernambuco então, com supedâneo na norma que possibilitava a emissão de títulos mobiliários de sua dívida pública, ainda que para pagamento de precatórios judiciais vencidos em 1988 (ADCT, art. 33, parágrafo único), e premido pela grave situação financeira interna de desequilíbrio das contas públicas, decidiu solicitar ao Senado Federal autorização para emitir e negociar, em caráter originário, Letras Financeiras do Tesouro. A formalidade preliminar exigida pelo art. 33 do ADCT foi cumprida pelo Estado no prazo previsto, relativamente à edição de texto regulamentar, prevendo a possibilidade de parcelamento dos precatórios judiciais pendentes de pagamento de 5.10.88, através do Decreto n. 13.550, de 31.3.89 (*DOE* de 1.4.89), que assim veio a prever em seu art. 1º, conforme transcrição abaixo:

"Art. 1º. Ressalvados os créditos de natureza alimentar, o valor dos precatórios judiciais, devidos pelo Estado de Pernambuco, pendentes de pagamento na data da promulgação da Constituição Federal, incluindo o remanescente de juros e correção monetária, será pago em moeda corrente com atualização, em prestações anuais, iguais e sucessivas, no prazo de oito anos, a partir de 1º de julho de 1989."

16. No início do ano de 1996, a Secretaria da Fazenda, em conjunto com a Procuradoria-Geral do Estado, realizaram, perante o Tribunal de Justiça do Estado e o Tribunal Regional do Trabalho da 6ª Região, um levantamento dos precatórios pendentes de pagamento, relativamente às 7ª e 8ª parcelas (1995 e 1996), havendo sido obtido o montante, que totalizou R$ 58.000.000,00. Além desse valor, procedeu-se à atualização monetária, a título de remanescente de juros e correção, referente às 1ª a 6ª parcelas, computando-se, nesse montante corrigido, tomando por base reiteradas decisões do Supremo Tribunal Federal, os índices relativos à inflação de fevereiro de 1986 (14,365 %), do IPC de janeiro de 1989 (70,28%) e ainda a inserção, em substituição aos índices de BTN, do IPC no período de março de 1990 a janeiro de 1991 (96,15%), e o somatório geral estimou um débito total remanescente do integral cumprimento dos precatórios judiciais pendentes, no valor de 422 milhões de reais.

17. Tomando como ponto de partida o montante projetado e previsível, mais reservas contingentes, de 480 milhões de reais de passivo judicial inscrito em precatório, o Poder Executivo solicitou à Assembléia Legislativa do Estado a necessária autorização legal para realizar a emissão e oferta pública de igual montante em Letras Financeiras do Tesouro do Estado de Pernambuco – LFTPE –, valor a ser aberto como crédito adicional. Por intermédio da Lei Estadual n. 11.334, de 3.4.96, a autorização para emissão de títulos da dívida pública foi então deferida (art. 6º, § 1º). A autorização global concedida pela Lei n. 11.334/96, no entanto, foi maior, no valor de 780 milhões de reais (art. 20, I), com isso significando que o interesse do Estado, nessa operação, almeja objetivo mais amplo.

18. Inovando em relação às regras restritivas do art. 33 do ADCT e do § 4º do art. 16 da Resolução n. 69/95 do Senado Federal, a regra especial pernambucana autorizativa da emissão de títulos do Tesouro Estadual, contida na Lei n. 11.334/96, veio a dispor, do seguinte modo, em seu art. 4º.

"Art. 4º. Os valores das vendas ou decorrentes de quaisquer operações de crédito realizadas com as Letras Financeiras do Tesouro do Estado de Pernambuco serão, prioritariamente, nos termos do art. 100 da Constituição Federal, utilizadas no pagamento de condenações judiciais cujos créditos estejam inscritos em Precatórios, mesmo que de exercícios anteriores."

19. Apresenta-se a norma estadual acima transcrita, aparentemente, em desacordo com as disposições transitórias da Constituição Federal e com o enunciado pela Resolução n. 69/95 do Senado da República, em dois aspectos.

a) determina que os recursos captados com o lançamento das Letras do Tesouro sejam utilizados, preferencialmente, para o pagamento de precatórios judiciais vencidos e exigíveis, admitindo, contudo, que as reservas disponíveis e as possíveis sobras, enquanto não exigíveis, possam ser utilizadas pelo Estado para atender a outros compromissos legais ou contratuais.

b) prevê que os recursos gerados com tais títulos públicos possam servir também para o pagamento de precatórios judiciais inscritos na Justiça do Trabalho após a promulgação da Constituição de 1988, conforme disposto na parte final da norma, correlacionado com a data de início da vigência da referida lei estadual, extensão temporal reforçada nos termos do seu art. 5º.

20. Consideramos, pois, que o fulcro da questão, sob análise, reside precisamente na discussão da possível antinomia existente entre uma Lei Estadual editada no pleno exercício do princípio fundamental e da autonomia do Estado, e as normas transitórias da Constituição Federal e as disposições constantes de Resolução do Senado Federal, que estabelecem regras gerais e específicas para emissão de Letras Financeiras por parte do Tesouro dos Estados. Em face da prevalência e superioridade dos princípios fundamentais da Constituição e das normas de suas disposições permanentes, é forçoso *concluir ser juridicamente admissível e coerente com a lógica constitucional, concluir que o Estado possa captar recursos financeiros no mercado de Letras Públicas, assumindo, exclusivamente para si, o ônus de resgatá-las, inexistindo qualquer garantia ou participação da União nessas operações, concluindo-se, também, que os recursos captados possam ser aplicados, discricionariamente, conforme os critérios de administração do fluxo do seu caixa único, orientando-se o administrador, nesta aplicação, pelos traços da economicidade, razoabilidade, oportunidade e conveniência.*

21. Com o saldo remanescente da captação das Letras Financeiras disponível na conta única do Tesouro e em face da inexistência, agora, de precatórios exigíveis, a Secretaria da Fazenda do Estado de Pernambuco formulou consulta ao Tribunal de Contas do mesmo Estado, indagando sobre a possibilidade de utilização desses recursos para outros fins, relativos a despesas correntes ou de capital, de natureza legal ou contratual, como, entre outras, para pagamento do funcionalismo estadual, fornecedores e amortização da dívida pública flutuante. Sendo a instância competente para fiscalizar a aplicação dos recursos captados pela emissão de títulos do Tesouro Estadual (Resolução n. 69/95, art. 16, § 5º do Senado Federal), os eminentes Conselheiros do Tribunal de Contas do Estado assim se pronunciaram, mediante prolação da Decisão TC n. 1.396/96:

"O eventual saldo obtido com a colocação de Letras Financeiras do Tesouro do Estado de Pernambuco no mercado, após o pagamento de todos os precatórios judiciais expedidos contra a Fazenda Estadual até o exercício de 1995, poderá ser utilizado na satisfação de outros encargos da Administração de vez que consoante o disposto na Lei 11.334, de 3 de abril de 1996, os referidos recursos serão utilizados, prioritariamente, e não exclusivamente, para o pagamento daqueles precatórios".

22. Considerando os termos da Decisão acima, o Estado de Pernambuco vem utilizando parte dos recursos captados em exigibilidades outras do Tesouro que não o pagamento de precatórios judiciais, levando em consideração, ainda, o princípio da economicidade, já que a utilização desses recursos disponíveis em caixa, representa, para o Estado, custo financeiro inferior ao que poderia obter na captação de financiamentos e empréstimos bancários de antecipação de receita (ARO) e mesmo em contratos celebrados atualmente com a Caixa Econômica Federal.

IV – OS PRINCÍPIOS

a) Norma jurídica constitucional

23. O dispositivo permanente que integra a Constituição tem supremacia sempre, enquanto a Carta Magna estiver em vigor, sobre toda e qualquer outra norma jurídica – lei ou ato administrativo – do sistema jurídico de que faz parte.

24. A força extraordinária que irradia do texto permanente constitucional decorre não somente do conteúdo da Carta Magna – *supremacia material* ou *substancial* – como também da forma – ou seja, rito seguido em seu processo nomogenético ou processo legislativo.

25. Pairam assim os dispositivos da Constituição acima dos dispositivos das normas vigentes, que com eles deverão ter compatibilidade absoluta ou adequação perfeita.

b) Norma jurídica inconstitucional

26. A contrario sensu as regras jurídicas inconstitucionais são corpo estranho no mundo jurídico, por descompasso com o comando poderoso que emana do centro supremo.

27. Surge assim, nos países que admitem a denominada Constituição rígida, o relevante problema intitulado, tecnicamente, de *controle de constitucionalidade*, vigilância contínua que detecta a norma incompatível com a Constituição, para expulsá-la do mundo jurídico, invalidando-a.

c) Conceito de lei inconstitucional

28. Lei inconstitucional é a que contraria, no todo, ou em parte, a Constituição vigente.

29. Quando, no Brasil, uma lei é inconstitucional, podem as entidades, credenciadas pela Constituição, propor, perante o Poder Judiciário, a respectiva *ação direta de inconstitucionalidade*, cabendo ao Tribunal competente, o Supremo Tribunal Federal ou o Tribunal de Justiça do Estado, conforme o caso, o processamento e o julgamento, originariamente, da ação respectiva proposta, desde que a lei ou o ato normativo seja federal ou estadual.

30. Declarada a inconstitucionalidade, no todo ou em parte, de uma lei, por decisão definitiva do Supremo Tribunal Federal, cabe ao Senado Federal, privativamente, suspender-lhe imediatamente a execução. Ou ao Tribunal de Justiça, conforme o caso.

31. A norma declarada *inconstitucional* é nula e, portanto, não obriga nem as autoridades, nem os administrados, já que não tem aplicação. Desse modo, a declaração de nulidade tem efeito *ex tunc*, ou seja, retroativo, sendo destituídos de validade todos os atos praticados antes da declaração de nulidade da norma infraconstitucional argüida. *A contrario sensu*, enquanto não declarada inconstitucional, a norma vale, tem vigência e eficácia. *E ninguém pode ser censurado por obedecê-la.*

32. Nos Estados em que a Constituição é flexível, o *controle de constitucionalidade* simplesmente inexiste. Se o *controle de constitucionalidade* não foi previsto pelo legislador constituinte, não existe rigidez constitucional nem diferença entre Poder constituinte originário e derivado. Nos Estados de Constituição flexível, o Poder constituinte se eterniza nas mãos do legislador, o qual tem o poder de alterar, quando quiser, a regra jurídica constitucional, já que não existe órgão que resguarde a supremacia da regra constitucional sobre a lei ordinária.

33. Somente no caso de rigidez constitucional, é que se pode falar em supremacia formal da Constituição.

34. Sem dúvida, nos Estados de Constituição flexível, a distinção entre *lei constitucional* e *lei ordinária* não acarreta nenhuma conseqüência jurídica diferente da que concerne à superioridade material das primeiras. Ao contrário, a previsão de processo especial de revisão constitucional, existente nos Estados de Constituição rígida, tem como conseqüência a distinção das duas categorias de leis, as *leis constitucionais* e as *leis ordinárias*.

35. Fundamenta-se esta distinção não no objeto ou conteúdo da lei, mas apenas na forma pela qual o texto foi elaborado e poderá ser modificado, ou seja, seus processos de elaboração.

d) Controle de constitucionalidade

36. Controle de constitucionalidade – de lei ou de ato – é o procedimento, existente nos países de Constituição rígida, que incide sobre determinadas normas, para, examinando-lhes os requisitos formais e materiais, verificar se estas normas são ou não compatíveis com a Constituição vigente.

37. A lei pode circular pelo mundo jurídico, produzindo efeitos, e, no entanto, ser inconstitucional. O problema surge apenas quando o interessado descobre a *inadequação*, no todo ou em parte, dessa norma com a Constituição. Em princípio, a lei inconstitucional, que é nula e, portanto, ineficaz, não obriga. Se aplicada, tal aplicação é nula. De nenhum efeito. Submetida ao controle de constitucionalidade, a declaração de nulidade tem efeito *ex tunc*, ou seja, incide sobre o passado, invalidando os atos editados sob seu império.

38. A existência do controle de constitucionalidade é decorrência direta da distinção entre Constituição rígida e Constituição flexível, bem como entre Poder Constituinte originário e derivado.

39. Realmente, quando o controle de constitucionalidade não foi previsto expressamente pelo legislador constituinte – sistema expresso de controle – nem se consegue deduzi-lo do exame jurídico do sistema considerado, não há rigidez constitucional nem distinção entre Poder Constituinte originário e Poder Constituinte derivado.

Nessas duas hipóteses, há ausência de controle de constitucionalidade, sendo, assim, flexível a Constituição, sediando-se, nesse caso, o Poder Constituinte indefinidamente nas mãos do legislador, que poderá, então, alterar, a qualquer tempo, as regras constitucionais, já que não há nenhum órgão de controle com força jurídica suficiente para assinalar a supremacia das normas constitucionais sobre as regras jurídicas infraconstitucionais.

40. O controle de constitucionalidade das leis é de origem jurisprudencial, devendo-se ao famoso Magistrado norte-americano Marshall, da Corte Suprema da Nação, diante de um caso concreto (Marbury *vs*. Madison), a mais clara e completa construção a respeito, em face da Constituição, por sinal omissa, nesse particular.

41. No célebre *leading case* citado, Marshall esclareceu que todas as leis de um sistema jurídico – no caso o direito norte-americano – devem ser conformes à Constituição e, assim, as leis que se chocarem com o dispositivo do texto máximo não são leis. São normas estranhas ao direito e, pois, sem eficácia, não obrigando os cidadãos a obedecê-las.

42. Nesse caso, compete à Corte Suprema da Nação decidir sobre a constitucionalidade de uma lei e se esta conflitar com a Constituição, caberá ao julgador decidir sobre sua aplicação.

43. *Preventivo* é o controle de constitucionalidade que incide sobre o *procedimento nomogenético*, *in fieri*, isto é, antes que o texto legal seja promulgado.

44. *Repressivo* é o controle de constitucionalidade que se exercita, após a promulgação da lei.

45. Na verdade, seria conveniente o controle efetivo que impedisse a entrada no mundo jurídico da lei ou ato inconstitucional, mas na prática o que se tem observado é que o órgão controlador acaba ficando à mercê do governante e, portanto, orientando-se apenas na conveniência e oportunidade do texto controlado, eivando-se, pois, de vício político.

46. Em 1946, 1967 e 1969, as Cartas Políticas davam ao Chefe do Executivo da União o *poder de veto*, sob a alegação de inconstitucionalidade de leis, mas na prática o Presidente passava a vetar, tão-somente, o texto inconstitucional que julgasse inoportuno ou inconveniente.

e) Obediência à lei não declarada inconstitucional

47. Se não foi suscitado o problema da inconstitucionalidade de lei estadual, se a ação direta respectiva não foi proposta, se não houve a respectiva decisão final irrecorrível, nem suscitada, depois, a esperada *suspensão dos efeitos* da norma, esta continua com eficácia, projetando-se no meio sobre o qual incidiu.

48. Nem os administrados – a população, os funcionários – nem os administradores – Governadores, Secretários de Estado, Procuradores – poderão ser censurados pelo estrito cumprimento da lei não declarada inconstitucional.

f) Eficácia de texto não declarado inconstitucional

49. Se um texto ou dispositivo infraconstitucional estiver em conflito aparente com a Constituição Federal ou com a Constituição do Estado-membro, esse texto continua a ter eficácia durante todo o seu período de vigência, somente perdendo o valor jurídico quando o Supremo Tribunal Federal, processando e julgando a adequada ação direta de inconstitucionalidade proposta (art. 102, I, CF), decidir pela inconstitucionalidade e o Senado Federal suspender a execução, no todo ou em parte, do texto impugnado pela decisão definitiva da Corte Máxima da Nação (art. 52, X, CF).

50. Antes da suspensão, a lei, vigente e eficaz, deverá ser obedecida, pelo poder público e pelos particulares, pois, se cada cidadão entendesse que um texto era inconstitucional, a desobediência coletiva à lei, levaria o Estado ao caos.

51. Assim, se, em obediência estrita ao princípio federativo e ao princípio da autonomia da unidade estadual, uma lei, promulgada por Estado-membro, inovar sobre regra restritiva do art. 33 do ADCT e do art. 16, § 4º da Resolução 69/95 do Senado Federal, declarando, por exemplo, "que os valores das verbas decorrentes de quaisquer operações de crédito, realizadas com Letras Financeiras do Tesouro do Estado, serão, prioritariamente, nos termos do art. 100 da CF, utilizados no pagamento de condenações judiciais, cujos créditos estejam inscritos em precatórios, mesmo de exercícios anteriores", este texto tem plena vigência e eficácia, enquanto não derrogado por outro texto de mesmo nível mais elevado, ou não for declarado inconstitucional pelo Poder Judiciário, deverá ser obedecido por administrados e pelos agentes públicos, até sua mais alta hierarquia.

52. São assim irresponsáveis civil ou penalmente todas as pessoas, administrados e administradores, que agirem de acordo com a lei, não impugnada e, portanto, em plena vigência e eficácia.

g) Parte permanente e parte transitória da Constituição

53. Formalmente a Constituição, regra geral, é formada de Preâmbulo, seguido do Texto Permanente, de Disposições Gerais e Disposições Transitórias. Enquanto em vigor a Constituição, os dispositivos de todas essas partes são dotados de mesmo grau hierárquico.

h) Há dispositivos constitucionais inconstitucionais?

54. Como assinalamos exaustivamente, em nosso livro (cf. *Comentários à Constituição Brasileira de 1988*, Rio, Ed. Forense Universitária, 1993, v. IX, pp. 4.816 a 4.866), em 50 páginas, o conceituado professor alemão, Otto Bachoff (cf. seu livro *Normas constitucionais inconstitucionais*, p. 55, trad. portuguesa de José Manoel Cardoso da Costa, Coimbra, Ed. Atlântida, 1977), escreveu: "Poderia suceder que uma norma constitucional de caráter secundário, nomeadamente uma norma só formalmente constitucional, fosse de encontro a um preceito material fundamental da Constituição; ora, o fato é que por constitucionalistas tão ilustres como Krüger e Geise, foi defendida a opinião de que, no caso de semelhante contradição, a norma constitucional de grau inferior seria inconstitucional e inválida".

55. E o mesmo autor alemão, em outra parte, acrescenta: "Se uma norma constitucional infringir uma outra norma da Constituição, positivadora do decreto supralegal, tal norma será, em qualquer caso, contrária ao diploma natural e, de harmonia com o exposto supra, carecerá de legitimidade no sentido de obrigatoriedade jurídica" (p. 63).

56. Na realidade, não existe "norma constitucional de caráter secundário, nomeadamente uma norma formalmente constitucional", que colidisse ou "fosse de encontro a um preceito material fundamental da Constituição". Inexiste *hierarquia* entre as normas constitucionais. Todas têm exatamente o mesmo valor jurídico, enquanto vigentes (cf. nossos *Comentários*, v. IX, p. 4.827, últimas linhas).

57. Todos os dispositivos da Constituição são formalmente constitucionais. Nas Disposições Constitucionais Transitórias, entretanto, pode haver dispositivos que materialmente são atos administrativos, por enquadrarem, concretamente, situações individuais, destituídas da generalidade que caracteriza o dispositivo formal, como, por exemplo, os artigos da Constituição de 1946, a saber, o de n. 33 ("o Governo mandará erigir, na Capital da República, monumento a Rui Barbosa") e 34 ("são concedidas honras de Marechal ao General Mascarenhas de Morais").

58. Aliás, o mestre alemão empregou por evidente equívoco o vocábulo "material", ao invés de "formal", ao discutir o problema da norma constitucional "de grau inferior", inconstitucionalmente "inconstitucional" e "inválida", diante de outra norma, também constitucional, mas válida.

59. Referindo-se ao art. 33, em seu trabalho *Normas Constitucionais e seus efeitos*, pp. 113 e 116, a Professora Maria Helena Diniz sustenta que esse dispositivo, conflitando com os arts. 5º e 100 da CF de 1988, "é norma cujo comando não pode merecer aplicabilidade, uma vez que dispõe, taxativamente, contrariando os princípios juridicamente constitucionais, declarados pela própria Carta. Com efeito, o que o art. 33 está ensejando, na verdade, é um brutal ataque ao princípio da igualdade jurídica, que manda tratar igualmente os iguais e desigualmente os desiguais".

60. Dispondo que os precatórios judiciais pendentes, na data da promulgação da Carta de 1988, ficarão paralisados por 8 anos, o dispositivo constitucional criticado, de natureza transitória, está dando tratamento desigual a pessoas de idêntica situação jurídica, ou seja, de credores do Estado, conforme conclui a ilustre Professora citada.

i) Recursos captados e subseqüente aplicação das "sobras" dos títulos da dívida pública

61. Embora o texto diga, expressamente, que a emissão dos títulos da dívida pública, em cada ano, deve ser no exato montante do dispêndio, não computáveis para efeito do limite global de endividamento, é claro que, na prática, é impossível calcular matematicamente "o exato montante do dispêndio". Sempre existe uma sobra, saldo ou remanescente.

62. O remanescente ou saldo não é, de modo algum, vinculado ao pagamento dos precatórios judiciais pendentes, pois se trata de bem fungível, que poderá ser aplicado pelo Estado, na quitação de outros débitos, aplicação informada pelo interesse público do momento, avaliado, discricionariamente, pelo Chefe do Executivo do Estado, que consulta, para tanto, a oportunidade, a conveniência, a razoabilidade e a economicidade.

63. O Professor Celso Ribeiro Bastos (cf. *Curso de Direito Financeiro e de Direito Tributário*, São Paulo, 1994, Saraiva, p. 8) elucida que "o Estado necessita, como fonte primordialíssima, dos recursos econômicos para a sua atuação, de arrecadar valores, na forma de dinheiro, com o qual possa, também aqui, de forma praticamente generalizada, saldar seus débitos e, em dinheiro, que os Estados quitam seus débitos. A própria utilização de Títulos da Dívida Pública não constitui exceção, visto que são destinados a ser convertidos, no futuro, em dinheiro".

64. Acham-se em jogo os princípios da finalidade (o fim público), da economicidade, da razoabilidade e da continuidade dos serviços públicos. Por essa razão, apurado qualquer excedente, depois da aplicação da receita vinculada a uma finalidade, pelo dispositivo que autorizou a emissão dos títulos da dívida pública, tal excedente poderá ser aplicado ao pagamento de outras obrigações públicas, pagamento informado por interesse público relevante e pela necessidade da Administração, pois do contrário haveria o absurdo congelamento ou inércia do saldo remanescente dos recursos captados, embora disponíveis nas contas do Estado, sem vinculação a qualquer outra modalidade de fins públicos.

65. Nesse caso, forçoso é concluir que os recursos captados passam, como ingressos públicos ou receitas do Estado, a ser disponíveis, respeitados os limites processuais para a autorização da emissão da dívida pública, depois de pagos os precatórios judiciais exigíveis, cujas existências fundamentaram a emissão, nessa hipótese de pagamentos determinados pelo Poder Judiciário.

66. Do contrário, de que valeria a apregoada autonomia do Estado-membro e o princípio federativo, garantidos por cláusulas pétreas, se as autoridades das Unidades Estaduais, satisfeitos e atendidos os compromissos fixados em Lei Estadual, que permitiu, expressamente, a captação de recursos públicos, mediante a emissão de títulos, não pudesse, cruzando os braços diante do peculiar interesse da Unidade, aplicar as próprias rendas, a fim de cumprir obrigações assumidas para sanear problemas urgentes e relevantes, nos vários setores do Estado-membro?

67. Além dos recursos destinados ao pagamento dos servidores estaduais, pagamento que periclitou, quando o Governador tomou posse, mas afinal foi resolvido, estando, daí por diante, em dia a folha de pagamento, existem inúmeros compromissos da Administração, no campo da execução da dívida pública, como os assumidos com prestadores de serviços públicos, fornecedores, empreiteiros, encargos sociais devidos ao poder público federal, não ao estadual, o que dá, como conseqüência, "na inscrição, do Estado de Pernambuco, no cadastro de *inadimplentes* do Governo Federal – o CADIM – impossibilitando-lhe, temporariamente, o acesso a fontes internas e externas de investimentos públicos".

j) Interpretação extensiva da norma jurídica

68. Diante da interpretação da norma jurídica – estamos agora pensando novamente no teor do art. 33 e na correspondente pergunta constante da letra e, feita pelo consulente, em que se indaga da "admissão da interpretação extensiva desta norma transitória" –, o jurista deverá ter em mente as regras do *summum jus*, *summa injuria* e da passagem de São Paulo, na Segunda Epístola aos Coríntios, III, 6, quando diz que "a letra mata e o espírito vivifica".

69. No terreno da hermenêutica, impenetrável ao leigo, os artigos de lei jamais devem ser interpretados isoladamente. Já se disse que os sistemas jurídicos se comparam a esferas e estas, nem por terem apenas um ponto de contato com a superfície em que tocam, deixam de ter todo o peso do sólido, confluindo para esse ponto.

70. O artigo da Lei ou da Constituição só vale em função dos demais artigos do diploma em que se inscreve, articulado este com outros diplomas legislativos e com o espírito geral do sistema. "O sistema inteiro de um Código depende, muitas vezes, de uma só disposição" (Teixeira de Freitas). Logo, interpretar um artigo isolado, como faz o leigo, é cometer erro elementar de hermenêutica jurídica. A transformação de um só elemento da ordem jurídica transforma-a em uma nova ordem. A substituição de uma regra jurídica por outra atinge a ordem jurídica no seu conjunto (Patrice Level).

71. A *hermenêutica jurídica*, propondo-se a fixar o sentido preciso dos vocábulos e expressões legais, aproveita os resultados obtidos pela Filosofia do Direito e colabora na formação e aperfeiçoamento de todos quantos, lidando com fatos e normas, procuram um pouco mais do que a mera resolução imediatista dos casos emergentes (cf. nosso *Curso de Filosofia do Direito*, 5ª ed., Rio, 1995, Forense, p. 246).

72. "O jurista, esclarecido pela hermenêutica, descobre, em código ou em ato escrito, a frase implícita, mais diretamente aplicável a um fato do que o texto expresso. Multiplica as utilidades de uma obra; afirma o que o legislador decretaria, se previsse um incidente e o quisesse prevenir ou resolver; intervém, como auxiliar prestimoso da realização do direito; desce aos alicerces e dali arranca tesouros de idéias, latentes até aquele dia, porém vivazes e lúcidos. Explica a matéria, afasta as contradições aparentes, dissipa as obscuridades e faltas de precisão, põe em relevo todo o conteúdo do preceito legal, deduz das disposições isoladas o princípio que lhes forma a base e, desse princípio, as conseqüências decorrentes" (Carlos Maximiliano, *Hermenêutica e Interpretação do Direito*, 5ª ed., 1951, Freitas Bastos, p. 29).

73. De todos os tipos de interpretações, a gramatical, a lógica, a autêntica, a interpretação sistemática ou extensiva é à que deve recorrer o jurista em casos como este, em que o menos avisado pretende interpretar isoladamente o art. 33 do ADCT, quando, na verdade, o rigor principiológico da hermenêutica jurídica recomenda que este artigo, que se acha inserido num conjunto maior, deve ser analisado em comparação com os dispositivos da parte permanente do texto constitucional, o que leva a conclusões científicas e racionais, mostrando que não podem ser esquecidos os princípios da federação e da autonomia do Estado-membro, podendo este, como conseqüência, editar leis, derivadas da natureza do peculiar interesse regional e da sua unidade, que informam as Assembléias Legislativas e os Governos dos Estados-membros.

74. Se, como no nosso caso, o texto permanente consagra a autonomia do Estado-membro, que deriva do traço característico da Federação, é evidente que qualquer lei estadual referente à aplicação do remanescente da emissão de títulos da dívida pública, é, sem a menor dúvida, constitucional, tanto assim que o Egrégio Tribunal de Contas do Estado, em obediência a Resolução do Senado, que lhe outorgou competência para a resolução de casos como este, prolatou Decisão, aprovando a operação.

V – CONCLUSÕES

Por todos esses motivos, de fato e de direito, expostos anteriormente e considerando que:

(a) os recursos auferidos com a emissão de Letras Financeiras do Tesouro do Estado-membro, utilizados preferencialmente, pelo poder público, para o pagamento dos precatórios judiciais vencidos e exigíveis, não impedem que as eventuais sobras e as reservas disponíveis, enquanto não exigíveis podem e devem ser utilizadas pelo mesmo Estado para atender a outros compromissos assumidos, legais ou contratuais, sendo irrelevante, na espécie o decurso do tempo,

(b) a *aparente* – repetimos, *aparente* – antinomia ou inconstitucionalidade, no todo, ou em parte, de lei estadual é insuficiente para gerar a desobediência do texto não só por aqueles a quem é dirigida, os administrados, nos limites do Estado-membro, como também por aqueles que lhe devem dar cumprimento, as autoridades governamentais, pois as leis estaduais são informadas pelos princípios constitucionais da Federação e da autonomia do Estado, tendo vigência e eficácia até que, mediante argüição de inconstitucionalidade, por meio da respectiva ação direta, sejam invalidadas pelo Poder Judiciário que, em decisão definitiva a declare inconstitucional e o Poder Legislativo competente lhes suspenda a execução (cf. nossos *Comentários à Constituição*, v. V, p. 2.601).

(c) o Estado-membro, numa primeira fase, tem o direito e o poder-dever de captar recursos financeiros no mercado, como por exemplo, alienando bens públicos ou emitindo letras públicas e assumindo a obrigação de resgatar estas últimas dentro de certo prazo, ficando o poder público federal fora dessa área de atuação e, numa segunda fase, podendo o mesmo Governo do Estado aplicar as sobras dos recursos captados, discricionariamente, consultando, para tanto, apenas a oportunidade e a conveniência da medida, conforme o peculiar interesse dessa Unidade, devendo tal aplicação ocorrer de acordo com o art. 100 da CF de 1988, no pagamento de condenações judiciais, cujos créditos estejam inscritos em precatórios, mesmo de exercícios anteriores,

(d) a Lei n. 11.334/96, declaração solene da norma jurídica correspondente, feita pelo Poder Legislativo do Estado de Pernambuco, jamais foi declarada inconstitucional pelo Poder Judiciário e suspensa por ordem do Poder Legislativo competente, como antinômica ou inconstitucional, pois na qualidade de norma ou lei especial não contrariou flagrantemente regra restritiva federal, contida no art. 33 do ADCT de 1988, interpretado este sistematicamente, em consonância com outros artigos da parte permanente do texto constitucional, que proclamam, em cláusulas pétreas, os princípios federativos e a autonomia dos Estados-membros,

(e) aparência não se confunde com realidade e, pois, assim, todo cidadão, administrado ou administrador, no âmbito do Estado-membro, deve irrestrita obediência à lei estadual, não lhe cumprindo julgar-lhe a validade por falta de competência para tanto,

(f) ainda em 1996, o Governo do Estado de Pernambuco liquidou todos os precatórios pendentes de pagamento, referentes ao corrente exercício financeiro, bem como em relação a exercícios anteriores, conforme declarou por ofício o Digno Diretor do Tribunal de Justiça do Estado de Pernambuco,

(g) em 24.7.1996, o eminente Juiz Vice-Presidente do Egrégio Tribunal Regional do Trabalho da 6ª Região enviou ao Procurador-Geral do Estado de Pernambuco "a relação dos precatórios vencidos com os respectivos valores atualizados até aquela data" e aproveitou "a oportunidade para parabenizar o Procurador-Geral e o Governador do Estado pelas providências tomadas no sentido de cumprirem os precatórios vencidos",

(h) em 26.9.1996, visto o Estado ter honrado ponto por ponto e nos prazos fixados compromissos de precatórios, com recursos próprios e tendo sido o resultado das vendas dos títulos públicos superior ao montante necessário para o pagamento desses débitos, nada impede que o saldo remanescente desses valores seja utilizado para solver outros compromissos do Estado, tais como o pagamento de funcionários, de empreiteiros, de fornecedores, de desapropriações e de encargos sociais atrasados,

(i) a emissão de títulos da dívida pública estadual é um os modos legais ou instrumento de captação ou geração de receitas públicas, emissão autorizada pela Resolução n. 69/95 e pela Resolução 39/96 do Senado Federal, fundadas no art. 52, IX e no art. 163, IV da Constituição Federal de 1988, bem como no art. 33 do ADCT da mesma Carta Magna,

(j) é legal e constitucional a utilização dos recursos captados pela emissão, no mercado de capitais, de títulos da dívida mobiliária do Estado, observados os princípios constitucionais que informam a Federação e a autonomia do Estado, para aplicação de rendas e recursos que ele próprio gerou,

(l) as normas transitórias da Constituição devem ser interpretadas sistematicamente, em função dos dispositivos constantes do texto permanente, não podendo invadir a autonomia dos Estados Federados, na gestão de suas próprias fontes de receitas, asseguradas por dispositivos permanentes,

(m) não obstante a ressalva do art. 2º, parágrafo único, da Resolução do Senado

Federal n. 39/96, não há a menor dúvida de que diante do caráter restritivo dos §§ 2º a 5º do art. 16 da anterior Resolução n. 69/95, que trata da emissão de títulos públicos pelo Estado-membro, esta primeira Resolução deve ser entendida como indiretamente derrogada pela Resolução subseqüente, que a ela se sobrepõe, sendo, desse modo, legal e constitucional a segunda Resolução de n. 39/96, quando autoriza o lançamento das Letras Financeiras do Tesouro Estadual, sabendo-se que já estava em vigor a Lei Estadual n. 11.334, de 3.4.96, que dispõe sobre a criação e lançamento dessas mesmas Letras, Lei Estadual conhecida pelo Senado,

(n) a norma transitória do art. 33, do ADCT da CF de 1988, deve ser interpretada, como dissemos, em função de todo o texto constitucional, lembrando-se novamente que este consagra a autonomia dos Estados-membros, respeitando-se a competência do Senado Federal (art. 52, IX da CF de 1988), levando, a interpretação sistemática, à conclusão de que é juridicamente possível a utilização do *quantum* gerado pela emissão de títulos públicos, para o pagamento de precatórios vincendos e até a compensação de precatórios pagos, antes, com recursos da receita interna, com correção monetária,

(o) forçoso é concluir que, levando-se em conta que os recursos obtidos pelo Estado de Pernambuco, mediante a emissão e negociação das Letras Financeiras do Tesouro tiveram por finalidade o pagamento de outras despesas correntes e de capital, depois de quitados todos os precatórios judiciais exigíveis, bem como o montante não utilizado em precatórios, é a única conseqüência jurídico-financeira de todo esse procedimento,

(p) dispondo o Estado de Pernambuco de recursos, em fundo de comprovada liquidez, suficiente para o pagamento de precatórios e saldos remanescentes, assim que apresentados, respeitada a ordem cronológica dos credores, é claro que conflitaria com o princípio da economicidade, nos gastos públicos, a assunção de novas obrigações, na rede bancária, obrigações decorrentes de empréstimos a juros de mercado ou, em linguagem mais simples, se algum devedor, quitada a sua dívida, fica, em caixa, com saldo suficiente para pagar outras dívidas, não tem sentido que solicite empréstimo bancário, ao invés de utilizar o dinheiro disponível,

(q) é legal e constitucional a aplicação, pelo Estado-membro, de uma parcela dos recursos captados mediante emissão e negociação de Letras Financeiras do Tesouro, em despesas orçamentárias, que não sejam as referentes ao pagamento de precatórios vencidos em 5 de outubro de 1988, já que o poder público estadual agiu em obediência à lei do Estado de Pernambuco, iniciativa referendada pelo Tribunal de Contas, ambos agindo legalmente, amparados pela interpretação sistemática ou global dada ao art. 33 do ADCT, tanto mais que o próprio Senado Federal, na Resolução 69/95, art. 16, §§ 4º e 5º, credenciou os Tribunais de Contas dos Estados a fiscalizar as entidades emissoras, no tocante à utilização dos recursos obtidos por meio da colocação dos títulos em outra finalidade que não a de liquidação de prestações judiciais pendentes de pagamento, tendo esse Tribunal de Contas, como dissemos, referendado as iniciativas governamentais,

Somos de parecer que o fato de terem sido utilizados recursos gerados com o lançamento de títulos públicos para o pagamento de outras despesas de capital ou corrente, depois de quitados todos os precatórios exigidos pela regra específica e aplicável, é absolutamente legal e constitucional, como se demonstrou, com a interpretação sistemática do dispositivo transitório, posto em confronto com dispositivos permanentes do texto, tanto mais quando se sabe que a sobra dos recursos é superior ao montante necessário ao cumprimento integral das obrigações judiciais pendentes de pagamento.

Este o nosso parecer.

São Paulo, 17 de fevereiro de 1997.

NOTAS & COMENTÁRIOS

NÃO-INCIDÊNCIA DO ICMS SOBRE ENCARGOS FINANCEIROS DECORRENTES DE OPERAÇÕES DE FINANCIAMENTO PARA AQUISIÇÃO DE MERCADORIAS

PEDRO LUCIANO MARREY JR.
e
JOSÉ EDUARDO TELLINI TOLEDO

Com a redução do processo inflacionário e com o aumento da competitividade, torna-se imperioso que os contribuintes reanalisem as operações praticadas, visando uma economia em seus custos, bem como uma redução da carga tributária.

É diante desse panorama que escrevemos este modesto estudo, o qual, sem ter a pretensão de ser um parecer jurídico sobre o tema em questão, tem por finalidade apenas demonstrar a não-incidência do Imposto sobre Circulação de Mercadorias e Prestação de Serviços de Transporte Interestadual e Intermunicipal e de Comunicações – ICMS sobre encargos financeiros decorrentes de operações de financiamento, para aquisição de mercadorias.

O tema não é novo. Renomados autores já tiveram a oportunidade de elaborar excelentes trabalhos sobre essa questão. Todavia, muitos são os contribuintes que ainda se encontram diante da tormentosa dúvida acerca do recolhimento do ICMS no caso sob análise.

Por esta razão julgamos oportuno colaborar com aqueles que dedicam seus momentos na realização de um melhor planejamento tributário de suas operações.

Inicialmente, julgamos importante ressaltar que nada impede, em nossa legislação tributária, que qualquer contribuinte procure meios lícitos para a redução da carga tributária nas operações que realiza, prática esta conceituada como elisão fiscal, configurada por uma melhor análise da legislação, visando licitamente a realização de um planejamento fiscal.

Gilberto de Ulhôa Canto[1] já teve a oportunidade de esclarecer que "a diferença entre elisão e evasão fiscal consiste em a primeira ser a conduta do contribuinte, visando a evitar, reduzir ou retardar o pagamento do tributo mediante atos praticados *antes* da ocorrência do fato gerador, ao passo que a segunda se configura pela prática de tais atos *após* o fato gerador".

1. In *Caderno de Pesquisas Tributárias*, v. 13. Editora Resenha Tributária, 1988, co-edição do Centro de Estudos de Extensão Universitária, p. 110.

Reconhecida a licitude da elisão fiscal, passemos a analisar o cerne da questão.

O "fato gerador"[2] do ICMS encontra-se perfeito e acabado no momento em que se realiza o fato descrito na regra-matriz constitucional, ou seja, no momento em que ocorrer uma operação de circulação de mercadorias (aspecto temporal da hipótese de incidência); nesse momento, o valor dessa operação é que será tomado como base de cálculo do imposto.

Quem melhor estudou entre nós os aspectos do "fato gerador" foi Geraldo Ataliba[3] que, ao analisar os aspectos da hipótese de incidência tributária ("fato gerador" *in abstrato*), afirma que o aspecto temporal da hipótese de incidência é "a propriedade que esta tem para designar (explícita ou implicitamente), o momento em que se deve reputar consumado (acontecido, realizado) um fato imponível".

Assim, a lei estabelece em que momento se deve considerar ocorrido o fato gerador, sendo certo que o próprio Código Tributário Nacional confirma tal entendimento ao dispor no seu art. 116 que "considera-se ocorrido o fato gerador e existentes os seus efeitos: I – tratando-se de situação de fato, desde o momento em que se verifiquem as circunstâncias materiais necessárias a que produza os efeitos que normalmente lhe são próprios; II – tratando-se de situação jurídica, desde o momento em que esteja definitivamente constituída, nos termos do direito aplicável".

Ora, no momento em que é realizada a aquisição da mercadoria pelo cliente, encontra-se perfeitamente constituída, nos termos do direito aplicável (Direito Civil), a operação de compra e venda. A propósito é o próprio Código Civil (art. 1.126) que estabelece que "a compra e venda, quando pura, considerar-se-á obrigatória e *perfeita*, desde que as partes acordem no objeto e no preço" (grifamos).

Antes de passarmos ao exame da quantificação do fato tributado, devemos trazer à colação o entendimento da doutrina sobre o momento que se reputa ocorrido o "fato gerador".

Amilcar Falcão,[4] ao classificar os fatos geradores em relação ao tempo de sua formação, é claro ao afirmar: "Instantâneos são os fatos geradores – (...) – que ocorrem num momento dado de tempo e que, cada vez que surgem, dão lugar a uma relação obrigacional tributária autônoma. Exemplo: fato gerador *venda*, em relação ao imposto de vendas e consignações;"

Alcides Jorge Costa,[5] em conferência proferida na Secretaria da Fazenda do Estado de São Paulo, ensina que "o fato gerador faz nascer a obrigação tributária; seja na concepção monista da obrigação, seja na concepção dualista, o crédito nasce também naquele momento".

O já citado Amilcar Falcão,[6] ao comentar os impostos cujo fato gerador é um ato ou um negócio jurídico, esclarece que "o imposto sobre vendas e consignações, por exemplo, era um imposto sobre atos jurídicos. O seu fato gerador era o fato instantâneo da venda ou da consignação, isoladamente consideradas. Cada vez que ocorria tal fato, cada vez que se praticava uma venda, surgia uma obrigação tributária autônoma, havia um débito independente de imposto. *É da essência ou da natureza dos impostos sobre atos jurídicos* (o de vendas e consignações, *verbi gratia*) *que a*

2. A citação *fato gerador* foi colocada entre aspas, já que entendemos que a terminologia utilizada não seria a mais correta. Todavia, optamos por utilizá-la com o intuito de facilitar a compreensão por parte do leitor.

3. In *Hipótese de Incidência Tributária*, 5ª ed., 5ª tir., Malheiros Editores, Coleção Estudos de Direito Tributário, p. 85.

4. In *Fato Gerador da Obrigação Tributária*, 6ª ed., Forense, pp. 70 e 71, grifos do autor (o ICM substituiu o antigo IVC).

5. In *Curso sobre Teoria do Direito Tributário*, TIT, 1975, p. 131.

6. Ob. cit., p. 72, grifos nossos.

sua incidência ocorra sobre fatos instantâneos e jamais sobre fatos complexivos".[7]

Assentado, pois, que o "fato gerador" do ICMS se reputa perfeito e acabado no momento em que o ato ou negócio jurídico encontra-se concluído e, ainda, que tal "fato gerador" é do tipo *instantâneo*, ou seja, esgota-se no átimo de tempo necessário para a configuração do negócio jurídico que representa, mister se faz verificar como se deve quantificar – para efeitos tributários – tal fato.

O legislador, ao colocar como "fato gerador" de um tributo um determinado fato, estabelece de que forma esse fato deve ser mensurado, quantificado; ou seja, estabelece para esse fato uma "grandeza econômica ou numérica sobre a qual se aplica a alíquota para obter o *quantum* a pagar" (Amilcar Falcão[8]). A essa grandeza econômica, dá-se o nome de *base de cálculo*.

A própria Lei Complementar n. 87/96 estabelece, em seu art. 13, inciso I, que na saída da mercadoria, a base de cálculo do imposto é o valor da operação.

Hugo de Brito Machado[9] ao analisar aquele tema, conclui que "... realmente, a base de cálculo do ICMS não é o preço anunciado, ou o constante de tabelas. *É o valor da operação*. E este se define no momento em que a operação se concretiza..." (grifos nossos).

Roque Antonio Carrazza[10] por sua vez, também dispõe que "... a base de cálculo do ICMS deve necessariamente ser uma medida da operação mercantil realizada. E foi o que, corretamente, fez o legislador ordinário, ao estabelecer que a base de cálculo do tributo é o 'valor de que decorrer a saída da mercadoria'".

Logo, "valor da operação" é aquele efetivamente praticado na venda que está sendo realizada.

Ora, a clareza do dispositivo citado na Lei Complementar n. 87/96, conjugado com as definições retrocitadas não ensejam dúvidas: somente o "valor da operação" quantificado no momento da ocorrência do "fato gerador" é base de cálculo do ICMS. Não há, portanto, como se pretender que encargos financeiros decorrentes de uma operação de financiamento sejam incluídos na base de cálculo do ICMS. Esses valores (encargos financeiros) não serão "valor da operação na saída da mercadoria", ainda mais se considerarmos que o fato gerador do ICMS é considerado do tipo "instantâneo", que se perfaz em um dado momento de tempo. Deve ser lembrado, por oportuno, o art. 116 do Código Tributário Nacional, já citado anteriormente.

Ora, o negócio jurídico (compra e venda) está perfeito e acabado no momento em que o cliente compra a mercadoria e é emitido o competente documento fiscal.

Eventual operação de financiamento posterior não tem o condão de alterar a situação jurídica nesse momento constituída.

Por se constituir a base de cálculo em uma "perspectiva dimensível do aspecto material da hipótese de incidência" (Geraldo Ataliba[11]), ou ainda, por ser "o núcleo da hipótese de incidência" (Alfredo Becker[12]), ela deve medir, quantificar o fato tributário, e somente ele. Aliás, não é outra a opinião de Amilcar Falcão[13] para quem a "base de cálculo tem que ser uma circunstância inerente ao fato gerador, de modo afigurar-se como sua verdadeira e autêntica expressão econômica".

7. "É o caso do ICMS que incide sobre operações jurídicas (atos jurídicos mercantis) que importam na circulação de mercadorias ou serviços, ou a provocam (N.A.)".

8. Ob. cit., p. 78.

9. In "A Base de Cálculo do ICMS e os Juros e Descontos", *Repertório IOB de Jurisprudência* n. 17/94, pp. 343-1/7.846.

10. In *ICMS*, Malheiros Editores, p. 43.

11. Ob. cit., p. 97.

12. In *Teoria Geral do Direito Tributário*, Editora Saraiva, 1963, pp. 338 e ss.

13. Ob. cit., p. 78.

Do exposto, decorre que toda vez que for tomado como base de cálculo de um tributo uma circunstância ou atributo que não diga respeito à natureza ínsita do fato gerador da obrigação tributária, estar-se-á desnaturando a imposição tributária, tributando-se coisa diversa daquela descrita como "fato gerador" do tributo.

Daí ser procedente a advertência de Amilcar Falcão,[14] para quem "a inadequação da base de cálculo pode representar uma distorção do fato gerador e, assim, desnaturar o tributo".

Rubens Gomes de Sousa, com a autoridade de um dos autores do CTN, citado por Geraldo Ataliba,[15] afirma que "se um tributo, formalmente instituído como incidindo sobre determinado pressuposto de fato ou de direito, é calculado com base em uma circunstância estranha a esse pressuposto, é evidente que não se poderá admitir que a natureza jurídica desse tributo seja a qual normalmente corresponderia à definição da sua incidência. Assim, um imposto sobre vendas e consignações, mas calculado sobre o capital da firma, ou sobre o valor do seu estoque, em vez de o ser sobre o preço da mercadoria vendida ou consignada, claramente não seria um imposto de vendas e consignações, mas um imposto sobre o capital ou sobre o patrimônio.

Por outras palavras, a ordem normal das coisas é que o pressuposto material ou jurídico da incidência defina a natureza do tributo e determine a escolha da sua base de cálculo. Mas, quando a base de cálculo adotada pela lei fiscal é incompatível com o pressuposto material ou jurídico da incidência, então a ordem normal das coisas se inverte, e a natureza jurídica do próprio tributo passa a ser determinada pela base de cálculo, e não pela definição legal da incidência. Esta última fica, assim, reduzida a uma simples afirmação vazia de sentido, porque desmentida pela determinação legal de se calcular o tributo sobre circunstâncias outras, que com ela não tenham relação, ou que dela não decorram necessariamente".

A legislação, ao estabelecer a base de cálculo do ICMS, dispôs que esta seria o valor da operação na saída da mercadoria.

Entendeu o legislador complementar, por bem, tomar como base de cálculo do ICMS o "valor da operação", mas não qualquer valor, e sim aquele considerado no momento da saída da mercadoria.

Acresça-se a isso, que tributo é obrigação *ex-lege*, ou seja, é obrigação que nasce da vontade da lei e na qual a vontade das partes é irrelevante.

Após ter ocorrido o "fato gerador" do ICMS pela *venda* de mercadoria que *sai* do estabelecimento com *preço certo* e ajustado, nada obsta que, à opção do comprador, o saldo devido possa ser financiado.

Neste caso, em primeiro lugar estamos diante de operação jurídica de financiamento, que nasce da *vontade das partes* envolvidas na operação (comprador e vendedor) e não da lei.

Além disso, o negócio jurídico compra e venda já se acha perfeitamente concluído e com seus contornos tributários já definidos, efetivados e terminados no que diz respeito ao ICMS. Portanto, nada pode reclamar a Fazenda do Estado, já que não estamos mais diante de venda de mercadoria ("fato gerador" do ICMS) e sim de operação de financiamento cujo resultado, em sendo o caso, pode ser tributado por outra pessoa Jurídica de Direito Público, e não pelo Estado.

Portanto, resulta claro que somente podem ser incluídas na base de cálculo do ICMS eventuais despesas acessórias intrínsecas e relacionadas com a própria operação, cujo sentido seja o de acrescer o próprio *preço principal*.

Este é, inclusive, ao nosso ver, o que quis o legislador complementar ao editar o disposto no art. 13, § 1º, inciso II da Lei Complementar n. 87/96 (que determina

14. Ob. cit., p. 79.
15. Ob. cit., p. 100.

que, dentre outros, integra a base de cálculo do imposto o valor correspondente às demais importâncias pagas, recebidas ou debitadas). Sem que esses valores interfiram diretamente no valor da mercadoria de que decorrer a saída e, ainda, sem que sejam conhecidas e pactuadas antes de ocorrido o "fato gerador", não há porque incluí-las na base de cálculo.

Assim, no momento em que se concretiza o "fato gerador" do imposto (saída da mercadoria) é que o contribuinte terá condições de quantificar o valor da operação e, sobre esse valor, incidirá o ICMS.

Geraldo Ataliba, juntamente com Cléber Giardino,[16] já tiveram, também, a oportunidade de trazer essa distinção claramente. Segundo aqueles autores, "... Nem sempre tudo o que se paga por ocasião da compra de uma mercadoria deve, necessariamente, ser relacionado ou vinculado à própria operação de aquisição ou de venda, conseqüentemente integrando o valor dessa operação, para efeitos de ICM... *O Estado só está legitimado constitucionalmente a exigir ICM sobre o 'valor da operação relativa a circulação de mercadorias' ... Quando aconteça de determinada vinculação jurídica complexa, engendrada pelas pessoas privadas, desenvolver-se em um contexto multifacético – em que a operação mercantil surja envolvida ou em paralelo com outras – esta circunstância não autoriza o legislador ordinário a ignorar a eventual autonomia recíproca de cada um desses negócios, para ampliar a base imponível do ICM*" (grifou-se).

A jurisprudência tem amparado tudo o quanto já foi exposto.

O próprio Supremo Tribunal Federal[17] já teve a oportunidade de se manifestar a esse respeito, dispondo que o ICM (antecessor do ICMS) *deve incidir sobre o preço ajustado para a venda, pois esse é que há de ser considerado como o do valor da mercadoria e do qual decorre a sua saída do estabelecimento vendedor*.

Esse mesmo Tribunal Superior na ADIn n. 84-5-MG (proposta pelo Governador do Estado de Minas Gerais contra a Assembléia Legislativa daquele Estado, tendo por objeto a não-incidência do ICMS previsto no art. 146, inc. IX, alíneas "d" e "e" e art. 148 da Constituição Estadual, que, dentre outras, previu a não-incidência do ICMS sobre o encargo financeiro incorporado ao valor da operação *de venda a prazo*), manifestou-se nesse mesmo sentido, dispondo, em síntese, que "o ICMS não incide sobre os encargos financeiros da chamada "venda financiada", que compreende, em realidade dois negócios jurídicos, o de compra e venda e o de financiamento. Nesse sentido decidiu o Supremo Tribunal Federal no RE 101.103-RS, relatado pelo Eminente Ministro Aldir Passarinho".

Logo, no nosso entendimento, os encargos financeiros decorrentes de uma operação de financiamento não podem ser incluídos na base de cálculo do ICMS, por não se relacionarem com a operação de circulação de mercadoria (hipótese de incidência desse imposto).

16. In "ICM – Base de Cálculo – Diferença entre venda financiada e venda a prazo", *RDT* 41/91.

17. Ac. Un. da 2ª T. do STF – RE 101.103-3 – RS – Rel. Min. Aldir Passarinho – Recte.: Mesbla S/A; Recdo.: Estado do Rio Grande do Sul – *DJU* I 10.3.89, p. 3.016 – ementa oficial – *Repertório IOB de Jurisprudência* – ementa 1/2.032.

NOTAS & COMENTÁRIOS

RESTITUIÇÃO DE IMPORTÂNCIA RECOLHIDA A TÍTULO DE ICMS SEM TRANSFERÊNCIA DO ENCARGO PARA TERCEIROS – ADMISSIBILIDADE, À LUZ DA JURISPRUDÊNCIA DO STF – POSSIBILIDADE DE COMPOSIÇÃO PELA QUAL A RESTITUIÇÃO SE FAÇA MEDIANTE REDUÇÃO DE DÍVIDA EM MAIOR VALOR DA CONSULENTE PARA COM O ESTADO, NA EXATA EXTENSÃO DE SEU CRÉDITO – LEGALIDADE DA COMPOSIÇÃO PELO PRISMA DO INTERESSE PÚBLICO E DO PRINCÍPIO DA MORALIDADE

IVES GANDRA DA SILVA MARTINS
Professor Emérito das Universidades Mackenzie, em cuja Faculdade de Direito foi Titular de Direito Constitucional e Direito Econômico

CONSULTA

A consulente recolheu ICMS ao Governo do Estado de São Paulo, durante a vigência dos Convênios do CONFAZ n. 66/88 e seguintes, tendo, depois, a Suprema Corte considerado inconstitucional a exigência, ao confirmar liminar concedida em ação direta de inconstitucionalidade promovida pela Procuradoria Geral da República, dois anos e 3 meses após, com 9 Ministros daquela Corte votando pela maculação à lei maior.

Pergunta, a consulente:

1) Teria direito à recuperação de ICMS pago indevidamente, à luz do disposto nos artigos 165 e 166 do CTN?

2) A jurisprudência do Supremo Tribunal Federal justificaria tal restituição?

3) Caso possível a restituição, poderia o Governo do Estado abater o respectivo montante de dívida que a consulente mantém com o Poder Público?

4) Teria algum consumidor, ou usuário do serviço, direito de pedir o "ICMS recolhido indevidamente", quando da restituição à empresa?

RESPOSTA

Reza o art. 165, inciso I, do CTN, que: "O sujeito passivo tem direito, *independentemente de prévio protesto*, à restituição total ou parcial do tributo, seja qual for a modalidade do seu pagamento, ressalvado o disposto no § 4º do art. 162, nos seguintes casos:

"*I – cobrança ou pagamento espontâneo de tributo indevido ou maior que o devido em face da legislação tributária aplicável*, ou da natureza ou circunstâncias materiais do fato gerador efetivamente ocorrido" (grifos meus).

Pelo referido dispositivo, claramente, é dever do Estado restituir integralmente o que cobrou sem ter direito a cobrar, o que vale dizer, se considerado inconstitucional um tributo, em controle concentrado de constitucionalidade, que implica suspensão definitiva e *ex tunc* da eficácia de lei que autorizava a exigência, a sustentação legal da cobrança passa a ser nenhuma, devendo o mal denominado "tributo indevido" ser devolvido.[1]

O interessante a notar é que o art. 165 faz expressa menção à necessidade de o Estado devolver, na medida em que a locução "independente de prévio protesto", demonstra que, ciente o Poder Público de que exigiu tributo indevidamente, está obrigado a devolver o indébito, inclusive pela via administrativa e espontaneamente.[2]

Têm os intérpretes entendido que esta deveria ser a regra, visto que se fosse exigido primeiro o protesto para depois ter lugar o pedido de restituição, estaria violado o princípio da moralidade administrativa pelo retardamento que tal procedimento acarretaria para a devolução do indevidamente arrecadado. Por esta razão, por respeito ao próprio princípio, é que a restituição deveria ser realizada espontaneamente, na esfera administrativa, tão logo fosse detectado o recolhimento indevido. "Independente de prévio protesto", implica, pois, uma obrigação de natureza ética, conformada pelo legislador complementar, que, se não ocorrer, justifica, à evidência, o direito de pleitear a restituição.[3]

1. Aliomar Baleeiro comenta o dispositivo: "Velho e universal princípio do Direito, atribuído a Pomponio, não tolera locupletamento indevido com alheia jactura. Várias disposições legais mandam restituir o recebido indevidamente, ainda que, seguindo diretriz doutrinária de Beviláqua, o princípio não esteja enunciado com essa generalidade no Código Civil, que preferiu regular separadamente sua aplicação em cada instituto.

"No Direito Fiscal brasileiro, em certo tempo, houve controvérsia acerca da aplicação daquela regra multissecular e de base ética, porque o Erário invocava a necessidade de o contribuinte provar que pagara por erro.

"É que o Cód. Civ., embora estatuindo, no art. 964, que "todo aquele que recebe o que lhe não era devido fica obrigado a restituir", dispõe no art. 965: "ao que voluntariamente pagou o indevido incumbe a prova de tê-lo feito por erro". Naturalmente, para proteger a boa-fé do que recebeu por doação, ou teve vantagem adicional para conceder condições, prazos etc., num negócio.

"Mas a melhor doutrina e a jurisprudência reagiram, demonstrando que, pela natureza compulsória dos tributos, o *solvens* – quem os paga – não teve escolha, a menos que se sujeitasse aos vários vexames decorrentes dos privilégios do *occipiens*, no caso, o Fisco" (*Direito Tributário Brasileiro*, 10ª ed., Forense, 1981, pp. 568-569).

2. Tarcísio Neviani lembra que: "De fato, a repetição de indébito tributário encerra problemas e aspectos que são intimamente conexos com a problemática jurídico-filosófico-moral da sociedade onde um determinado sistema tributário é posto a atuar. Uma sociedade que perca o respeito (aqui entendido como obediência, não como sinônimo de mera reverência) pelos princípios gerais do direito, porque os abandona ao talante das conveniências ou oportunismos daqueles a quem, para nos pôr à prova, à Providência deixou que fosse entregue o poder; uma sociedade que não mantenha firme compromisso com a coerência; uma sociedade que não tenha compromisso efetivo e eficaz com os princípios assentados pela ciência e que não saiba harmonizá-los com aqueles da ciência filosófica, em que a ciência moral se insere de modo visceral, e, ainda, uma sociedade desorientada, sobre a qual é preciso que baixe a divina luz do Espírito Santo. A nossa sociedade carece de coragem para aplicar, mesmo em prejuízo das conveniências de momento, os princípios que a ciência lhe indica" (*Caderno de Pesquisas Tributárias* n. 8, 2ª tir., coedição CEEU/Resenha Tributária, 1991, p. 304).

3. Ylves José de Miranda Guimarães lembra sobre a legislação comparada: "Procedendo ao exame da legislação comparada a respeito da restituição de tributo, verifica-se substancialmente que são adotados dois sistemas principais: um contando a repetição dos impostos em duas grandes espécies: 1ª) a

É de se verificar, por outro lado, que o inciso I, ao referir-se impropriamente a "tributo indevido" – pois se é indevido não é tributo – refere-se à exata hipótese da consulente, pois alude a "indevido em face da legislação tributária aplicável", que não permite a cobrança daquela imposição.

Ocorre que, em relação aos tributos "indiretos" ou "reais", o art. 166 possui dicção que merece consideração adicional, estando assim redigido: "A restituição de tributos que comportem, por sua natureza, transferência do respectivo encargo financeiro somente será feita a quem prove haver assumido o referido encargo, ou, no caso de tê-lo transferido a terceiro, estar por este expressamente autorizado a recebê-la".[4]

devolução dos impostos indevidos e a devolução de impostos não indevidos, considerando o tema como instituição jurídica, ou seja como categoria conceitual geral e a 2ª) referindo-se exclusivamente a devolução dos impostos indevidos, que é a espécie mais freqüente e rica em normas, não se referindo a figura de repetição em geral, como categoria unitária e genérica.

"Assim, no primeiro sistema inclusive a legislação alemã que na orientação Tributária (*Reichsabagaverordnung*) contém duas classes fundamentais de devolução: a dos impostos indevidos que denomina "reintegração" e a do imposto não indevido, designado como "bonificação" (*Caderno de Pesquisas Tributárias* n. 8, ob. cit., p. 391).

4. Gilberto de Ulhôa Canto lembra a origem do dispositivo: "A norma do CTN consubstancia uma solução de compromisso, que se soma a outras tantas opções infelizes feitas pela Comissão Especial que lhe elaborou o anteprojeto, o que digo penitenciando-me, já que a integrei, e com acentuada tristeza, por ter contribuído para a sua perpetração. Após uma longa série de decisões, no sentido de admitir a repetição do tributo indevidamente pago ao seu *solvens*, que era o contribuinte *de jure*, com o correto fundamento de que só ele teria qualidade para pedir a restituição, por ter sido parte na relação jurídica extinta pela solução do débito, o Supremo Tribunal Federal havia firmado a tese contrária, a princípio de modo radical, não admitindo em caso algum a repetição de tributo indireto (Súmula n. 71), mais tarde, e com prevalência até hoje, subordinando a restituição à prova da inexistência da recuperação, pelo *solvens*, do tributo por ele pago (Súmula n. 546).

"Embora os membros da Comissão Especial, entendessem, de modo preponderante, que a repetição de tributo indevidamente pago deveria ser feita ao sujeito passivo da obrigação tributária, único que a Fazenda conhece e a quem pode exigir o pagamento, e, portanto, a quem logicamente terá de repor no *statu quo ante* se dele recebeu tributo a que não tinha direito, não desejaram eles fazer total abstração dos argumentos expostos pelos ilustres juízes integrantes do Supremo Tribunal Federal que haviam prevalecido na formulação do pensamento da Corte.

"Considerou-se que a melhor maneira de assim proceder seria adotar o critério que eu havia elegido ao redigir o art. 177 do Anteprojeto de Lei Orgânica do Processo Tributário (vide *O Processo Tributário*, publicação n. 2 da Comissão de Reforma do Ministério da Fazenda, 1964) na sua primeira versão, com o teor seguinte: "Art. 177. É parte legítima para pleitear a repetição, o sujeito passivo da obrigação tributária ou o infrator que tiver pago penalidade, ainda que o efetivo encargo financeiro tenha sido transferido a outrem. Quem provar a transferência, disporá da ação regressiva contra o sujeito passivo reembolsado, ou poderá integrar a lide como assistente, e requerer ao juiz que a restituição lhe seja feita".

"Infelizmente, a orientação enunciada no texto supratranscrito não prevaleceu nem no CTN nem no próprio Anteprojeto da Lei Orgânica do Processo Tributário, cuja versão definitiva adotou, como parágrafo único de seu art. 87, redação semelhante à que se deu ao art. 166 do CTN (vide *Anteprojeto de Lei Orgânica do Processo Tributário*, publicação n. 29 da Comissão de Reforma do Ministério da Fazenda de 1964).

"Ao elaborar o art. 166 do CTN, a Comissão Especial rejeitou a primeira orientação do Supremo Tribunal Federal (Súmula n. 71), que repelia em todos os casos a repetição de tributos indiretos, mas condicionou-a à prova da inexistência de recuperação do valor do tributo pelo contribuinte *de jure* do contribuinte de fato, como admitindo na segunda versão da Corte Suprema (Súmula n. 546), mitigou, entretanto, essa publicação, prevendo a alternativa da autorização expressa do contribuinte econômico.

"A solução certa parece-me que é a que o art. 177 do meu Anteprojeto de Lei Orgânica do Processo Tributário previa, na sua primitiva redação, e que, infelizmente não se converteu em lei. Assim penso porque ela atenderia aos aspectos morais que tanto importam àqueles que sustentam que se alguém tiver de se locupletar a expensas de terceiro ele deverá ser o Erário, que presumivelmente emprega no interesse coletivo a receita que aufere, e guarda o devido respeito aos princípios jurídicos aplicáveis" (*Caderno de Pesquisas Tributárias* n. 8, ob. cit., pp. 2-5).

Pelo referido dispositivo, para os tributos reais – e o ICMS é um tributo real e não pessoal – entendeu o legislador complementar que o Estado só deverá devolver o que arrecadou, ilegal e ilegitimamente, se o contribuinte de direito provar:

a) ter suportado a imposição; *ou* b) estar autorizado pelo contribuinte de fato, que a suportou, a repetir.[5]

Não é o caso de se discutir, no presente parecer, a justiça do dispositivo, que não oferta ao "contribuinte de fato", que suportou o ônus da transferência, legitimidade ativa para pleitear e retirar tal legitimidade ao contribuinte de direito, se não obtiver a autorização – de resto freqüentemente impossível, nas vendas ao consumidor – de quem tenha suportado o encargo.[6]

Já a matéria foi amplamente debatida no VIII Simpósio Nacional de Direito Tributário do Centro de Extensão Universitária, que coordenei e aberto pelo Ministro Moreira Alves, com parcela ponderável do Seminário reagindo à tese de que possa o

5. Na linha de Gilberto de Ulhôa Canto ataquei o dispositivo: "Pela lei nacional, portanto, são sujeitos passivos apenas o contribuinte e o responsável.

"Ora, o art. 166 é dispositivo que colide com todos os harmônicos princípios acima expostos, na medida em que garante possa exigir o sujeito ativo "tributo ilegal" e dele se apropriar, definitivamente, pela ocorrência de hipótese capaz de albergar-se em dispositivo vedador de sua repetição.

"Com efeito, o art. 166 do CTN consagra o princípio da ilegalidade tributária como fonte de receita do sujeito ativo, gerando – para a maior parte dos tributos – condição de impossível repetição.

"De início, cria o dispositivo, a figura inexistente no direito brasileiro do "contribuinte de fato", isto é, aquele contribuinte que teoricamente suportaria encargo indefinível, em violenta contradição com o disposto no art. 121 do CTN que não o reconhece, nem hospeda.

"Tal contribuinte, por outro lado, sobre não ser definido pelo dispositivo em questão, seria um "contribuinte castrado", já que, teoricamente, seria o titular do direito, mas não o poderia exercer diretamente. Vale dizer, seria um contribuinte capaz de impedir a repetição de indébito, mas não um contribuinte capaz de repetir.

"Cria, em decorrência, o princípio da imoralidade tributária, princípio apenas possível de ser vivido pelo Estado. O Estado passa a monopolizar o direito de ser torpe e injurídico, na medida que imponha tributo indevido e se negue a restituí-lo a quem o recolheu, sob a alegação de que não ele, mas o terceiro, que teoricamente o suportou, seria o único que poderia ser titular no direito de iniciar o procedimento, por outorga de autorização.

"Alberga, finalmente e de forma pragmática, o efetivo impedimento a que este terceiro possa autorizar, na maior parte das operações, em que o documental tenha sido passado diretamente ao consumidor, sem sua qualificação, como da grande maioria das vendas a varejo, com o que o artigo é materialmente proibitivo de qualquer repetição no concernente a determinados tributos, como o ICM.

"Ora, à evidência, tal monumento aos princípios da ilegalidade e torpeza tributária, pela qual o Estado pode ficar com o tributo indevido e pode se opor a "presumível enriquecimento ilícito" sob a alegação de que o privilégio de "enriquecer-se ilicitamente é apenas seu", é algo que não se insere no sistema tributário brasileiro regido pelos princípios da estrita legalidade e tipicidade fechada" (*Cadernos de Pesquisas Tributárias* n. 8, Resenha Tributária, 1983, pp. 160-163).

6. Carlos da Rocha Guimarães, também membro da Comissão que elaborou o anteprojeto do Código, critica a denominação de "contribuinte de fato": "No entanto, é comum, na jurisprudência e na doutrina, admitir-se a distinção entre contribuinte de fato, sendo aquele contribuinte indicado na lei como tal, e o último aquele ao qual o contribuinte de direito teria transferido o encargo financeiro decorrente da tributação, em virtude de o tributo, por sua natureza, comportar essa transferência.

"Esse entendimento é incorretamente aplicado ao caso daqueles tributos que, pela facilidade da sua translação econômica, são chamados imprópria e inexatamente de impostos indiretos.

"Essa posição do nosso direito positivo (legislação, jurisprudência e doutrina) traz, em seu bojo, uma interferência de valores jurídicos e econômicos que vai de encontro ao nosso sistema tributário.

"Com efeito, se a assunção da dívida tributária sem previsão legal é irrelevante face ao credor (o Fisco), é evidente que uma vez pago o tributo, não está o credor obrigado a levar em conta a situação jurídica decorrente daquele ato.

"De fato, se o § único, I do art. 121 do CTN conceitua o contribuinte como sendo aquele que "tenha *relação pessoal e direta* com a situação que constitua o respectivo fato gerador", é evidente que o tributo pago indevidamente, só a ele pode ser restituído.

"A transferência do encargo a terceiro, transforma dito ônus em mero encargo financeiro, para aquele ao qual é transferido, sendo que a designação deste como "contribuinte de fato", decorre de mero evento econômico, e, portanto, é denominação errônea e contraditória, pois a expressão contribuinte, no caso, contraria a definição claramente expressa no art. 121, § 1º, acima transcrita.

"Também a sua designação como tendo essa qualidade somente "de fato", vai de encontro à dogmática jurídica, pois tudo aquilo que tem eficácia jurídica é, na realidade, "de direito" (*Cadernos de Pesquisas Tributárias* n. 8, ed. Resenha Tributária, 1983, pp. 224-225).

Estado, que tem o direito de impor, exigir, a título de tributo, recolhimento ilegal, dele se beneficiando, sem estar obrigado a promover sua devolução – como se fosse possível cogitar de um princípio da "ilegalidade eficaz", esculpido no art. 166 – sempre que o dever de restituir exações ilegais pudesse ser afastado por requisitos formais previstos na legislação.[7]

Não cabe, todavia, no presente parecer, tal discussão, porque claramente a primeira hipótese ocorreu, isto é, a consulente suportou o referido encargo, incorretamente denominado de "financeiro", quando é mero encargo pecuniário ou de natureza "econômica".

É de se lembrar que o Supremo Tribunal Federal, ao declarar inconstitucional a exigência do ICMS para a navegação aérea, discutiu diversas teses, mas principalmente três dentre aquelas levadas à reflexão dos julgadores.

A primeira foi a de que, sendo a navegação aérea atividade afeta à segurança nacional e ao Ministério da Aeronáutica, teve tratamento nitidamente diferenciado dos transportes rodoviário, ferroviário e aquaviário, distinguindo, o constituinte, claramente, o "serviço de transportes" do "serviço de navegação aérea", sequer considerando a expressão "transporte" na competência privativa da União para explorar direta ou indiretamente a referida atividade.[8]

7. Nas conclusões de plenário, terminou prevalecendo a tese da constitucionalidade: "Plenário – Quesito I – A natureza do art. 166 do CTN é de norma geral de direito tributário que particulariza a prescrição contida no artigo 165 do mesmo diploma e, portanto, veiculável por lei complementar (maioria).

"II – O art. 166 do CTN é inconstitucional por ferir o princípio da reserva de lei, inscrito no art. 153 § 29 da CF (minoria)" (*Caderno de Pesquisas Tributárias* n. 9, co-edição CEEU/Resenha Tributária, 1991, p. 393).

8. Escrevi: "Ora, reza o art. 21, inciso XII, "c" da Constituição Federal que: "Art. 21. Compete à União: ... XII – explorar, diretamente ou mediante autorização, concessão ou permissão: ... c) a navegação aérea, aeroespacial e a infra-estrutura aeroportuária".

Tanto é assim que o preço ou a tarifa aérea definida pelo Poder Público em ne-

"Como se visualiza, tais atividades apenas podem ser exploradas pela União ou sob sua tutela, lendo-se, no art. 22 (competência privativa legislativa) Inciso X, que: "Art. 22. Compete privativamente à União legislar sobre: ... X. regime dos portos, navegação lacustre, fluvial, marítima, aérea e aeroespacial".

"Assim sendo, tanto na competência de atribuições, quanto naquela, legislativa, a competência da União é privativa não só para explorar a navegação aérea, como também para legislar sobre seu regime jurídico amplo, *não abrindo espaço algum para que Estados e Municípios entrem em tal área*, como abre em outros segmentos, o que ocorre, por exemplo, quanto aos transportes rodoviário, ferroviário e aquaviário.

"Muito embora na competência legislativa concorrente, caiba aos Estados legislar sobre Finanças Públicas, à evidência, não é possível que, a título do exercício de tal competência, possam interferir nas atribuições privativas da União.

"Haveria uma razão para assim agir o constituinte? À nitidez, realça aos olhos de todos os intérpretes a relevância dos campos deixados à exploração exclusiva da União. São áreas em que o serviço público que o Poder Central deve prestar é de tal importância que apenas a unidade de exploração permitiria fossem bem prestados. E, nestas, alguns serviços ganham particular relevância, como a navegação aérea. Nem aos Estados, para tais matérias, entendeu, o constituinte, devesse ser outorgada competência supletiva com faculdade de explorar ou legislar, risco de se perder a unidade considerada de essencialidade nuclear.

"É interessante notar que os mais relevantes aspectos de tais serviços já se encontravam na competência legislativa passada (EC 1/69), em clara demonstração de que não é novidade a regra do atual texto constitucional.

"De todas as espécies de serviços públicos, apenas aqueles elencados no art. 21, inciso XII, da Constituição Federal, entendeu, o constituinte, serem de tal importância que não poderia deixar ao arbítrio das demais entidades federativas, a não ser com as expressas exceções plasmadas no texto magno.

"No que diz respeito à navegação aérea, nenhuma exceção foi aberta. A razão fundamental residiu, de um lado, na importância objetiva do serviço e, de outro lado, na necessidade de unidade dessa prestação para todo o território nacional, não se admitindo critérios, regras, fórmulas diversas capazes de dificultar ou inviabilizar, por sua variedade, a eficiência da prestação.

"Em outras palavras, por serem tais serviços *essenciais* e *universais*, não podem receber qualquer espécie de interferência de outras entidades federativas, daí resultando a razão de ser privativa a competência legislativa, não se abrindo qualquer exceção de natureza constitucional" (*Revista Dialética de Direito Tributário* n. 7, Ed. Oliveira Rocha, abril de 1996, pp. 77-79).

nhum momento incluiu o ICMS na sua composição, embora imponha, à Aeronáutica, a integração do PIS e dos tributos indiretos sobre insumos utilizados pelo segmento.

A segunda tese era de que carecia de lei complementar a instituição do referido tributo, visto que os Convênios 66/88 e seguintes não preenchiam o requisito essencial para a criação de uma nova imposição.[9]

A terceira tese, que terminou sendo a vitoriosa na dicção do relator, Ministro Francisco Rezek, restou centrada no fato de que se, durante os trabalhos da Constituinte, em nenhum momento, quando da transferência do imposto sobre transportes da competência da União para a dos Estados, se cuidou de tributação sobre a navegação área e se o tributo transferido não era um tributo incidente sobre a navegação aérea, como poderia o legislador infraconstitucional criar um tributo que o constituinte não criara?[10]

As três teses tiveram defensores entre os Ministros, com a prevalência de uma sobre as outras, conforme enfocasse, o Ministro votante, sua visão da justa exegese, resultando em unanimidade dos votos sobre o aspecto fundamental de serem os Convênios inconstitucionais quanto à exação.

Ora, para o caso concreto da consulente, o certo é que o Ministério da Aeronáutica jamais considerou o ICMS, na tarifa por ele estabelecida, razão pela qual a simples composição do preço público é suficiente para demonstrar que a condição de legitimidade estabelecida no art. 166 para a restituição é preenchida pela consulente, única a suportar o peso da exação.

Leia-se a discriminação de tal tarifa estabelecida pelo Ministério da Aeronáutica:

"*Certidão*: Certifico, para os devidos fins, que os elementos de custos considerados para efeito de cálculo das tarifas aéreas domésticas básicas são os seguintes:

I – *Encargos com pessoal*:

• Honorários da Diretoria

• Honorários do Conselho de Administração

• Honorários do Conselho Fiscal

• Ordenados dos funcionários

9. Igor Tenório em parecer mencionado na ADIN 1.089/94, escreveu: "E como os Convênios extrapolaram esses limites? O Convênio n. 66/88 e os convênios subseqüentes, são especificamente, em relação à Navegação Aérea, nos seguintes aspectos: a) Definição do *fato gerador*, contrariando o art. 146, item III, letra "a" da CF; b) Elenco de hipóteses de não incidência do tributo contrariando o art. 146, item III, e art. 155, item XII, letra "c" da CF; c) Por estabelecer *base de cálculo* e redução de base de cálculo do imposto contrariando o art. 146, item III, letra "a", e art. 155, itens XII, letras "c", "e", "f"; d) Por estabelecer *categorias de contribuintes*, contrariando o art. 155 letra "a", "d" e art. 146, item III letra "a"; e) *Por tratar* de substituição tributária, contrariando o art. 155, item "b", da CF; f) Quando trata da *localização de prestação*, contrariando o local de operação aludido no art. 146, item I e no art. 155, alínea "d" da CF; g) *Quando trata de compensação do imposto*, o que contraria o disposto no art. 155, alínea "c" da CF.

"E demais hipóteses dos arts. 146, itens I a III; e art. 155, item XII.

"Noutras palavras, sem prévia lei complementar federal sobre o ICMS para Navegação Aérea, não se poderia invadir área de competência federal definindo *fato gerador, base de cálculo, substituição tributária* etc." (Ação Direta de Inconstitucionalidade n. 1.083-2, p. 6).

10. Carlos Maximiliano ensina: "A história da Constituição e a de cada um dos seus dispositivos contribuem para se interpretar o texto respectivo. Estudem-se as origens do Código fundamental, as fontes de cada artigo, as causas da inserção das diversas providências na lei, os fins que se tiveram em mira ao criar determinado instituto, ou vedar certos atos. Tente-se compreender o estatuto brasileiro à luz da História e da evolução dos princípios republicanos; examine-se quais as idéias dominantes na época do advento do novo regime, o que se pretendeu manter, o que se preferiu derrocar. Compare-se o texto vigente com a Constituição Imperial e a dos Estados Unidos, não olvidando que o espírito destas duas, bem como os casos da *Common Law e Equity*, colhidos em clássicos e brilhantes comentários, guiam o escrupuloso intérprete da lei básica de 24 de fevereiro de 1891.

"*É de rigor o recurso aos Anais e a outros documentos contemporâneos, a fim de apurar qual era, na época da Constituinte, a significação verdadeira e geralmente aceita dos termos técnicos encontrados no texto*" (grifos meus) (*Hermenêutica a Aplicação do Direito*, 9ª ed., Forense, 1979, p. 310).

• Ordenados dos tripulantes – variável

• Encargos sociais

• Contingências da legislação social

• Outras despesas com pessoal

• PIS – recursos próprios

II – *Câmbio*:

• Consumo material débito direto p/ OT's

• Consumo material estoque para OT's

• Arrendamento de aeronaves

• Serviços de 3os – Oficina

• Provisão para manutenção

III – *Combustível*:

• Consumo de combustível para aeronaves e lubrificantes

• Consumo de combustível em geral

IV – *Amortização*:

• Amortização em geral

V – *Despesas comerciais*:

• Propaganda, publicidade e promoção

• Comissões

• Gratificações, presentes

• Representações

VI – *Despesas fiscais*:

• Impostos e taxas sobre insumos

• Finsocial

VII – *Serviços públicos*:

• Energia elétrica

• Gás, água, esgoto

• Comunicações

VIII – *Tarifas aeroportuárias*:

• Tarifas de pouso e permanência

• Outras tarifas aeroportuárias

IX – *Tarifas de comunicação e auxílio*:

• Tarifas de comunicação e auxílio à navegação

X – *Despesas bancárias*:

• Despesas bancárias

• Tarifas de prestação de serviços bancários

XI – *IPC*

• Donativos Brasil

• Doação Lei 7.505

• Desembaraço de aeronaves, pax e carga

• Vôos improdutivos

• Contribuição a Sindicatos e Associações

• Despesas legais e judiciais

• Riscos não segurados

• Despesas diversas

• Consumo de vestuário profissional

• Diárias e despesas de viagem

XII – *Consumo de materiais diversos*:

• Consumo de material auxiliar

• Consumo de material escritório

• Consumo de material comissária

• Jornais, revistas, livros técnicos

• Manuais de tráfego e horários

• Consumo material teste

XIII – *Depreciação e seguros de equipamentos de vôo*:

• Depreciação de equipamentos de vôo

• Seguro de aeronaves

XIV – *Depreciação, seguros e aluguéis em geral*:

• Depreciação em geral

• Seguros em geral

• Aluguéis e arrendamentos em geral

XV – *Organização terrestre*:

• Serviços auxiliares de organização terrestre

• Vôos interrompidos

XVI – *Despesas diretas passageiros e cargas*:

• Coleta, entrega e redespacho de carga

• Fretes e carretos

• Despesas diretas, pax

XVII – *Serviços auxiliares diversos*:

• Serviços de limpeza

• Serviços profissionais

• Serviços de guarda e vigilância."

E a demonstração do ônus suportado terminou por refletir-se nos balanços da empresa, que foram negativos no período em questão.[11]

Pelo documento oficial que transcrevi atrás, percebe-se que pode a consulente pleitear a devolução do ICMS e deve o Estado atendê-la, de imediato, nos termos do art. 165 do CTN.[12]

Respondo, pois, afirmativamente a primeira questão.

A segunda está na mesma linha. Já a consagrou o STF na Súmula 546:

"Cabe a restituição do tributo pago indevidamente, quando reconhecido por decisão, que o contribuinte *de jure* não recuperou do contribuinte de *facto* o *quantum* respectivo", que reformulou o conteúdo da Súmula 71, assim redigida:

"Embora pago indevidamente, não cabe restituição de tributo indireto."[13]

Ora, é o próprio STF que, de forma inequívoca, considera legítima e necessária a devolução do "tributo indevido" nos casos de não-transferência do ônus para terceiros, sendo o "contribuinte de direito", isto é, o sujeito passivo da relação tributária, o único autorizado a repetir.

A matéria não comporta sequer indagação mais profunda, na medida em que, clara e nitidamente o Pretório Excelso declara que quem suportou o ônus é aquele que deve receber a restituição do tributo e, no caso, é o próprio Ministério da Aeronáutica que declara que a tarifa pública por ele estabelecida não inclui o ICMS.

Respondo, pois, à segunda indagação, afirmando ser a restituição do "ICMS indevido" cobrado da consulente, necessária, conforme orientação inequívoca da Suprema Corte.

A terceira questão, de certa forma, está respondida na primeira.

À evidência, se recebeu indevidamente a título de tributo o que tributo não era, o art. 165 impõe a restituição, na medida em que faz clara menção à desnecessidade de "protesto" ou "pedido".[14]

11. Leia-se a seguinte decisão do STF: "STF – n. do processo: AGRAG127722 – classe: AGRAG – Agravo Regimental em Agravo de Instrumento ou de petição – UF/País: RS-Rio Grande do Sul – Relator: Min. Carlos Madeira – julgamento: 18.11.88 – sessão: 2ª Turma – publ. *DJ* 9.12.88, p. 32.684 ement. v. 01527-04, p. 00741.

"*EMENTA*: Ação de Repetição de Indébito. Súmula 546.

"Se a perícia constatou que o contribuinte "de jure" não cobrou separadamente do contribuinte "de facto" o "quantum" correspondente ao tributo, cuja restituição é postulada, inocorre o dissídio com a súmula.

"Agravo Regimental Improvido. Obs.: Votação: Unânime. Resultado: Improvido. Rec7 PP. Ano: 88 aud: 9.12.88.

"Legislação: Leg. Fed. emc-000001 – ano 1969 – art. 00024 – CF-69 – Constituição Federal – Leg. Fed. RGI – ano 1980 art. 00325 – RISTF-80 Regimento Interno do Supremo Tribunal Federal – Leg. Fed. Sum-000297 (STF) Leg. Fed. Sum-000546" (*Jurisprudência Informatizada Saraiva*).

12. Leia-se: "Supremo Tribunal Federal – num. proc.: ERE68622 – classe: ERE-Embargos em Recurso Extraordinário – UF/País: SC-Santa Catarina – Relator: Min. Eloy da Rocha – julgamento: 6.2.1971 – sessão: TP-Tribunal Pleno – publ.: *DJ* 27.8.1971.

"*EMENTA*: Ação de Repetição de Indébito. Ausência de repercussão econômica do imposto de importação sobre mercadoria tabelada. Jurisprudência consagrada na Súmula 546. Embargos de divergência não conhecidos. OBS: Documento incluído sem revisão do STF" (*Jurisprudência Informatizada Saraiva*).

13. Roberto Rosas explicita: "Essa Súmula veio alterar a Súmula n. 71. A orientação está contida no art. 166 do Código Tributário Nacional (Lei n. 5.712): "A restituição de tributos que comportem, por sua natureza, transferência do respectivo encargo financeiro somente será feita a quem prove haver assumido o referido encargo, ou no caso de tê-lo transferido a terceiro, estar por este expressamente autorizado a recebê-la" (*RTJ* 54/158; *RDA* 102/113; *RTJ* 72/303; 66/515; 63/180; RE n. 89.209 – *RTJ* 89/641). Não se aplica quando o preço é tabelado (*RTJ* 109/1.038; 89/641)" (*Direito Sumular*, Ed. RT, 4ª ed., 1989, p. 267).

14. R. Tavares Paes, ao comentar o dispositivo, escreve: "A Ação de repetição de indébito. O tri-

Está, aliás, de acordo com o que dispõe o artigo 37 *caput* da Constituição: a Administração Pública deve pautar-se pelo princípio da moralidade. E, no controle concentrado de constitucionalidade, quando a Suprema Corte determina que uma lei é inconstitucional o efeito dessa declaração é *ex tunc*, vale dizer, desde sua promulgação, isto é, a lei desaparece do mundo jurídico desde a sua origem.[15]

Desta forma, com efeito vinculante e eficácia *erga omnes*, a decisão final em ação direta de inconstitucionalidade retira a legitimidade do Estado de permanecer com o que arrecadou a mais, ferindo, se pretender conservar o que não lhe pertence e foi indevidamente arrecadado, o mais relevante princípio da Administração Pública, objeto, de resto, de outro Simpósio Nacional de Direito Tributário do Centro de Extensão Universitária (XXI), para o qual escreveram os seguintes autores: Antonio Manoel Gonçalez, Aristides Junqueira Alvarenga, Celso Ribeiro Bastos, Diva Malerbi, Elizabeth Lewandowsky Libertucci, Gabriel Lacerda Troianelli, Gustavo Miguez de Mello, Hugo de Brito Machado, Ives Gandra da Silva Martins, José Eduardo Soares de Melo, José de Oliveira Messina, Luiz Vicente Cernicchiaro, Maria Helena Tavares de Pinho Tinoco Soares, Maria Tereza de Almeida Rosa Cárcomo Lobo, Marilene Talarico Martins Rodrigues, Oswaldo Othon de Pontes Saraiva Filho, Paulo de Lorenzo Messina, Plínio José Marafon, Valdir de Oliveira Rocha, Vittorio Cassone e Wagner Balera (*O princípio da moralidade no direito tributário*, Ed. RT, 1996, coordenador Ives Gandra da Silva Martins).[16]

buto deve ser recolhido e pago somente na hipótese de ser legal. Houve muita discussão a respeito e muita tinta correu sobre papel acerca do cabimento ou não da repetição do tributo indevido.

"Todavia, hodiernamente, *legem habemus*. O art. 165 do CTN pôs cobro à discussão sobre a repetição com base na lei civil, onde se devia provar o erro, que é regra do art. 965 da lei civil.

"A Jurisprudência. Já entendeu o STF que, muito embora se tratando de tributo indireto em que não haja repercussão, despicienda é, por conseguinte, tal prova (ac. un. da 2ª Turma do STF, de 10.5.1974, RE 77.353, Rel. Min. Thompson Flores, *RTJ*, 71:824). A regra do pague para repetir vem sendo afastada mais e mais pelo Pretório Excelso (cf. *RMS* 14.583, *RTJ*, 34:172; e *RMS* 14.447, *RTJ*, 34:171). Não é lícito que a autoridade tributária, para forçar o pagamento, vede o contribuinte de adquirir estampilhas, despachar mercadorias nas alfândegas e exercer suas atividades profissionais (Súmula 547 do STF)" (*Comentários ao Código Tributário Nacional*, 3ª ed., Saraiva, 1986, p. 165).

15. Aristides Junqueira esclarece: "III. Qualquer comportamento fiscal contrário ao princípio da moralidade, tal como acima conceituado e, ainda, tipificado no Código de Ética pré-citado, constitui ilícito, que pode ter caráter penal ou, simplesmente, administrativo, independentemente de ocorrência de dano ao erário, aqui entendido o dano patrimonial, causado por ação ou omissão do servidor público.

"Não está, pois, autorizada qualquer hipótese de exclusão de responsabilidade, quer administrativa, quer penal, ainda que a conduta ocorra em demanda tributária. O evento danoso ao erário e a terceiros, contribuintes ou não, decorrente de condutas de agentes públicos em ações judiciais temerárias ou reveladoras de má-fé, não pode excluir a incidência dos §§ 5º e 6º do art. 37 da Lei Maior.

"*Antes de legitimar, agrava a situação do agente público, porque se utiliza do Poder Judiciário para, temerariamente ou de má-fé, fazer exigências fiscais evidentemente descabidas, já que contrárias à lei.*

Como parte processual, a Fazenda Pública, por seus agentes, há de se pautar pela lealdade e probidade, não estando imune aos efeitos da litigância de má-fé, cujo principal é a obrigação de indenizar" (grifos meus) ("O princípio da moralidade no direito tributário", *Pesquisas Tributárias – Nova série 2*, Ed. RT e Centro de Extensão Universitária, 1996, pp. 48-49).

16. O Ministro Vicente Cernicchiaro no livro mencionado ensina: "O Direito implica exercício do direito. Deve, outrossim, desenvolver-se *secundum ius*. Caso contrário, ter-se-á o abuso do direito (*rectius* – abuso do exercício do direito). Daí, o exercício irregular do direito.

"Ao exercitar um direito, o titular coloca-se em comunicação com terceiro (pessoa obrigada à satisfação pretendida). Nesse momento, o agente da Administração Pública precisa agir conforme os parâmetros exigidos no encontro de duas pessoas. Repercute, pois, na moral, dada a bilateralidade atrás referida.

"O Estado convive com pessoas através de seus agentes. Estes, por sua vez, devem guardar, pois, as exigências do Direito, do Costume e da Moral.

"O *modus faciendi*, anotou-se, nem sempre vem explicitado na norma jurídica. Apesar disso, o exercício não pode ser arbitrário. O agente precisa atuar, em termos de relacionamento, como se parti-

No caso em concreto, além de a devolução respeitar a decisão do Supremo, valorizar o princípio da moralidade, estar de acordo com o estatuído na disposição complementar sobre restituição de tributos, é de se lembrar que, nos termos aventados na consulta, atende, também, ao interesse público, na medida em que, sendo o Estado credor e devedor da consulente, seu crédito é superior a seu débito.

É de se lembrar que o crédito contra a consulente decorre de relações de coordenação, dada a natureza contratual de que se revestem, não gozando o Poder Público, portanto, de privilégios maiores. Da mesma forma o crédito que a consulente tem contra o Estado, se este decidisse à devolução do que arrecadou indevidamente, teria de ser exigido por ação de rito desprivilegiado. Entretanto, caberia, no caso, pedido de tutela antecipada, cuja concessão não seria difícil em face de a inconstitucionalidade ter sido reconhecida em controle concentrado. À evidência, se pretendesse, o Governo, opor-se à restituição da quantia arrecadada indevidamente, o mero questionamento judicial mais prejudicaria que beneficiaria o Erário, na medida em que, sendo mais credor que devedor, iria receber o diferencial em tempo dilatado e não nos termos que acordará em eventual composição.[17]

É, pois, do interesse do Poder Público a restituição, em composição de créditos que possui contra a consulente, visto que, no resultado do acerto de contas, mais ganha o Governo Paulista do que perde, na medida em que a transação implicará em ingressos mais rápidos para o Estado, sem contestação de seus valores.

Desta forma, não só atende ao interesse público, ao princípio da moralidade e à decisão superior da Suprema Corte, eventual composição, como autorizado está, o Estado, pela clareza da disposição do art. 165 do CTN e pela inexistência da hipótese vedatória do art. 166 do mesmo diploma legislativo.[18]

É, portanto, também positiva a resposta ao terceiro quesito, no sentido de que pode – e deve – a Fazenda do Estado restituir a quantia indevidamente arrecadada, numa composição de interesse público superior.

cular fosse, ou seja, como devem se corresponder duas pessoas. Por isso, e com razão, há autores que dizem que a moralidade administrativa é moralidade jurídica. É, aliás, conclusão irrespondível; ganha, pois, coercibilidade (característica do Direito)" (*O princípio da moralidade no direito tributário*, ob. cit., p. 40).

17. José Cretella Jr. ensina: "Atividade de tal modo relevante que o Estado a titulariza, incluindo-a entre os fins que deve, necessária e precipuamente, perseguir. É o próprio interesse coletivo colocado pelo Estado entre seus próprios interesses, assumindo-os sob regime jurídico de direito público, exorbitante e derrogatório do direito comum. A finalidade de toda e qualquer administração é o interesse público" (*Enciclopédia Saraiva de Direito*, v. 45, Saraiva, 1977, p. 399).

18. Diva Malerbi preleciona: "A questão da moralidade vincula-se, sempre, com a finalidade da atuação e qualidade dos meios empregados ao seu atingimento. No entanto, o assujeitamento do Estado à moral é mais exigente que a perseguida pelo particular, pois se define não só de acordo com os padrões éticos retirados dos valores prevalecentes na sociedade, como também é obrigada a estar direcionada à realização dos fins do Estado.

"Isto porque o administrador da coisa pública – diferentemente da pessoa humana – é inteiramente carente da liberdade. A legalidade como direito fundamental (CF, art. 5º, II), só é titularizável pela pessoa humana. Destinatários da legalidade do inc. II do art. 5º da Constituição são os brasileiros e os estrangeiros residentes no país (CF, art. 5º, *caput*). Já a legalidade administrativa (CF, art. 37), imposta como dever do administrador da coisa pública e seus agentes, é tradução da juridicidade, pois o titular do respectivo direito, é o cidadão.

"Enfim, estão compreendidos no âmbito do princípio da moralidade, os da lealdade e boa-fé. A moralidade administrativa é princípio desdobrado da confiança que o povo depositou no poder e na legitimidade da atividade administrativa em relação à gestão da coisa pública. Em conseqüência, a moralidade no contexto dos princípios erigidos à administração pública, guarda primazia, pois toda atuação estatal deve partir e buscar a dimensão ética. No Estado Democrático de Direito, a legitimidade legítima da conduta administrativa é, simplesmente, legalidade moral. A moralidade do direito é, assim, o aperfeiçoamento das atividades da administração pública" (*O princípio da moralidade no direito tributário*, ob. cit., pp. 56-57).

Por fim, é de se ressaltar, na quarta e última questão, que nenhum consumidor tem o direito de pretender receber o ICMS recolhido, na medida em que não o suportou.

Todos os consumidores ou usuários dos serviços de navegação aérea pagaram tarifas, em cuja composição de preço, não constava o ICMS. Desta forma, os usuários não pagaram ICMS à consulente para que esta o transferisse ao Estado de São Paulo.[19]

Se não pagaram ICMS, se o ICMS não compunha a planilha de preços da passagem aérea, não têm os usuários qualquer direito a receber de volta uma quantia que nunca suportaram.

Não há como pretender considerar-se pago o que pago não foi.

Não há, pois, a meu ver, qualquer risco de reclamações de usuários, pretendendo reaver um ICMS que não suportaram, e que sequer constava da planilha de custos definida pelo Ministério da Aeronáutica, antes e depois da referida ação direta de inconstitucionalidade.

É, portanto, negativa a resposta que oferto ao quarto quesito, no sentido de que os usuários não têm qualquer direito a pretender receber quantia que nunca pagaram.

s.m.j.

São Paulo, 22 de Novembro de 1996

19. É de se lembrar que no Código Tributário uruguaio, a relação jurídico-tributária se coloca exclusivamente entre o Fisco e o contribuinte de direito, jamais o usuário sendo parte para qualquer tipo de reclamação. Escreve J. p. Montero Traibel: "Las legislaciones, por otraparte, delimitam la legitimación activa. En efecto, generalmente se acuerda la acción de repetición unicamente a los contribuyentes, los que de acuerdo al Código Tributario Nacional, art. 17, son las personas respecto de las cuales se verifican los hechos generadores de la obligación tributaria.

"Es decir, que unicamente el percutido es el capacitado para solicitar la devolución. Ello trae aparejado supuestos problemas en tributos tales como el I.V.A. debido sobretodo a su especial conformación, pero la solución apuntada por nuestro Código obedece a claros preceptos jurídicos.

"*En efecto, si el contribuyente es la persona que queda obligada frente al Fisco a cumplir la obligación de dar, es necessariamente la persona que puede reclamar del Estado la devolución cuando ese pago no debió hacerse*" (grifos meus) (*VIII Jornadas Hispano Luso Americanas de Estudios Tributarios*, Ed. Asociación Argentina de Derecho Fiscal, Buenos Aires, 1978, pp. 6-7).

CONTRIBUIÇÃO PARAFISCAL DE SEGURIDADE SOCIAL – ADICIONAL DO SEGURO DE ACIDENTE DO TRABALHO (SAT) – NATUREZA TRIBUTÁRIA – OBSERVÂNCIA DO "NEXO ETIOLÓGICO ENTRE O DANO EM POTENCIAL E A ATIVIDADE LABORAL", PARA O CORRETO E PERFEITO ENQUADRAMENTO DA "EMPRESA" (SIC) NO CORRESPONDENTE GRAU DE RISCO (LEVE, MÉDIO OU GRAVE) – RELAÇÃO DE PERTINÊNCIA – AUTONOMIA E INDEPENDÊNCIA JURÍDICA DOS ESTABELECIMENTOS – PROPORCIONALIDADE DA EXIGÊNCIA TRIBUTÁRIA COM O POTENCIAL DE RISCO

EDISON ARAÚJO PEIXOTO
Advogado em São Paulo

O Constituinte de 1988, ao projetar os direitos sociais dos *trabalhadores*, definiu que:

"Art. 7º. São direitos dos *trabalhadores urbanos e rurais*, além de outros que visem à melhoria de sua condição social:

"(*omissis*)

"XXVIII – seguro contra acidentes *de* trabalho, a *cargo do empregador*, sem excluir a indenização a que está obrigado, quando incorrer em dolo ou culpa." (grifamos)

Ao interpretar esse dispositivo constitucional, consagrado no Brasil desde a Constituição de 1934, afirma o Professor Celso Ribeiro Bastos que:

"O acidente do trabalho, segundo os especialistas, pode ser definido sob vários critérios, dos quais o legislador pátrio adotou o analítico ou descritivo. Dessa forma, o art. 2º da Lei n. 6.367, de 19 de outubro de 1976, define acidente do trabalho como o evento que vier a ocorrer *em virtude do exercício do trabalho*, a serviço da empresa, provocando lesão corporal ou perturbação funcional que cause a morte ou perda ou redução, permanente ou temporária, da capacidade para o trabalho. A mesma legislação estabelece, nos §§ 1º e 2º do art. 2º, aqueles eventos que são equiparados a acidente do trabalho, para todos os efeitos da lei. De um modo geral, os autores que tratam da matéria consideram de capital importância o chamado *nexo etiológico entre o dano sofrido e a atividade laboral*, quer dizer, que o dano ocorra pelo exercício do trabalho e cause a morte do trabalhador ou a sua incapacidade, permanente ou temporária, para a atividade laboral. O conceito de acidente do trabalho *compreende o de moléstia ou doença profissional*, também denominadas doenças do trabalho, que são as contraídas pelo empregado *em decorrência do exercício da sua atividade laboral na empresa. É importante salientar que a legislação não faz distinção entre o acidente do trabalho e a doença profissional, para efeito de responsabilidade do empregador*" (in *Comentários à Constituição do Brasil*, co-autoria com o Professor Ives Gandra da Silva Martins, Saraiva, 2º v., pp. 489-491. Os destaques são nossos).

Vale dizer, examinando-se a norma constitucional antes transcrita e comentada, verifica-se que, da relação jurídica dela decorrente, nascem *situações diametralmente opostas em relação aos seus partícipes* e, por isso mesmo, distintas no tocante aos seus efeitos.

Vejamos:

(i) num primeiro momento, o Constituinte *assegurou ao trabalhador o direito ao seguro contra acidente de trabalho* (inserido no capítulo "Dos Direitos Sociais" – art. 7º, XXVIII, CF);

(ii) num segundo plano, para garantir o exercício pleno daquele direito social, o Constituinte impôs ao *empregador* (por isso é que afirma estar a seu "cargo") *o ônus de suportar o financiamento daquele mesmo direito*. Contudo, essa exigência, no tocante ao empregador, toma outra feição jurídica, qual seja, passa a pertencer ao ramo do direito tributário (por se tratar de *contribuição parafiscal* inserida no capítulo do "Sistema Tributário Nacional" – art. 149). Vale dizer, o ônus que o Constituinte atribuiu ao empregador é de *natureza tributária* (art. 3º, CTN), a ponto de obrigá-lo ao pagamento da contribuição parafiscal, toda vez que o fato gerador da hipótese de incidência der ensejo ao seu nascimento;

(iii) finalmente, o Constituinte tendo superado a questão orçamentária do Estado, ou melhor, deficitária (a ausência de receita originária ensejou a busca de receita derivada – art. 195, I, CF), propiciou recursos ao financiamento daquele encargo em potencial (o acidente do trabalho é fator de risco social – art. 201, I, CF). Daí a razão de se buscar o financiamento por meio de tributação (receita derivada), *atribuindo-se ao Estado a responsabilidade pela reparação do dano*, porque o acidente passou, desde 1967, a integrar a *política de Assistência e Previdência Social*.

Historicamentente – afirma o Professor Celso Ribeiro Bastos –, que o Brasil experimentou três momentos distintos:

"No Brasil, ao longo do tempo, tivemos basicamente três momentos característicos e especiais no tocante à legislação sobre acidentes do trabalho. *O primeiro momento vai da Independência até 1919*, quando a reparação pelos acidentes do trabalho tinha o seu fundamento nas regras de direito comum. A responsabilidade era de quem tinha culpa. O problema era resolvido pela teoria da culpa extracontratual, aquiliana ou delitual, ou seja, a responsabilidade achava-se vinculada à caracterização da culpa do empregador no acidente, cabendo o ônus da prova ao empregado. Diante da grande dificuldade que tinha o empregado em provar a culpa do empregador, procurou-se resolver o problema pela teoria da culpa contratual, invertendo o ônus da prova, isto é, caberia ao empregador provar que não agira de forma culposa, para se exonerar da responsabilidade pela reparação do dano. *O segundo momento, que vai de 1919 até 1967*, caracteriza-se pela vigência da teoria da responsabilidade objetiva, que procurava substituir o fundamento da responsabilidade, abandonando os sistemas anteriores, da culpa extracontratual ou contratual, que não haviam solucionado satisfatoriamente o problema da reparação do dano causado pelo acidente do trabalho. Se era o empregador quem lucrava com o trabalho do empregado, deveria se responsabilizar pelo acidente que viesse a ocorrer. Na verificação do acidente do trabalho e na sua reparação, não se examinaria mais a culpa, quer do empregado, quer do empregador. A reparação pelo empregador só não seria devida se provado o dolo do empregado. *Surgiu, a partir dessa concepção doutrinária, a chamada teoria do risco profissional*, que considerava ser a indústria uma fonte permanente de riscos, *e o empregador, sendo o responsável pela atividade produtiva*, e dela obtendo lucros, era o criador desses riscos. Estabeleceu-se ainda que a indenização deveria ser equivalente ao dano sofrido pelo empregado. *Um terceiro momento surgiu a partir de 1967*, com a integração do acidente do trabalho na previdência social, não afastando, de todo, a teoria da responsabilidade objetiva. *Na verdade, a responsabilidade continua sendo objetiva, mas a reparação do dano não é mais do empregador e sim do Estado*, por se considerar o acidente do trabalho um risco social e a sua reparação como um dos elementos da política assistencial do Estado. Daí a evolução para o chamado sistema do seguro obrigatório em vigor" (ob. cit., p. 489. Destaques nossos).

Assim, a pretexto de *identificar três situações distintas* (ao empregado, um "direito social"; ao "empregador", uma "obrigação tributária"; e ao Estado, um "dever de prestar assistência social"), desde logo, verifica-se que, diferentemente dos impostos que, regra geral, não se vinculam a órgãos, fundos ou despesas (art. 167, IV, CF), *a exação em comentário tem vinculação direta com a finalidade que se pretende custear* (financiar o seguro contra acidentes decorrentes de trabalho, ou, melhor, o *nexo etiológico entre a potência do dano e a atividade laboral*).

Trata-se, por isso mesmo, de *contribuição parafiscal de seguridade social* (a hipótese de incidência é que determina a sua natureza jurídica – art. 4º), sujeitando-se, portanto, ao princípio constitucional da tipicidade cerrada em matéria tributária (a exigência só é valida se o tipo descrito pelo legislador ordinário for o mesmo e com as mesmas características daquele descrito pelo Constituinte).

Nesse sentido, vale transcrever o brilhante voto proferido pelo Ministro Carlos Velloso, do Colendo Supremo Tribunal Federal:

"Os tributos, nas suas diversas espécies, compõem o Sistema Constitucional Tributário, que a Constituição inscreve nos seus artigos 145 a 162. Tributo, sabemos, encontra definição no art. 3º do CTN, definição que se resume, em termos jurídicos, no constituir ele uma obrigação, que a lei impõe às pessoas, de entregar uma certa importância em dinheiro ao Estado. As obrigações são voluntárias ou legais. As primeiras, decorrem da vontade das partes, assim do contrato; as legais resultam da lei, por isso são denominadas obrigações *ex lege* e podem ser encontradas tanto no direito público quanto no direito privado. A obrigação tributária, obrigação *ex lege*, a mais importante do direito público, 'nasce de um fato qualquer da vida concreta, que antes havia qualificado pela lei como apto a determinar o seu nascimento' (Geraldo Ataliba, "Hermenêutica e Sistema Constitucional Tributário", in *Diritto e Pratica Tributária*, v. L, Padova, Cedam, 1979).

"As diversas espécies tributárias, determinadas pela hipótese de incidência ou pelo fato gerador da respectiva obrigação (CTN, art. 4º), são as seguintes:

"*a)* os impostos (C.F., arts. 145, I, 153, 154, 155 e 156);

"*b)* as taxas (C.F., art. 145, II);

"*c) as contribuições*, que podem ser assim classificadas:

"*c.1.* de melhoria (C.F., art. 145, III);

"*c.2. parafiscais* (C.F., art. 149), que são:

"c.2.1. sociais,

"c.2.1.1. *de seguridade social* (C.F., art. 195, I, II e III),

"c.2.1.2. outras de seguridade social (C.F., art. 195, § 4º),

"c.2.1.3. sociais gerais (o FGTS, o salário-educação, C.F., art. 212, § 5º, contribuições para o SESI, SENAI, SENAC, C.F., art. 240);

"*c.3.* especiais:

"c.3.1. de intervenção no domínio econômico (C.F., art. 149),

"c.3.2 corporativas (C.F., art. 149).

"Constituem, ainda, espécie tributária:

"*d)* os empréstimos compulsórios (C.F., art. 148).

"*As contribuições parafiscais têm caráter tributário*. Sustento que constituem essas contribuições uma espécie própria de tributo ao lado dos impostos e das taxas, na linha, aliás, da lição de Rubens Gomes de Sousa ("Natureza tributária da contribuição ao FGTS", *RDA* 112/27, *RDP* 17/305). Quer dizer, as contribuições não são somente as de melhoria. Estas são uma espécie do gênero contribuição; ou uma subespécie da espécie contribuição.

"(*omissis*)

"Posta assim a questão, vejamos as contribuições parafiscais na Constituição de 1988. A norma-matriz das contribuições parafiscais está contida no art. 149 e seu parágrafo único da Constituição.

"(*omissis*)

"O citado art. 149 institui três tipos de contribuições: a) contribuições sociais, b) de intervenção, c) corporativas. As primeiras, as contribuições sociais, desdobram-se, por sua vez, em a.1) contribuições de seguridade social, a.2) outras de seguridade social e a.3) contribuições sociais gerais. (*omissis*)."

E continua, de forma brilhante, o Ministro Carlos Velloso:

"*Todas as contribuições, sem exceção, sujeitam-se à lei complementar de normas gerais, assim ao C.T.N.* (art. 146, III, *ex vi* do disposto no art. 149). Isto não quer dizer que a instituição dessas contribuições exige lei complementar: porque não são impostos, não há a exigência no sentido de que os seus fatos geradores, bases de cálculo e contribuintes estejam definidos na lei complementar (art. 146, III, *a*). A questão da prescrição e da decadência, entretanto, parece-me pacificada. É que tais institutos são próprios da lei complementar de normas gerais (art. 146, III, *b*). Quer dizer, os prazos de decadência e de prescrição inscritos na lei complementar de normas gerais (CTN) são aplicáveis, agora, por expressa previsão constitucional, às contribuições parafiscais (C.F., art. 146, III, *b*; art. 149). Todas as contribuições, já falamos, estão sujeitas, integralmente, ao princípio da legalidade, inclusive no que toca a alteração das alíquotas e da base de cálculo. Estão sujeitas, também, todas elas, ao princípio da irretroatividade (art. 150, III, *a*, *ex vi* do disposto no art. 149). Vale dizer, o legislador não pode instituir contribuição em relação a fatos ocorridos antes da lei. O art. 150, III, *a*, repete a norma inscrita no art. 5º, XXXVI, da mesma Constituição" (Colendo Supremo Tribunal Federal, Pleno, Serviço de Jurisprudência, *DJ* de 28.8.92, Ementário n. 1672-3, Recurso Extraordinário n. 138.284-8/Ceará, Relator Ministro Carlos Velloso, *decisão unânime*).

Significa dizer que, a exigência pecuniária em questão, sob o manto tributário de contribuição parafiscal de seguridade social, dado o seu *nexo etiológico entre o dano em potencial e a atividade laboral*, somente terá fundamento quando reclamada para atender aquela *finalidade* (e apenas aquela), expressamente *vinculada* pelo Constituinte, que, por sinal, já elegeu a matéria tributável – "folha de salários" (art. 195, I, CF) do "empregador" (arts. 7º, XXVIII, CF e 2º, CLT), estando o produto da arrecadação expressamente *vinculado à finalidade de custear o seguro contra acidente de trabalho*.

A relação de pertinência, portanto, da contribuição parafiscal para com a finalidade (propiciar ao Estado o custeio do seguro) está na própria vinculação determinada pelo Constituinte, sendo elemento de vital importância, porque confere fundamento de validade à obrigação de pagar o seguro contra acidente de trabalho. É o que o saudoso e festejado Mestre Pontes de Miranda (ao tratar das taxas) chama de *destinação intrínseca*, no sentido de que, enquanto os impostos se destinam a atender as despesas gerais, na hipótese das taxas *e das contribuições*, em razão de seu perfil constitucional, a sua própria existência traz em si uma vinculação a determinada finalidade ou atividade estatal (in *Comentários à Constituição*, tomo II, p. 368).

Portanto, a partir do discurso constitucional (art. 7º, XXVIII) e da decisão proferida pelo Douto Plenário do Colendo Supremo Tribunal Federal, parece-nos incontroverso que a característica fundamental da contribuição em estudo é a vinculação do produto de sua arrecadação à finalidade que enseja a sua instituição (daí a relação de pertinência entre "empregado" e "empregador", excluídos dessa relação os "trabalhadores avulsos" e "médicos-residentes").

Dessa relação jurídica participam o *trabalhador* (destinatário do direito social, regido pela CLT), o *empregador* (sujeito passivo da obrigação tributária – art. 121, CTN) e o *Estado* (sujeito ativo da obrigação tributária – art. 119, CTN e responsável pela reparação do dano – art. 201, I, CF). Por sua vez, o *meio ambiente*, onde o "trabalhador" exerce a sua atividade laboral (local de trabalho), é o fator decisivo e responsável pela mensuração do montante devido, a título de *seguro contra acidente de trabalho*, servindo a sua remuneração ("folha de salários" – art. 195, I, CF) como base de cálculo da contribuição parafiscal de seguridade social.

Por isso mesmo, para a apuração, pelo "Estado" (sujeito ativo da obrigação tributária), do montante devido pelo "empregador" (sujeito passivo da obrigação tributária), a título de contribuição parafiscal de seguridade social (tributo) para fins (vinculação) de custeio do *seguro contra acidente de trabalho*, não se pode desassociar *a potência do dano a ser sofrido e a atividade laboral* desenvolvida pelo "trabalhador". Esse dano em potencial somente poderá ser mensurado conhecendo-se, preliminarmente, o *meio ambiente* onde a atividade é desenvolvida pelo "trabalhador". Eis, aí, o nexo etiológico entre o dano em potencial e a forma de mensuração (escolha da alíquota) do custeio do financiamento do "seguro contra acidente de trabalho".

Essa interpretação é referendada pelo Professor Annibal Fernandes:

"*1. INTRODUÇÃO*. A História é a mestra da vida (Cícero) e talvez a 'única ciência' (Marx). *Para Maquiavel, é mister saber de onde se vem para descobrir para onde se deve ir*. Daí por que se inicia este breve estudo por uma incursão às origens da problemática do acidente laboral. É algo indispensável à boa compreensão do estudo atual da matéria e as perspectivas. Expõe-se a atualidade legislativa do tema acidentário, apresentando-se em largos traços, custeio e prestações. *2. ORIGENS*. Afirma-se, sem objeções maiores, que viver é perigoso... Também passou à categoria do notório que, a partir da Revolução Industrial, da produção efetivada pela máquina, da concentração dos trabalhadores nas fábricas, e o citado *perigo* ganhou novo e acentuado perfil. Deu-se que o trabalho submeteu o homem à possibilidade maior de sofrer dano. *O risco, que é o perigo em potencial*, passou com nova e perturbadora intensidade, a transmudar-se em sinistro, que é o mesmo risco concretizado. O número de *acidentes* ligados à produção tornou-se muito maior do que em outros momentos da História. Simultaneamente, correspondendo à Revolução Industrial, sobrevieram as Revoluções da Burguesia, que Goldechot designou como Revoluções Atlânticas, e das quais foi exemplar o da França de 1789. A indústria, a liberdade econômica, o 'laissez faire-laissez passer', o tal liberalismo enfim, significa a vinda para as cidades da massa camponesa, engajada no trabalho industrial, a utilização e a exploração da mão-de-obra, sem os freios e contrapesos do que hoje constituem a organização sindical e a legislação. Os homens são no plano jurídico-formal, livres e iguais. Na prática, é o inverso. (*omissis*). O acidente laboral era – e segue sendo – apenas um capítulo das relações trabalhistas. O dado jurídico é mera conseqüência desse elemento factual. Desenvolvia-se a Indústria e, por tabela, como se diz, os serviços, enquanto sucediam-se os acidentes. Seqüelados, viúvas e órfãos multiplicavam-se. Que fazer? *3. EVOLUÇÃO*. O jurista, diante de novas realidades, tem o mesmo papel dos geógrafos ao tempo das descobertas, ensinou Santhiago Dantas: cumpre-lhes mapeá-las... Dizem porém os franceses, conforme a informação de Jan Wiegerinck, que *o jurista, para captá-las, isto é, para avançar para o futuro, recua no passado...* ('... reculent au passé'). Tal recuo, é freqüente, só estaciona na velha Roma. O dano tinha reparação se e quando houvesse culpa, mesmo levíssima (in *Lex Aquilia et levissima culpa venit*). A teoria subjetiva da culpa deu base às reparações pelo dano produzido pelo acidente, à condição de ser comprovada pela vítima e ter nexo com o trabalho. O modelo jurídico milenar revelou-se de utilização mui problemática; e se não se lograsse a prova etc.? Cuidou-se de inverter o ônus da prova: Comprove o patrão do infortunado que não fora por sua culpa, mesmo levíssima, o acidente. Mas, como ficaram: a) a força maior; b) o caso fortuito, c) o ato da vítima? Por aproximação, 75% dos eventos se enquadravam nas alíneas a e c... A questão continuava. A responsabilidade dita objetiva – sem culpa – vez que o patrão colocava o obreiro sob risco – risco profissional –, foi o passo seguinte, reportando-se à indústria. Ampliando-se a cobertura, para empregados não industriários, chega-se ao risco da autoridade, e a responsabilidade patronal ampla e objetivada. Faça-se a lei e encontra-se o defeito... dizem os italianos. O empresário, teoricamente, responde pela indenização; praticamente, nem sempre (fugia ao encargo, não tinha lazeres etc.). Essa evidência somada à demora na liquidação dos casos levou a se erigir o Estado, via serviços de seguro social, como garantia das indenizações, em grande número de países. Este o modelo alemão, com reflexos em muitos países (França, Itália, Argentina etc.). *Do direito civil nasce um robusto ramo do Direito da Infortunística, partícipe da Seguridade Social*. Garantia de pagamento e rapidez na liquidação, condições especiais na outorga de benefícios, estas são as razões e a natureza da proteção acidentária na Seguridade Social. Longe de favorecer, está-se hoje ante um robusto ramo conjugando prevenção e reparação do infortúnio, ligando o público e o privado na proteção social. E disto é modelo a Espanha com a Seguridade participante e gerente de um sistema que prevê também auto-seguro e mútuas sócias, concorrentes todos na *cobertura específica do acidente laboral*. *4. CONCEITOS*. o acidente do trabalho – acidente-tipo – é um evento relacionado, diretamente ou não ao trabalho executado pelo obreiro. Já não mais se trata de um infortúnio no trabalho mas do trabalho. O que envolve o trabalho, nos limites da legislação é interpretada a regra pela sua finalidade social, caracteriza-se o acidente para efeito de reparação. A Lei n. 8.213, de 24.7.91, entende, assim, *que o acidente 'ocorre pelo exercício do trabalho a serviço da empresa'* (art. 19, *caput*). O infortúnio é acontecimento aleatório e danoso, 'provocando lesão corporal ou perturbação funcional...'. Conseqüências necessárias do evento danoso: a) morte; ou b) perda; c) redução; d) permanente ou temporária; e) da capacidade laboral. É acontecimento repentino (súbito). *É um momento e não um processo*. A partir do acidente-tipo abre-se amplo leque de acontecimento dado que, *relacionados com o trabalho subordinado, tem o mesmo tratamento pela lei de infortunística*. São eventos equiparados ao acidente-tipo. Vêm primeiro doenças ou moléstias, que incapacitam ao fim e ao cabo de um processo. É aleatória, mas não súbita a aquisição. Ocorre com maior ou menor lentidão. *Relacionam-se tais moléstias à atividade ou ao ambiente do trabalho*. Denominam-se respectivamente doença profissional ou do trabalho (art. 20, I e II da Lei n. 8.213/91). Figuram em relação editada pelo Ministério da Previdência Social. (*omissis*). *5. A CARTA DE 88*. Dispõe a Carta de 5.10.88, no seu art. 7º..." (in *Curso de Direito Previdenciário*, Homenagem a Moacyr Velloso Cardoso de Oliveira, Coordenação do Professor Wagner Balera, Editora Ltr, 1992, pp. 99-107. Alguns grifos e destaques não são originais).

No mesmo sentido, o Professor Wladimir Novaes Martinez:

"a ocorrência deve provir, portanto, de acontecimento brusco, traumatizante (acidente) como sendo *conseqüência de condições ambientais da empresa e também do próprio exercício do labor* (doença profissional e do trabalho)..." (in *Comentários à Lei Básica da Previdência Social, Lei n. 8.213/91*, Editora Ltr, t. II, 2ª ed., pp. 105-108).

A questão *ambiental*, relacionada ao local onde o "trabalhador" exerce a sua atividade, é tão relevante para mensurar a obrigação tributária do "empregador" que o próprio legislador cuidou de regular (art. 19, § 3º), merecendo comentários do Professor Wladimir Novaes Martinez: "o § 1º fixa a responsabilidade do empregador pela adoção de medidas individuais ou coletivas de proteção e segurança da saúde do obreiro. Reporta-se, especialmente, aos instrumentos de proteção como botas, aventais, luvas, capacetes, óculos, tapa-som, alimentos especiais, remédios e equipamentos protetivos do organismo do trabalhador, bem como, corrimões, redes, cordas, pára-choques, andaimes, instrumentos que impeçam a utilização de prensas e também de extintores de incêndios, alarmes etc. *Evidentemente, em cada caso, esses equipamentos serão determinados conforme o empreendimento econômico, a atividade da empresa e a função do segurado, objeto de discriminação através de portarias ministeriais*" (in ob. cit., p. 107, grifos nossos).

Assim, uma vez superada a questão tributária e "ambiental", passa-se ao tipo descrito pela Lei Federal n. 8.212, de 24 de julho de 1991, que "dispõe sobre a organização da Seguridade Social, institui Plano de Custeio, e dá outras providências", a saber:

"Art. 22 – A contribuição a cargo *da empresa* (sic), destinada à Seguridade Social, além do disposto no art. 23, é de:

"I – (*omissis*);

"II – *para o financiamento* da complementação das prestações por acidente do trabalho, dos seguintes percentuais, incidentes sobre o total das *remunerações pagas ou creditadas*, no decorrer do mês, aos segurados empregados e trabalhadores avulsos:

"a) 1% (um por cento) para *as empresas* (sic) em cuja atividade preponderante *o risco de acidentes* do trabalho seja considerado *leve*;

"b) 2% (dois por cento) para *as empresas* (sic) em cuja atividade preponderante esse *risco* (de acidente) seja considerado *médio*;

"c) 3% (três por cento) para *as empresas* (sic) em cuja atividade preponderante esse *risco* (de acidente) seja considerado *grave*" (grifos e destaques são nossos).

Tanto a referida *lex*, quanto o novel Regulamento da Organização e do Custeio da Seguridade Social (art. 26 do Decreto Federal n. 2.173, de 5.3.97), reconhecem (expressamente), para efeito de recolhimento da contribuição parafiscal, o *nexo etiológico entre o potencial de dano e a atividade laboral*, a ponto de vincular o cumprimento da obrigação tributária (ou melhor, da alíquota) para com os *riscos ambientais do trabalho*.

Adiante, o mesmo Regulamento (Decreto n. 2.173/97), após copiar as alíquotas fixadas por lei (art. 97, IV, CTN), esclarece que:

"Considera-se preponderante a atividade que ocupa, *na empresa* (sic), o maior número de segurados empregados, *trabalhadores avulsos ou médicos-residentes*" (art. 26, § 1º) e que:

"A atividade econômica preponderante *da empresa* (sic) e os *respectivos riscos de acidentes do trabalho* compõem a Relação de Atividades Preponderantes e correspondentes Graus de Risco, anexa a este Regulamento" (art. 26, § 2º).

Incontroverso, portanto, que a obrigação tributária do sujeito passivo será apurada, ou melhor, mensurada (medida) de acordo com o respectivo grau de risco (alíquotas variáveis) que oferece o "meio ambiente" da "empresa" (sic), onde a *atividade será exercida pelo "trabalhador"*, tudo porque o legislador ordinário, na linha do Constituinte, levou em consideração o *nexo etiológico entre o potencial de risco e a atividade laboral*.

Logo, é necessário, pois, para o perfeito e correto enquadramento no correspondente grau de risco (*leve, médio ou grave*) que o intérprete busque forma integrativa entre o discurso constitucional (princípios que dele decorrem) e que norteiam a instituição da referida contribuição com a realidade do termo utilizado pela legislação de regência (*empresa*). Esse exercício é necessário para poder definir, com precisão, o seu alcance no tocante à obrigação de pagar a contribuição parafiscal e os objetivos da lei acidentária.

O saudoso mestre Orlando Gomes e o Professor Elson Gottschalk, discorrem profundamente sobre o alcance do termo utilizado pela legislação previdenciária ("empresa"):

"O têrmo *emprêsa* é correntemente empregado em Economia Política em dois sentidos nitidamente distintos: o restritivo e o extensivo. Na acepção restritiva, é reservado para designar a emprêsa capitalista, que essencialmente se caracteriza pelo recurso ao trabalho alheio e pelo móvel lucrativo que determina a sua atividade. Segundo esta concepção, a emprêsa é uma forma de produção pela qual, no seio de um mesmo patrimônio, combinam-se os preços dos diversos fatôres da produção trazidos por agentes distintos do proprietário, em vista de vender no mercado um bem ou um serviço para obter um lucro monetário, que resulta da diferença entre duas séries de preços. A esta acepção restritiva opõe-se a extensiva, pela qual a emprêsa é tôda organização cujo objeto é prover à produção, à troca ou à circulação dos bens e dos serviços. É a unidade econômica e jurídica na qual são grupados e coordenados os fatôres humanos e materiais da atividade econômica. Alguns autores acrescentam o caráter da *independência financeira* em face de qualquer outro organismo. Vê-se, facilmente, a diferença para a concepção precedentemente referida. Não se faz menção, aqui, ao móvel lucrativo da atividade, tampouco à eventual separação entre o capital e o trabalho. *A noção de emprêsa não é estranha, também, ao Direito Mercantil*. O Código Comercial, porém, parece 'entrever' apenas a noção de emprêsa. Com efeito, ao considerar a emprêsa ato de comércio, deixou assinalado que era a noção de ato a mais importante em matéria de comercialidade, relegando, assim, a plano secundário a noção de emprêsa. Portanto, temos aí duas ciências sociais distintas que encaram a emprêsa sob perspectivas diferentes. A ciência econômica estuda na emprêsa o organismo de produção, determinando as leis que a regem, tais como a da especialização e da concentração. *O Direito Comercial põe em primeiro plano a pessoa mesma do comerciante ou os atos que êle realiza.* O Direito do Trabalho colhe um outro aspecto do fenômeno: as relações individuais e coletivas que se formam entre os empregados e o empregador. *A atividade de uma emprêsa industrial ou comercial* propicia a formação de relações individuais de trabalho, que unem o empregador a cada um dos membros de seu pessoal. Mas ao lado dessas relações individuais, o direito contemporâneo conhece outra realidade sócio-jurídica mais alta, na qual os liames individuais vêm a se fundir: as relações coletivas no seio da emprêsa. Eis aí o acontecimento mais importante da atualidade, destinado a revolucionar a velha teoria de emprêsa e a ensejar a formulação de nova concepção. Esta nova teoria, por certo, encerra relevantes restrições ao direito de propriedade. *Registre-se, porém, que nem toda emprêsa no sentido econômico o é, também, no sentido trabalhista. A emprêsa unipessoal ou do produtor autônomo, que trabalha sem a ajuda de empregados interessando à economia política e ao direito comercial, é, ao contrário, estranha ao Direito do Trabalho, porquanto não recorre ao trabalho subordinado. Assinale-se, finalmente, que, mesmo em Direito do Trabalho, a noção de emprêsa sofre influência das correntes doutrinárias e ideológicas.* (*omissis*). Essa diversidade de perspectivas e a freqüência dos estudos modernos sôbre a emprêsa *revelam as dificuldades de sua conceituação* e o interesse que desperta seu conhecimento na ciência jurídica contemporânea" (in *Curso de Direito do Trabalho*, Forense, pp. 70-71).

Como acentuado pelos Professores Orlando Gomes e Elson Gottschalk, dadas as dificuldades que se revelam no conceituar o alcance do termo "empresa", verifica-se, desde logo, que a legislação em comentário, para ser bem interpretada, deverá aliar-se aos objetivos colimados pelo Constituinte, *sem apego àquela locução, porque imprecisa e imprópria para definir o alcance da incidência tributária, principalmente quando a "empresa" (sic) tiver vários estabelecimentos, com atividades distintas e riscos diversificados.*

Ao revés, em razão do fim colimado por aquela contribuição parafiscal (seguro contra acidente de trabalho), vale dizer, *reparar o dano em potencial em face dos riscos que o "meio ambiente" profissional oferece ao "trabalhador"* (eis, aí, o nexo etiológico entre o dano em potencial e a atividade laboral exercida pelo "trabalhador"), e ainda, em face do plano de benefícios concebido pela legislação básica da Previdência Social (Lei Federal n. 8.213/91, art. 19), o interprete, para o perfeito enquadramento no correspondente grau de risco, deverá verificar, de maneira isolada, *"as condições ambientais" de cada "empresa", assim entendido o de cada estabelecimento*, visto que, como alertado pelo Professor Wladimir Novaes Martinez:

"A ocorrência deve provir, portanto, de acontecimento brusco, traumatizante (acidente) como sendo *conseqüência de condições ambientais da empresa e também do próprio exercício do labor* (doença profissional e do trabalho)" (in ob. cit., p. 106).

É manifesta, portanto, a imprecisão e a *incompatibilidade* do termo "empresa" (sic), expressamente utilizado pela legislação do custeio previdencial, e, ainda, pelo seu regulamento, a ponto de se chocar com o preceito constitucional, que se valeu do termo "empregador" (art. 7º, inciso XXVIII). Assim é dito porque, como alertou o mestre Orlando Gomes:

"Registre-se, porém, que nem toda emprêsa no sentido econômico o é, também, no sentido trabalhista. A emprêsa unipessoal ou do produtor autônomo, que

trabalha sem a ajuda de empregados interessando à economia política e ao direito comercial, é, ao contrário, estranha ao Direito do Trabalho, porquanto não recorre ao trabalho subordinado. Assinale-se, finalmente, que, mesmo em Direito do Trabalho, a noção de emprêsa sofre influência das correntes doutrinárias e ideológicas. (omissis). Essa diversidade de perspectivas e a *freqüência dos estudos modernos sôbre a emprêsa revelam as dificuldades de sua conceituação* e o interesse que desperta seu conhecimento na ciência jurídica contemporânea" (in ob. cit., p. 71).

Vale destacar, ainda mais, o seguinte aspecto, de vital importância para o presente estudo: "Antes de mais nada, é de se salientar que o Direito do Trabalho não se exaure na disciplina das relações humanas que se travam numa emprêsa. *O conceito de emprêsa não abrange tôdas as situações em que, no mundo das atividades civis, uma instituição de cunho não comercial ou industrial, representa fonte permanente de trabalho subordinado.* De fato, uma associação civil de proprietários urbanos ou rurais; um sindicato, uma associação profissional; um clube recreativo, uma associação educativa ou científica; uma instituição beneficente de qualquer natureza; uma cooperativa de qualquer gênero; um escritório de profissional liberal apresentam formas de organização interna do trabalho humano subordinado, que são tuteladas pelo Direito do Trabalho. *Entretanto essas formas de trabalho organizado extralimitam as fronteiras do conceito técnico de emprêsa*" (Professores Orlando Gomes e Elson Gottschalk, ob. cit., p. 72).

Portanto, o "empregador" (sujeito passivo da obrigação tributária), para o correto e preciso enquadramento de sua atividade no correspondente grau de risco que o "meio ambiente" proporciona ao destinatário do benefício social ("trabalhador"), deverá avaliar, em havendo mais de um estabelecimento, *o potencial de dano que cada estabelecimento da "emprêsa" oferece ao "trabalhador"*.

Isto porque, como bem alertou o saudoso e festejado Mestre Orlando Gomes: "O critério da personalidade jurídica *é imprestável para se distinguir a emprêsa do estabelecimento. (omissis). Nem a emprêsa nem o estabelecimento são pessoas jurídicas*, integrando o patrimônio de seus titulares, constituem *objeto* e não sujeitos de direito. Afirmar-se, como faz a doutrina em geral, que a emprêsa é a unidade econômica e o estabelecimento é a unidade técnica, é o mesmo que deixar as coisas como estavam, além de que representaria uma verdade de apenas para as instituições econômicas. Nos casos em que a emprêsa se constitui de um único estabelecimento, êste se confundiria com aquela, a unidade econômica se fundindo na unidade técnica. O critério da permanência em um só local, que parte da doutrina admite como sendo diferenciador da emprêsa econômica e do estabelecimento, constitui, também, um traço distintivo *impreciso*. Com efeito, há emprêsa móvel, que não se fixa em um só local, como há, por sua vez, estabelecimento ambulante. É o caso das emprêsas circenses, dos parques de diversões, das feiras ambulantes em que a unidade econômica se confunde com a técnica. Por outro lado, o estabelecimento pode deixar de ser uma unidade fixa, como ocorre com os navios, as grandes aeronaves. O critério da pluralidade de pessoas tanto pode servir para caracterizar a emprêsa, quanto o estabelecimento; comum aos dois, não pode ser utilizado como traço distintivo. O certo é que, na maioria das vezes, as noções de emprêsa e de estabelecimento se aplicam a um só organismo. A assertiva é tanto mais correta quanto se encare o panorama econômico dos países de pequeno e médio desenvolvimento econômico, em que as grandes emprêsas não atingiram a etapa da maior expansão. *Na prática, o estabelecimento e a emprêsa coincidem no caso das pequenas e médias emprêsas, que se exercem em um só e mesmo estabelecimento. A grande emprêsa, esta sim, comporta vários estabelecimentos, como ocor-*

re, por exemplo, no grande comércio bancário. Nestes casos, porque não há a confusão em um só organismo da noção de emprêsa e de estabelecimento, pode-se fixar regra mais precisa para extremar os dois conceitos. Estabelecidas essas premissas, podem-se indicar como *traços verdadeiramente distintivos da noção de emprêsa e de estabelecimento,* os seguintes: *a) a independência contábil e financeira; b) a subordinação hierárquica, e c) o exame do risco da atividade econômica*" (ob. cit., p. 74).

E mais. Orlando Gomes e Elson Gottschalk arrematam, afirmando que: "Como bem salientou Durand, enquanto a emprêsa é sôbretudo tomada em consideração pelos outros ramos do direito, tais como o direito comercial, *a noção de estabelecimento se encontra em primeiro lugar no Direito do Trabalho. Com efeito, as normas de tutela do trabalho como as de higiene e segurança, duração do trabalho em todos os seus aspectos, equiparação salarial etc., dirigem-se, em primeiro lugar, ao estabelecimento, e, apenas mediatamente à emprêsa*" (ob. cit., p. 75).

Essa posição reforça o *princípio clássico de autonomia e independência dos estabelecimentos, principalmente para efeito de cumprimento da obrigação tributária*:

"Por outro lado, quando é a sociedade-matriz que desenvolve suas atividades através de sociedades-filiais, *é o princípio clássico da independência jurídica das filiais*, que obstaculiza a concepção de o todo formar 'uma única emprêsa subjacente'. A realidade econômica não encontra transposição para o plano jurídico, ao menos no estágio atual da evolução" (Orlando Gomes, ob. cit., p. 107).

Portanto, numa "sociedade-matriz que desenvolve suas atividades através de sociedades-filiais", dada a *diversidade de riscos* (leve, médio ou grave), o enquadramento deverá ocorrer por *estabelecimento*, levando-se em consideração que "*a noção de estabelecimento se encontra em primeiro lugar no Direito do Trabalho*", isto porque (repita-se):

"*As normas de tutela do trabalho* como as de higiene e *segurança*... dirigem-se, *em primeiro lugar, ao estabelecimento*, e, apenas mediatamente à emprêsa" (ob. cit., Orlando Gomes e Elson Gottschalk).

Aquelas *normas* (*tutela do trabalho*) estão num primeiro plano (como as de higiene e segurança) porque "*dirigem-se, em primeiro lugar, ao estabelecimento*", e ainda, porque estão geograficamente falando inseridas no capítulo "Dos Direitos Sociais" do "trabalhador" (Professores Orlando Gomes e Elson Gottschalk, ob. cit.).

Esta a razão pela qual a norma constitucional só confere fundamento de validade à exigência tributária em questão se a mensuração de seu montante tomar por base de cálculo o "estabelecimento" da empresa, local onde o risco – que é o perigo em potencial – de o "trabalhador" sofrer dano é iminente.

Com maior razão, essa idéia é reforçada pelo fato de que, em se tratando – o "seguro contra acidente de trabalho" – de uma espécie do gênero tributo, sujeitar-se-á, portanto, a contribuição parafiscal, como afirmou o Ministro Carlos Velloso, *sem exceção, à lei complementar de normas gerais, assim ao CTN.*

Vale dizer, a contribuição parafiscal em exame sujeitar-se-á às regras do Código Tributário Nacional, inclusive àquela do art. 127, inciso II, para efeito de definição do *domicílio tributário*, segundo o qual considerar-se-á como tal, quanto às pessoas jurídicas de direito privado, *em relação aos fatos que deram origem à obrigação, ou seja, o risco de cada estabelecimento*. A escolha, assim, do domicílio tributário pelo contribuinte ou sujeito passivo da obrigação, nessa hipótese em debate, *em razão da diversidade de riscos que cada estabelecimento oferece ao "trabalhador"*, atende até mesmo ao critério de *regionalização da fiscalização*, porque somente no local dos atos ou fatos que deram origem ao nascimento da obrigação é que se poderá aferir o escorreito enquadramento. Aliás, por essa mesma razão é que a "relação de atividades preponderantes e correspondentes graus de risco" *separa a atividade fabril da administrativa*, no item 74, atribuindo a esta última o risco leve.

Lembra o saudoso e sempre festejado mestre Geraldo Ataliba, no tocante *ao sujeito passivo nos tributos vinculados*, que:

"O legislador aqui é orientado por critérios pré-jurídicos de ciência das finanças. *Os princípios constitucionais implícitos servem de limites à sua faculdade discricionária*, nesta matéria. Efetivamente, a sistemática constitucional exige que o legislador ponha, como sujeito passivo dos tributos vinculados, só as pessoas que se relacionem, de algum modo, com a atuação estatal que figura no núcleo da respectiva hipótese de incidência. *Não tem, nesta matéria, nenhum arbítrio o legislador*. Goza, quando muito, de discrição na escolha entre pessoas relacionadas com a atuação estatal" (in *Hipótese de Incidência Tributária*, Coleção Textos de Direito Tributário n. 8, Ed. RT, 3ª ed. ampliada, p. 85, grifamos).

O Código Tributário Nacional esclarece que "a autoridade administrativa pode recusar o domicílio eleito, quando impossibilite ou dificulte a arrecadação ou a fiscalização do tributo" (art. 127, § 2º), o que *não se aplica à hipótese da "sociedade-matriz que desenvolve suas atividades através de sociedades-filiais"*, vale dizer, com mais de um estabelecimento, isto porque, o critério para enquadramento leva em consideração que "*As normas de tutela do trabalho, como as de higiene e segurança, dirigem-se, em primeiro lugar, ao estabelecimento*" (Professores Orlando Gomes e Elson Gottschalk, ob. cit.). Esse critério de enquadramento por estabelecimento não impede nem dificulta a arrecadação ou a fiscalização do tributo. Ao revés, facilita o trabalho fiscal, dado o seu caráter regionalizado.

Não é o caso, mas *apenas para argumentar*, em sendo recusado, pelo INSS, o domicílio tributário eleito pelo contribuinte, manda o Código Tributário Nacional que a autoridade administrativa observe a regra do § 1º do art. 127, ou seja, considere como domicílio tributário o lugar da ocorrência dos atos ou fatos que deram origem à obrigação tributária, ou seja, *o potencial de dano que cada estabelecimento da "empresa" oferece ao "trabalhador"*.

Tanto isso é verdade que, a própria Lei Federal n. 8.212/91, em seu art. 22, § 3º, *restringiu a autoridade* do "Ministério do Trabalho e da Previdência Social" para alterar o enquadramento de empresas, podendo fazê-lo apenas na hipótese de a *inspeção* (*verificação das condições ambientais*) apurar elevação das estatísticas de acidentes do trabalho.

Por outro lado, de há muito, a tese da *diversidade do risco, para efeito de recolhimento da contribuição parafiscal* (*proporcionalidade*), está consagrada perante os nossos EE. Tribunais, porque estes, ao julgarem os feitos, *sempre* levaram em consideração os fatos jurídicos que deram ensejo ao nascimento da obrigação (vale dizer, o potencial de risco que cada um dos estabelecimentos de uma "empresa" oferece ao "trabalhador"): "*Seguro de acidente do trabalho*. Na vigência do Decreto n. 61.784/67, que cometia ao INPS atribuição para fixar a taxa individual de contribuição, *com base na experiência e nas condições de risco*, obedecidos os critérios estabelecidos pelo Serviço Atuarial, não seria possível considerar-se que o matadouro instalado em Pelotas, Rio Grande do Sul, assistisse direito à aplicação de tabela elaborada para São Paulo, e não daquela estabelecida para a *região onde se encontrava o estabelecimento*" (extinto Tribunal Federal de Recursos, 4ª Turma, AC n. 72.778-RS, decisão unânime, *DJU* de 15.3.84, p. 3.343).

"O prêmio de seguro de acidentes do trabalho referente a *pessoal que presta serviço em escritórios* de firma individual, deve ser recolhido à taxa de 0,4%, de acordo com o estabelecido no Anexo IV, do Decreto n. 79.037/76, *porque aí classificados como de risco leve*" (extinto Tribunal Federal de Recursos, 4ª Turma, AC n. 84.488-PR, decisão unânime, *DJU* de 9.12.83, p. 19.041).

"Mandado de Segurança – Contribuição – Acidente do Trabalho – *Os percentuais* das contribuições relativas ao seguro de acidente do trabalho *serão distintos*, em função da atividade preponderante realizada *por cada estabelecimento de uma mesma empresa*, desde que aquele que exerça a atividade-meio seja autônomo, com CGC próprio e fisicamente separado do outro que executa atividade-fim de risco grave (art. 38 combinado com art. 40, § 1º, do Regulamento do Custeio da Previdência Social)"(extinto Tribunal Federal de Recursos, 6ª Turma).

"Previdenciário – Taxa de seguro de acidente do trabalho – *Pessoal de fábrica e pessoal burocrático* – Locais fisicamente separados. Hierarquia legal de norma: Lei n. 6.367/76 (art. 15, § 2º), Decreto n. 90.817/85 (art. 40) e Portaria MPAS n. 3.609/85. Prevalência da Portaria sobre o Decreto em virtude de disposição expressa de lei. Recurso conhecido e provido. I) O Decreto n. 90.817/85, em seu art. 40, é certo, manda seja o enquadramento de empresas com mais de uma atividade feito de acordo com sua função preponderante. Como a atividade da apelante é, para efeito de taxa de seguro de acidente do trabalho, enquadrável no grau III (risco grave), o apelado enquadrou o pessoal burocrático também como grau III. Ocorre, porém, que foi a própria Lei n. 6.367/76 que, em seu art. 15, § 2º, deu competência direta, específica, ao MPAS para classificar os três graus de risco em tabela própria. *A Portaria MPAS 3.609/85 classificou os 'escritórios de firmas individuais' (Anexo I) no grau I (risco leve, taxa de 0,4%)*. Assim, embora uma portaria ministerial seja de hierarquia inferior a um decreto do executivo, a portaria 'in casu' tirou sua força diretamente da lei. II) Apelação conhecida e provida. Inversão dos ônus da sucumbência" (Tribunal Regional Federal da Primeira Região, 3ª Turma, AC n. 90.01.06513-9-MG, decisão unânime, *DJU* de 3.12.90, p. 29.110).

"Previdenciário. Taxa de seguro de acidente do trabalho. Escritório de empresa industrial. 1) Se a empresa mantém em áreas distintas e fisicamente separados o estabelecimento industrial e o estabelecimento administrativo, não obstante o cadastro único perante o Ministério da Fazenda, *as taxas de acidente do trabalho devem ser diferenciadas, em função, inclusive, da diversidade de riscos*. 2) A própria Portaria MPAS 3.609, de 13 de dezembro de 1985, ao relacionar as atividades apuradas por grau de risco, dispõe que os escritórios de firmas individuais se classificam no grau 1 – risco leve. 3) Precedentes do TFR. 4) Apelo improvido" (Tribunal Regional Federal da Primeira Região, 3ª Turma, AC n. 90.01.06366-7/MG, decisão unânime, *DJU* de 11.11.91, pp. 28.292-293).

"Administrativo e Tributário. Taxa de seguro de acidentes do trabalho. A taxa do seguro de acidentes do trabalho, devido ao IAPAS, *não deve ser imposta de maneira uniforme, mas variável em função do tipo de atividade que a empresa explora nos seus diversos estabelecimentos*, na forma recomendada no art. 40 e §§ do Decreto n. 79.037/76. *Variando o risco de acidente, de estabelecimento para estabelecimento*, cada um deles deve ser enquadrado nos graus especificados no art. 53 do referido diploma, para fins de aplicação do respectivo percentual de incidência. Recurso não provido" (Tribunal Regional Federal da Segunda Região, 1ª Turma, AC n. 90.02.151004-RJ, decisão unânime, *DJU* de 14.5.92, p. 12.540).

"Executivo fiscal. Taxa de seguro de acidente do trabalho. I) *Imposição variável em função do tipo de atividade explorada pela empresa nos seus estabelecimentos*.

II) Enquadramento *de cada estabelecimento*, segundo o grau de risco de acidente, para fins de aplicação do respectivo percentual de incidência. III) Prova de recolhimentos regulares, pela executada. IV) Recurso provido" (Tribunal Regional Federal da Terceira Região, 2ª Turma, AC n. 89.03.03129-6, decisão unânime, *DJU* de 13.4.94, p. 15.530).

"Execução Fiscal – Prêmio de seguro de acidente do trabalho *referente a pessoal que presta serviço em escritório de firma individual* – deve ser recolhido à taxa de 0,4%, em sintonia com o disposto no Anexo IV, do Decreto n. 79.037/76, porque aí *classificados como de risco leve*, pouco importando que os diversos setores da atividade funcionem em um único local, embora em dependências distintas. Inaplicabilidade, à hipótese, do disposto nos parágrafos 1º e 2º do Decreto n. 83.081, de 24.1.79. Apelação parcialmente provida" (Tribunal Regional Federal da Quinta Região, 1ª Turma, AC n. 2.064-PB, decisão unânime, *DJU* de 12.7.91, p. 16.342).

"Previdenciário. Execução Fiscal. Contribuições ao seguro de acidente do trabalho. Empresa Industrial. Classificação do risco de seu pessoal. I) A classificação do risco de pessoal empregado em empresa industrial pode ser diferenciada dependendo da atividade por ele desenvolvida dentro dela. II) *Se o pessoal não se encontra diretamente ligado à atividade de produção da empresa, como no caso dos empregados de escritório, que, inclusive, têm catalogação específica, para fins de recolhimento das contribuições do seguro de acidente do trabalho a eles relativo, deve-se levar em conta a alíquota referente ao risco leve*. III) Apelação e remessa oficial improvidas para confirmar-se a desconstituição do crédito tributário" (Tribunal Regional Federal da Quinta Região, 2ª Turma, AC n. 1.739-RN, decisão unânime, *DJU* de 19.10.90, p. 24.649).

Portanto, repita-se, numa "sociedade-matriz que desenvolve suas atividades através de sociedades-filiais", dada a *diversidade de riscos* (leve, médio ou grave), o enquadramento, para efeito de cumprimento da obrigação de custear o financiamento da contribuição ao "SAT", deverá ocorrer (*sempre*) por *estabelecimento*, até porque, este, dado o princípio de autonomia e independência jurídica, é considerado como domicílio tributário do contribuinte, para fins de cumprimento da obrigação tributária, ainda que a Lei Federal n. 8.212/91 utilize imprecisamente o termo "empresa" (de maneira imprecisa, indevida e incompatível com o fim constitucional). Isto porque, *é o lugar da ocorrência do fato jurídico que enseja o nascimento da obrigação tributária* (condições ambientais de cada estabelecimento).

Isto porque, *é no estabelecimento da "empresa" que se apura efetivamente o potencial de risco que cada um (dos estabelecimentos da "empresa") oferece ao "trabalhador"*. Eis o nexo que justifica a busca pela receita derivada. *O tributo em estudo tem por fim abastecer os cofres públicos especificamente para atender aquela finalidade previdencial*, vale dizer, propiciar ao Estado capacidade econômica para suportar aquele "direito social" do "trabalhador" (art. 7º, XXVIII, CF).

Por isso, *a exigência tributária em questão deve buscar proporcionalidade com o risco ambiental que cada estabelecimento da "empresa" oferece ao "trabalhador"*. Esta, aliás, é a razão da própria instituição do tributo e da destinação do produto de sua arrecadação àquele fim: "A competência legislativa existe para isso mesmo: criar tributo para produzir recursos com o fito de custear certas finalidades que vão manter a atividade estatal... ou atender aos fins constitucionalmente qualificados" (Professor Geraldo Ataliba, ob. cit., p. 180).

Recomenda-se, apenas, que cada estabelecimento da "empresa", em homenagem ao princípio de autonomia e independência jurídica, mantenha seus próprios registros administrativos, trabalhistas, previdenciários, fiscais e contábeis (tais como o registro perante a Junta Comercial do respectivo Estado; inscrição perante o Cadastro Geral de Contribuintes do Ministério da Fazenda; Inscrição perante o Estado, for o caso; inscrição perante a Municipalidade; livros fiscais e contábeis próprios; fichas de registro de empregados e "folha de salários" própria, entre outros).

Não obstante, a Lei Federal n. 8.212/91 (art. 22, inciso II, alíneas *a*, *b* e *c*), e seu Regulamento (Decreto n. 2.173/97) se utilizaram, de maneira *indevida e imprecisa*, do termo "empresa" (sic). O fizeram, repita-se, de maneira *indevida e imprecisa*, porquanto o vínculo da *proporcionalidade* da contribuição parafiscal para com o risco em potencial que cada estabelecimento da "empresa" oferece ao destinatário do "direito social" é de índole constitucional e não pode ser substituído por vontade do legislador ordinário (*ordinário, diga-se de passagem*).

Como bem alertou o saudoso e inesquecível Professor Geraldo Ataliba, *repita-se*: "*os princípios constitucionais implícitos servem de limites à sua faculdade discricionária*, nesta matéria. Efetivamente, a sistemática constitucional exige que o legislador ponha, como sujeito passivo dos tributos vinculados, só as pessoas que se relacionem, de algum modo, com a atuação estatal que figura no núcleo da respectiva hipótese de incidência. *Não tem, nesta matéria, nenhum arbítrio o legislador*" (ob. cit.).

Portanto, mostra-se irrelevante sob o ponto de vista previdenciário, *mas inconstitucional, por incompatibilidade*, sob o ponto de vista tributário, para fins de apuração do montante da obrigação, que a lei referida e o seu regulamento tenham se utilizado do termo "empresa", já que este, além de indevido e impreciso, não define o alcance do preceito constitucional, porque não guarda qualquer proporcionalidade da contribuição com o risco que se quer resguardar.

Por outro lado, ao descrever, assim, o tipo obrigacional, tanto a referida *lex*, quanto o novel Regulamento da Organização e do Custeio da Seguridade Social (art. 26 do Decreto Federal n. 2.173, de 5.3.97), parecem *desconhecer* o *limite constitucional, vinculado à figura conceitual do "empregador" (conjugação dos arts. 7º, inciso XXVIII, CF e 2º, CLT) e, ainda, à própria base de cálculo da obrigação tributária ("folha de salários" – art. 195, inciso I, CF) e, mais ainda, o limite imposto pelo imprescindível nexo etiológico que deve haver entre o potencial de dano e a atividade laboral ("meio ambiente profissional"), como forma de mensuração da obrigação tributária* (eis que, não é a atividade preponderante da "empresa" que fornece o risco em potencial, mas, sim, a atividade desenvolvida pelo "trabalhador" dentro do estabelecimento do "empregador").

É que, o cumprimento da obrigação tributária, pelo "empregador" (art. 2º, CLT), é vinculado, buscando a sua exata medida junto aos "riscos ambientais do trabalho" (forma de mensuração), onde o "trabalhador" exerce a sua atividade laboral.

Por essa razão que, a *alíquota deve ser mensurada (medida) de acordo com o "meio ambiente profissional"*, o que é *absolutamente incompatível* com o modelo proposto pela Lei Federal n. 8.212/91 (art. 22, inciso II, alíneas) e pelo seu novel Regulamento (Decreto Federal n. 2.173/97, art. 26), que visam buscar recursos, *não do "empregador" (art. 2º, CLT)*, como descrito constitucionalmente, *mas, pura e simplesmente, de qualquer "empresa"* (art. 15, inciso I, Lei 8.212/91), *ainda que esta última não seja "empregadora"*, nos termos do mencionado art. 2º, da Consolidação das Leis do Trabalho.

A legislação *ordinária*, em verdade, *pretende buscar os recursos, de acordo com a atividade preponderante da "empre-*

sa", o que também é absolutamente incompatível com os princípios da capacidade contributiva do contribuinte e da tipicidade cerrada em matéria tributária, visto que somente o "meio ambiente" do trabalho é capaz de fornecer, com precisão, o potencial de risco ensejador da obrigação (*que é, em última análise, o elemento determinador da alíquota correspondente*).

Relevante, pois, que se repita o seguinte aspecto, para demonstrar a inconstitucionalidade da exação na forma pretendida pela Lei Federal n. 8.212/91 e seu Regulamento (Decreto Federal n. 2.173/97): "Antes de mais nada, é de se salientar que o Direito do Trabalho não se exaure na disciplina das relações humanas que se travam numa emprêsa. *O conceito de emprêsa não abrange tôdas as situações em que, no mundo das atividades civis, uma instituição de cunho não comercial ou industrial, representa fonte permanente de trabalho subordinado*. De fato, uma associação civil de proprietários urbanos ou rurais; um sindicato, uma associação profissional; um clube recreativo, uma associação educativa ou científica; uma instituição beneficente de qualquer natureza; uma cooperativa de qualquer gênero; um escritório de profissional liberal apresentam formas de organização interna do trabalho humano subordinado, que são tuteladas pelo Direito do Trabalho. *Entretanto, essas formas de trabalho organizado extralimitam as fronteiras do conceito técnico de emprêsa*" (Professores Orlando Gomes e Elson Gottschalk, ob. cit.).

Veja que, adiante, aquele mesmo Regulamento Federal (Decreto n. 2.173/97), ora impugnado, após copiar as alíquotas fixadas pela Lei Federal n. 8.212/91, evidencia a incompatibilidade com a Lei Fundamental, ao pretender esclarecer o alcance da incidência: "Considera-se preponderante a atividade que ocupa, *na empresa* (sic), o maior número de segurados empregados, *trabalhadores avulsos ou médicos-residentes*" (art. 26, § 1º) e que:

"A atividade econômica preponderante *da empresa* (sic) e os *respectivos riscos de acidentes do trabalho* compõem a Relação de Atividades Preponderantes e correspondentes Graus de Risco, anexa a este Regulamento" (art. 26, § 2º).

É *incontroverso*, portanto, que a obrigação tributária do sujeito passivo (*"empregador" – art. 2º, CLT*), *na visão do Constituinte*, deverá ser medida, ou melhor, mensurada de acordo com o respectivo grau de risco (alíquotas variáveis) que oferece o "meio ambiente" do estabelecimento, onde a atividade será exercida pelo "trabalhador", tudo porque, o legislador ordinário deve levar em consideração o *nexo etiológico entre o potencial de risco e a atividade laboral*. A explicação está no fato de o legislador ordinário não dispor, sobre tais aspectos constitucionais, *de nenhuma discricionaridade para alterar ou modificar aqueles conceitos*, até mesmo por força de vedação infraconstitucional (art. 110, CTN).

A fortiori, é recente a lição firmada pelo Colendo Supremo Tribunal Federal, no sentido de que a expressão *folha de salários*, inscrita na norma do art. 195, inciso I da Constituição Federal, tem sentido conceitual, *daí porque não estava em seu âmbito as remunerações pagas a profissionais não-empregados, a exemplo dos "autônomos", "avulsos" e "administradores"* (precedente inscrito no RE 166.772-RS, Relator Ministro Marco Aurélio, Pleno, e *reafirmado* no julgamento do RE 177.296-RS, Relator Ministro Moreira Alves, Pleno):

"Contribuição social – Lei n. 7.787/89 (art. 3º, I) – *Incompatibilidade* com o art. 195, I, da CF – *Folha de salários* – Sentido conceitual – *Exclusão das remunerações pagas a profissionais não-empregados (autônomos, avulsos e administradores)* – A questão da lei complementar (CF, art. 195, § 4º in *fine*) – RE conhecido e provido" (*RTJ* 157/296).

Da mesma forma, para fins de arrecadação da contribuição ao "SAT", *não cabe no sentido conceitual de "empregador" (arts. 7º, inciso XXVIII, CF e 2º, CLT, conjugados), por manifesta incompatibilidade, a expressão "empresa"*, na forma utilizada expressamente pela Lei Federal n. 8.212/91 (art. 15, inciso I) e seu Decreto Regulamentador n. 2.173/97 (art. 14, inciso I), como também *não cabe, ainda, por inequívoca incompatibilidade, imputar ao "empregador" (sujeito passivo) a obrigação de suportar o financiamento da contribuição ao "SAT", especificamente daqueles que, com ele, não mantenham vínculo empregatício (art. 3º, CLT), a exemplo dos "médicos-residentes" e "trabalhadores avulsos", eis que a base de cálculo daquela obrigação é a "folha de salários" (art. 195, inciso I, CF/88).*

Finalmente, *não cabe, ainda mais, a exigência fiscal na forma pretendida pela legislação federal, tomando-se por base de cálculo a ("atividade preponderante da empresa")*, visto que, como demonstrado, além da impropriedade do sentido conceitual desta última expressão ("empresa"), para fins de determinação da obrigação tributária, não é a atividade preponderante dela ("empresa") o fator determinante para mensurar (medir) o montante da obrigação em questão, por força dos princípios constitucionais de capacidade contributiva do contribuinte e da tipicidade cerrada em matéria tributária.

Como se percebe, são vários os motivos, ou melhor, *as incompatibilidades* que dão mostras da inequívoca inconstitucionalidade da exação, na forma proposta pela Lei Federal n. 8.212/91, como, aliás, já ocorreu em passado recente (Colendo Supremo Tribunal Federal, Douto Plenário, RREE ns. 166.772-RS, Relator Ministro Marco Aurélio e 177.296-RS, Relator Ministro Moreira Alves), inclusive dada a ausência de lei complementar, para ampliar o alcance fiscal à remuneração de profissionais *não-empregados*.

É esse o nosso entendimento.

São Paulo – SP, em 1º julho de 1997